国家社科基金
后期资助项目

突 破

欧洲的现代化起源

1492—1848

The Origins of Modernization in Europe

1492–1848

叶成城 等著

中国社会科学出版社

图书在版编目(CIP)数据

突破：欧洲的现代化起源：1492－1848／叶成城，唐世平著．－－北京：中国社会科学出版社，2024.9
ISBN 978－7－5227－3626－6

Ⅰ．①突…　Ⅱ．①叶…②唐…　Ⅲ．①现代化建设—研究—欧洲—1492－1848　Ⅳ．①D52

中国国家版本馆 CIP 数据核字(2024)第 110693 号

出 版 人	赵剑英
责任编辑	范娟荣
责任校对	冯英爽
责任印制	李寡寡

出　　版	中国社会科学出版社
社　　址	北京鼓楼西大街甲 158 号
邮　　编	100720
网　　址	http://www.csspw.cn
发 行 部	010－84083685
门 市 部	010－84029450
经　　销	新华书店及其他书店

印　　刷	北京君升印刷有限公司
装　　订	廊坊市广阳区广增装订厂
版　　次	2024 年 9 月第 1 版
印　　次	2024 年 9 月第 1 次印刷

开　　本	710×1000　1/16
印　　张	19.75
字　　数	354 千字
定　　价	108.00 元

凡购买中国社会科学出版社图书，如有质量问题请与本社营销中心联系调换
电话：010－84083683
版权所有　侵权必究

国家社科基金后期资助项目

出 版 说 明

后期资助项目是国家社科基金设立的一类重要项目，旨在鼓励广大社科研究者潜心治学，支持基础研究多出优秀成果。它是经过严格评审，从接近完成的科研成果中遴选立项的。为扩大后期资助项目的影响，更好地推动学术发展，促进成果转化，全国哲学社会科学工作办公室按照"统一设计、统一标识、统一版式、形成系列"的总体要求，组织出版国家社科基金后期资助项目成果。

全国哲学社会科学工作办公室

献给自1840年以降，所有为中国的现代化努力过，甚至牺牲过的先辈们，无论他们来自哪里。

前　言

一　起因

我成长在"四个现代化"的年代。事实上，从我开始懂事起，就一直在体验和参与中国的（以及世界的）现代化（或者还没有完成的现代化），从无意识到有意识。

我们这一届（1981）是打倒"四人帮"之后的第一届读完正规初中和高中（1977～1981）的大学生。当时的我天真幼稚地认为，中国只需要有现代化的科学就能实现现代化了。因此，我毫不犹豫选择了"（自然）科学"。

因为不会填志愿，我于1981年阴差阳错地到中国地质大学（原"武汉地质学院"）就读。尽管没有学到我最喜欢的专业（生物学），但是在中国地质大学的四年，我确实是"开了眼界"。因为学期中和每一个暑假都要到不同的地方实习，我大学期间去过中国的6个省市（湖北、河南、河北、山东、北京、陕西），平心而论，那个年代，我们所到之处都是非常贫穷的，即便是北京。而最后毕业实习的1984年，更是在秦岭深处的陕西省商洛市镇安县的西口镇待了四个月。在这期间，我们见识了当地百姓的朴素、农村青年对上大学的渴望，以及让我深感震惊的贫困。

1985年，我通过自学考入了中国科技大学，终于学上了我真正喜欢的生物学。1988年，从中国科技大学拿到生物学硕士学位之后，我加入了中国第一家生物技术公司——"华美生物工程公司"（现今已不复存在）。它坐落在古都洛阳，是洛阳肉联厂（之后的"春都集团"）和美国普罗麦格（Promega）公司的合资公司。1988～1989年，我还带着几位同事去了一趟秦岭深处。此外，我也到过豫北的三门峡、南阳等地，总体来说，我已经能够感受到神州大地正在发生的积极变化，但总体还是非常贫穷的。

1989～1990年，我通过各种努力拿到了一个"特区证"，来到深圳特区工作。在这里，我第一次看到了改革开放最前沿所迸发的活力，这儿和内地的风景几乎是天壤之别。1990年上半年，我还通过香港电视的现场直播看到了苏东巨变：外面的世界也正在发生巨变。

同样是因为阴差阳错，1990年我来到位于美国底特律市的Wayne State University留学，继续攻读分子生物学和遗传学。临行前，我父亲叮嘱我，将来一定要回国啊。其实，我一直都知道我会回国，因为我从小就爱我的乡亲和人民：我的爱国是极其朴素的。

1990年的底特律市并不是美国最好的城市，甚至可能是当时美国最差的城市之一。整个市中心十分败落，白人和有钱人都住在郊区。这也是我第一次深刻体会种族歧视。

但平心而论，即便是当时的深圳发展水平，也离底特律的发展水平有巨大的差距。这期间，我有两个特别深刻的体会。一是我在中国科技大学培养细胞，无论我怎么在所谓的"无菌间"仔细操作，细胞都会在一个星期内就被污染。（我曾经为此几乎绝望。）而在美国的实验室培养细胞，我其实都不用无菌间，就是一个无菌操作台，然后细胞也长得很好。二是1986年我在上海中科院有机所做有机合成时，几乎所有标着99.9%"实验室纯"的国产基础试剂（比如，乙醇、乙醚等），都是需要自己先纯化一遍才能用。而在美国的实验室，所有的试剂都是直接就可以用。

1995年我来到美国西海岸的圣地亚哥做博士后。圣地亚哥和墨西哥的蒂华纳（也译成"提瓦那"，Tijuana）市接壤，而且从美国过去可以不需要签证，因此我决定去看看。我天真地以为，既然两个城市相距不远，那么蒂华纳应该也是非常不错的一个城市。结果，我发现我彻底错了。首先，蒂华纳的公共汽车和我老家临武县城的公共汽车几乎一样破旧。而我去的那个街区，一到傍晚就已经没有几个人了，吓得我赶紧打道回府。当时的我，几乎不敢相信，蒂华纳居然不像深圳！

1997年初，我第一次回国探亲，看到了改革开放近20年的神州大地已经发生巨变，人民的生活水平也有了普遍提高。这也让我对中国的未来有了更强的信心。但是，农村还处于非常贫困的阶段。

1997年再次回到美国后，我转入了社会科学。不过当时的我其实对社会科学也没有太多的概念。1999年我拿了一个社会科学的硕士学位，随后在中国社会科学院工作。2002~2003年，我作为"西部博士服务团"的一员，被分配到宁夏外经贸厅挂职锻炼。其间过了几次被称为联合国认定的"极端贫困地区"的"西海固"地区。这是我第一次领略黄土高原上的中国，其间的"贫困"再次让我震撼。在这期间，我还去印度访问了两周。也许是这些巧合的经历,让我从2002~2003年开始真正认真地思考现代化。

二　如何思考现代化

现代化是国家发展最为核心和经久不衰的话题。我坚持认为,现代化,或者说"国家的兴衰"仍旧是整个社会科学的终极课题之一。我猜人们之所以要不断地思考现代化,其原因就在于要基本实现现代化并非易事。

无论是在中国还是世界其他地方,现代化始终是无数仁人志士、贤明领袖和劳苦大众所努力追求的目标。而在中国,自鸦片战争以降,现代化就始终是所有中国人的梦想,也正是中国梦的核心内容。

但是,现代化的成功者寥寥而失败者甚众。我经常把现代化比喻成一座孤岛,世界上所有的国家都想游上去。但迄今为止,也只有约40个国家游上了岛。许多国家还在努力地游,而有些国家或者地区要么抱着一块礁石或是一棵枯树停滞了,要么快要沉下去了。事实上,中国的现代化也还没有完成,"同志还需努力"。

那为何现代化成功者寥寥而失败者甚众?要回答这样的一个问题,就需要好的社会科学研究。成功很困难,但解释成功则相对容易;失败很容易,但解释失败却非常困难。

显然,我对现代化的一些零星体验并不足以让我很好地思考和研究现代化。在我转入社会科学之前,我曾经断断续续漫无目的地读过一些书籍,似乎也是为了能够思考现代化。在大学的时候,估计也是我最幼稚的时候,在当时非常有限的条件下,我还是看了一点近现代历史,也读过《走向未来》丛书中的几本小册子。

我上大学的时候,有一本书对我影响深刻,是美国著名记者杰克·贝尔登(Jack Belden, 1910~1989)的《中国震撼世界》(*China Shakes the World*)。我个人认为,他的书其实比埃德加·斯诺的《红星照耀中国》更加有力量。但因为斯诺走的是上层路线,而贝尔登则是真正深入中国社会的最基层,因此斯诺的名望要远远高于贝尔登。这些书大致就是我的社会科学的启蒙。

没人能否认现代化是从西欧边陲开始的。因此,我认为,要想研究现代化,我们还是必须回到现代化的起点,然后慢慢探寻它在全球范围内的扩散和展开。现代化覆盖全球的过程,背后当然有西方坚船利炮的帝国主义、殖民主义的驱动,但更大程度上的驱动是非西方国家和地区曾经都试图向西方学习以尽快实现现代化而成为富强的国家。

而我对中国在不同现代化阶段的体验，对不同国家和地区的现代化程度的差别的体验（从深圳到美国，从美国到中国，从中国到新加坡，再从新加坡到中国），已经把时间与空间的重要性深深地刻在我的心里。因此，我大致认定，要想真正研究好现代化，我们不仅需要打破"西方中心主义"，还要打破"中国中心主义"，要从更加宏阔的时空下来审视现代化的缘起与扩散。

三 何谓现代化？

现代化既是一个动词（modernize），也是一个（动）名词（modernization）。大致可以说，现代化作为一个动词就是一个社会或者国家追求现代化的努力和过程。而现代化作为一个名词，则是对一个社会或者国家的现代化程度的测量和判定。因此，这就涉及如何定义和度量现代化（程度）的问题。

现代化是一个典型的"复合概念"，同时也是一个"复杂"（困难）的概念。首先，现代化是一个典型的"复合概念"，即具有多个维度，同时具有多个层次的概念。其次，现代化又是一个复杂概念，因为不同的人群、社会、组织对它的理解和认可度都是不同的。比如，可能不少人士对于现代化至少包含一部分世俗化就不一定认可。

我们认为，现代化有四个大的维度：政治、经济、科技、社会。我们认为军事现代化主要是政治现代化和科技现代化的综合结果。当然，在书中具体的研究中，我们会把现代化拆解成更加细致的维度进行研究。

我们没有将"文化"作为一个大的维度。"文化"的变迁当然是现代化的一个特别重要的方面。但是我们认为，"文化"在很大程度上要么是其他几个大维度所支撑的结果，要么是属于"社会"现代化的一部分。而在社会方面，现代化的最核心体现之一确实是一个思潮或者精神体系，而这个精神体系的核心就是让理性的光辉照耀我们周围的世界，即"觉醒"（enlightenment）。

四 对于本书的思考

在主体脉络上，我们强调，现代化问题的核心之一当然是经济发展，但是经济发展却首先是个政治问题。

在研究方法上，本书的研究充分体现了我们对"混合方法"研究的努力，尽管早期现代化因为样本数量的限制，我们无法用定量的方法做太多的事情。特别是，我们的认识论和方法论突出了对时空下的"因素组合＋机制"解释的强调。

更具体的说，按照时空，我们能够将全球现代化的过程分成至少三大波现代化，因为这三大波现代化的时空是非常不同的。而每一大波还可以进一步细分为两小波。

当然，我们的努力是建立在前人的努力之上的：我们既吸收西方和其他国家学者的研究，也同样吸收中国学者的研究。我们并不认为，非西方就一定是"东方"，而可以是其他所有国家和地区的历史和思考。此前"西方中心主义"对现代化研究的核心谬误是，因为西方是如此现代化的，因此其他非西方国家要赶紧如此才能现代化。但是，他们忽视了一个关键的限制：因为非西方国家，甚至西欧和中东欧的绝大部分国家，都是在英国率先实现现代化的背景下的现代化，因此，它们无法重走英国的道路。

而"反西方主义"者，或者说是非西方的自我中心主义者则犯了另外一个方向的谬误。他们通常认定，他们必须抵制西方的经验和教训才能实现现代化。

我们的研究表明，通往现代化的路确实可能不止一条，但也确实没有很多条。因此，西方的许多经验和教训，包括它们的政治、经济、社会制度，以及文化思想是实现现代化的必要条件。比如，"市场经济"是实现现代化的必要条件，但是，非西方国家确实无法完全照抄英国的经验。这一方面是因为时空的限制意味着非西方国家不再有英国和西欧率先实现现代化的时空条件，另一方面是因为，实现现代化之前的非西方国家和实现现代化之前的英国一样：它们都不是白纸一张。因此，每一个国家或者社会都被困在崎岖的历史中，只能"负重前行"。

我们深知，我们的研究还有很多可以改进和完善的地方。但是，我们希望读者们能够觉得，我们的努力不仅有全球视野，也有研究思路和理论方面的创新，并且融合了多种方法（包括我们自己发展的某些方法）。我们也希望，我们的这本书能够抛砖引玉，吸引更多的中国学者来研究全球的现代化进程。这样的研究不仅能够为中国提供更加有用的知识，也能够为世界提供更加有用的知识。

最后，我想特别强调，本书的绝大部分内容都是叶成城博士努力的成果。我主要提供了最初的推动，在少数的几个章节贡献了一点框架和一些粗糙的具体思想。

唐世平

目 录

绪 论 ··· (1)
   第一节　研究问题：现代化的起源 ·· (2)
   第二节　时空视角下的现代化：内涵、特征和浪潮 ·································· (13)
   第三节　早期西欧现代化的动力：文献的回顾与批评 ······························ (22)
   第四节　研究方法 ··· (30)
   第五节　章节安排 ··· (35)

第一章　理论框架：现代化的因素与机制 ··· (38)
   第一节　现代化的观念、行为与后果 ·· (38)
   第二节　现代化研究中的因素 ·· (45)
   第三节　现代化研究中的机制 ·· (53)

第二章　第一波现代化：地理大发现与 16 世纪葡萄牙和西班牙的崛起之路 ··· (59)
   第一节　地理大发现与 16 世纪大国兴衰的诸多偶然因素 ························· (59)
   第二节　16 世纪欧洲格局的剧变：大航海与伊比利亚的崛起 ···················· (62)
   第三节　大西洋贸易的后来者：英法荷在 16 世纪后期的发展 ···················· (69)
   第四节　早期其他行为体的国家建设 ·· (75)
   本章小结 ·· (79)

第三章　第一波现代化：大西洋贸易、制度变迁与 17 世纪西欧国家的兴衰 ·· (81)
   第一节　西欧还是西方的兴起：早期的现代化思考 ································· (81)

  第二节 已有研究：一个简略的文献批评 …………………… (83)
  第三节 第一波现代化：一种"因素+机制"分析的
      框架 ……………………………………………………… (86)
  第四节 子机制1：大西洋贸易与商人阶级的崛起 ………… (89)
  第五节 子机制2：商人阶级壮大、权力斗争与制度
      变迁 ……………………………………………………… (98)
  第六节 子机制3：制度变迁、国际竞争与大国的
      兴衰 ……………………………………………………… (107)
  本章小结 ………………………………………………………………… (118)

第四章 第一波半现代化：火器革命的文明动力机制与
    18世纪初欧陆国家的经验 ……………………………………… (120)
  第一节 技术革命的制度效应 ………………………………… (120)
  第二节 技术革命与18世纪的军事变革：三种因果
      路径 ……………………………………………………… (123)
  第三节 技术革命在西欧层面的文明动力机制 ……………… (125)
  第四节 技术革命与18世纪欧洲大国的制度变迁 ………… (133)
  第五节 东方世界：火器革命对清王朝的影响 ……………… (141)
  本章小结 ………………………………………………………………… (144)

第五章 第一波半现代化之"帝国的黄昏"：18世纪后期
    法国与西班牙的改革之殇 ……………………………………… (146)
  第一节 第一波半现代化的意义 ……………………………… (146)
  第二节 已有研究及其批评 …………………………………… (148)
  第三节 改革战略的理论框架与因素分析 …………………… (152)
  第四节 法国与西班牙的政治改革 …………………………… (155)
  第五节 法国与西班牙的经济改革 …………………………… (162)
  第六节 法国与西班牙的财政改革 …………………………… (169)
  本章小结 ………………………………………………………………… (175)

第六章 第一波半现代化之"帝国的胎动"：18世纪后期
    普鲁士和奥地利的崛起之路 …………………………………… (178)
  第一节 第一波半现代化中的德意志 ………………………… (178)
  第二节 德意志的兴起：基于两种路径的理论框架 ………… (180)

第三节　西欧四国改革的因素性分析 …………………… (184)
　　第四节　普鲁士和奥地利的政治改革 …………………… (188)
　　第五节　普鲁士和奥地利的经济改革 …………………… (195)
　　第六节　普鲁士和奥地利的财政改革 …………………… (202)
　　本章小结 ………………………………………………………… (209)

**第七章　第二波现代化的开端：帝国共鸣与 19 世纪初欧洲
　　　　　旧制度的消亡** ……………………………………………… (212)
　　第一节　拿破仑战争与旧制度的崩溃 …………………… (212)
　　第二节　文献综述与理论框架 ……………………………… (214)
　　第三节　1848 年欧洲变革的定性比较分析 …………… (221)
　　第四节　1848 年欧洲变革的因果路径与案例分析 …… (228)
　　本章小结 ………………………………………………………… (237)

结论　现代化的时间与空间 …………………………………………… (241)
　　第一节　时空情境下的比较现代化研究 ………………… (242)
　　第二节　时空维度下的现代化的内涵 …………………… (250)
　　第三节　现代化的动态理论：战争、利益集团与国家
　　　　　　能力 ……………………………………………………… (257)
　　第四节　西欧现代化研究的意义与启示 ………………… (265)

参考文献 …………………………………………………………………… (273)

后　记 ……………………………………………………………………… (300)

绪　　论

现代化（Modernization）是社会科学中最为重要的话题之一，无论是经济学、政治学、社会学还是历史学，都有大量的著作或论文涉及国家现代化的问题。早期的现代化研究时常缺乏时空感，而本书试图基于时空视角和全新的案例研究方法重新审视现代化。

首先，早期的研究往往将大事件作为串联全书的线索，这一做法带来的后果是只能在不同时空中的重大事件中寻找共同原因，例如制度改良、社会革命、技术变革等都是现代化进程中的重要事件，但是这些重要事件经常并非发生在同一时空之中，因而存在许多忽略具体情境的跨时空求同比较，例如比较英国革命、法国革命和美国革命，事实上这些"革命"很大程度上不具备可比性。

其次，缺乏时空感的研究也容易导致一种基于"英雄史诗"的历史叙事，例如近代科学家、冒险家和哲学家（如伽利略、牛顿、哥伦布、洛克等）在特定领域的创造性突破，或者改革先驱者们（如伊莎贝拉女王、伊丽莎白一世、腓特烈大帝、拿破仑一世等）对于国家发展和现代化转型所付出的不懈努力。但是这种叙述方法经常容易忽略同时期那些不那么成功的国家所带来的经验和教训，例如法国革命期间为何西班牙没有发生革命，普鲁士可以很好地适应运用新兴的火器而奥地利却不能，英国与荷兰可以推行产权保护制度而法国和西班牙却不能；等等。事实上只有同时采用成功和失败案例的研究才更具深刻性。

最后，缺乏时空感的研究通常更加倾向于使用因素性解释而较少讨论导致国家现代化的机制。缺乏时空感的结果是倾向于最大化差异来求同，即将大量正面案例聚集在一起，认为上述成功的案例都具备了特定因素（例如大西洋贸易、非攫取型制度、地理禀赋等），而缺乏对机制的讨论。这类研究解释成功相对容易，因为只需表明国家做了哪些正确的事情。而缺乏时空感的研究解释失败案例则较为困难，因为还需要解释国家在因果机制的哪些具体环节上的失败，其中也包含了最基本的反事实假设，即如果这些因素和机制都具备了就可能会成功，在缺乏细致的同时空案例比较时，这些研究很难解释具体的因果机制。

本书的研究则是尝试用一个新视角来重新审视现代化，即通过将现代化分为不同的时期和波次进行研究，而不是将这些案例压缩到同一截面之中，换言之是一种"面板"式的比较研究。同时，由于进行了时空限定，因此案例数量较少，反而可以做到"全样本研究"，从而避免了案例研究中的"选择性偏差"问题。此外，由于案例处于相同时空中，更加符合"最大相似性"的案例比较方法，更有助于通过正反案例的对比来察看现代化进行中的因素与机制。

在进行具体问题和案例研究之前，本章的任务是厘清基本概念，即什么是现代化，以及什么是本书所讨论的早期现代化。笔者认为现代化在层次上可以从经济、政治、军事、财政等维度进行区分，在动力学层面则需要区分其内部和外部的驱动力，在时空上需要划分为不同的波次进行研究。

第一节 研究问题：现代化的起源

欧洲的现代化并非凭空产生，尽管本书会对历史进行分期，但是并不意味着现代化的历史同早期的欧洲是割裂的。相反，它继承了"黑暗的中世纪"的政治社会遗产，同时又吸收了文艺复兴以来的思想的传承。14世纪初期的剧烈气候变化和蔓延的瘟疫极大程度地改变了欧洲的社会经济结构，人口的急剧下降使得人均资源占有和收入开始上升。瘟疫使得欧洲在短期内失去了1/3的人口，封建领主们被迫提升了劳工的薪水，从灾难中幸存的人们积累了好几处土地，村庄中逐渐出现上层的自由农民阶层。[1] 尽管仍然存在严重的贫富差距，但人均资本占有量的上升为此后欧洲资本主义的发展提供了经济基础。15世纪以来的文艺复兴使得人们重新建立起与古典文化的联系，同过去一度流行的欧洲中心主义不同，欧洲现代化的开端恰恰是起源于对中世纪欧洲想象中的完美世界中心的反思与重构。正如哥白尼向世人展示地球并非宇宙中心，哥伦布和达伽马告诉世人欧洲并不一定是世界中心，以及马丁·路德证明罗马未必是基督教欧洲的中心，莫尔的《乌托邦》则表达出了欧洲的价值观和标准未必想当然

---

[1] 〔美〕威廉·乔丹：《中世纪盛期的欧洲》，傅翀、吴昕欣译，中信出版社，2019，第359页。

就是一个完美的典范。[1] 相对于莫尔的理想主义愿景，马基雅维利的《君主论》和《论李维》从现实和道德两个视角对当时的欧洲政治进行了批判与反思，这些都为此后几个世纪欧洲的发展提供了现代性的启示。文艺复兴为欧洲带来了世界观的改变，通过与古典时期的比较以及同欧洲之外世界的比较（尽管当时不少信息存在严重的谬误），欧洲人能够更多元化地思考和选择其制度、伦理与信仰，这为此后的海洋探险和革命性的制度变迁提供了观念基础。

一 问题的提出

本书所讨论的是近三百年的欧洲现代化进程，如果将其放入现代化的世界范围中，可以得到许多有趣的思考。因而本书以回顾16~19世纪世界各地所发生的事件作为开头，可以看到这个时期不同地区之间都发生了很多对历史影响深远的事件。

（1）1500年前后。1492年8月3日，航海家克里斯托弗·哥伦布（Christopher Columbus）在西班牙女王伊莎贝拉（Isabella）的资助下，率船员87人，分乘3艘船从西班牙巴罗斯港出发。10月12日他到达并命名了巴哈马群岛的圣萨尔瓦多岛（San Salvador Island）。哥伦布本人并没有意识到他的发现对于世界历史的重要意义，自此世界历史掀开了全新的现代化篇章。在中国，这一年是明朝弘治五年，明朝皇帝朱祐樘通过整顿吏治，正在开启明朝中叶短暂的弘治中兴，明王朝在几十年后（1567）才开启非常有限的海禁。在日本，室町幕府改元为明应元年，1467年应仁之乱后，日本开始进入分裂和战乱不断的战国时代。1532年11月16日，印加帝国皇帝阿塔瓦尔帕（Atawallpa）与西班牙征服者弗兰西斯科·皮萨罗（Francisco Pizarro）在秘鲁高原城市卡哈马卡第一次相遇。皮萨罗率领168名西班牙士兵组成的乌合之众，却在见面之后不到几分钟就俘虏了阿塔瓦尔帕。皮萨罗将阿塔瓦尔帕关押了8个月，同时勒索了史上最高的一笔赎金，即足够装满一间长22英尺、宽17英尺、高超过8英尺的房间。但在赎金交付之后，皮萨罗却违背诺言将阿塔瓦尔帕处死了。[2] 在此之后，西班牙人迅速征服了印加帝国。

（2）1600年前后。地理大发现近百年后，1587年，西班牙的无敌舰

---

[1] 〔美〕尤金·赖斯、〔美〕安东尼·格拉夫顿：《现代欧洲史·卷一，早期现代欧洲的建立：1460~1559》，安妮、陈曦译，中信出版社，2016，第127~128页。

[2] 〔美〕贾雷德·戴蒙德：《枪炮、病菌与钢铁：人类社会的命运》，谢延光译，上海译文出版社，2006，第43页。

队开始全军出动征讨英格兰,这又是近代史上的一个重要转折;万历十五年,对于明王朝来说仍然是一个平平淡淡的日子,但表面看似末端小节,实质上却是明王朝彻底衰落和崩溃的转折点。[1] 同年4月,丰臣秀吉在九州征伐战中获胜,降服了九州的岛津家,在两年后基本统一日本。1588年,尼德兰的七个省份联合起来,宣布成立荷兰共和国,这是一个在人类历史上第一个赋予商人阶层充分政治权利的国家。1600年,英国东印度公司成立,获得了英国女王的特许状,开始其在印度帝国长期的殖民统治。次年,满洲的努尔哈赤开始着手建立八旗军。1605年,南亚大陆的莫卧儿帝国在贾汉吉尔(Jahangir)的统治下进入鼎盛时期。1603年,在英国伦敦,英格兰女王伊丽莎白一世去世后,詹姆士一世(James I)继承了英格兰王位,开启了斯图亚特王朝;在日本江户(东京),德川家康成为征夷大将军,开始了德川幕府两百年的闭关锁国。

(3) 1700年前后。1688年11月1日,在英国议会的邀请下,奥兰治的威廉亲王率领1.5万人在托尔湾登陆,成为英国国王威廉三世(William III),次年,英国议会通过了限制王权的《权利法案》。英国的君主立宪制即起源于这次"光荣革命"。同年9月7日,在俄罗斯的涅尔琴斯克,中俄两国签订了《尼布楚条约》,这是在清朝军事实力最鼎盛的时期与沙皇俄国的一次重要接触。1696年康熙皇帝亲率8万大军出塞,在昭莫多一战中终结了中国边疆游牧民族的骑兵优势。1700年,俄罗斯在《君士坦丁堡条约》中从奥斯曼帝国手中夺取了亚速要塞,开始了与瑞典旷日持久的北方战争。在西欧,西班牙卡洛斯二世(Carlos II)的逝世令哈布斯堡王朝在西班牙绝嗣,路易十四(Louis XIV)的波旁王朝与奥地利哈布斯堡王朝为争夺西班牙王位开始了欧洲大规模的战争,这场战争以法国称霸欧洲的梦想破灭而告终。

(4) 1800年前后。1784年,第四次英荷战争以英国的巨大优势结束,荷兰的海军被英国彻底击垮。战争结束后,伦敦代替阿姆斯特丹成为世界重要金融中心。1789年7月14日,巴黎市民攻占巴士底狱,开启了对历史影响深远的法国大革命。1799年5月,迈索尔邦的铁普苏丹在抗击英军进攻的保卫战中战死,印度自此逐渐落入英国的统治。1810年9月16日,墨西哥爆发独立战争,中美洲国家地区也于1821年纷纷独立,过去几个世纪盛极一时的西班牙帝国彻底崩溃。1813年(嘉庆十八年),在中国发生了著名的癸酉之变,天理教率众一度攻入紫禁城,尽管这场暴

---

[1] 参见〔美〕黄仁宇《万历十五年》,中华书局,2007,第1页。

动很快就被清政府镇压，但是却暴露出清廷从上至下的吏治败坏，无论嘉庆皇帝如何勤政，仍无计可施，后人将嘉庆和道光时期合称为"嘉道中衰"。1814年，英国人乔治·史蒂芬生（George Stephenson）发明了世界上第一辆蒸汽火车，开启了蒸汽和煤炭的时代。在这一年里，英国军队从加拿大边境进入美国，并且烧毁了白宫。俄国沙皇亚历山大一世（Alexander Ⅰ）亲率反法同盟军队进入巴黎，曾经叱咤欧洲的法国皇帝拿破仑一世（Napoleon Ⅰ）退位，英国、奥地利、普鲁士和俄罗斯在维也纳召开外交会议，再度确立了英国的霸权。到1840年时，火车的普及和电报等无线电通讯技术的出现拉近了欧洲民众之间的距离，最终在1848年的欧洲革命中彻底扫荡了拿破仑战争后残存的旧制度。而在同一时期的东亚，英国通过第一次鸦片战争打开了清朝国门，《南京条约》的签订则开启了近代中国的屈辱历史。

本书以1492～1848年重要历史事件的回溯作为开头，可以看到从15世纪末期到19世纪中期诸多文明的兴衰。

三百年的历史见证了王朝的沉浮与兴衰。在世界各地，如南美洲的印加帝国、印度的莫卧儿王朝、日本的丰臣家和德川幕府、中国的明清王朝等，都曾经出现过辉煌的盛世，然而这些盛世只在这些大陆上昙花一现，很快就被外来殖民者击垮或者重新陷入传统帝国兴衰的怪圈中，而只有西欧在数百年间维持极高的增长水平。到1700年时，欧洲的人均产值已经是非洲的2.5倍，比"东方世界"中的印度、中国和日本高出70%～85%。[1] 西欧的崛起是世界近代史的开端，西欧具备现代国家雏形的发展路径是现代化研究的起点。马克思这样写道："随着美洲和通往东印度的航线的发现，交往扩大了，工场手工业和整个生产运动有了巨大的发展。从那里输入的新产品，特别是进入流通的大量金银完全改变了阶级之间的相互关系，并且沉重地打击了封建土地所有制和劳动者；冒险者的远征，殖民地的开拓，首先是当时市场已经可能扩大为而且日益扩大为世界市场，——所有这一切产生了历史发展的一个新阶段。"[2] 16世纪以来欧洲发生的社会剧变，带动了现代化资本主义的生产方式，"资产阶级在它的不到一百年的阶级统治中所创造的生产力，比过去一切世代创造的全部生产力还要多，还要大"[3]。1492年地理大发现以来的近300年间，西欧出

---

[1] NicoVoigtländerand Hans-Joachim Voth, 2013: "Gifts of Mars: Warfare and Europe's Early Rise to Riches," *The Journal of Economic Perspectives*, Vol. 27, No. 4, p. 165.
[2] 〔德〕马克思、恩格斯：《德意志意识形态》（节选本），人民出版社，2018，第56页。
[3] 〔德〕马克思、恩格斯：《共产党宣言》，人民出版社，2018，第32页。

现了经济的飞跃。

三百年的历史见证了西欧的兴起与分流。地理大发现之后，西班牙哈布斯堡（Habsburg）王朝通过海外殖民和继承领地一度成为横跨数洲的帝国。荷兰通过80年战争从哈布斯堡帝国独立之后，在17世纪成为世界上最强大的海上霸主，被称为"海上马车夫"。法国在17世纪末期和18世纪初期，曾经两度接近西欧权力的巅峰，但在经历了几场惨痛的军事失利之后仍然长期在现代化之路上痛苦挣扎。尽管西欧各国18世纪之后在发展水平上远远超过其他地区，但是这些国家最终都在大国竞争中折戟沉沙。唯有不列颠群岛成就了几个世纪"日不落帝国"的辉煌。事实上，英国与西欧其他国家之间的发展差距在17~18世纪已经出现，而这种差距往往被以大陆或者"洲"为研究单位的许多经济史的研究者所忽视。许多学者将19世纪之后西欧和拉美、东亚与南亚的差距称为"大分流"；将文艺复兴初期到地理大发现以来，地中海地区和西欧滨海地带的发展差距称为"小分流"。而本书研究的主题则是地理大发现到18世纪末，西欧国家内部的发展和分流，即在地理大发现之后作为整体的西欧为何崛起，以及在西欧内部，为何各国的发展模式出现如此大的差异？尽管本书的目的并不是具体讨论大小分流的原因，但是通过本书讨论，读者至少可以了解为何西欧能够迅速实现现代化，以及不同国家或者地区之间现代化水平和程度为何会出现如此重大的差异。

因此本书的目标是通过重新审视过去的历史和理论，为早期西欧国家现代化提供一种"因素+机制"的新解释。本书的目的在于回答一个核心问题：地理大发现如何影响早期西欧国家？同样获益于地理大发现，西欧国家的现代化历程为何出现如此大的差异？这些差异受到哪些变量的影响以及这些变量如何影响到早期西欧国家的现代化历程与大国兴衰？作者将早期西欧现代化分为三个阶段，即第一波（1492~1699）、第一波半（1700~1789）以及之后的第二波现代化（1789~1848），因此本书对过去研究的讨论也依此进行区分。为了能够更加详细和具体地对问题进行研究，作者通过将核心问题细分为几个方面来探讨上述问题。

问题1：第一波现代化所讨论的核心问题是：从16世纪起始到17世纪结束的这两百多年间，为什么初始条件非常相似，但无论是内部的国家建设还是对外的国际竞争或技术革命，却只有英国发展出先进的宪政制度并且成为世界第一的强国，而荷兰和法国都只在某些方面取得成功，而西班牙基本停滞不前甚至走向衰落？

问题2：从西班牙王位继承战争到法国大革命（1700~1789）近一百

年间,随着启蒙运动的兴起,西欧国家开始纷纷通过开明专制的改革学习和效仿英国,为什么实施了类似的政策后,却只有普鲁士相对取得了成功,奥地利只有部分成功,西班牙获得的成就非常有限,而法国出现了社会崩溃和大革命?

问题3:拿破仑战争之后,欧洲的旧制度再度死灰复燃,是什么样的因素和机制导致了它在1848年前后迅速崩溃?为什么席卷欧洲的1848年革命看似非常激烈,但是也仅仅在丹麦、比利时、荷兰取得了有效的成果,而法国、奥地利、意大利的变革则带有明显的缺陷,德国等地的政治现代化却迅速出现了回潮?

问题4:不同时期的现代化的相似和不同之处在哪里?区分不同时期的现代化(即讨论现代化的波次)的主要依据是什么?具有怎样的方法论意义?并且可以为当今中国现代化带来什么样的经验与启示?

二 概念辨析

在对现代化的基本理论进行综述之前,需要对现代化以及它同几个基本概念之间的关系进行辨析。区分这些概念有助于理解现代化概念的内涵和外延,因为许多此前的著作中可能会不同程度地混淆这些概念。

第一,现代化与现代性。陈嘉明曾对此进行了区分,认为从因果上说,现代化属于原因而现代性属于结果,即现代性属于一种特征,而现代化则是获得上述特征的过程;更为重要的是,现代化和现代性本质上分属"实证的"和"规范的"两种不同范畴。[1]尽管两者存在事实与价值的划分,但是对于"现代"的理解是相通的,因此讨论现代化的维度时仍然可以借鉴一些哲学家关于现代性的论述。

第二,现代化与西方化。由于现代化最早在西欧实现,此后开始传播至世界各地。因此,一方面现代化留下了西方世界的许多印记,如现代社会的规则最初由欧美国家制定,科学名词、规律和定理多数都由西方学者命名,现代社会的语言和历史都或多或少地带有一定的西方中心主义色彩。但另一方面,现代化又不能够等同于西方化,各国可以借鉴西方被证明是有益的地方,但并不意味着其余地区的现代化要照搬西方模式——事实上这被许多国家的经验证明是有害的。

第三,现代化与近代化。这两个概念的区分源于不同的文化背景和历史观。西方社会将历史分为中古史、中世纪史和现代史,而东亚的学界通

---

[1] 陈嘉明:《现代性与后现代性十五讲》,北京大学出版社,2006,第36~37页。

常习惯将历史划分为古代史、近代史和现代史。按照东亚史观，近代化开始之前的历史都属于近代史，日本将明治维新视作近代史的开端，中国则将鸦片战争视作近代史的开端。无论是西方的 modern time 还是汉字中的近现代，都是在时间上相对于传统的古代社会而言。

第四，现代化与工业化。现代化显然包括了科技创新（尤其是机械工具的使用）和经济增长的过程。工业化是早期现代化最为直接的特征，也是人们对早期现代化的观察中最为直接的特征。同样的，理性精神、社会分工、科技进步、民主化等概念都是现代化特定维度中的一个过程，这些因素往往被视作现代化的必要非充分条件或 INUS 条件。①

三 现代化的维度

在概念辨析的基础上，作者认为需要加入对现代化维度的不同理解。关于现代化的研究非常多，而对于现代化的定义也因研究者的学科或者偏好不同而不尽相同。因此按照现代化的不同维度可以分为如下几个方面。需要说明的是，特定维度的定义并不等同于按照特定领域的定义，例如政治学著作也可能直接将现代化定义为工业化。

第一，经济学维度对现代化的定义，通常围绕着增长和工业化而展开。最早在亚当·斯密（Adam Smith）的《国富论：国民财富的性质和起因的研究》中就隐含着现代化是一个"富裕的过程"。② 威廉·阿瑟·刘易斯（William Arthur Lewis）将生产部门分为以传统生产方式为主的农业和以制造业为主的现代化部门，因此在刘易斯的理论中，现代化就是通过农业剩余劳动力向制造业转移，不断减少传统农业部门的重要性，建成一个发达资本主义社会的过程。③ 在罗斯托（Rostow）的五阶段理论中，人类社会经历了传统社会、起飞的准备阶段、起飞阶段、向成熟推进阶段和高额群众消费阶段，他将现代化视作一个经济迅速发展的过程，这个过程伴随着新工业的不断发展和农业商品化的过程。④ 西蒙·库兹涅茨（Simon Kuznets）从经济学角度提出了现代化的六个特征：一是人均产值和

---

① INUS 条件即"结果的充分非必要条件中的非充分但必要的部分"（An insufficient but necessary part of a condition which is itself unnecessary but sufficient for the result，INUS）。
② 〔英〕亚当·斯密：《国富论：国民财富的性质和起因的研究》，谢祖钧译，新世界出版社，2007。
③ 〔美〕威廉·阿瑟·刘易斯：《二元经济论》，施炜等译，北京经济学院出版社，1989。
④ 〔美〕罗斯托：《经济成长的阶段——非共产党宣言》，国际关系研究所编译室译，商务印书馆，1962，第 10～19 页。

人均增长率很高；二是生产力提高很快；三是经济结构转变的速度快；四是有紧密联系且极为重要的社会结构及其意识形态也迅速变化；五是运输和交通能力足以拓展到世界上其余地区；六是经济增长的传播。①

第二，政治学维度对现代化的定义偏重于政治发展。贾恩弗朗哥·波奇（Gianfranco Poggi）将现代化进程视作人类社会进化的主要环节，近代国家的起源和发展构成了这一环节中最显著的方面，即国家建设的过程。② 塞缪尔·P. 亨廷顿（Samuel Phillips Huntington）将政治现代化视作一个权力的集中、扩大或分散的过程。③ 弗朗西斯·福山（Francis Fukuyama）用国家建设、法治和负责任政府三个维度去考察政治发展与政治衰败。④ 加布里埃尔·A. 阿尔蒙德（Gabriel A. Almond）用世俗的态度和结构分化来定义政治发展，即出现或创造新的专门化结构和次体系，主管征税、训练官员、传递信息、维持秩序等或者从原来的结构中分离，而且角色和结构之间的关系也发生了变化。⑤ 白鲁恂（鲁恂·派伊，Lucian Pye）在1965年提出关于政治发展较为全面的含义：工业社会的政治形态、民族国家的运转方式、民族国家、行政和法律的发展、大规模的群众动员和群众参与、民主建设、稳定和有序的变化，以及多元社会的变迁。⑥

第三，社会学维度的现代化讨论偏重于观念或结构。埃米尔·涂尔干（Emile Durkheim）将社会划分为"机械团结"的社会和"有机团结"的社会，前者是不发达的社会，而后者属于现代工业社会，以分工造成的社会关系统一体为特征。⑦ 马克斯·韦伯（Marx Weber）则将新教伦理和现代化的资本主义精神相联系。⑧ 戴维·E. 阿普特（David E. Apter）将现代

---

① 〔美〕西蒙·库兹涅茨：《现代的经济增长：发现和思考》，载西里尔·E. 布莱克编《比较现代化》，杨豫、陈祖洲译，上海译文出版社，1996，第273~274页。
② 〔美〕贾恩弗朗哥·波奇：《国家：本职、发展与前景》，陈尧译，上海人民出版社，2007，第89页。
③ 〔美〕塞缪尔·P. 亨廷顿：《变化社会中的政治秩序》，王冠华等译，上海人民出版社，2008，第121页。
④ 〔美〕弗朗西斯·福山：《政治秩序的起源：从前人类时代到法国大革命》，毛俊杰译，广西师范大学出版社，2012。
⑤ 〔美〕加布里埃尔·A. 阿尔蒙德、〔美〕小 G. 宾厄姆·鲍威尔：《比较政治学——体系、过程和政策》，曹沛霖等译，东方出版社，2007，第21~22页。
⑥ 〔美〕鲁恂·派伊：《政治发展面面观》，任晓、王元译，天津人民出版社，2009，第49~62页。
⑦ 〔法〕埃米尔·涂尔干：《社会分工论》，渠东译，生活·读书·新知三联书店，2000。
⑧ 〔德〕马克斯·韦伯：《新教伦理与资本主义精神》，康乐、简惠美译，广西师范大学出版社，2010。

化视作一种理性和有意识的选择，认为成为现代意味着将生活看成是可替代的偏好和选择，现代化的过程就包含了两个方面：改善选择条件，以及选取最令人满意的选择机制（如政治制度）。① 阿历克斯·英格尔斯（Alex Inkeles）认为现代化是一种精神状态，并非一种单一的物质特征，他提出了现代人的 10 个基本特征：包括人的观念、乐于接受新事物、尊重不同观点、守时、讲求效率、计划、尊重知识、信任感、重视技术、敢于挑战。② E. A. 里格利（E. A. Wrigley）认为，支撑现代化这一定义的两个关键概念是理性行为和利己主义：理性行为指的是决策和实施时追求个人或团队经济收益或效用最大化；利己主义意味着采纳利益演算方式，以个体为单位，计算标准再次成为金钱。③ 这种"自利的理性"就像亚当·斯密所描绘的那样，人们从事自己的职业并非出于仁慈，而是基于对自身利益的关切。④

第四，军事和科技层面的现代化。布莱恩·唐宁（Brian Downing）把军事现代化定义为小型的、分权的封建领主被大型的、财政集中的、用现金装备与昂贵武器武装自给的君主代替的过程。⑤ 在威廉·麦克尼尔（William McNeil）的叙述中，现代化则伴随着国际竞争压力不断加剧，军事技术不断改进和它与工业相互作用不断增加的过程。⑥ 伊恩·莫里斯（Ian Morris）用能量获取、社会组织、战争能力和信息技术来度量国家的文明程度。⑦ 吉尔伯特·罗兹曼（Gilbert Rozman）则把现代化视作各社会在科学技术革命的冲击下，业已经历或者正在进行的转变过程。他用非生命动力资源与生命动力资源之比来界定现代化程度，当比率达到如下的状态，即在生命动力自由的增长已经变得无法补偿生命动力资源，哪怕是相当少量的减弱时，就可以认定为现代化。⑧

---

① 〔美〕戴维·E. 阿普特：《现代化的政治》，陈尧译，上海人民出版社，2011，第 7 页。
② 〔英〕阿历克斯·英格尔斯：《人的现代化》，殷陆君编译，四川人民出版社，1985，第 22~31 页。
③ 〔英〕E. A. 里格利：《延续、偶然与变迁：英国工业革命的特质》，侯琳琳译，浙江大学出版社，2013，第 103~104 页。
④ 〔英〕亚当·斯密：《国富论：国民财富的性质和起因的研究》，谢祖钧译，新世界出版社，2007，第 12~13 页。
⑤ 〔美〕布莱恩·唐宁：《军事革命与政治变革：近代早期欧洲的民主与专制之起源》，赵信敏译，复旦大学出版社，2015，第 8 页。
⑥ William H. McNeill, 1982: *The Pursuit of Power*: *Technology*, *Armed Force*, *and Society Since AD 1000*, Chicago: University of Chicago Press.
⑦ 〔美〕伊恩·莫里斯：《文明的度量：社会发展如何决定国家命运》，李阳译，中信出版社，2014，第 38~39 页。
⑧ 〔美〕吉尔伯特·罗兹曼：《中国的现代化》，国家社会科学基金"比较现代化"课题组译，江苏人民出版社，2010，第 3 页。

第五，财政现代化。尽管现代化的文献中很少提到关于现代国家的财政体系，但事实财政是国家现代化所不可或缺的部分。玛格丽特·利瓦伊（Margaret Levi）在《统治与岁入》一书开篇就提到了国家岁入生产的历史即国家的演进史。① 统治最为重要的目标之一就是尽可能多地获得收入，国家税收能力的增长同样是现代化过程中不可获取的步骤，利瓦伊认为国家岁入增长最大化的目标受到了国家相对议价能力、交易费用和贴现率的影响。财政的现代化与政治和经济的现代化息息相关，其中最为重要的标志是预算制度。道格拉斯·诺斯（Douglass North）和巴里·温格斯特（Barry Weingast）在考察英法两国的财政制度时发现，预算制度更加有利于国家以更低的利率筹措资金。② 尼尔·弗格森（Niall Ferguson）在讨论考察英国与法国和荷兰的财政制度差异时，认为英国的优势就在于同时具备有效的中央集权的税收体系、透明的议会预算和早期的中央银行制度。③ 黄仁宇认为明朝中国在缺乏有效的经济知识和财政技术的情况下，强行推动中央集权的财政制度，最终损害国家发展。④

第六，关于现代化的综合性定义。亨廷顿将现代化视作一个多层面的进程，涉及到人类思想和行为所有领域里的变革，城市化、工业化、世俗化、民主化、普及教育和新闻参与等都属于现代化的进程。⑤ 安东尼·吉登斯（Anthony Giddens）提出了现代性的四个制度维度，分别是对信息和社会督导的控制、在战争工业化情境下对暴力工具的控制、"人化环境"的发展、在竞争性劳动和产品市场情境下的资本积累。⑥ 于歌从文化、社会、政治和经济四个维度提出了对现代化的定义：即文化上的理性主义、科学主义、普遍主义，社会上的组织化、功能化和个人主义，政治上的民主主义，经济上的理性资本主义。⑦

---

① 〔美〕玛格丽特·利瓦伊：《统治与岁入》，周军华译，格致出版社、上海人民出版社，2010，第1页。
② Douglass C. North and Barry R. Weingast, 1989: "Constitutions and Commitment: The Evolution of Institutions Governing Public Choice in Seventeenth-Century England," *The Journal of Economic History*, Vol. 49, No. 4, pp. 803~832.
③ Niall Ferguson, 2001: *The Cash Nexus: Money and Power in the Modern World, 1700~2000*, New York: Basic Books, pp. 112~117.
④ 黄仁宇：《十六世纪明代中国之财政与税收》，阿风等译，生活·读书·新知三联书店，2001，第416~429页。
⑤ 〔美〕塞缪尔·P. 亨廷顿：《变化社会中的政治秩序》，王冠华等译，上海人民出版社，2008，第25页。
⑥ 〔英〕安东尼·吉登斯：《现代性的后果》，田禾译，译林出版社，2011，第52~55页。
⑦ 于歌：《现代化的本质》，江西人民出版社，2010，第16页。

前面所述的现代化理论主要限于反映和描述现代化的特征或者关键因素，把现代化的大多数概念等同于社会变化的一种类型，或者说阐述了现代化"是什么"的问题。相对的还有另外一类概念则阐述了现代化"不是什么"的问题，在这个过程中，"传统"社会由此获得"现代"属性，阐述的是现代化"不是什么"的问题。[1] 这类概念也时常以时间的维度来区分现代，如吉登斯认为现代性指社会生活或组织模式，大约17世纪出现在欧洲，并且在后来的时间里，不同程度地在世界范围内产生着影响。[2] 罗荣渠指出，现代既是一个时间尺度，泛指中世纪以来延续至今的一个长时程，同样也是一个价值尺度，它指区别于中世纪的精神与特征。[3]

对于现代化的定义，无论是关于它的关键因素还是通过对立因素来对它进行定义，都仍然存在如下缺陷。一方面，单向维度的定义过度强调了特定因素的作用，尽管这些因素对现代化非常重要甚至起到核心作用，但也需要意识到现代化是一个系统性工程。另一方面，一些关于现代化的定义包含了现代性的表述，例如将现代化视作"由传统的农业社会向现代社会的转变过程"[4]，可能存在同义反复，读者仍然无法理解何为"现代社会"。除此之外，早期的部分研究也并不侧重于现代化，例如许多政治学者重视的是制度变迁，经济学家主要讨论产权制度或者经济增长，哲学家则主要讨论现代性的问题，他们可以提供现代化的重要维度的思考，但是显然也不可能照搬或者苛求过去的许多文献出现关于现代化的准确定义。

在讨论了现代化的维度并对现代化的不同定义进行评述之后，本书给出的关于现代化的定义是：现代化是在外部冲击之下（这种冲击可以是货币输入、观念传播或者制度移植等），传统的社会（帝国/部落/封建王朝）逐渐出现思想启蒙、科技进步和工业化，在经历一系列的权力斗争之后成为民族国家，这个不可逆转的过程往往伴随着官僚制度、产权保护、财政预算、常备军和代议制等象征现代国家制度的建立。成功实现制度变迁的国家在实力逐渐增强之后，又会通过示范效应、贸易、殖民或者强加等方式成为其他地区新一轮制度变迁的外部冲击。

---

[1] 参见〔美〕迪恩·蒂普斯《现代化理论与社会比较研究的批判》，载西里尔·E. 布莱克编《比较现代化》，杨豫、陈祖洲译，上海译文出版社，1996，第99~100页。
[2] 〔英〕安东尼·吉登斯：《现代性的后果》，田禾译，译林出版社，2011，第1页。
[3] 罗荣渠：《现代化新论——世界与中国的现代化进程》，商务印书馆，2014，第5~6页。
[4] 徐宗华：《现代化的政治文化维度》，人民出版社，2007，第43页。

第二节　时空视角下的现代化：内涵、特征和浪潮

在上述维度研究者对于现代化的理解的基础上，本节从本体论层面讨论了现代化研究意义，并在此定义的基础上讨论现代化的过程性、斗争性和冲击性三个特征。根据文中给出的这些特征，我们认为需要通过不同的时空和关键节点将现代化至少分为三波进行研究。

一　现代化的内涵与研究意义

现代化进程是人类社会进化的主要环节，近代国家的起源和发展构成了这一环节中最显著的方面。现代化是一个革命的、复杂的、系统的、全球的、长期的、有阶段、同质化、不可逆的、进步的过程。[①] 在对中欧的现代化进行比较时，最需要思考的核心问题是本体论视角下的现代化，即何为现代化？

对于不同学科而言，现代化存在诸多解释和维度，迈克尔·曼（Michael Mann）提出政治、经济、意识形态和军事四个维度，将现代化视为一种综合性结果。[②] 具体而言，现代化历史比较研究存在两个层面的本体论意义。

第一个层面是出于对国家发展和现代化这一终极目标的关怀，观察近代中欧发展的差距，即理解16～19世纪西欧为代表的"西方世界"出现飞速增长而中国为代表的"东方世界"的则相对沉寂。1500～1820年，西欧每年人均GDP的增长仅为0.14%；1820～1870年，其人均GDP的增长达到1.04%。而中国在这两个时期人均GDP的增长分别为0和－0.25%。[③]而在西方世界高速发展的同时，中国社会的发展仍然处于基本停滞的状态。黄仁宇的《万历十五年》某种程度上就是基于这种思考与情怀的比较现代化研究。万历十五年是全国并无大事可叙的一年，这一年也是西班牙无敌舰队全部出动攻打英国的前一年，当时中国发生若干易

[①] 〔美〕西里尔·E. 布莱克编：《比较现代化》，杨豫、陈祖洲译，上海译文出版社，1996，第44～47页。

[②] 〔英〕迈克尔·曼：《社会权力的来源（第二卷）：阶级和民族国家的兴起（1769～1914）》，陈海宏等译，上海人民出版社，2015。

[③] 〔英〕安格斯·麦迪森：《世界经济千年统计》，伍晓鹰、施发启译，北京大学出版社，2009，第272页。

于忽视的事件，这些事件表面上不重要而实际上是未来掀起波澜的重要转折点。① 他在著作中所描绘的16世纪中国社会的历史背景，反映了一种融入现代化潮流之前的社会状态，其背后隐含的问题同样是基于中国为何落后于欧洲的本体论思考。

比较现代化研究第二个层面的意义在于，关于现代化的本体论思考意味着"发展"或"文明"并不是一个纯粹"相对主义"的概念，而存在诸多客观的标准。现代化是一个传统社会逐渐解体或崩溃的过程，相对于内卷（involution）更加具有演化（evolution）的特征。在上述关于现代化维度的本体论讨论中，可以看到的是，尽管文化或文明之间很难或者不应用优劣来进行区分，但无论是物质还是精神方面，现代化的定义和讨论不可避免地会存在部分客观标准，尤其在面临国际竞争的时候。在军事上，具有常备陆军的国家在战斗力上通常会优于那些采用雇佣军的国家，大规模使用先进火器的国家则会对那些仍然使用骑兵和冷兵器的国家构成战略优势；在经济上，商品经济的发展开始逐渐拉开与小农经济国家的距离，资本主义比封建制度和原始部落更加具有活力；在政治上，实施中央集权和官僚体制的国家也在国际竞争中证明比分封领主和官职私有化的国家更加有效率；在财政上，引入预算和中央税收制度在对内的汲取能力上开始超越早期的包税人制度；在国际层面上，国家/帝国不再被视作是私产，国家主权的概念开始在国际社会通行，国家间的外交方式日趋成熟，采取自由主义或者重商主义的贸易方式而非闭关锁国成为各国的首选。并且，经济、军事能力和工业化等变量都存在可以量化的标准，例如人均收入、军事指标和城市化率等。这些标准让时间与空间互相转换，不同地区根据客观标准的差异按照时间分为不同的"发展阶段"。齐格蒙·鲍曼（Zygmunt Bauman）指出："现代性是时间的历史。"② 当我们从时间的角度去思考现代性时，就意味着要把历史设想为直线型的和演化系列的事件，以此作为前提条件来讨论它在空间上并存的时间性关系。③

基于上述两种本体论意义最核心的讨论集中在大分流之谜和李约瑟难题上。李约瑟难题讨论的是科技差距现象，即"为何现代科学没有在中国发展，而只在欧洲发展出来"；而大分流之谜则着重于讨论东西方之间

---

① 〔美〕黄仁宇：《万历十五年》，中华书局，2007。
② 〔英〕齐格蒙·鲍曼：《流动的现代性》，欧阳景根译，中国人民大学出版社，2018，第191页。
③ 参见〔英〕彼得·奥斯本《时间的政治：现代性与先锋》，王志宏译，商务印书馆，2017，第33页。

的差距在何时拉开。① 一些学者认为东西方的差距在中世纪就开始存在②，并将其归因于西方的分裂和弱势的君主制度③，或者追溯到更为早期的文化传统，例如认为古希腊哲学、罗马法以及基督教传统为形成西方合乎理性的信念奠定了基础④。而另一部分学者则认为，到18世纪之前，西欧和东方世界并不存在所谓的"大分流"问题。⑤ 尽管西欧和所谓的"东方世界"之间何时产生差距仍然存在争议，但学界基本的共识是在1800年后东西方已经存在一定差距。这是近代史上最为重要的事件之一，布罗代尔认为，欧洲同世界其他地方之间确实存在"历史学"的不平衡，要解释这一问题，就涉及近代世界史的基本问题。⑥

二 现代化的特征

上文给出了我们关于现代化的理解，包括了至少如下几个方面的特征。

第一，现代化是一个周而复始的因果过程。这并不意味着各国的现代化遵循同样的模式并且达到同样的效果，相反，上述机制仅仅展示了顺利实现现代化的国家的路径。通常解释现代化的成功相对容易，例如只需要阐述英国成功做到了哪些事情或者具备了哪些条件，能够较好地通过上述机制实现现代化，并在"英国治下的和平"中将现代化传播到其他的国家。但是解释现代化失败就较为困难，因为在机制的因果链条中，由于各国的初始条件不同，导致现代化受挫的因果链条的位置也是不同的。更为复杂的是，这种过程并不是一次性的，每一次国际竞争的结果都会成为下

---

① 〔英〕李约瑟：《文明的滴定》，张卜天译，商务印书馆，2016，第176~202页；〔美〕乔尔·莫基尔：《富裕的杠杆：技术革新与经济进步》，陈小白译，华夏出版社，2008，第234~265页；〔美〕彭慕兰：《大分流：欧洲、中国及现代世界经济的发展》，史建云译，江苏人民出版社，2008。

② Eric Jones, 2003: *The European Miracle: Environments, Economies and Geopolitics in the History of Europe and Asia*, Cambridge: Cambridge University Press.

③ Scott Abramson, 2017: "The Economic Origins of the Territorial State," *International Organization*, Vol. 71, No. 1, pp. 97~130.

④ 〔美〕托比·胡弗：《近代科学为什么诞生在西方（第二版）》，周程、于霞译，北京大学出版社，2010。

⑤ 〔美〕杰克·A. 戈德斯通：《为什么是欧洲？世界史视角下的西方崛起（1500~1850）》，关永强译，浙江大学出版社，2010，第5~41页；〔德〕贡德·弗兰克：《白银资本：重视经济全球化中的东方》，刘北成译，中央编译出版社，2005，第261页。

⑥ 〔法〕布罗代尔：《15至18世纪的物质文明、经济和资本主义》第2卷，顾良译，生活·读书·新知三联书店，1993，第123~124页。

一轮现代化潮流的前置条件，例如18世纪各国都不得不在一个被英国深深改变的世界中谋求富国强兵。并且，现代化的后发国家往往很难获取最优质的资源，如法国在现代化早期拥有的殖民地要远少于英国，而更晚觉醒现代意识的区域（如美洲和东亚）则还要先经历反殖民的独立战争。

第二，现代化过程中的激烈斗争通常很难避免。因为这意味着国家和社会在诸多维度的转型，转型往往意味着要在一定程度上与传统决裂，绝大多数的王朝和贵族都在一波又一波的现代化转型中消亡。传统社会崩溃最为重要的特征之一就是国家逐渐从封建式的王朝国家转变为近代的民族国家。以商品化和国际贸易取代小农经济同样是早期现代化的重要特征，马克思把人类社会定义为五个阶段，早期现代化的时间范围就近似于封建社会向资本主义转型的阶段。大多数国家现代化历史上，往往都会经历血腥的内战，因为传统社会所残余的利益集团并不甘于交出手中的权力，政府希望从旧式贵族手中获取或收回权力时，就必然会遭遇贵族的抵制和反抗。当特定的外部冲击打破了政治、经济、社会原有的平衡时，可能还会伴随着国家利益、阶级、族群或宗教理念的冲突，王室、贵族和民众之间的斗争就会因此而显得更加难以妥协。

第三，现代化有着强烈的"冲击性"特征。传统的社会处于一个相对稳定的状态，是一个相对"内卷化"的社会，通常有着大量抵制变革的机制，包括诸多的"潜规则"和日渐趋于保守的主流意识形态。这类社会在缺乏某一关键要素的剧烈变化时，往往很难"启动"上述现代化的机制，因此外部冲击是现代化的前提和契机。外部冲击可以是特定要素，例如金银、劳动力或者土地的变动；可以是特定国家的成功所造成的冲击引发的示范效应，无论是其对手还是盟友，都会愿意模仿"典范国家"进行改革；也可以是外部国家在直接入侵或者殖民后所强加的制度。因此，现代化也意味着先从个别区域开始，然后逐渐蔓延到其他区域之中。伊曼纽尔·沃勒斯坦（Immanuel Wallerstein）的世界体系理论将现代化的动力归于西方向全球范围内的扩散。他将世界视作是中心区、半边缘区和边缘区联结成的整体，三个不同组成各自承担不同的经济角色，而现代化的进程就是体系边界由小到大的过程。[①] 因此现代化的研究也需要根据上述"冲击性"特征将其分为不同的时期和波次来进行研究，从而避免将时空情境截然不同的案例进行比较。

---

① 〔美〕伊曼纽尔·沃勒斯坦：《现代世界体系》第1卷，尤来寅等译，高等教育出版社，1998。

三 现代化的浪潮

基于上述几个特征的分析，我们认为同民主化的研究一样，对于现代化的研究需要分为几波进行。[①] 在中国古代或者欧洲中古时期，经济增长和创新的速度非常慢，而人类历史上首次较快的增长和工业化都出现在地理大发现之后的欧洲，故而欧洲最初的发展可以被视作早期现代化的起源。

如表 0-1 所示，本书根据现代化的时空和机制之间的差异提出了现代化的分期理论，这种分期的主要依据包含了如下三个方面的理论。

表 0-1　　　　　　　　现代化的波次、时空与机制

	时间	主要地区	影响现代化的新机制
第一波现代化	1492~1699	西欧	探索阶段
第一波半现代化	1700~1789	西欧、中欧	效仿
第二波现代化	1790~1848	欧洲、拉美	制度的空间扩散
第二波半现代化	1849~1945	多民族帝国、日本、前英国殖民地	诱导、强制或干预
第三波现代化	1946~1991	欧洲、美洲、东亚	意识形态和两极对抗
第三波半现代化	1992年至今	全球范围	全球化、地区一体化、信息化

首先，从因果机制的角度来看，现代化的核心机制发生了重要变化，因而需要用波次来进行区分。总体来看，新的机制出现使得社会变化的速度越来越快，事实上也为后发国家实施早期现代化提供了可能。第一波现代化是各国各自摸索的阶段，而到了第一波半时已经出现了效仿的意识，省去了探索的试错成本，拉丁欧洲的国家就不需要数十年甚至上百年去做早期的探索。第二波现代化中出现了剧烈的空间扩散，尤其是拿破仑战争强行推动了诸多具备现代性的法律和制度，无论是拉美还是欧洲其他地区都深受其影响。第二波半的特征是制度的强加，1848年后大量前现代国家强迫面对实现现代化的西方列强，欧洲范围内出现了强权（如英美苏德）通过诱导或强加的形式对弱国内部现代化进程的强行干涉。到了第

---

① 〔美〕塞缪尔·P. 亨廷顿:《第三波：20世纪后期的民主化浪潮》，欧阳景根译，中国人民大学出版社，2013。

二次世界大战（以下简称"二战"）结束后的第三波现代化，这种制度强加被进一步意识形态化，使得大量国家要在社会主义和资本主义的现代化模式中做出选择。第三波半现代化则始于苏联的崩溃，美国霸权带来意料外的结果是全球市场的统一，全球化、信息化和区域集团化等趋势使得各国探索现代性时又面临着截然不同的环境与机制。

其次，本书从空间角度将现代化分为了三波，三波现代化的范围是截然不同的。第一波现代化主要局限于西欧，而在第一波半时也仅仅是扩散到波兰以东的欧洲区域。而第二波现代化与传统帝国的殖民扩散和交通便利以及通信技术的发展息息相关。前者是因为技术的发展使得欧洲发达国家之间的空间"缩短"了，因为火车和电报的出现使得欧洲国家间的信息交换和互动变得日益频繁，从而使得现代化的浪潮出现在了欧洲国家，尤其是南欧、北欧和东欧的国家都出现了这一趋势。后者使得现代化的浪潮扩散到了被殖民的拉美地区，掀起了反殖民的现代化浪潮，同时英国的诸多殖民地也开始纷纷独立或进一步推动现代化。第二波半现代化在地理上则是以殖民帝国和传统帝国之间的冲突为起点，最终以传统帝国的消亡和殖民帝国的崩溃为终点。而第三波现代化则是经历了两次世界大战以后，现代化扩散到了欧洲、美洲和东亚地区，以日本为代表的东亚奇迹则是其中的代表。冷战结束之后，诸多非西方国家迅速现代化，中国崛起则是其中最具标志性的事件。

最后，从时间上来看，本书用大事件区分作为各个波次现代化的关键节点，因为大事件本身意味着对过去机制的"清零"，或者是一种新的机制的开始。[①] 第一波现代化以1492年的地理大发现作为起点，第一波半则是各国在西班牙王位继承战争后开始效仿英法，因而以1700年作为分界线，最终1789年的法国大革命彻底动摇了以开明专制为特征的"旧欧洲"的现代化历程。第二波现代化始于大革命和拿破仑战争，其阶段性的高潮则是1848年欧洲革命，扫除了大量的旧制度残余。殖民与反殖民是第二波现代化的另一重要主题，而1945年"二战"的结束则标志着那个时代的阶段性终结。第三波现代化则以冷战开始为起点，以苏联解体为终点，此后开始进入全球化和美国单极霸权的时代。2010年以来，数字技术革命的出现，以大数据、人工智能、大语言模型等新技术的出现，同时以金砖国家为代表的新兴经济体正在逐渐追赶和超越传统西方国家，美

---

① 时间性的方法讨论详见叶成城、郝诗楠《政治学研究中的时间性：因果机制与事件的时间状态类型》，《复旦政治学评论》2019年第2期。

国的霸权也日渐衰落。这些现象究竟可以视作第三波半现代化中的新形式、新现象？还是说这意味着新机制出现，甚至是第四波现代化的到来？这也是未来需要研究的重要问题。

具体而言，当前的现代化历史可以分为六个时期。

1. 第一波现代化（1492～1699）。地理大发现对欧洲最重要的影响是，美洲金银引发的通胀造成了西欧财富的重新分配，从而让阶级力量对比逐渐倾向商人和资产阶级，最终经历不同程度的权力斗争后推动了欧洲的制度变革。① 地理大发现之后参与大西洋贸易的四个主要西欧国家被视作第一批获得"现代化入场券"的国家，它们分别是第一波现代化期间的西班牙、荷兰、法国和英国。② 而英国借助地理大发现带来的财富发展了其工业基础，在光荣革命之后用代议制和君主立宪来进一步凝聚国内力量和提升生产效率，并在三十年战争、九年战争以及英荷战争中击败主要对手，成为第一个现代意义上的霸权国。

2. 第一波半现代化（1700～1789）。英国霸权的确立要从西班牙王位继承战争开始，失去西班牙意味着哈布斯堡王朝霸权的终结，英国在这场战争中获得了加拿大等大量海外殖民地，并阻止了路易十四称霸欧洲的图谋。18世纪中期的七年战争使得法国、西班牙、普鲁士和奥地利等国在战争中背上了沉重的财政负担，为了解决财政危机，同时受到英国工业革命和启蒙运动的影响，这四个国家开始了被后人称为"开明专制"的改革，试图在旧制度的框架下模仿英国的工业化。欧洲各国模仿和追赶英国的尝试多数以失败而告终，只有普鲁士依靠强大的国家机器和军国主义的制度安排，迅速崛起成为欧洲列强之一。法国的改革曾经是最接近成功的，但是由于贵族集团的阻挠和支持北美独立战争所造成的财政崩溃，改革最终失败并引发了影响深远的法国大革命，西欧的旧制度自此终结。

3. 第二波现代化（1790～1848）。法国大革命和之后的拿破仑战争沉重打击了欧洲的旧制度，大革命之后的世界与此前发生了巨大差异。第二波现代化的重要特征是它开始从欧洲向世界各地扩散。③ 由于空间上的差

---

① Daron Acemoglu, Simon Johnson and James A. Robinson, 2005: "The Rise of Europe: Atlantic Trade, Institutional Change, and Economic Growth," *The American Economic Review*, Vol. 95, No. 3, pp. 546～579；张宇燕、高程：《美洲金银和西方世界的兴起》，《社会科学战线》2004年第1期。

② 黄振乾、唐世平：《现代化的"入场券"——现代欧洲国家崛起的定性比较分析》，《政治学研究》2018年第6期。

③ Kurt Weyland, 2014: *Making Waves: Democratic Contention in Europe and Latin America Since the Revolutions of 1848*, New York: Cambridge University Press.

异，我们需要将第二波现代化分为几组来研究。第一，由于电气革命带来的交通和通信的便利，欧洲国家制度变迁出现明显的集聚聚性特征，即在时空上的高度集中。① 第二，欧洲之外的殖民地开始尝试推动现代化，而东亚地区仍然相对沉寂。拉丁美洲殖民地在19世纪初期开始脱离殖民统治而试图实现现代化，包括阿根廷、墨西哥、智利和巴西等国，但这些国家在第二波现代化中也没有获得成功。

4. 第二波半现代化（1849~1945）。第二波半现代化之后的世界与此前最大的差异就在于，国家制度变迁方向受到整个国际体系的影响，即那些占据优势的国家，可以在全球或地区范围内通过诱导、强制或干预的方式来"同化"中小国家。② 因此在第二波半现代化中，出现了不同于过去的两种特征。一个是在19世纪中后期到第一次世界大战结束，多民族帝国在遭受西方国家的冲击后，试图进行改革追赶西方国家的历程，包括中国、俄罗斯帝国、哈布斯堡帝国和奥斯曼帝国，它们的改革在第一次世界大战前后都遭到失败，这些帝国随后也以各种不同的形式崩溃。③ 而日本的现代化是一个相对成功的特例，因为它是单一民族的岛国，具有一定先天优势，应该作为个案而非与中国或印度作为参照研究。另一个是在两战期间，由于纳粹德国崛起，一定程度上打断了欧洲国家的现代化历程，欧洲各国也在抵御极端思潮的过程中不断捍卫自身的现代化成果。④ 此外，英国治下的殖民地也开始独立或者脱离英国的控制，这些国家经济和制度基础都相对较为完善，最终较顺利地推动了现代化，包括美国、加拿大、澳大利亚和新西兰等国。

5. 第三波现代化（1946~1991）。"二战"影响了几乎所有国家的现代化进程，战后形成了的美苏两极格局，并在世界范围内划分了势力范围，几乎所有新兴国家的现代化都与两极对抗的战略布局以及意识形态输出密切相关。马歇尔计划实施后，欧洲进一步巩固了经济的先发优势，迅

---

① Edward Goldringand Sheena Chestnut Greitens, 2020: "Rethinking Democratic Diffusion: Bringing Regime Type Back In," *Comparative Political Studies*, Vol. 53, No. 2, p. 342；〔英〕理查德·埃文斯：《竞逐权力：1815~1914》，胡利平译，中信出版社，2018，第199~200页。

② SevaGunitsky, 2014: "From Shocks to Waves: Hegemonic Transitions and Democratization in the Twentieth Century," *International Organization*, Vol. 68, No. 3, pp. 561~597.

③ 王子夔：《普鲁士歧路——19世纪俄国和奥地利现代化改革中的效仿》，《世界经济与政治》2018年第10期。

④ Giovanni Capoccia, 2005: *Defending Democracy: Reactions to Extremism in Interwar Europe*, Baltimore and London: Johns Hopkins Univeristy Press.

速实现了战后的重建与经济飞速发展。随着冷战后两德统一以及《马斯特里赫特条约》条约的签订,西欧国家的现代化基本实现。与拉丁美洲经历惨痛的经济失败相比,在东亚,中国、日本、韩国、新加坡、"四小虎"以及其他东亚国家都各自出现过罕见的经济高速增长,探索出了一条不同于西方国家现代化路径的"东亚奇迹"。[1]

6. 第三波半现代化(1992 至今)。第三波半现代化同此前的差异在于出现了经济全球化、地区一体化以及互联网的普及。首先,世界范围内开始出现欧洲、北美和东亚三个经济圈,世界政治也开始出现了"更加基于规则"的国际社会。[2] 冷战后部分加入欧盟的东欧国家开始逐渐实现现代化,但许多国家仍受到历史遗产、意识形态、经济模式等诸多因素的影响,其转型过程仍然非常艰辛。[3] 亚太地区开始加入全球贸易体系,开启以东盟为核心的一系列地区合作制度历程。但迄今仍然只有日韩以及新加坡基本接近现代发达国家水平,多数国家仍然在艰难探索。其次,经济全球化和信息革命带来的高频率互动使得各地区的制度变迁节奏变得更快,地理空间范围也更为广泛,例如中东和北非的动荡都不同程度受到了社交媒体网络的影响。[4] 此外,东欧、南亚、非洲和南美洲等地区也开始不同程度地推动现代化的进程。最后,体系内力量对比的变化成为当前现代化的重要变量。随着美国相对衰弱和中国的崛起,中国在 1992 年深化改革和 21 世纪初加入世界贸易组织之后,经历了数十年的高速发展,无论是在亚太地区的经济一体化,还是在援助非洲和"一带一路"共建国家的现代化进程中,都发挥着日益重要的作用。[5] 但是多数国家的现代化之路依旧任重道远,即便是中国这样的崛起中大国,要全面实现社会主义现代化,也需要到 2035 年前后。因此,现代化的研究依然有着重要的现实意义。

---

[1] 陈玮、耿曙:《发展型国家的兴与衰:国家能力、产业政策与发展阶段》,《经济社会体制比较》2017 年第 2 期。

[2] Shiping Tang, 2013: *The Social Evolution of International Politics*, Oxford: Oxford University Press, Chapter 4.

[3] 唐睿、唐世平:《历史遗产与原苏东国家的民主转型——基于 26 个国家的模糊集与多值 QCA 的双重检测》,《世界经济与政治》2013 年第 2 期。

[4] Kurt Weyland, 2012: "The Arab Spring: Why the Surprising Similarities with the Revolutionary Wave of 1848?" *Perspectives on Politics*, Vol. 10, No. 4, pp. 917~934.

[5] 叶成城:《能力分配、制度共容性和战略关注度:冷战后亚太多边经贸合作制度构建的成败分析》,《当代亚太》2020 年第 1 期。

第三节　早期西欧现代化的动力：文献的回顾与批评

现代化经历了至少三波浪潮，从地理大发现到法国大革命期间的第一波现代化是此后数波现代化的起源。第一波现代化的动力与此后的现代化最大的差异就是，它较少受到外部世界的干预，因此对于第一波现代化的研究可以更加明晰现代化的机制，为此后的现代化研究奠定基础。关于第一波现代化的文献非常多，除了大量的历史研究文献外，多数的社科文献都集中于讨论第一波现代化的动力，即什么样的关键因素、通过何种方式来推动国家现代化。我们从现代化的内部动力和外部动力两个方面来进行总结和综述。

一　早期现代化的内部动力

早期西欧现代化的内生理论认为，西欧之所以比其他地区更早地实现现代化，是基于西欧内部的特征和内生性的动力。

1. 制度经济学派。制度经济学派强调，对产权的保护以及宪政的传统是西方世界兴起主要原因。其中最具代表性的著作就是道格拉斯·诺斯等人的《西方世界的兴起》。诺斯等人提出，有效率的经济组织是经济增长的关键，也是西方世界兴起的原因，因为有效率的组织需要在制度上作出安排和确立所有权以便造成一种刺激，将个人的经济努力变成私人收益率接近社会收益率的活动。[1] 诺斯从产权制度和其他组织结构的变革与创新的视角来解释人类社会发展的历史进程。他认为制度不仅是个人和资本存量之间的过滤器，还是资本存量和经济绩效之间的过滤器，它们决定了系统的产出和收入分配。[2] 曼瑟·奥尔森用他的集体行动理论阐述了类似的逻辑，即民主和产权制度推动了经济发展。在1689年的光荣革命之后，有限君主、司法独立和《权利法案》使得英国的财产权得到保障，契约执行也更加稳定，最终使得英国最先发生工业革命。[3] 另一部分学者则强

---

[1] 〔美〕道格拉斯·诺斯、罗伯斯·托马斯：《西方世界的兴起》，厉以平、蔡磊译，华夏出版社，2015，第4页。

[2] 〔美〕道格拉斯·C. 诺思：《经济史上的结构和变革》，厉以平译，商务印书馆，2010，第233页。

[3] 〔美〕曼瑟·奥尔森：《权力与繁荣》，苏长和、嵇飞译，上海人民出版社，2018，第30~31页。

调初始制度的重要性,这类理论侧重于强调初始制度对于西欧现代化的影响。戴维·S. 兰德斯(David S. Landes)在讨论为什么是英国而非其他国家爆发工业革命时,同样将其归因于英国的产权制度、契约精神和高效的行政管理,将英国称为"超前现代化的工业国"。他认为英国的这种社会早熟要回溯到更远的传统:"英国给了人们以活动余地。贵族们首先赢得的政治和民事自由权(1215年的《大宪章》)由于战争、习惯和法律而扩及普通人民。"① 德隆·阿西莫格鲁(Daron Acemoglu)和詹姆斯·罗宾逊(James Robinson)在《国家为什么会失败》一书中同样提到了包容性制度和汲取性制度的差异决定了经济增长和国家兴衰。② 陈晓律主编的《世界现代化历程·西欧卷》中总结了西欧现代化的四种模式,分别是西班牙和葡萄牙先发后至的现代化模式、激烈变动的法国模式、防御性发展的德国模式和刺激—反应型的北欧模式,认为法治、民主和社会保障是西欧现代化的发展共性。③ 因此制度经济学派的逻辑链条大致上可以总结为:制度安排→经济绩效→大国兴衰。

2. 国家能力理论。现代化进程往往触动许多地方贵族和官僚的利益,较强的国家能力意味着政府可以通过主动引导、执行和实施特定的政策。一方面,国家能力对于整体社会发展和规划起到重要推动作用。埃里克·霍布斯鲍姆(Eric Hobsbawm)在讨论英国现代化时,总结出了三个方面的基本条件,即国内市场、对外出口和政府扶持,他认为英国在工业革命前夕的商品化、理性的制度框架、传统地主和工商阶级的联系、海外市场、贸易保护主义和王权从属于议会等因素使得英国具有良好的工业的综合条件,而外部冲击则起到了点火的作用。④ 罗斯托提出了经济现代化三个必备条件:(1)生产性投资率占到国民收入的10%以上;(2)一种或者多种制造业部门的迅速成长;(3)一种政治、社会和制度结构的迅速出现,推动了现代部门扩张的力量和发动阶段的潜在对外经济影响,即意味着具有很大的国内筹集资本的能力。⑤ 西里尔·E. 布莱克(Cyril Edwin Black)提出了现代化的五个基本前提,这些前提主要是从国家能力或者

---

① 〔美〕戴维·S. 兰德斯:《国富国穷》,门洪华等译,新华出版社,2014,第234~236页。
② 〔美〕德隆·阿西莫格鲁、詹姆斯·A. 罗宾逊:《国家为什么会失败》,李增刚译,湖南科技出版社,2015。
③ 陈晓律主编《世界现代化历程·西欧卷》,江苏人民出版社,2010。
④ 〔英〕埃里克·霍布斯鲍姆:《工业与帝国:英国的现代化历程》,梅俊杰译,中央编译出版社,2016。
⑤ 〔美〕罗斯托:《经济成长的阶段——非共产党宣言》,国际关系研究所编译室译,商务印书馆,1962,第47~48页。

国家建设的角度来列举的，分别是"对新的外国影响的接受能力、管理和动员资源的能力、经济生产能力、城市化能力和对教育和知识的尊重"。① 另一方面，在缺乏国家能力的情况下，即便施行了新政或者制度变迁也依然无法保证能将其转化为国家的综合实力而在国际竞争中获胜。② 历史上不乏富国被穷国击败的案例，一旦在战争中失去殖民地或者富饶的领土，就很难再夺回，因此国家往往需要在单纯的军事经济发展政策目标之间进行权衡。因此国家能力理论的总体逻辑如下：国家能力→政策执行→大国兴衰。

3. 社会结构理论。社会结构理论主要以社会结构作为主要视角，来阐释这些结构或结构的变化如何影响国家与社会的制度变迁。在早期西欧现代化的研究中，可以分为如下几种类型。一部分历史研究聚焦于讨论王室和贵族的关系，将政治发展视作政治精英建设国家的过程。如杰里米·布莱克（Jeremy Black）从政府和精英关系的社会动力学角度查看制度变迁，将制度变迁的过程视作国王和被统治者之间不断重新谈判的产物。③ 迈克尔·曼提出了四种社会权力的来源，用政治、军事、经济和意识形态四种社会的权力网络将社会生活和欧洲各地的相异而又重叠的领域组织起来，社会变迁是这四种权力互相作用的结果。④ 发端于中世纪欧洲，在这四个权力网络中的一个特殊耦合，即中世纪欧洲的天主教世界为欧洲提供了一个政治和文化的整合力量，在宗教势力和城市经济势力的制约下，欧洲逐渐发展出弱专制、强协调的有机国家，为工业资本主义、民族国家和民主社会的来临提供了条件。⑤ 因此社会结构理论的逻辑可以总结为：结构性因素→制度安排→国家兴衰。

4. 阶级斗争理论。马克思主义的阶级斗争理论将现代化的动力视作生产力与生产关系的内在矛盾所引起的革命，将西欧现代化历程视作马克思主义话语下"资本主义胜利"的过程。⑥ 罗伯特·考克斯（Robert Cox）

---

① 〔美〕西里尔·E. 布莱克编：《比较现代化》，杨豫、陈祖洲译，上海译文出版社，1996，第154～157页。
② 这部分案例参见〔美〕保罗·肯尼迪《大国的兴衰：1500～2000年的经济变迁与军事冲突》，陈景彪等译，国际文化出版公司，2006，第69～135页。
③ Jeremy Black, 2004: *Kings, Nobles and Commoners: States and Societies in Early Modern Europe, A Revisionist History*, London: IB Tauris, pp. 58～77.
④ 〔英〕迈克尔·曼：《社会权力的来源（第一卷）：从开端到1760年的权力史》，刘北成、李少军译，上海人民出版社，2015，第15～37、621～626页。
⑤ 赵鼎新：《国家、战争与历史发展：前现代中西模式的比较》，浙江大学出版社，2015，第181～182页。
⑥ Robert Brenner, 1982: "The Agrarian Roots of European Capitalism," *Past & Present*, Vol. 97, pp. 16～113.

认为，社会革命不是来自外部的突发事件，而是国家内部发生的改变，是用一种国家形式来取代另一种形式。① 如果将西欧的现代化历程视作马克思主义话语下的"资本主义胜利"的过程的话，那么就可以理解佩里·安德森（Perry Anderson）对于绝对主义国家谱系的叙述中所指出的重要因素。安德森遵循了马克思主义政治经济学的逻辑，认为商品经济发展阶段和罗马法的复兴产生了两个方面的后果，自下而上强化的私有财产与自上而下强化的公共权威的竞相发展，最终导致了从封建主义到资本主义的过渡形态，即绝对主义国家。② 类似的，巴林顿·摩尔（Barrington Moore）从地主、农民以及资产阶级的关系提出了农业商品化的政治发展理论，他认为农民应对农业商品化挑战的方式是决定政治结果的关键性因素。③ 而罗伯特·布伦纳（Robert Brenner）把欧洲内部发展道路的分歧解释为财产所有权体制的阶级斗争的结果。西欧农民在黑死病之后的一百年中赢得了与他们领主的第一轮斗争的胜利，确保了他们的自由，而东欧的农民失败了就没能出现近代农业的革新。④ 在西欧内部，接着发动了第二轮斗争，地主常常驱逐非生产性的"过剩"的佃农：法国的精英失败了，形成了一种以小农为基础的农业制度；而英国的地主胜利，创造了商品经济。⑤ 总而言之，阶级斗争理论将现代化的动力视作生产力与生产关系的矛盾引起的革命，其过渡的公式如下：生产力→革命→生产关系变革→上层建筑变革→生产力大发展。⑥

二 早期现代化的外部动力

早期西欧现代化的外部冲击理论认为，现代化最初源于外生因素所导致的冲击，从而导致了西欧在1492～1789年或者1850年期间远远高于其他地区的发展速度，然后通过贸易、殖民或侵略等方式传播到世界其他地

---

① 〔加〕罗伯特·W. 考克斯：《生产、权力和世界秩序：社会力量在缔造历史中的作用》，林华译，世界知识出版社，2004，第72～73页。
② Perry Anderson, 1974: *Lineages of the Absolutist State*, London: National Library Board, pp. 15～42.
③ 〔美〕巴林顿·摩尔：《专制与民主的社会起源——现代世界形成过程中的地主和农民》，王茁、顾洁译，上海译文出版社，2013，第3～108页。
④ Robert Brenner, 1982: "The Agrarian Roots of European Capitalism," *Past & Present*, No. 97, pp. 16～113.
⑤ 〔美〕彭慕兰：《大分流：欧洲、中国及现代世界经济的发展》，史建云译，江苏人民出版社，2008，第15～16页。
⑥ 罗荣渠：《现代化新论——世界与中国的现代化进程》，商务印书馆，2014，第69页。

区。与内生因素理论不同，它强调一个偶然的外部因素在关键节点扭转了历史的发展，从而对现代化产生了一种不可逆的影响。文章将其分为四种类型，分别是自然禀赋论、美洲金银论、国际竞争论以及其他外生因素的影响。

(1) 自然禀赋论。在讨论自然条件对于现代化的作用和影响时，研究者未必就是自然决定论的支持者，但是地理环境成为这类理论逻辑链条的起点。贾雷德·戴蒙德（Jared Diamond）的著作《枪炮、病菌和钢铁：人类社会的命运》，戴蒙德通过细致的观察发现，大陆轴线方向的不同造成了粮食生产传播速度差异，最终影响到各地区文化、病菌、技术乃至思想的差异，影响到国家的兴衰。[①] 埃里克·琼斯（Eric Jones）用欧洲拥有特殊的区位、地理位置和资源禀赋特征来解释其现代化的进程，因为丰富的政治多样性、资本积累和贸易都可以解释为欧洲特殊的区位和资源禀赋的结果。他认为冲积三角洲和气温较低使得农业生产力低于东方，较低的人口密度可以避免过度集权；而自然灾害更少则促使其人均收入高于亚洲；多样的气候赋予了分散的资源组合，促成了远距离的商品批发贸易。[②] 约翰·狄（John Didier）在其主编的《气候改变历史》一书中提到气候变化对历史进程的影响，它体现在经济上，从而作用于农业人口和政府的关系，最终影响了制度变迁。[③] 阿斯莫格鲁等人认为地理环境通过疾病等方式影响殖民者死亡率，高死亡率地区的殖民者会建立攫取型制度而低死亡率地区则会建立产权制度，这些制度形成的路径依赖影响到现在的经济绩效。[④] 这类研究的因果路径为：地理环境→制度设计→经济绩效。

(2) 美洲金银论。这类理论将地理大发现和大西洋贸易视作最为主要的外部冲击。彭慕兰（Kenneth Pomeranz）在对中西方历史比较研究中，认为西欧在18世纪逐渐超越东亚的主要原因是新大陆和非洲的奴隶贸易与新大陆输入的贵金属带来的"生态缓解"：一方面，新大陆和奴隶贸易提供了扩大中的国内市场不可能获得的东西，即不需要大量使用英国

---

① 〔美〕贾雷德·戴蒙德：《枪炮、病菌与钢铁：人类社会的命运》，谢延光译，上海译文出版社，2006。

② Eric Jones, 2003: The European Miracle: Environments, Economies and Geopolitics in the History of Europe and Asia, p. 226.

③ 〔美〕狄·约翰、王笑然主编：《气候改变历史》，王笑然译，金城出版社，2014。

④ DaronAcemoglu, Simon Johnson and James Robinson, 2001: "The Colonial Origins of Comparative Development: An Empirical Investigation," The American Economic Review, Vol. 91, No. 5, pp. 1369 ~ 1401.

的土地，工业品就能够转化为数量不断增加而价格合理的食物和纤维；另一方面，新大陆的贵金属使得西欧可以用较低廉的代价来获得旧大陆其余地区的资源。① 张宇燕和高程认为现代化的动力在于外部冲击，大量新要素突然流入的外部冲击，造成了商人阶级的力量变化，从而对资本市场、投资环境和贸易结构产生了长期的影响，最终影响了经济增长和国际竞争力。② 阿西莫格鲁等人对过去的制度和城市化率进行了统计分析，他们通过两阶段最小二乘法发现，正是因为大西洋贸易带来的外部冲击，推动了参与贸易的西欧国家内部的制度变迁，从而促进了西方世界的发展。③ 这类研究的因果路径为：外部冲击→财富积累与重组→商人阶级壮大→权力斗争和创建规则→增长与崛起。

（3）国际竞争论。这类理论认为国家之间的斗争是现代化的主要动力。在保罗·肯尼迪（Paul Kennedy）对于大国兴衰的叙述中，他对于国家兴衰的理解是基于两个方面相对力量的对比：一方面，综合经济力量和生产能力对比的变化与国际体系中各大国的地位之间有一种因果关系；另一方面，每一个大国的兴衰都与其作为军事大国的兴衰之间有着显而易见的联系。④ 唐宁同样提出了战争对于国家建设的重要影响，认为国家体系和军事组织决定了国家形成以及宪政变革的进程。⑤ 查尔斯·蒂利（Charles Tilly）认为，在国际竞争（特别是战争和准备战争）的压力下，无论最初国家遵循强制、资本或者中间模式，都要汇聚到资本和强制的集中，即遵循了"战争促成国家，国家导致战争"的逻辑。⑥ 威廉·麦克尼

---

① 〔美〕彭慕兰：《大分流：欧洲、中国及现代世界经济的发展》，史建云译，江苏人民出版社，2008，第323～335页。类似的观点还有〔德〕贡德·弗兰克：《白银资本：重视经济全球化中的东方》，刘北成译，中央编译出版社，2005，第269页；Earl J. Hamilton, 1929: "American Treasure and the Rise of Capitalism (1500～1700)," *Economica*, Vol. 27, No. 11, pp. 338～357.

② 张宇燕、高程：《美洲金银和西方世界的兴起》，《社会科学战线》2004年第1期；高程：《非中性产权制度与大国兴衰——一个官商互动的视角》，社会科学文献出版社，2013，第230页。

③ Daron Acemoglu, Simon Johnson and James A. Robinson, 2005: "The Rise of Europe: Atlantic Trade, Institutional Change, and Economic Growth," *The American Economic Review*, Vol. 95, No. 3, pp. 546～579.

④ 〔美〕保罗·肯尼迪：《大国的兴衰：1500～2000年的经济变迁与军事冲突》，陈景彪译，国际文化出版公司，2006，第41～42页。

⑤ 〔美〕布莱恩·唐宁：《军事革命与政治变革：近代早期欧洲的民主与专制之起源》，赵信敏译，复旦大学出版社，2015，第14页。

⑥ Charles Tilly, 1990: *Coercion, Capital, and European States, AD 990～1992*, Cambridge: Basil Blackwell.

尔在《西方的兴起：人类共同体史》一书中，认为与其他文明的接触乃是社会变革的主要动力。① 沿着这个逻辑，我们不难推断出国家间的学习交流和权力都是促进其发展和现代化的主要动力。他在另一部巨著《竞逐富强：公元 1000 年以来的技术、军事与社会》中，更加详尽地阐述了这个观点，即欧洲长期的分裂造成了剧烈的军事和政治竞争，由此产生的巨大压力迫使各国不断变革求生存，从而为军事体制的改进和资本主义的发展提供了环境。② 这类研究的因果路径为：国际竞争→国家建设→早期国家现代化。

（4）其他外生因素的影响。这里列举了一些关于科技创新、人口增长和疾病等因素对于现代化的影响。杰克·A. 戈德斯通（Jack A. Goldstone）提出了外部冲击导致现代化的两种路径。第一种是认为 1500 年后，一系列（天文和地理）新发现促使思想家去突破古代和宗教传统所赋予的知识，并专注于通过数学/逻辑的研究方法和经验主义的研究方法来理解自然界，从而为科学革命和工业革命提供基础。到 18 世纪以来的英国，这些变化被聚拢在一起，从而创造出了一波又一波由科学所激发的技术革新，从而产生了现代工业的增长。③ 扬·卢滕·范赞登（Jan Lutien van Zanden）认为欧洲的天主教传统、财产转移制度以及黑死病的影响等外部因素导致了欧洲婚姻模式中父权的弱化，最终促进了商业的发展，从而促使了女性和十几岁的年轻劳动力供应的增加，最终导致了 17 世纪荷兰的黄金时期和 18 世纪英国的工业革命。④ 在最新的一些研究中，研究者往往采用一种经济史与计量方法相结合的路径，通过大样本、长时段的回归分析，对西欧增长的原因进行因果推断。他们的研究认为瘟疫、战争和城市化是早期欧洲现代化的动力。⑤ 马克·迪斯科（Mark Dincecco）通过对 800～1799 年的欧洲城市人口和战争数据的分析发现，军事冲突是城市化

---

① 〔美〕威廉·麦克尼尔:《西方的兴起：人类共同体史》，孙岳等译，中信出版社，2015，第 18 页。
② William H. McNeill, 1982: *The Pursuit of Power: Technology, Armed Force, and Society Since AD 1000*, Chicago: University of Chicago Press.
③ 〔美〕杰克·A. 戈德斯通:《为什么是欧洲？世界史视角下的西方崛起（1500～1850）》，关永强译，浙江大学出版社，2010，第 188 页。
④ 〔荷〕扬·卢滕·范赞登:《通往工业革命的漫长道路：全球视野下的欧洲经济，1000～1800 年》，隋福民译，浙江大学出版社，2016，第 165～167 页。
⑤ Nico Voigtländer and Hans-Joachim Voth, 2013: "The Three Horsemen of Riches: Plague, War, and Urbanization in Early Modern Europe," *Review of Economic Studies*, Vol. 80, No. 2, pp. 774～811.

的主要动力,即拥有防御设施的城市起到了避风港的作用,战争促使农村人口为了逃避战乱而进入城市,从而加快了欧洲的城市化进程。① 城市化带来的政治分裂则避免了一个统一的集权政府,从而创造了新的社会团体促进了商业与经济的发展。② 尼科·福伦达(Nico Voigtländer)和汉斯约阿希姆·沃斯(Hans-Joachim Voth)则认为,欧洲政治分裂引发了频繁的战争,而战争带来的杀戮与疾病导致大量人口死亡,使得前现代欧洲的人均收入高于其他地区,从而增加了欧洲成功实现工业化的可能,而欧洲人均收入较高导致了税赋重于其他地区,又进一步促进了频繁的战争。③ 这类研究的因果路径为:战争与政治分裂→城市化与商业发展→现代化。

三 过去研究的不足之处

上述文献展示了现代化中的两种基本的动力,即内部因素和外部环境对于现代化的推动作用。这两类理论仍然存在较多的缺陷与不足。

内部因素理论往往侧重于结构和功能性解释。制度经济学派用可预期行为或者交易成本理论来阐述"坐寇"优于"流寇",它们解释了政治文明发展和进步的原因,但是制度经济学理论无法解释为何在制度变迁过程中存在众多残酷而血腥的政治斗争,并且诺斯等人对于历史的过度剪裁往往会受到诟病。④ 国家能力理论强调国家的自主性和能动性,但是往往忽略了外部环境对于国家战略行为选择以及认知的约束。对于利益集团的强调展示国家初始社会条件对于现代化历程的影响,阶级斗争则是通过阶级兴衰来描述国家兴衰,但是这两类理论过度地强调了结构的作用,对于观念和微观行为的讨论往往会不足。更为重要的是,内部动力理论很难解释为何这类因素一直存在,但是恰好在1500年前后欧洲突然与其他地区拉开差距。如,1500年欧洲人均GDP与中国相近,到1820年已经接近中国的两倍。⑤

---

① Mark Dincecco and Massimiliano Gaetano Onorato, 2016: "Military Conflict and the Rise of Urban Europe," *Journal of Economic Growth*, Vol. 21, No. 3, pp. 259~282.
② Scott FAbramson, 2017: "The Economic Origins of the Territorial State," *International Organization*, Vol. 71, No. 1, pp. 97~130.
③ NicoVoigtländerand Hans-Joachim Voth, 2006: "Why England? Demographic Factors, Structural Change and Physical Capital Accumulation During the Industrial Revolution," *Journal of Economic Growth*, Vo. 11, No. 4, pp. 319~361; NicoVoigtländerand Hans-Joachim Voth, 2013: "Gifts of Mars: Warfare and Europe's Early Rise to Riches," *The Journal of Economic Perspectives*, Vol. 27, No. 4, pp. 165~186.
④ Shiping Tang, 2011: *A General Theory of Institutional Change*, London: Routledge.
⑤ 数据参见〔英〕安格斯·麦迪森《世界经济千年统计》,伍晓鹰、施发启译,北京大学出版社,2009,第256页。

外生冲击理论看到了某个外生冲击的重要性，这种外生冲击作用于特定的社会结构，从而导致了制度变迁。然而，单一的外部环境决定论通常无法解释内部差异的问题。自然禀赋论可以部分解释1500年世界各大洲之间的差异，比如戴蒙德提出的著名的问题，为什么是皮萨罗俘虏了印加的国王而不是印第安的土著俘虏了西班牙国王，但是这类理论显然无法解释西班牙和英格兰之间的差异。[1] 国际竞争论可以解释为何哪些国家成功，却无法解释特定国家为何在国际竞争中失败，并且也存在理论内生性问题。美洲金银论显然是最接近于机制性的因果解释，但是它仍然无法细致描述初始条件对于制度变迁不同阶段的影响。戈德斯通等以各种外生冲击论等为代表的"加州学派"解释不足之处在于他们忽视了国家力量对于海外扩张的推动力和作为其后果的西欧阶级结构的迅速分化，而且仅以物质外因对西欧这场"翻天覆地"式的变革进行解释看上去似乎略显单薄。[2] 其他的外生因素理论存在类似的问题，它们擅长强调特定因素在特定的时空中的作用，但是既无法排除竞争性解释，也通常无法给出具体的因果路径。美洲金银理论显然是最接近于机制性的因果解释，但是它仍然无法细致描述初始条件对于制度变迁不同阶段的影响。

基于内部决定论和外部决定论两种理论的各自的缺陷，我们需要通过结合这两种理论传统来重新理解现代化，既要强调内部结构对于行为的约束力，又要强调外生条件的冲击和影响，因此，结合内部因素和外部因素并不能仅仅局限于各类因素的罗列或加总，而需要基于一种动态的理论，去寻找内部因素和外部因素互相作用的机制，从而尝试建立一个"因素+机制"的解释框架。

第四节 研究方法

过去的现代化研究往往缺乏有效的方法论基础，而本书的主要创新之处在于通过严格的质性研究设计来进行案例比较和因果解释。

由于19世纪之前的数据质量难以得到足够的信服，早期现代化中的定量研究受到众多诟病，且西欧国家数量较少，属于小样本研究，因而本

---

[1] 〔美〕贾雷德·戴蒙德：《枪炮、病菌与钢铁：人类社会的命运》，谢延光译，上海译文出版社，2006，第42~59页。

[2] 张宇燕、高程：《美洲金银和西方世界的兴起》，《社会科学战线》2004年第1期。

书选择质性研究方法，从而尝试倡导和建立基于"因素+机制"的研究方法。具体而言，本书采取了案例比较研究，使用"同时空截面"所构成的"面板案例"，基于因果机制来进行案例选择，此外部分章节也采用了历史制度主义路径和定性比较分析等方法进行研究。

第一，严格的案例比较是质性研究的基础。社会科学多数情况下无法像自然科学那样进行重复试验，因而只能借助于近似条件的比较来实现因果推断。[①] 古典的"密尔五法"是进行逻辑推理的最主要的方法，包括求同法、求异法、共变法和求余法。[②] 求同法和求异法是案例分析中最常用的方法。求异法即通过最小化差异来求异，在其他原因相同时，认为导致结果不同的差异就是原因。求异法成立的前提是严格的准实验状态，否则可能因为无法消除竞争性解释而降低理论的可信度。[③] 而求同法面临的问题是，如果无法说明其他因素不重要，变量和结果之间存在的多重因果性会降低理论的解释力，即不同原因可能导致相同的结果。[④] 进行跨案例研究时，变量的选择同样要在普遍性和情境性、深度和广度之间进行权衡，来决定变量的个数。[⑤] 在使用密尔方法时，案例的数量和质量影响理论的解释力，案例选择的方式则会影响到结论的正确性。小样本的案例中如果出现"准实验状态"，那么定性分析就非常有效。[⑥] 通常这类研究也很少有"密尔方法"所需要的"自然实验状态"，因此还需要更多的细节和过程追踪的方法来加强理论的可信度，排除竞争性的解释。过程追踪需要建立起具体事实间的过程，通过证明事件 a 导致了事件 b，从而推导出两者所代表的类型 A 导致了类型 B。[⑦] 同大样本研究中直接 X1→Y 不同，过程

[①] Gary King, Robert O. Keohane and Sidney Verba, 1994: *Designing Social Inquiry: Scientific Inference in Qualitative Research*, Princeton: Princeton University Press, pp. 76~78.

[②] John Mill, *System of Logic: Ratiocinative and Inductive, Being a Connected View of the Principles of Evidence and the Methods of Scientific Investigation*, New York: Harper & Brothers Publishers, 1882, pp. 478~537.

[③] 参见 Alexander George and Andrew Bennett, 2004: *Case Studies and Theory Development in the Social Sciences*, Massachusetts: MIT Press, p. 165.

[④] Charles Ragin, 2008: *Redesigning Social Inquiry: Fuzzy Sets and Beyond*, Chicago: University of Chicago Press.

[⑤] Giovanni Sartori, 1991: "Comparing and Miscomparing," *Journal of Theoretical Politics*, Vol. 3, No. 3, p. 254.

[⑥] John Gerring, 2007: *Case Study Research: Principles and Practices*, Cambridge: Cambridge University Press, p. 57.

[⑦] Daniel Steel, 2008: *Across the Boundaries: Extrapolation in Biology and Social Science*, Oxford: Oxford University Press, pp. 185~186.

追踪包含了更长的因果链条，如从 X1→X2→X3→X4→Y，而实际的因果路径会更加复杂，可能还包含交叉影响和反馈效应等。[1] 过程追踪是寻找和验证机制的重要方式，它通过增加因果链条的细致程度，在样本较少或者单案例的情况下加强因果分析的有效性。在现代化研究中，过程追踪可以从国内和国际两个层面进行，即考察初始因素在不同时间节点对国家参与国际竞争和国内制度变迁的影响。

第二，基于"同时空截面"所构成的"面板案例"。对于时空的严格限制使得早期多数现代化的研究只能是小样本研究。詹姆斯·马奥尼（James Mahoney）等人提出了案例选择的两个基本方法，即可能性原则和条件范围原则。[2] 前者要求避免选择结果不可能出现的负面案例，如验证两个"必要条件" A 和 B 是结果 Y 出现的"充分条件"时，不能将两个条件都不存在且结果没有出现的案例作为负面案例。尤其在大样本研究中，误将这些无关案例作为负面案例选入时，会干扰回归分析的显著性水平。后者则要求案例之间要具备较高的相似度，即符合"同质性假设"，因而权衡控制时空条件是必要的。条件范围原则要求在使用求异法时对时空进行严格控制，因为要说明时空差异对结果没有影响是很困难的。

因此，基于"时空规制下的最大相似性"原则，有助于展示时空规制对于结论的可靠性和逻辑的严密性。一方面，它需要保持概念背景的同质性，往往以特定的地理或环境相似性作为边界的划分规则，从而确保其跨案例变化的等价性（equivalent），例如宗教、绝对主义、封建主义等概念在东欧和西欧就存在较大差异，因此在比较分析中建议只选择一个地区而非跨地区的案例比较。[3] 这种相似背景的控制除了包括对类似环境、文化、气候、位置的控制外，还涉及地区内部各个案例对于核心变量的反

---

[1] John Gerring, 2007: *Case Study Research: Principles and Practices*, Cambridge: Cambridge University Press, p. 173. 案例分析中对具体事实间的因果解释参见 David Collier, 2011: "Understanding Process Tracing," *PS: Political Science & Politics*, Vol. 44, No. 4, pp. 823~830; James Mahoney, 2012: "The Logic of Process Tracing Tests in the Social Sciences," *Sociological Methods & Research*, Vol. 41, No. 4, pp. 570~597。

[2] James Mahoney and Gary Goertz, 2004: "The Possibility Principle: Choosing Negative Cases in Comparative Research," *American Political Science Review*, Vol. 98, No. 4, pp. 653~669.

[3] Tulia G. Falleti and Julia F. Lynch, 2009: "Context and Causal Mechanisms in Political Analysis," *Comparative Political Studies*, Vol. 42, No. 9, pp. 1143~1166; Jørgen Møller, 2016: "Composite and Loose Concepts, Historical Analogies, and The Logic of Control in Comparative Historical Analysis," *Sociological Methods & Research*, Vol. 45, No. 4, pp. 651~677.

应。因为地区是一个动态的系统，体系内部的各个行为体都同样会对其他行为体产生影响，即涉及个案扩散的问题。[1] 另一方面，它需要确定相似的背景与前期条件，避免无限回溯。如果选择过长的时间段，就会面临着无限回溯的困境；而如果选择过短的时间段时，对于历史过程孤立事件的观察无助于对事件的理解，因为它只有被视为更大过程的一部分才有意义。[2]

历史叙事的关键在于时空，即一个历史事件发生在什么时间、什么地方和什么场合，以及以什么方式在时空中发展，只有如此我们才能开始真正理解甚至解释历史动态中一些有意义的规律。[3] 因此研究者需要选择关键节点来确定研究的轮廓，明晰如何在限定的时空范围内相对"平行"地展示因变量的变化，尤其是选择事件变化或者没有变化（但在相似案例中发生变化）的关键节点。这个关键节点通常是选择同期的重大事件作为标志，例如法国大革命可以作为旧制度崩溃的重大标志，但作为"对照组"的西班牙仍然可以用1789年作为对过程追踪的截断点来解释为何没有发生革命。[4]

第三，基于因果机制的案例选择方法。过去的研究者将因果机制的出现视为方法论的革命性剧变，当今的方法论和实证研究总会强调因果机制的重要性，但是包括案例选择在内的许多研究方法仍然没有因此发生变化，这便可能损害因果解释的有效性。基于因果机制的案例选择方法强调"半负面案例"的重要性，即还要选择那些"存在可以让结果出现的机制，但却因为各种因素的作用而使得机制中止，最终结果未能出现"的案例。[5] 从因变量的角度来看，传统负面案例往往是正面结果差异巨大的结果，旨在通过正反对比形成鲜明反差；而半负面案例则会选择那些接近但未实现正面结果的案例。例如在讨论经济增长的问题时，半负面案例法会选择那些原本有机会实现高增长却没能实现，却最终落入"中等收入

---

[1] Marc Ross and Elizabeth Homer, 1976: "Galton's Problem in Cross-National Research," *World Politics*, Vol. 29, No. 1, pp. 1~28.
[2] Tim Büthe, 2002: "Taking Temporality Seriously: Modeling History and the Use of Narratives as Evidence," *American Political Science Review*, Vol. 96, No. 3, p. 484.
[3] 赵鼎新：《在西方比较历史方法的阴影下——评许田波〈古代中国和近现代欧洲的战争及国家形成〉》，《社会学研究》2006年第5期。
[4] 叶成城、黄振乾、唐世平：《社会科学中的时空与案例选择》，《经济社会体制比较》2018年第3期。
[5] 关于半负面案例的初步讨论参见周亦奇、唐世平《"半负面案例比较法"与机制辨别：北约与华约的命运为何不同？》，《世界经济与政治》2018年第12期。

陷阱"的国家,这显然比讨论前现代的部落或者失败国家更有说服力。①

第四,引入对时间维度的关注意味着需要历史制度主义的视角。政治和社会生活存在多种类型的路径依赖,它的原因和结果都有可能是长期或者短期的,如重大结果可能源自偶然事件、特定行为,一旦被引入就不可能逆转、政治发展被关键瞬间所打断,而这些关键瞬间塑造了社会生活。② 历史制度主义认为,制度一旦形成就会存在正向反馈效应。最初制度的结果会产生特定的路径依赖,即最初的步骤会不断诱导同方向的运动,以至于最终达到不可逆的结果。③ 在历史制度主义视角下,国家的权力、财富与优势能够自我强化,即通过工业资本积累、人力资源积累、海陆通道和枢纽控制、殖民地占领与扩张等机制形成正向反馈,使国际竞争出现"马太效应",从而在西欧内部出现分流。因而在讨论现代化的过程中就不能仅仅考虑特定时间点的历史事件,而是要在制度变迁的历史中去看待制度博弈,从时间角度观察制度的长期效果以及制度对大国兴衰的影响。

此外,本书的第八章采用定性比较分析(Qualitative Comparative Analysis, QCA),这是由于案例数量发生了重要的变化所导致的。在法国大革命之前的现代化主要局限于早期的欧洲大国,而到了1848年之后现代化的浪潮开始扩散到整个欧洲地区,各类国家都开始出现制度变迁,样本数量高于20之后纯案例比较研究难以有效进行,同时样本数量和连续性尚达不到进行回归分析的标准,因此采用最适宜于中等样本研究的QCA。④ 定性比较分析的性质介于定性和定量分析方法之间,其优势是不用考虑变量之间的互相互动,通过软件计算最容易实现结果的路径和变量组合,本书将在第八章以此方法来讨论1848年欧洲变革是否成功的案例组合。

---

① 叶成城、唐世平:《基于因果机制的案例选择方法》,《世界经济与政治》2019年第10期。
② Paul Pierson, 2004: *Politics in Time: History, Institutions, and Social Analysis*, Princeton: Princeton University Press, pp. 18~19.
③ James Mahoney, 2000: "Path Dependence in Historical Sociology," *Theory and Society*, Vol. 29, No. 4, pp. 507~548.
④ Charles Ragin, 2000: *Fuzzy-set Social Science*, Chicago: University of Chicago Press; Charles Ragin, 2008: *Redesigning Social Inquiry: Fuzzy Sets and Beyond*, Chicago: University of Chicago Press; Charles Ragin, 1987: *The Comparative Method: Moving Beyond Qualitative and Quantitative Methods*, Berkeley: University of California; Charles Ragin, 1989: "The Logic of the Comparative Method and the Algebra of Logic," *Journal of Quantitative Anthropology*, Vol. 1, No. 4, pp. 373~398。

第五节　章节安排

基于上述问题,本书主要分为绪论、正文与结论,具体章节安排如下。

第一部分是绪论,通过介绍大国兴衰历程引出现代化的议题,对现代化与其他概念进行辨析。首先,回顾了过去经济学、政治学、社会学、历史和哲学等文献中对现代化的理解,在此基础上提出了关于现代化的政治、经济、军事和财政的四个维度。其次,给出本书对于现代化的定义,评述了过去关于现代化文献的优缺点。最后,提出了本书的基本研究方法和架构安排。

第二部分是正文,主要分为七章。其中,第一章是理论部分。通过阐述现代化的观念→现代化的行为→现代化的后果这一基本的逻辑链条,提出现代化的三个核心因素,分别是外部冲击、利益集团和国家能力,通过分析这三个因素之间的互动对不同时期不同国家的现代化模式进行类型学区分。在此基础上,探索和分析现代化的基本机制,给出一个"因素+机制"的解释框架。

第二章是历史背景介绍,比较分析了地理大发现和宗教改革之后,16世纪欧洲各类行为体的国家建设与现代化历程。地理大发现后,欧洲格局发生巨大变化。早期对于新大陆的占领有着很强的先发优势,海外贸易和金银的输入让伊比利亚的财富急剧增长,西班牙哈布斯堡王朝则凭借海外扩张、宗教话语权和精心设计(以及部分运气)的联姻,一跃成为欧洲霸权,但这些使其兴盛的宗教因素和王朝特性,也为西班牙此后的衰败埋下隐患。与此同时,英国、法国、荷兰以及瑞典和丹麦等新型国家开始逐渐崛起,但其实力仍然与西班牙存在明显差距,而传统的德意志城市联盟以及意大利的城市国家,则在16世纪进一步衰败。

第三章讨论了17世纪欧洲现代化的过程,通过国家能力和利益集团两个视角,分析了为何同样参与大西洋贸易,在西欧国家中,只有英国获得了成功,荷兰和法国的现代化只有部分实现,而西班牙则从鼎盛时期彻底走向了衰落。第三章的案例分析分为三个核心的子机制,分别讨论了大西洋贸易之后各国不同商人阶级之间的发展差异,商人阶级发展的差异如何导致了各国的制度发展方向的差异,而制度差异又会影响到国家在激烈的国际竞争中的成败,最终决定了早期欧洲大国的兴衰。

第四章分析了1700～1754年西欧的现代化历程。这一时期西欧所发生的最为重要的变化在于大规模火器的引入，火器的引入一方面致使西欧和世界上其他地区战争能力差距进一步拉开，另一方面也导致了欧洲内部的战争压力骤然上升。这两种因素通过系统效应共同作用于西欧各国军事现代化的进行。相比之下具有较弱的利益集团和较强国家能力的普鲁士最为成功地实现了军事官僚体系的转变，法国的军事现代化深受利益集团的困扰，保留了大量低效率的贵族，奥地利受害于王朝国家的特性始终无法在军事制度上改变过度依赖传统骑兵的特色，而西班牙的军事现代化改革则完全停滞不前。

第五章研究的是从七年战争到1789年法国大革命期间的西欧现代化历程。在西班牙王位继承战争和七年战争之后，英国的霸权地位进一步稳固，法国和西班牙的波旁王朝的贵族意识到了英国的优势和先进性，为了追赶英国而实施了政治、经济和财政改革。他们试图在旧制度的基础上，通过改革实现富国强兵。但在贵族集团的阻挠下，西班牙的改革很快失败，并为此后19世纪西班牙帝国的崩溃埋下祸根；在法国，王权和贵族激烈的冲突导致了第三等级登上历史舞台，最终爆发了规模空前的大革命。

第六章研究的是18世纪中后期德国的现代化历程。德意志地区的奥地利和普鲁士在18世纪初期逐渐建立国家的雏形。在奥地利王位继承战争和七年战争之后，财政危机和长期的战争威胁促使奥地利和普鲁士开启了被后世称为"开明专制"的改革。改革包括经济、政治和财政三个方面。奥地利和普鲁士的改革受到的阻力相对较少，普鲁士的改革最终为此后德国的统一奠定基础，而奥地利的改革则存在缺陷，始终无法摆脱王朝国家的阴影。

第七章讨论的是从19世纪初到1848年前后的第二波现代化进程。法国大革命与拿破仑战争带来的观念变化和19世纪40年代的经济危机推动了各国内部的变革诉求，最终在1848年前后，欧洲爆发了两种不同类型的剧烈变革，成为欧洲现代化进程中重要且承上启下的转折。第一种是类似于第一波现代化中的自上而下的改良，传统的旧制度君主迫于国内外压力，通过君主立宪制推动现代化进程。第二种则是此后世界现代化的代表性模式，即在生产关系无法适应生产力时出现了阶级革命，无产阶级首次登上了历史舞台，资产阶级通过革命终结了旧制度，从而推动了现代化进程。但此次变革也存在诸多不成熟之处，从而在法国和德国等地很快出现了现代化的回潮。

第三部分是本书的结论，提炼了本书在理论上的主要发现，总结上述提出的三个问题的答案，阐释了现代化研究对于现实问题的启示，以及现代化研究的方法论意义。同时，通过时空视角来考察文中的核心变量和机制在现代化进程中所发挥的作用，进一步拓展和提炼本书的核心观点。

第一章 理论框架：现代化的因素与机制

现代化是一个动态的过程，仅仅从结构或观念的角度来讨论现代化是片面的，好的现代化研究需要包含从观念变化到具体付诸行动直至最终产生政治社会后果的完整过程。在早期西欧现代化过程中，大量因素会对这一过程中的观念、行为和后果产生深远的影响。本章将重点讨论现代化的核心因素、辅助因素与竞争性解释之间的关系，并认为外部冲击是现代化的重要情境，国家能力和利益集团是最核心的因素，而宗教、地理或者具体的政策则是重要的辅助因素，它们共同通过核心机制和辅助机制影响了现代化的结果。

第一节 现代化的观念、行为与后果

过去对于现代化理论的理解往往存在两种缺陷，现代化的动态理论往往强调外部动力和阶段性的变迁，将内部变迁和斗争过程处理为一个黑箱或者半透明的"灰箱"；而描绘黑箱内部过程的理论则将现代化视作静态的、结构化或者功能主义视角下的过程。要解决上述的两种问题，在理论构建过程中，就需要结合这两种方式。

结合这两种方式的理论构建，需要基于上述对现代化内涵的理解。在中文语境中的"现代化"一词，既可以理解为一种行为（modernize），也可以理解为一个过程（modernization），还可以理解为一种结果（modernized）。即一个国家需要通过一系列的"现代化"行为，实施各类关于经济现代化、政治现代化、军事现代化和财政现代化的措施，经历一个漫长而痛苦的"现代化历程"之后，只有少量国家才有可能具备工业化、民主制度、产权制度、财政预算制度、常备军制度这些象征着成为"现代化"国家的重要指标（或者称为现代化的结果）。尽管本书的目的是解释早期西欧各国现代化结果的差异,但是好的理论构建显然不能忽略现代化的行为与现代化的过程。在解释一个特定的社会事物时,在本体论上需要满足三个基本条件:观念(idea)→ 行为(action)→ 结果(outcome)。例如阐述比尔·克林顿(Bill Clinton)赢得选举的过程时,至少需要满足上述三个要素,即投票者喜欢克林顿(观念),他们参与了投票(行为),最终克林顿赢得了大选(结果)。① 而在讨论作为特定的结果时,可以借助社会演化的法则用于阐述制度变迁,用制度变迁的广义理论将制度变迁分为五个阶段:(1)阐述关于特定制度安排的观念;(2)政治动员;(3)争夺设计和强行规定特定制度安排的权力;(4)制定规则;(5)合法化、稳定化以及复制。②

除了讨论观念、行为和结果外,对于现代化的研究而言,还需要讨论上一期的后果对于现代化的影响,因为还需要讨论的一个问题是,最初的观念如何出现?我们经常无法完全特别清晰地了解最初的观念来自何处,讨论它的思想渊源(例如基督教和古希腊的传统)也不是本书的任务。结合现代化的外部动力理论,我们将现代化的初始条件定义为上一期的结果,它是新观念产生的重要契机。初始条件可以分为两个部分:其一是外部冲击,它可以是来自欧洲内部的竞争与观念传播,也可以是来自欧洲之外的,例如美洲金银和大西洋贸易;其二是具体时间节点的国家建设和社会结构。我们用外部冲击的差异来区分和界定这个时间节点,将1492~1699年的现代化历程视作第一波现代化,将1700~1789年的现代化历程视作第一波半现代化,第一波现代化中的外部冲击是大西洋贸易带来的美洲金银,在多场国际角逐之后,在第一波半现代化中变成了战争造成的财政危机和英国模式带来的示范效应。因此本书分别将1492年和1700年的外部冲击、国家建设和社会结构作为研究第一波和第一波半现代化的起点。本书的核心研究设计理念如下:外部冲击(上一期的结果)→现代化观念→现代化的行为→现代化的结果。

现代化的观念是本书讨论的第一个中间过程,它主要通过影响国家行为对结果产生影响。观念本身并不像经济数据那样容易用量化指标来衡量,我们只能通过叙事性分析来讨论外部冲击如何对观念产生影响,以及观念如何作用于行为。外部冲击带来的现代化观念的变化,可以分为三种

---

① Shiping Tang, "Idea, Action, and Outcome: The Objects and Tasks of Social Sciences," https://papers.ssrn.com/sol3/papers.cfm?abstract_id=2790615.

② Shiping Tang, 2011: *A General Theory of Institutional Change*, London: Routledge.

类型。

　　首先，最重要的是当时的决策者，即西欧的王室以及主要参与决策的大臣。对于一些主动采取改革措施的国家来说，决策者的观念非常重要，例如17世纪法国的路易十四（Louis XIV）和科尔贝尔（Colbert），18世纪的普鲁士国王腓特烈二世（Friedrich Ⅱ）和奥地利国王约瑟夫二世（Joseph Ⅱ）等。[①] 外部冲击改变了这些决策者的思想，他们才愿意将思想转化为行动。但是我们很难说明这些思想具体如何产生，它既可能源于国际竞争压力，也可能源于自身的道德和哲学理解。本书只关心决策者受到这类思想影响的事实，往往这些事实可以在一些档案、史料或者个人传记中看到痕迹，对于这些思想影响我们将在后面案例分析中进行具体的讨论。[②]

　　其次，外部冲击让许多权贵阶级改变了思想，在西欧最主要的就是贵族和教士。受到大西洋贸易和此后大量的战争与国内运动的影响，1492~1789年西欧出现了大量的思想家、经济学家和哲学家，这些思想涉及政治、经济、财政等诸多领域，如古典政治经济学派威廉·配第（William Petty），重农主义的杜尔哥（Turgot），经济学家如亚当·斯密，百科全书学派的伏尔泰（Voltaire），哲学家如托马斯·霍布斯（Thomas Hobbes）、约翰·洛克（John Locke）、卢梭（Rousseau）等（见表1-1）。这些思想家也参与一些政治活动或者决策，例如洛克和杜尔哥可以通过影响当时的上流社会来推动国家现代化的历程。尽管在16~18世纪，欧洲存在较为严格的书报检查制度，但是西欧的君主们基本无力像中世纪那样严格地控

[①] 这类影响可以在人物的传记中看到一些记载，参见〔法〕伏尔泰《路易十四时代》，吴模信等译，商务印书馆，1982；Tim Blanning, 2016: *Frederick the Great: King of Prussia*, New York: Random House; David Fraser, 2001: *Frederick the Great: King of Prussia*, New York: Fromm International; Walter Davis, 1974: *Joseph Ⅱ: An Imperial Reformer for the Austrian Netherlands*, Hague: Martinus Nijhojf.

[②] 关于思想观念对于王室以核心决策圈的影响的讨论参见 Hamish Scott, eds., 1990: *Enlightened Absolutism: Reform and Reformers in Later Eighteenth Century Europe*, London: Macmillan, pp. 37~54; Hamish Scott and Brendan Simms, 2007: *Cultures of Power in Europe During the Long Eighteenth Century*, Cambridge: Cambridge University Press; Gabriel Paquette, 2008: *Enlightenment, Governance, and Reform in Spain and Its Empire, 1759~1808*, New York: Palgrave Macmillan; Derek Beales, 2005: *Enlightenment and Reform in Eighteenth-Century Europe*, London: IB Tauris; Franz Szabo, *Kaunitz and Enlightened Absolutism 1753~1780*, Cambridge: Cambridge University Press; Johan Van Der Zande, 2000: "Prussia and the Enlightenment," in Philip G. Dwyer eds., *The Rise of Prussia 1700~1830*, London: Longman.

制上流社会的思想，贵族和教士中的开明派通过对改革的支持、对旧制度的抨击或者参与政府机构等方式来推动现代化。①

表1-1　　　　　　　　　现代化中的思想家们

	代表人物	影响群体	时间	代表性著作
新教伦理	马丁·路德 约翰·加尔文	全部	15~16世纪	《九十五条论纲》 《基督徒的生活》
重商主义	托马斯·孟 威廉·配第	王室 贵族	16~17世纪	《英国得自对外贸易的财富》 《赋税论》《政治算术》
重农主义	弗朗斯瓦·魁奈 杜尔哥	王室 贵族	17~18世纪	《经济表》 《关于财富的形成和分配的考察》
古典自由主义	亚当·斯密 约翰·洛克	王室 贵族	17~18世纪	《国民财富的性质和原因的研究》 《政府论》《人类理解论》
启蒙主义	狄德罗 卢梭 伏尔泰 孟德斯鸠	贵族、 民众	18世纪	《百科全书》 《社会契约论》《爱弥儿》 《风俗论》《路易十四时代》 《论法的精神》

资料来源：笔者自制。

最后，外部冲击对于民众的思想影响更加难以衡量，往往通过强制性的规训、义务教育制度的普及等方式来促进。而民众的观念变化对于结果的影响在许多著作中也时常用"文化"之类的词语进行解释，往往只能在大事件发生的过程中去推测特定传统和文化的作用。② 这种对于大事件的比较往往是用法国革命去对照英美现代化的历程，倾向于否定法国式的

---

① 关于思想观念对于贵族的影响参见〔美〕威尔·杜兰《世界文明史9：卢梭与大革命》，幼狮文化公司译，东方出版社，1998；〔美〕威尔·杜兰：《世界文明史10：卢梭与大革命》，幼狮文化公司译，东方出版社，1998；Murray Rothbard, 1995: *Economic Thought Before Adam Smith: An Austrian Perspective on the History of Economic Thought*, Volume I, Alabama: Edward Elgar; MichaelSonenscher, 2009: *Before the Deluge: Public Debt, Inequality, and the Intellectual Origins of the French Revolution*, Princeton: Princeton University Press; Jerzy Lukowski, 2003: *The Europe Nobility in the Eighteenth Century*, Hampshire and New York: Palgrave Macmillan, pp. 57~71; John Shovlin, 2003: "Emulation in Eighteenth-Century French Economic Thought," *Eighteenth-Century Studies*, Vol. 36, No. 2, pp. 224~230。
② 关于思想观念对于民众的影响的讨论参见 Tom Scott, eds., 1998: *The Peasantries of Europe: from the Fourteenth to the Eighteenth Centuries*, London: Longman; Jeremy Black, 2004: *Kings, Nobles and Commoners: States and Societies in Early Modern Europe, A Revisionist History*, London: IB Tauris, pp. 1~16。

激进主义和积极自由的传统,而赞同英美式的消极自由的传统。[1] 这些思想史或知识社会学的讨论并非本书的重点,因此本书仅讨论决策者的观念在现代化改革的评估和决策阶段的作用。

本书所讨论的第二个中间过程即现代化的行为,这也是本书最重要的部分。行为要由人来实施,外界因素会约束行为的选项和对这些选项的认知,但最终的选项通常并不是单一的,决策者在面临不确定的信息和选项时,时常会犹豫不决或者权衡相对好的结果。对于行为的理解我们可以借鉴社会心理学中的行为归因理论,即对行为的因果关系进行研究。心理学上最初对于行为的归因分析源于弗里茨·海德(Fritz Heider),他最早区分了行为的内因和外因。[2] 现代化的内因即上述所讨论的国家关于现代化的观念以及国家自身的特性,由于当时国家多为君主国,王室或者君主的观念往往可以影响甚至决定大部分国家的决策,因此,王室的观念可以近似于国家行为的内因。[3] 由于对国家和决策者的内外因区分过于复杂,这里引入了乔治·凯利(George Kelly)的三维归因理论,他从外部刺激、行动者和所处情境三个方面对行为归因。他认为需要从行为体对于外部刺激反应的一致性(consistency)、行动者的特异性(distinctiveness)以及对于所处情境的共识性(consensus)三个角度切入,利用共变演算来控制变量。[4] 伯伦特·马莱(Bertram Malle)提出了一个更有层次性的分析框架,即通过"理由的因果历史(Causal history of reasons)→理由→意图→有意识的行动"的机制分析方法,并提出了促进因素(Enablingfactors)对意图转化为行动的影响。[5] 这些归因理论也可以用于分析国家行为,可以将归因的四个要素总结为能力、意图、利益和决心。[6]

综合和借鉴上述理论,如表1-2所示,我们可以从外部冲击、

---

[1] 〔英〕埃蒙德·柏克:《反思法国大革命》,张雅楠译,上海社会科学院出版社,2014;〔美〕汉娜·阿伦特:《论革命》,陈周旺译,译林出版社,2019;朱学勤:《道德理想国的覆灭》,上海三联书店,2005。

[2] FritzHeider, 1944: "Social Perception and Phenomenal Causality," Psychological Review, Vol. 51, No. 6, pp. 358~374.

[3] 需要注意的是,内因和前面提到的内部因素所指是不同的,比如国家的初始条件可以视作是内部因素,但是初始的这些社会结构相对于决策者而言则属于外因。

[4] GeorgeKelly, 2003: Psychology of Personal Constructs, London: Routledge.

[5] Bertram Malle, 2004: How the Mind Explains Behavior: Folk Explanations, Meaning, and Social Interaction, Cambridge: MIT Press, p. 91.

[6] Shiping Tang, 2012: "Outline of a New Theory of Attribution in IR: Dimensions of Uncertainty and Their Cognitive Challenges," The Chinese Journal of International Politics, Vol. 5, No. 3, pp. 299~338.

利益集团和国家能力三个维度分析国家的现代化行为。首先,外部冲击会影响决策者的意图与决心,它为西欧君主国的决策者们提供了一个崭新的知识和选项。例如在哥伦布之前,没有君主会认为通过大西洋贸易和对美洲的掠夺可以实现富强;在英国工业革命之前,也没有君主会期望将生产率提高到同等水准。其次,利益集团决定了改革的情境。多数国家在现代化历程中都会遇到过改革派和保守派互相对立的过程,这就成为决策的基本情境,决策者往往需要听取各方面的意见和利益诉求,在改革和稳定之间权衡利弊。[1] 最后,国家能力是改革者需要考虑到自身特性,通常具有较强能力的国家,倾向于在现代化历程初期制定较高的目标,实施更加彻底的政治经济改革;而能力较弱的国家,一个理性的决策者就会采取相对温和的措施,因为他们知道制定不可能实现的目标是徒劳的。

表1-2　　　　　　　　初始条件与行为归因理论

	海德	凯利	马莱	唐世平
外部冲击→决策者的观念变化	内因	外部刺激	因果历史→理由→意图	意图与决心
利益集团→决策者对利益的认知	外因	情境	促进因素	利益
国家能力→决策者对自身能力的判断	内因	行动者	促进因素	能力

资料来源:笔者自制。

现代化最关键的环节是从现代化的行为到现代化的后果,这是一个从决策者的微观行为到出现宏观结果的过程,这个结果包括了制度变迁、经济发展等一系列现代化的指标。对于任何国家而言,现代化是一个重要的战略决策,本书借用战略行为的分析框架来解释从行为到结果的过程,将战略行为分为战略评估、战略决策、战略动员和战略执行四个阶段。[2] 评估和决策阶段可以视作观念对行为的影响,具体战略的动员和执行则是从行为到结果的核心过程。动员和执行的过程是微观行为和宏观结果之间的桥梁,在动员和执行阶段,国家的官僚体制发挥主要作用,决策层是重要

---

[1] 在政治学和国际关系领域,许多文献都讨论了国内因素对国家战略的制约,例如〔美〕理查德·罗斯克兰斯、阿瑟·斯坦主编:《大战略的国内基础》,刘东国译,北京大学出版社,2005。

[2] 左希迎、唐世平:《理解战略行为:一个初步的分析框架》,《中国社会科学》2012年第11期。

的辅助行为体，少数决策者的观念通过对官僚机构的动员转化为具体的国家行为。

然而，国家采取了特定行为，显然不一定会达到预期的结果，如果结果和预期相去甚远时，就可以认为改革遭受了失败。要解释好的结果（即通过改革成功实现现代化）是相对容易的，即认为决策者在四个阶段都做到相对完善即可。而要解释现代化的改革之所以失败，则需要分析他们在不同阶段的行为的失误，我们认为大致上有如下几种失败的模式。[1]第一，对于外部冲击的错误评估。由于外部冲击往往是一种新生事物，如果决策者对它进行了错误的评估，例如向他国学习或者仅仅试图复制其科技水平而忽视制度变革，现代化就往往难以成功。第二，错误的归因对决策的误导。例如决策者往往存在基本归因错误以及自我中心主义的偏差，容易高估自身的能力而低估周围情境的作用[2]，或者过于坚持己见和思维定势[3]等问题都可能导致最终采取了非理性的决策。第三，在动员阶段，成功的动员需要考虑利益、自身的能力和恰当的时机，只有如此国家才能有效地组织和动员，从而将个体思想转化为集体行动。[4] 一些过于激进的现代化政策完全可能会因为遭受各个利益集团的抵制而不能获得足够有效的支持。第四，在实施阶段则更需要考虑国内外环境的影响。一方面，决策者时常要面对国家内部僵化的社会结构，顽固而保守的旧贵族和既得利益者。另一方面，早期西欧往往充斥着暴力、战争与征服，属于典型的霍布斯文化或者说丛林之战。[5] 国家的行为会受到来自结构和体系的约束，[6] 错综复杂的大国关系和频繁的战争时常造成严重的财政危机，从

---

[1] 如果要进行细分的话，失败的组合至少有15种，为了便于叙述，这里只讨论现代化进程中每个阶段可能出现的错误。

[2] Lee Ross, David Greene and Pamela House, 1977: "The 'False Consensus Effect': An Egocentric Bias in Social Perception and Attribution Processes," *Journal of Experimental Social Psychology*, Vol. 13, No. 3, pp. 279~301; Thomas C. Monson and Mark Snyder, 1977: "Actors, Observers, and the Attribution Process: Toward a Reconceptualization," *Journal of Experimental Social Psychology*, Vol. 13, No. 1, pp. 89~111.

[3] 参见〔美〕罗伯特·杰维斯《国际政治中的知觉与错误知觉》，秦亚青译，世界知识出版社，2003。

[4] 见 Charles Tilly, 1978: *From Mobilization to Revolution*, New York: Newbery Award Records, pp. 52~55.

[5] 参见〔美〕亚历山大·温特《国际政治的社会理论》，秦亚青译，上海人民出版社，2000；Shiping Tang, 2013: *The Social Evolution of International Politics*, Oxford: Oxford University Press。

[6] 〔美〕肯尼斯·沃尔兹:《国际政治理论》，信强译，上海人民出版社，2021；〔美〕约翰·米尔斯海默:《大国政治的悲剧》，王义桅、唐小松译，上海人民出版社，2003。

而影响国家的现代化进程。①

第二节　现代化研究中的因素

前文根据归因理论引申出了本书的三个核心因素：外部冲击、国家能力和利益集团。这部分我们将进一步讨论这些因素的定义以及其他辅助因素和竞争性解释与核心因素之间的关系，然后就早期西欧现代化给出一个因素性的解释。

在此之前我们需要区分核心因素与辅助因素的区别。具体来说，出现外部冲击、具备较强国家能力和较弱利益集团的国家是实现早期西欧现代化的决定性因素。核心因素作为自变量时，它是结果出现/不出现产生的决定性影响，核心因素的差异决定了结果的差异。而辅助因素虽然不对结果产生决定性影响，但是并不是不相关的因素，因为它仍然会对过程起到一定的促进/阻碍作用。② 尽管无法否认核心和辅助因素在特定条件下互相转化的可能，但是在早期现代化的情境之下，这些变量并不能起到决定性的作用。表1-3展示了本书对于现代化研究中各类因素的总结，用观念、行为、结果以及时间维度来区分各类因素，并将外部冲击、国家能力和利益集团视作核心因素，将其他因素视作辅助因素和/或竞争性解释。绪论中已经将外部冲击作为一个外部动力进行说明，而将国家能力和利益集团作为内部动力。本书的观点是将现代化视作外部刺激下引发内部变革——缺乏外部冲击的国家/行为体不会试图去进行变革（甚至尚不知道现代性和启蒙为何物），而这两个核心的内部动力因素决定了现代化变革的成败。接下来将分别阐述这些变量以及变量选择的理由。

---

① Michael Hochedlinger, 2003: *Austria's War of Emergence: War, State and Society in the Habsburg Monarchy, 1683~1797*, London: Longman; Richard Bonney, eds., *Economic Systems and State Finance*, New York: Oxford University Press; P. G. M. Dickson, 1987: *Finance and Government Under Maria Theresia, 1740~1780*, New York: Oxford University Press; Christopher Storrs, ed., 2009: *The Fiscal-Military State in Eighteenth-Century Europe: Essays in Honour of PGM Dickson*, Burlington: Ashgate.

② 例如凶手持刀杀人是被害人死亡的充分必要条件，那么刀子特别锋利就是一个重要的辅助因素，促进了结果的出现。

表1-3　　　　　　核心因素、辅助因素与竞争性解释

	变量类型	观念	行为	结果
上期结果	外部冲击	√	√	
	国家能力		√	√
	利益集团		√	√
	阶级构成			?
上期观念	新教伦理	?	?	
更远的结果	地理环境	?	?	?
	人口压力	?	?	?
当期观念	个人能力	√		
当期行为	重商主义政策		√	
当期结果	制度变迁			√

（1）外部冲击（exogenous shock）主要对国家的观念和行为产生影响，它是一个相对笼统的变量，包含了两层含义。一方面，它表明这个影响来自于国家外部，绝大多数部分都不是由国内因素所决定的，因此这个变量是外生的。在经济学领域中，通常用外生变量来描绘经济模型中的变量无法描述的内容，同理在国家建设和现代化理论中，地理大发现后的大西洋贸易和美洲金银都可以视作外生变量。另一方面，本书将现代化视作一种"波"（wave），外部冲击会带来脉冲效应，短期内在国家建设过程中引起巨大的变化，但这种影响会随着时间推移逐渐消逝。外部冲击往往是对国家现代化极具冲击性的事件——如大西洋贸易带来的横财（windfall）或者因为国际战争造成的财政危机，这些冲击最终造成了现代化的动力机制的差异，而它的时空特性也恰恰是区分几波现代化的关键。[1]

需要指出的是，技术革命并非外部冲击。有一些学者将16~18世纪的某些技术革命视作一种外部冲击或者偶然的变化，认为这才是西欧现代化或者大分流的主要原因。[2] 这类观点最大的缺陷在于无法解释技术革命

---

[1] 这部分关于冲击和波的讨论参见 Seva Gunitsky, 2014: "From Shocks to Waves: Hegemonic Transitions and Democratization in the Twentieth Century," *International Organization*, Vol. 68, No. 3, pp. 561~597。

[2] 〔德〕贡德·弗兰克：《白银资本：重视经济全球化中的东方》，刘北成译，中央编译出版社，2005，第269页；〔美〕戴维·S. 兰德斯：《国富国穷》，门洪华等译，新华出版社，2014，第231~248页。

的来源，显然技术革命并非完全外生的，这种外生增长理论没有考虑当时教育和研发投入的作用，忽略了人力资本的作用。[1] 而在回顾历史事实的时候也可以发现，多数技术创新并非基于那些发明家的突发奇想，技术创新从来都不是来自启蒙童话中瓦特祖母的壶盖或是砸中牛顿的苹果。技术发展靠的是长期积累而不是孤立的英雄行为。[2] 技术创新不是现代化的初始条件，往往是现代化过程中的一个中间变量或特定情境下的辅助因素，因此本书不会将其作为一个核心变量。

（2）国家能力和利益集团是本书描述国内初始条件的核心变量，如前文所述，它们主要对国家行为以及造成后果产生影响，对观念影响则相对微弱。为了更加清晰地表达这两个变量的含义，我们可以用一个公式来简单描述，把国家的权力分为三个部分，王权（K）、贵族（N）和民众（P），由于三者构成一个整体，设总和为1，则有：$K + N + P = 1$。因此虽然有三个部分，但只需要两个变量就能够描述。

第一个变量是王权相对于民众和贵族的优势，记作 K。由于当时除了联合省之外的多数大国都是君主制国家，因此 K 近似于国家能力，用 K（+）和 K（-）分别表示较强和较弱的国家能力。国家能力决定了政策实施的效果，即便同样的政策，在能力不同的国家中也会造成截然不同的效果。[3] 亨廷顿用权力总量和权力分配的集中程度更为细致地区分国家能力的差异，他认为无论在传统或现代化政治体制中，权力都可以被不同程度地分散，但是现代化体制较传统体制拥有更多权力。[4] 当时的国家能力可以从如下两方面进行衡量，大致上可以参考迈克尔·曼对于基础性国家能力的定义。[5] 一方面，国家能力取决于国家是否存在政令统一的中央

---

[1] 经济学领域的外生增长理论以及对外生增长的批评参见：Robert Solow, 1957: "Technical Change and the Aggregate Production Function," *The Review of Economics and Statistics*, Vol. 39, No. 3, pp. 312~320; Paul Romer, 1994: "The Origins of Endogenous Growth," *The Journal of Economic Perspectives*, Vol. 8, No. 1, pp. 3~22; Barro, Robert J., 1990: "Government Spending in A Simple Model of Endogenous Growth," *Journal of Political Economy*, Vol. 98, No. 5, pp. 103~125.

[2] 〔美〕贾雷德·戴蒙德：《枪炮、病菌与钢铁：人类社会的命运》，谢延光译，上海译文出版社，2006，第251页。

[3] Matt Andrews, Lant Pritchett, and Michael Woolcock, 2017: *Building State Capability: Evidence, Analysis, Action*, Oxford: Oxford University Press, p. 12.

[4] 〔美〕塞缪尔·P. 亨廷顿：《变化社会中的政治秩序》，王冠华等译，上海人民出版社，2008，第120页。

[5] 〔英〕迈克尔·曼：《社会权力的来源（第二卷）：阶级和民族国家的兴起（1769~1914）》，陈海宏等译，上海人民出版社，2015。

集权政府,是否实行有效的科层制度,中央政府能否在地方任命贯彻其职能的官员。通常领土分散、各类封建领主各司其政的王朝国家缺乏足够的国家能力,而单一制或者实施"军国主义"的国家往往具备较强的国家能力。另一方面,国家能力考查的是中央政府对于资源的调动和汲取能力,这种能力并不仅是体现在王室控制的领地中,更为重要的是中央对地方的控制。

第二个变量是贵族相对于民众和王权的优势。贵族构成了18世纪主要的分利集团,因此用N来衡量利益集团的强弱,用N(+)和N(-)分别表示较强(或者固化的)和较弱(或尚未固化)的利益集团。利益集团考察的是当时的贵族领主是否形成了一个强大的团体,由于还包括贵族对王权的优势,这同迈克尔·曼对"专制权力"的定义存在一些差别。这些团体在现代化早期基本属于不同类型的贵族,它们主要因为利益的考量而试图保持中世纪以来的诸多封建特权,并借此在现代化的浪潮中成为更强有力的分利集团。大西洋贸易之后,所谓的"封建主义"无疑衰败了,但是支配封建的武士阶级却没有衰败,相反它们统治了几个世纪之久,并成功攫取了大部分新创造的财富。因此利益集团的概念某种程度上是衡量运行在资本主义之上的封建主义,是依靠资本主义为生的贵族社会。① 这些团体渗透和控制了政府的中上层机构,通过将国家官职私有化形成对改革的巨大阻力。② 贵族的目的是维持其相对于不断上升的君主权力的自主性,压缩统治者对内和对外的活动范围,他们企图建立独立的政治组织、地域性团体和扩张势力,如致力于使其在王朝的行政机构、议政机构的官位永久化和正式化,分夺君主的税收和动员通道。③ 除了18世纪的英国与荷兰这样的国家,特权阶级从地方到中央的联合起来的一个重要的标志就是议会能够强有力地限制王权。利益集团较强的原因往往是诸多因素造成的,比如悠久的历史、长期的卖官鬻爵以及较弱的商人阶级等。

---

① 〔美〕约瑟夫·熊彼特:《经济分析史(第一卷)》,朱泱等译,商务印书馆,1991,第221页;〔美〕约瑟夫·熊彼特:《资本主义、社会主义与民主》,吴良健译,商务印书馆,1999,第215~217页。
② 旧贵族和利益集团的讨论参见 Jerzy Lukowski, 2003: *The Europe Nobility in the Eighteenth Century*, Hampshire and New York: Palgrave Macmillan; Franklin Ford, 1962: *Robe and Sword: The Regrouping of the French Aristocracy After Louis XIV*, Cambridge: Harvard University Press。
③ 〔以〕S. N. 艾森斯塔德:《帝国的政治体系》,阎步克译,贵州人民出版社,1992,第180~181页。

由于公式 K + N + P = 1 的自由度为 2，因此用上述两个变量进行分析时，实际上已经包含了第三个变量，即民众相对于王权和贵族的优势，近似于阶级矛盾。阶级构成是马克思主义解释现代化的经典变量，特别强调阶级结构变化和阶级斗争的历史地位，认为经济基础与上层建筑之间的矛盾是对人类社会的推动。[1] 阶级显然是非常重要的，尤其在一些被认为发生"资产阶级革命"的国家（如英国），商人阶级的强盛与否直接影响到国家的动员和决策过程。但是在欧洲大陆的君主国中，阶级差异并不明显，而现代化的结果却截然不同，这是因为早期多数西欧现代化以自上而下的改革为主，并不符合阶级斗争导致制度变迁的经典解释，更加适合采用精英主义的视角。只有到 1848 年前后，工人阶级才大规模的登上历史舞台，阶级分析才成为现代化研究的重要方法。

需要说明的是，笔者主要用定性方法来描述这些变量的变化。许田波对国家形成的核心变量自强型/自弱型国家的定义，大致上便是基于国家能力和利益集团的复合变量，自强型国家 = 强国家能力 + 弱利益集团，自弱型国家 = 弱国家能力 + 强利益集团。[2] 但是这样就容易忽略了另外两种组合存在的可能，因此我们认为拆分这两个变量是必要的。

（3）新教伦理或者天主教传统相对于地理大发现后的现代化是更加早期形成的观念，许多研究试图借此解释欧洲和亚洲或者欧洲内部的差异。在西欧近代历史中，对于教士和贵族影响最为深远的当属新教伦理。马丁·路德（Martin Luther）和约翰·加尔文（Jean Calvin）的宗教理念引发了 16 ~ 17 世纪频繁的宗教矛盾和战争，在不同学科中可以找到大量的类似论述。[3] 这种论述在具体的过程追踪和跨案例研究中存在诸多问题。首先，它难以解决在跨案例比较中同样面临无法解释欧陆国家的内部差异，例如有观点认为天主教弱国家、强社会和理性传统是欧洲兴起的主要原因，[4] 事实上欧洲内部国家能力和利益集团的差异非常重大，几乎覆盖了全部的类型。其次，因果链过长且过于模糊缺乏有效的因果机制，这

---

[1] 《马克思恩格斯选集》第 2 卷，人民出版社，2012，第 2 ~ 3 页。
[2] 〔美〕许田波：《战争与国家形成：春秋战国与近代早期欧洲之比较》，徐进译，上海人民出版社，2009，第 33 ~ 38 页。
[3] 关于新教伦理的讨论非常多，例如〔德〕马克斯·韦伯：《新教伦理与资本主义精神》，康乐、简惠美译，广西师范大学出版社，2010；〔美〕迈克尔·沃尔泽：《清教徒的革命：关于激进政治起源的一项研究》，王东兴、张蓉译，商务印书馆，2016；Geoffrey Elton, 1999: *Reformation Europe, 1517 ~ 1559*, Oxford: Blackwell, pp. 122 ~ 146.
[4] 赵鼎新：《国家、战争与历史发展：前现代中西模式的比较》，浙江大学出版社，2015，第 196 ~ 197 页。

类观念因素可以在部分的宗教战争等事件中捕捉到蛛丝马迹，但是在史料中找不到足以支持贯穿始终的因果机制的证据，并且过于早期的讨论也面临着无限回溯的困境。最后，无论在天主教还是在新教的早期观点中，都存在大量反科学和贸易的思想，例如加尔文和路德对于哥白尼和伽利略的"日心说"同样持强烈反对态度，甚至比天主教更激进。[1] 因此宗教因素只能作为用于解释特定案例的辅助因素。

（4）地理环境和人口压力这些更加早期的外生因素同样也只能作为辅助因素。地理环境决定论通常充满了宿命论的色彩，除了上述戴蒙德和琼斯的研究外，过去还有大量文献阐述特定地理位置的偏好对于国家兴衰的作用，[2] 或者阐述地理环境对人和国家行为的塑造作用。[3] 而诺斯和戈德斯通等人则意识到，人口规模的增加会通过特定的机制影响到制度变迁。[4] 地理或者人口的单一要素决定论已经遭到非常多的批评，通过跨案例比较就可以发现，这些过于早期的因素无法发挥决定性的作用。换言之，地理和人口因素是作为"工具变量"和"干涉变量"而非"解释变量"而存在。[5] 在过程追踪中可以发现它们对于结果的影响主要通过两种方式：一种是它们是最初外部冲击的动力，例如位置和人口对大西洋贸易的影响，但基于特点时间截面的切割这种影响不属于本书的讨论范围；另一种是通过对核心因素产生干涉作用，这在后面部分会进一步讨论。

（5）个人能力、重商主义政策、制度这些在现代化过程中出现的关

---

[1] 〔美〕南森·巴伯：《欧洲史》，周京京译，经济科学出版社，2013，第166页。

[2] 这部分理论被命名为"地缘政治学"，〔英〕麦金德：《民主的理想与现实》，武原译，商务印书馆，1965；〔美〕斯皮克曼：《和平地理学》，刘愈之译，商务印书馆，1965；〔美〕阿尔弗雷德·塞耶·马汉：《海权论》，范利鸿译，陕西师范大学出版社，2007；〔美〕艾尔弗雷德·塞耶·马汉：《海权对法国大革命和帝国的影响：1793~1812年》，李少彦等译，海洋出版社，2013。

[3] 〔古希腊〕亚里士多德：《政治学》，颜一、秦典华译，中国人民大学出版社，2003，第240页；〔法〕孟德斯鸠：《论法的精神》，张雁深译，商务印书馆，2005，第1页；〔德〕伊曼努尔·康德：《康德著作全集第9卷：自然地理学》，李秋零主编，中国人民大学出版社，2010。

[4] 〔美〕杰克·戈德斯通：《早期现代世界的革命与反抗》，章延杰等译，上海人民出版社，2013；〔美〕道格拉斯·C. 诺思：《经济史上的结构和变革》，厉以平译，商务印书馆，2010，第180~192页；Douglass C. North and Barry R. Weingast, 1989: "Constitutions and Commitment: The Evolution of Institutions Governing Public Choice in Seventeenth-Century England," *The Journal of Economic History*, Vol. 49, No. 4, pp. 803~832.

[5] 参见叶成城《重新审视地缘政治学：社会科学方法论的视角》，《世界经济与政治》2015年第5期。

于观念、行为或者结果的变量同样会对现代化的结果产生影响。首先，领导者的能力在政治理论中一直都是非常重要的辅助变量，但是由于个人能力时常会受到结构的制约，欧洲近代史上力挽狂澜的英雄人物较为少见，通常很少将其作为核心变量。正如肯尼斯·华尔兹（Kenneth Waltz）所言："大师级的人物可以超越他们工具的局限性并打破体系的束缚，而这种束缚却可以令才华稍逊的人物一筹莫展。"① 其次，重商主义政策几乎是早期现代化过程中必须采取的政策，② 因为较晚参与大西洋贸易的国家需要通过贸易顺差间接获取美洲金银，③ 它的作用甚至被早期过度迎合新自由主义的经济史所低估。④ 但它仅仅是变量的一个中间过程，受到大量初始条件的约束，也不能够作为核心变量。最后，制度的作用不言而喻，大量的经济学著作中讨论了制度可以通过多个渠道/机制来推动经济发展和促进现代化，例如产权保护⑤、降低交易成本⑥、鼓励创新⑦、融资能力⑧，等等。但是制度已经是非常接近结果的变量，甚至在许多文献中将实现上述西方制度等同于现代化本身，为了避免同义反复也不适合作为研究的自变量。

在排除和吸收了诸多竞争性解释后，笔者认为：外部冲击是本书的情境变量，而核心变量只有两个，即国家能力和利益集团。毛泽东在著名的《矛盾论》中写过如下一段话："唯物辩证法认为外因是变化的条件，内因是变化的根据，外因通过内因而起作用。鸡蛋因得适当的温度而变化为鸡子，但温度不能使石头变为鸡子，因为二者的根据是不同的。"⑨ 借鉴

---

① 〔美〕肯尼斯·华尔兹：《反思〈国际政治理论〉》，载〔美〕罗伯特·基欧汉编《新现实主义及其批判》，郭树勇译，北京大学出版社，2007，第314页。
② 参见〔瑞典〕拉尔斯·马格努松主编《重商主义经济学》，王根蓓、陈雷译，上海财经大学出版社，2001；〔法〕伊奈丝·缪拉：《科贝尔：法国重商主义之父》，梅俊杰译，上海远东出版社，2012。
③ 张宇燕、高程：《美洲金银和西方世界的兴起》，《社会科学战线》2004年第1期。
④ 参见梅俊杰《所谓英国现代化"内源""先发"性质商议》，《社会科学》2010年第10期。
⑤ Olson Mancur, 1993: "Dictatorship, Democracy, and Development," *American Political Science Review*, Vol. 87, No. 3, pp. 567~576.
⑥ Ronald H. Coase, 1937: "The Nature of the Firm," *Economica*, Vol. 16, No. 4, pp. 386~405.
⑦ 〔美〕道格拉斯·诺斯、罗伯斯·托马斯：《西方世界的兴起》，厉以平、蔡磊译，华夏出版社，2015。
⑧ 〔英〕约翰·希克斯：《经济史理论》，厉以平译，商务印书馆，2002，第75~91页；〔美〕约瑟夫·熊彼特：《经济发展理论——对于利润、资本、信贷、利息和经济周期的考察》，何畏、易家详等译，商务印书馆，1990，第73~82页；〔美〕查尔斯·金德尔伯格：《西欧金融史（第二版）》，徐子健等译，中国金融出版社，2010。
⑨ 《毛泽东选集》第1卷，人民出版社，1991，第302~303页。

此逻辑，情境变量与核心变量之间的关系在于，前者是后者可以发挥作用的前提，后者则是国家现代化的基础。

表1-4展示了三个变量组合与结果之间的关系，笔者将这些组合分为五种类型。首先将在不具备基本前提条件的组合合并为一类，即缺乏外部冲击的国家往往停留在中世纪以来的传统制度中，没有实现现代化的可能。[①] 然后在剩余的受到外部冲击的国家中，根据利益集团的强弱和国家能力的强弱可以分为4种类型。类型一：强国家能力+强利益集团。这种类型意味着在位君主具备极强的动员能力，能够有效地推动现代化，但是这种看似强大且具备许多现代化表征的国家又因为利益集团的阻挠使得现代化进程时常出现风险和波动。类型二：强国家能力+弱利益集团。这种类型意味着君主不仅能够依靠强大的国家能力推动现代化，而且不会面临强大的贵族集团的反扑，这是实现国家现代化的最为理想的状态，但由于变量间存在关联，这种类型并不多见。类型三：弱国家能力+强利益集团。这个组合意味着国家既没有能力推动现代化，并且还存在强大的分利集团，因此这种类型的国家往往在现代化之初就制定较低的制度变迁的目标，且一旦遭到抵抗，连这些目标也很难实现。类型四：弱国家能力+弱利益集团。这种类型意味着国家缺乏足够的能力推动现代化，但同时也没有强大的利益集团共同反对改革，因此其现代化进程往往较为缓慢，而缺乏国家能力也意味着难以在国际竞争中成为一流大国。基于上述分析，本书认为，外部冲击、强国家能力和弱利益集团是早期西欧现代化成功的必要条件，同时具备三个条件则接近于现代化的"充分条件"。这三者没有完全构成现代化的充分条件的原因在于因素的组合在没有机制的情况下仍然无法驱动结果，因此还需要进行机制性的分析。

表1-4　　　　　　　　　　核心变量与现代化

	存在外部冲击		不存在外部冲击
	强国家能力	弱国家能力	
强利益集团	存在缺陷的现代化	难以实现现代化	缺乏社会变化
弱利益集团	有效的现代化	缓慢推进的现代化	

资料来源：笔者自制。

---

① 类型合并的方法论讨论参见 Colin Elman, 2005: "Explanatory Typologies in Qualitative Studies of International Politics," *International Organization*, Vol. 59, No. 2, pp. 293~326.

第三节　现代化研究中的机制

在讨论了各类因素之后，接下来需要阐述这些因素之间是何种互动关系，它们通过何种方式对结果产生影响，即不仅仅要讨论"是什么"（what），还要继续阐述"怎么样"（how）。由于国内学者对于机制的讨论并不多，甚至存在许多误区，为了便于给出一个"因素 + 机制"的解释，我们需要花费一些篇幅讨论和澄清"机制"（mechanism）本身。

马里奥·邦奇（Mario Bunge）将机制定义为一种周而复始的因果过程。它涉及一系列将特定初始状态和特定效果相连接的事件，通常不以线性的方式来组织，包含了特定的时序，只在系统中发生并且不可被观察到。[1] 机制会通过与因素互动产生社会系统的后果，两者之间是一种相互依赖的关系。机制性的解释认为内部过程同外部环境一样重要，系统性的变化除了受到外部环境的影响之外，内部过程的影响同样重要。机制性解释的优点在于，它能够容纳较多的变量，兼备变量的广度与深度，同时得出因果性而非相关性的解释。机制性的解释同"黑箱型"解释的区别在于，后者仅仅对现象进行描述，告诉我们是什么，而前者则在此基础上试图说明事物是如何运转的。[2]

核心机制的作用在于提高案例内分析的可信度。为了更加细致地讨论机制在案例比较中发挥的作用，需要区分核心机制和辅助机制。核心机制解释的是主要的历史过程，它包括从事件的开端，经历若干时间节点，直到结果出现的过程。核心机制的讨论接近于模式匹配与过程追踪的结合，在逻辑上它是一种求同法，假如在多个事件中都可以发现诸如 $X \rightarrow X_1 \rightarrow X_2 \rightarrow Y$ 的过程，那么它比单因素求同的可信度要高很多，因为它观察到了多个有序的因果过程观测值。需要指出的是，在多个案例中具体的过程未必可以完全呈现，假设机制只呈现出 $X \rightarrow X_1 \rightarrow X_2$ 或者仅是 $X \rightarrow X_1$ 的部分，这非但不会削减理论本身的解释力，反而增强了核心机制的解释力。例如生物学中关于细胞有丝分裂或者神经传导的机制研究中，如果加入特定的拮抗剂可以让有丝分裂或者神经传导停留在特定步骤，这显然是确认

---

[1] Renate Mayntz, 2004: "Mechanisms in the Analysis of Social Macro-Phenomena," *Philosophy of the Social Sciences*, Vol. 34, No. 2, pp. 241~242.

[2] Mario Bunge, 1997: "Mechanism and Explanation," *Philosophy of the Social Sciences*, Vol. 27, No. 4, p. 427.

机制存在的有力证据。辅助机制的存在是为了讨论最终结果差异的原因，它接近于因果叙述和过程追踪的结合。笔者将辅助机制定义为对核心机制的各个阶段造成影响的各类干涉性机制，这些干涉性的机制对结果可以起到不同的作用。这种作用既可以是直接影响结果的差异，笔者将其称为"主要机制"；也可以是促进或者阻碍某种结果的出现，笔者将其称为"次要机制"。前者可以视作核心因素/变量通过特定机制对结果产生影响，而后者则可以视作辅助因素/变量对结果的影响。除此之外，机制本身也可以是展开或者合并的，例如"进化"可以视作一个机制，但是也可以展开为"变异→选择→遗传"三个步骤，这三个步骤仍然可以进一步细分。对于机制的这些"详略"的叙述取决于既有文献和对这类知识所达成的共识。

如图 1-1 所示，本书的机制分为三个部分。第一部分是核心机制，用黑色粗线表示如下：外部冲击→观念变化与决策→动员→政策实施→富国强兵。这一核心机制包含着若干步骤/机制。首先，在特定的外部冲击下，国家内部的观念开始发生变化。外部冲击是相对宽泛的概念，至少需要区分正向与负向的外部冲击机制。正向的外部冲击最初影响到社会阶级的变迁，因此这类改革更像是自然而然的政治社会进程，阶级实力对比的变化最终促使权力斗争而促进了改革的意识。而负向的外部冲击（尤其是财政危机和竞争压力）则造成了一个被动改革的环境，通过外部压力促使政府作用改革的决定，被迫促使决策者进行"求亡图存"或者"励精图治"。动员是现代化改革最为核心的机制，卡尔·多伊奇（Karl Deutsch）甚至将社会动员视作现代化本身。[1] 在现代化的过程中，动员是"旧的社会、经济、心理束缚瓦解和人们获得新的社会化模式的过程"。[2] 从具体的改革到富国强兵并不是一个容易的过程，改革的过程往往会遭遇众多阻力，因为政策在自上而下的动员和实施过程中会遇到来自人为和非人为的阻力，并且因为社会系统的复杂性往往存在意料之外的结果，许多改革会因为各种天灾人祸而失败。而改革成功与实现富国强兵之间仍然存在差距，因为当时的国家进行大规模战争时会积累巨量债务，并且如果战争在本土进行更会对经济造成巨大的破坏。一旦战败则可能会因为丢失领土或殖民地而进一步阻挠其成为强

---

[1] Karl W. Deutsch, 1961: "Social Mobilization and Political Development," *American Political Science Review*, Vol. 55, No. 3, pp. 493~514.

[2] 〔以〕S. N. 艾森斯塔德：《现代化：抗拒与变迁》，张旅平等译，中国人民大学出版社，1988，第2页。

国。总而言之，现代化犹如一个孤岛，所有的国家都在奋力游向这个目标，只要在机制的任何一个环节出问题时，就难以实现现代化，因此现代化成功很难而失败非常容易。而我们解释现代化的成功案例非常简单，只需通过核心机制就能大致了解；理解现代化的失败则相对困难，需要借助于其他的辅助机制。

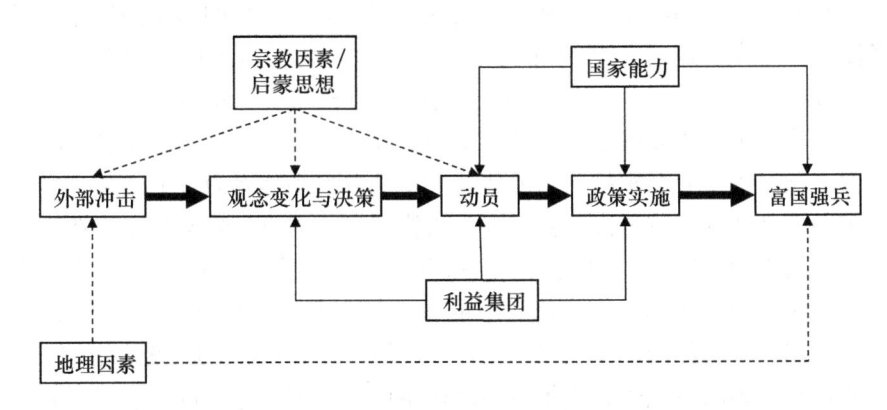

图 1-1 现代化的机制性解释

其次是主要的辅助机制，用黑色的细线箭头表示，展示了上述的两个核心变量国家能力和利益集团对于结果的影响。国家能力主要通过三种路径来影响最终结果。第一，国家能力影响政策实施过程中的动员能力，新政只有获得各级官僚机构和社会各阶层的支持，才能有效落实到具体的省份、城市和农村，否则改革和新政实施的范围就会很小。改革在整个国内推广还是仅仅在王室领地中实施存在着本质差异，因为缺乏有效动员就意味着改革在一开始就不可能有太多成效。第二，国家能力决定了政策能否有效和精确地实施。在官僚机构乃至社会各个基层被决策者动员之后，政府需要精确地实施具体政策，因为政策在一级级传达的过程中就容易出现偏差。因为改革往往触动许多地方贵族和官僚的利益，较强的国家能力意味着政府可以采取有效的方式来保证政策不被抵制或者歪曲。不同种类的政府所依赖的社会基础也各不相同，例如绝对主义的国家会通过军队和内务部门来推动政策，立宪君主国或议会制国家依赖各级代表的支持，而许多封建帝国更需要贵族和教士阶层的支持。第三，即便施行了新政或者制度变迁，缺乏国家能力仍然不能保证将其转化为综合实力，并在国际竞争中获胜。16~18世纪，国家即便拥有了当时看来较为先进的制度或繁荣的商业环境，也不等同于必然可以将其转化为强大的军事力量。历史上不乏强大富有的国家发展军事失败的例子,而战争的胜负会产生累积效应和路径依赖,因为战争不仅对国内经济和财政造成巨大损害,而且一旦在战争中失去殖民地或者富饶的领土,就意味着通常很难再夺回这些领地。因此国家往往需要在单纯军事政策目标和经济政策目标之间进行权衡。①

利益集团在当时主要表现为旧贵族,它们对于结果的影响同样存在三条路径。首先,利益集团的强弱影响到最初的观念和决策。前面已经提及,改革是决策者(通常是王室)、利益集团和民众之间的三方博弈。利益集团是改革最主要的阻力,利益集团的强弱决定了它们与决策者之间的实力对比,决策者会根据实力差距来决定采取温和或者激进的改革,尽管决策者的判断并非完全准确甚至经常出错。与此同时,贵族与王室在阶级上仍然属于旧制度下的封建地主,这种阶级属性本身也影响决策者的判断,即所谓的"生活决定意识"②,正如毛泽东所言:"在阶级社会中,每一个人都在一定的阶级地位中生活,各种思想无不打上阶级的烙印。"③因此在利益集团较强时,决策者与之联系更为紧密,通常也会选择更为温和的改革;在利益集团较弱时,决策者对于既得利益者的认同感也更低,甚至会存在诸多的批评,通常会选择更为激进的改革。其次,利益集团的强弱同样影响到新政的动员。动员是将具体的思想和决策转化为国家行为的关键机制,而贵族集团作为改革的主要阻力会影响动员的成效,因为动员所依赖的官僚机构仍然大部分是由贵族所占据。较强的利益集团意味着各地的贵族形成了统一的力量来对抗试图改革的决策者,它们可以通过中央到地方的议会来抵制政策的通过和国家动员,甚至可以进行反对改革的动员,例如煽动市民和农民来反对改革。最后,利益集团的强弱影响到政策的实施,尽管决策者可以通过中央政府来推行改革,但改革仍然要依赖于具体执行者的实施。当利益集团越强大时,就越有能力以各种方式来抵制改革,通常最为激烈的表达就是发动局部性的叛乱或者以一种"日常"的反抗来减少或拒绝上层提出的要求。通常情况下,由于常备军等制度的逐渐普及,利益集团在军事上相对于国家机器仍然是"弱势"的,因此它们更多的是以消极不服从、暗中破坏、逃避和欺骗等形式进行一系列

---

① 〔美〕罗伯特·吉尔平:《世界政治中的战争与变革》,宋新宁、杜建平译,上海人民出版社,2007,第27~31页。
② 〔德〕马克思、恩格斯:《德意志意识形态》(节选本),人民出版社,2018,第17页。
③ 《毛泽东选集》第1卷,人民出版社,1991,第283页。

"弱者的反抗"。①

除此之外,观念因素和地理因素是重要的辅助因素。宗教或启蒙对于思想观念的影响前面已经有所讨论,它通过对决策者、贵族中的开明人士和民众产生影响,通常认为宗教改革和启蒙运动对于此后的欧洲制度变迁起到促进作用。在具体事件中,观念因素往往会对国家的动员起到辅助作用,深受激进的启蒙主义影响的国家,民众如果非常认同这类文化,在遇到外部刺激之后,就更加容易被动员起来参与激进的暴力抗争,法国大革命就是其中最典型的案例。宗教冲突等观念在18世纪之前甚至经常超越利益角逐而成为国家之间发生冲突或者国家内战的重要原因,例如在西班牙无敌舰队对英国的进攻或者英国内战等事件中,宗教因素起到了非常重要的促进作用。

地理因素通过多种途径和机制对结果产生影响。地理位置包含了多数要素,例如区位、资源、气候等,由于这些要素不是本书的重点,并且其中的作用机制纷繁复杂,这里只作简单的讨论。首先,地理的区位和航道决定了国家的海外贸易,例如国家如果拥有能作为通往较远地理位置的便利通道,民众就更加愿意通过它与其他地区进行贸易。② 这类机制之所以复杂,在于它还需要特定的时机。15~16世纪以来人口压力和土地矛盾凸显时,如果拥有航海技术,同时具备面向大西洋的港口,那么国家就很容易突破所谓的"马尔萨斯陷阱",获得可观的收益。③ 与此同时,地理因素同样会对国家在国际竞争中的成败产生巨大影响。天然的地理屏障则决定了国家可以减少用于防御的成本和常备陆军,从而拥有相对不专制的初始条件。④ 在海上竞争中,当各国都开始拥有航海技术时,港口就会发挥作用,拥有深水港口的国家就更容易造出大吨位的军舰,更容易在军事竞争中占据优势。

总体而言,上述的核心机制和辅助机制几乎会贯彻始终,并且不同于过去一些集中研究现代化过程中的重大事件,本书通过时空的概念将现代化划分为不同的波次,从而保证案例比较以及蕴含其中的因素和机制分析

---

① 这个机制的讨论参见〔美〕詹姆斯·C. 斯科特《弱者的武器》,郑广怀等译,译林出版社,2011,第38~39页。
② 〔美〕阿尔弗雷德·塞耶·马汉:《海权论》,范利鸿译,陕西师范大学出版社,2007,第50页。
③ 参见郝诗楠、唐世平《社会科学研究中的时间:时序和时机》,《经济社会体制比较》2014年第2期。
④ 参见 Otto Hintze, 1975: *The History Essays of Otto Hintze*, New York: Oxford University Press。

是在同一时空内进行，通过同时空的"全样本分析"来加强因果解释力和避免对负面案例的遗漏。具体而言，本书将在第二章至第七章进行详细论述，分析研究 16~17 世纪初期、17 世纪后期、18 世纪初期、18 世纪后期以及 19 世纪初期欧洲在不同时空中的几次现代化的浪潮。本书认为，只有在外部冲击下，那些具有较强国家能力和较弱利益集团的国家才有机会在外部冲击的影响力之下，通过内部的制度变迁增强对外的竞争力，从而实现富国强兵的目的。尽管上述因素与机制的表达形式会随着时空情境表现不同，但是核心的因素和机制持续到 1848 年都几乎没有发生变化。

第二章 第一波现代化：地理大发现与 16 世纪葡萄牙和西班牙的崛起之路

在叙述完理论框架之后，本章开始对案例进行过程追踪。早期欧洲国家之间的竞争主要依靠大航海时期的先发优势，以及复杂的宗教和王朝因素，这些优势造就了伊比利亚早期的辉煌。本章通过阐述地理大发现后近百年间（1492~1609）欧洲各国逐渐开启的国家建设进程，发现西班牙那样的殖民帝国率先崛起，而英国、法国和荷兰这些后发国家开始逐渐追赶西班牙，当时意大利、德国、瑞典等几乎不参与大西洋贸易地区则发展得更为缓慢。这些讨论和分析构成了此后现代化讨论的基本背景与关键先期条件。

第一节 地理大发现与 16 世纪大国兴衰的诸多偶然因素

1492 年的地理大发现开启了大航海时代，为美洲、欧洲和非洲建立了新的纽带。这些新的纽带促进了商品、思想、病菌和人口在各大洲之间的交流，形成了最早的"全球化"。在早期世界中，越早对新世界进行探索的国家越能从海外贸易获益，西班牙是最大的受益者，其次是葡萄牙、英国、法国、荷兰等国。

尽管新大陆被发现也许只是时间问题，但哥伦布的时代地理大发现却有很多的偶然性。欧洲早期的诸多天文和地理研究都已经意识到地球并非"大平板"，而是一个球体形状，因而当时已经有很多人认为从欧洲向西航行可以到达亚洲。但是哥伦布和部分佛罗伦萨人错误地估计了地球的半径和经度间的距离，早年马可·波罗（Marco Polo）估算中日距离为 1500 里，但是被错误地翻译为 1500 海里，因而他们认为从加纳利群岛向西

2400～3000海里就可以到达日本（实际直线距离为10600海里），但这个距离刚好可以达到美洲大陆。①

然而这种历史偶然却带来了复杂且深远的系统效应，改变了欧洲乃至全球范围内的权力格局。从全球范围来看，近代的地理大发现某种程度上是欧洲国家的规模扩张，欧洲人开辟了总面积为2000万平方英里且相当富饶的海外领土，这些海外领地被视作欧洲的"幽灵面积"。② 地理大发现后的"哥伦布交换"丰富了全球范围内的生产力，并对大洲的农业生产、人口结构乃至气候环境产生了不同程度的影响。在欧洲与新大陆发生接触的这个世纪里，新大陆的人口锐减，美洲失去了占1500年之前人口总数90%的土著印第安人，这带来的意料之外的后果是森林重新覆盖美洲大陆，树木从大气层中吸走大量二氧化碳，进而加剧了小冰河时期的全球变冷。③ 全球性变冷似乎又进一步影响到了欧洲的粮食产量，到16世纪70～80年代，西欧生产的粮食已经越来越无法满足所有人的需求。欧洲人从美洲获取了大量金银，这进一步推动欧洲的物价上涨，从而成为资本主义产生的先决条件。

大航海时代之初，欧洲国家的现代化进程充满了偶然性和戏剧性，而每个国家/帝国的初始条件各不相同，本书认为，在16世纪，至少有三个方面的因素深远地影响着早期欧洲的国家建设，从而导致此后各国的发展差异。

首先是大航海的先发优势。16世纪的欧洲并非绝对意义上的无政府状态，教宗仍对国际事务具有一定的裁判和调节的权力，并且当时欧洲航海能力有限，跨洲际航行的风险很高，因而早期欧洲国家通常不会直接去夺取其他国家的殖民地。因此率先参与大西洋贸易的优势非常明显，国家或个人可以通过掠夺当地的贵金属或者同当地人进行贸易来换取欧洲稀缺的产品，从而在跨洋贸易中获得巨额利润。这些利润又可以被用于发展舰队或在欧陆发动战争，从而垄断海外贸易，进一步获得更多利润。然而大航海也同样具有偶然性，例如发现贵金属的国家会更加积极推动海外冒险，但是英法等率先到达北美的国家，由于获得的收益较低，最初这类探

---

① 〔德〕沃尔夫冈·赖因哈德：《征服世界：一部欧洲扩张的全球史，1415～2015》，周新建等译，社会科学文献出版社，2022，第113～114页。
② Eric Jones, 2003: *The European Miracle: Environments, Economies and Geopolitics in the History of Europe and Asia*, Cambridge: Cambridge University Press, pp. 82～84.
③ 参见〔美〕马立博《现代世界的起源：全球的、环境的述说，15～21世纪（第三版）》，夏继果译，商务印书馆，2017，第80页。

险就很难持续下去。

其次是宗教因素。在16世纪，韦伯式的新教伦理对于国家现代化的促进作用并不大，更多的是基于为对宗教信仰的坚持以及由此而产生的教派冲突。早期的航海发现一定程度依赖于个人英雄主义的冒险行为，对于宗教的热忱同对黄金的追求一样成为大量航海冒险家的动力，他们希望通过航海向亚洲、非洲以及此后发现的新大陆进行传教，可以打击奥斯曼帝国并削弱世界各地的穆斯林。但宗教热情也意味着更加难以与他们眼中的异教徒或不同教派进行妥协，尤其在1517年宗教改革后，各类新教的出现让基督教世界内部出现了诸多问题，教派之间难以容下异己。1545年罗马教皇在查理五世的支持下召开天特会议，确认马丁路德的主张为异端，开始着手处理新教带来的威胁，从而开启了反对宗教改革的浪潮，助长了此后欧洲残酷的宗教战争。中世纪发生在基督教和其他宗教之间的残酷冲突出现在基督教世界内部，这使得许多原本王朝之间可以通过私人亲属关系或利益交换来解决的问题最终变成了针对异端分子的残酷斗争。总体来看，16世纪信奉天主教对于多数国家的发展而言弊端远低于17世纪，尽管会加剧同新教国家之间的矛盾，但在当时欧洲的天主教势力占据优势，故而短期内仍有助于维持国内稳定，并能获得教廷和天主教国家的支持。

最后是各类王朝血统继承中的偶然性极大程度地影响了早期欧洲国家的领土分布。16世纪的王朝政治与17世纪后期出现的主权国家的逻辑仍然存在诸多差异，国家时常成为皇室私产而非公器，因而君主国的代际传承本身就会对国际格局带来颠覆性的影响，其中诸多偶然性因素很难用具体理论或机制来解释。第一，由于欧洲各国王室之间的联姻较为普遍，各类血缘关系盘根错节，在巧妙的联姻安排下，两个互相敌对的国家在下一代国王登基之后就可能化解恩怨甚至变成共主的联合国王。第二，君主的寿命、子嗣的存活率以及王室的生育能力等都可能影响整个历史走向乃至国际格局。当君主因为意外事件丧命时，例如法国亨利二世（Henri Ⅱ）于1559年因比武丧命，就带来意想不到的继承人问题和长期的混乱。国家的继承人如果绝嗣，可能就会并入其他国家，最典型的案例是1581年葡萄牙被西班牙吞并。类似地，王室的生育能力就可能影响到国际格局，例如英格兰女王玛丽一世（Mary Ⅰ）如果同西班牙国王腓力二世（Felipe Ⅱ de España）有子嗣，或者有更长的寿命，就未必会出现无敌舰队远征英格兰的事件。第三，剧烈的宗教冲突和欧洲"教随国定"的原则，使得君主个人的宗教偏好会影响国家在国际问题上的立场，例如16世纪后期英国历任国王的宗教立场几乎都对西班牙帝国的扩张和教皇的权威产生重大影响。

总而言之，无论是大航海的先发优势，还是宗教因素，抑或是复杂的王朝政治都带有较强的偶然性，国家的发展带有诸多运气成分，并且宗教和王朝的许多要素时常福祸相依，本章以下部分主要考察地理大发现与欧洲各类行为体的初始条件之间的互动，阐述16世纪大国兴衰的总体脉络。

第二节　16世纪欧洲格局的剧变：大航海与伊比利亚的崛起

海外贸易推动西欧经济的迅速发展，依靠贸易带来的丰厚利润，位于欧洲西侧的伊比利亚半岛上的两个国家——西班牙和葡萄牙，占据了天时与地利，分别在子午线的西侧和东侧建立了庞大的贸易殖民帝国。本节主要介绍两国逐渐崛起和海外扩张的经历，以及最后通过合并成为海上霸主的过程。

一　西班牙

卡斯蒂利亚的女王伊莎贝拉一世（Isabel Ⅰ la Católica）和阿拉贡的国王费尔南德二世（Fernando Ⅱ de Aragón elCatólico）在1469年联姻，两人相继在各自的王国中励精图治，打造了此后西班牙的雏形。1492年，在攻陷了穆斯林堡在伊比利亚最后的堡垒格拉纳达之后，西班牙帝国彻底战胜了摩尔人，这个契机使得西班牙可以开始更加专注于同葡萄牙的竞争。收复失地运动巩固了西班牙的王权，在此基础上伊莎贝拉女王开始着手强化西班牙的中央权威，这些政策包括扩建中央管理机构、积极推动羊毛贸易、收缴贵族的权力、削弱等级会议的权力、让军队摆脱教会直接听命于国王，以及在教会和司法事务上让王室官员拥有对法庭的优先权等。[1] 上述改革强化了西班牙（或者说卡斯蒂利亚）国家的基础性能力，并一定程度地削弱了国内利益集团，这也为其征服新大陆创造了重要前提。

早期几个因素对于地理大发现期间欧洲西班牙的迅速崛起有着重要的裨益，分别是恰当的时机、贵金属的获取、天主教传统以及王朝国家早期

---

[1] 〔德〕瓦尔特·L.伯尔奈克：《西班牙史：从十五世纪至今》，陈曦译，上海文化出版社，2019，第4~8页。

第二章 第一波现代化：地理大发现与16世纪葡萄牙和西班牙的崛起之路

的优势，当然其中不少因素也带来诸多无法低估的副作用。

首先，恰如其分的时机和先发优势。西班牙并不是哥伦布最初选择的国家，他最初试图说服葡萄牙人支持其计划，但是其建议很快遭到了否决。一方面，葡萄牙的科学顾问委员会对于亚洲地理位置的掌握比哥伦布更切合实际，因而并不赞同他的计划；另一方面，葡萄牙已经在1488年绕过了好望角，从而打通了向东方的航路，因此西行的路线对于他们来说并非是必需的。[1] 此后英国和法国的宫廷也没有采纳哥伦布的计划。西班牙作为"伯乐"愿意资助哥伦布是诸多历史机遇的耦合，由于葡萄牙已经在印度洋沿岸获得了部分优势，渴望有所作为的伊莎贝拉一世愿意支持哥伦布的冒险，从而让西班牙成为大西洋贸易的开拓者。

西班牙1492年在发现了新大陆之后，就获得了大西洋贸易的先发优势，占领了当时最为富庶的地区，从而不断从外部汲取资源。在起步阶段，欧洲人在新大陆的海外组织是非常松散的，可能只有其母国的一纸授权以及少量资助，他们的成功主要是掌握了先机。1519年，来自西班牙的殖民者埃尔南·科尔特斯（Hernando Cortes）仅带领500骑兵，用了两年时间就在墨西哥击败了拥有1100万人的阿兹特克帝国；1532年，皮萨罗带领近200人的雇佣兵团就击败了秘鲁的印加王国。西班牙通过对墨西哥和秘鲁的掠夺获得了大量的海外金银，1500~1660年，有1.6万吨白银流入欧洲，使得欧洲白银总量翻三倍，同时有185吨黄金流入欧洲，这是欧洲黄金总量的20%。[2] 西班牙在美洲的军事扩张取得了丰硕的成果，尤其是1550年以后美洲金银大量流入西班牙，才使得腓力二世认为他可以同时与土耳其和荷兰人作战。而西班牙的军费从1556年的每年200万达克特（1达克特相当于约3.5克黄金），上涨到1560年代的450万，1570年代的800万，到1590年则高达1300万。[3] 财富积累和军事力量的增长，同当时的英法等国几乎不是一个数量级的，也使得西班牙成为16世纪欧洲当之无愧的霸主。

其次，当时欧洲流行的王朝政治因为诸多巧妙的安排以及一些机缘巧合使其对西班牙早期的发展较为有利。到15世纪末，王朝的规范和惯例几乎主宰了欧洲的统治者，他们不仅要争夺自己的荣誉、威望和领

---

[1] 参见〔德〕沃尔夫冈·赖因哈德《征服世界：一部欧洲扩张的全球史，1415~2015》，周新建等译，社会科学文献出版社，2022，第114页。

[2] J. H. Elliott, *Imperial Spain: 1469~1716*, New York: Penguin, p. 183.

[3] William H. McNeill, 1982: *The Pursuit of Power: Technology, Armed Force, and Society Since AD 1000*, Chicago: University of Chicago Press, pp. 109~110.

土，还要争夺他们的王朝，他们通过婚姻、征服、继承等原则来实现这一目标。① 西班牙属于中世纪末期王朝政治的获益者，神圣罗马帝国的马克西米利安一世（Maximilian Ⅰ）通过自己和子女的婚姻，使得哈布斯堡帝国的皇帝查理五世（Charles Ⅴ）继承了大量的欧洲领土，成为欧洲最有权势的皇帝。查理五世继承的遗产包括从其母亲胡安娜女王继承的卡斯蒂利亚，从其外祖父费尔南多二世统治的阿拉贡、纳瓦拉、格拉纳达以及大部分意大利地区和美洲殖民地，此后又继承了祖父马克西米利安一世在奥地利的统治并通过贿选成为神圣罗马帝国皇帝。在继承的许多领土中，查理五世最初并非第一顺位继承人，但因为其他继承人早夭等原因而幸运地获得了庞大的帝国。而整个帝国同样是由高度集中的官僚系统联系起来的，到腓力二世的时代，国王通过派遣总督（通常是卡斯蒂利亚的大贵族）管理遥远的领土，而这些总督则对马德里的各个监督委员会负责，同时腓力二世通过精心设计的官僚制度让他们互相制衡，从而巩固其个人权力。②

哈布斯堡帝国属于复合君主国，更像是天主教中两个教区在一个主教治下联合的情况，即这些王国共有一位国王，但是治理和统治它们时，国王必须把自己看作仅仅是这个或那个王国的国王，保证一国的习俗、法律和制度不变，也有利于地方精英接受其复合统治。③ 哈布斯堡的核心区域仍然是西班牙，它由卡斯蒂利亚、加泰罗尼亚和阿拉贡三个王国合并而成。国王免除贵族的课税，以此作为他们不与王室争夺政治权力的条件。税收和兵役制度让西班牙得以维持当时欧洲最庞大的军队规模，西班牙军队的数量从1492年的2万人上升到1532年的10万人，到1552年查理五世的军队有14.8万人的规模，这是罗马时代以来史无前例的数字。④ 查理五世最为辉煌的战绩之一是在意大利战争中击败法国。西班牙大将军佩斯卡拉侯爵发明了当时最为先进的步枪和矛互相依存的战术，从而在1525年的帕维亚战役中依靠火绳枪以压倒性优势重创法国的重骑兵，并

---

① Daniel Nexon, 2009: *The Struggle for Power in Early Modern Europe: Religious Conflict, Dynastic Empires, and International Change*, Princeton: Princeton University Press, p. 6.
② 〔美〕理查德·邓恩：《现代欧洲史·卷二，宗教战争的年代，1559~1715》，唐睿超译，中信出版社，2016，第16~17页。
③ 〔英〕马克·格林格拉斯：《基督教欧洲的巨变：1517~1648》，李书瑞译，中信出版社，2018，第330~331页。
④ Charles Tilly, 1990: *Coercion, Capital, and European States, AD 990~1992*, Cambridge: Basil Blackwell, pp. 78~79.

第二章　第一波现代化：地理大发现与 16 世纪葡萄牙和西班牙的崛起之路　65

且俘虏了法国国王弗朗西斯一世（François Ⅰ）。①

最后，宗教因素。天主教的部分狂热思想在帮助西班牙人击败了摩尔人之后，又激发出他们海外冒险的热情，一大批天主教徒出于传教和对黄金的渴望开始了对新世界的探险。一些士兵和航海家表示："我们来这儿是为上帝和国王服务"，哥伦布也同样认为"很多相信偶像崇拜的人因为接受毁灭学说而迷失自我"，因而离开西班牙准备打击异教徒。② 哈布斯堡帝国的皇帝查理五世（Charles Ⅴ）从其家族手中继承了大量领地和殖民地，其本人还当选了神圣罗马帝国的皇帝，也是最后一个试图主张基督教普世帝国的皇帝。这也使得西班牙获得了基督教世界大量保守力量的支持，因而在同英国、法国和奥斯曼帝国的较量中，教皇和天主教会几乎都站在西班牙的一边，为西班牙治下的霸权带来意识形态层面的合法性。

然而，从查理五世后期开始到 16 世纪结束，王朝特色和保守的宗教立场开始为西班牙的崛起之路带来诸多负面影响。一方面，1517 年马丁·路德（Martin Luther）的宗教改革开始后，教义冲突取代了原本的共同信仰，当初化解矛盾的工具如今成为不和谐的来源，新诞生的信仰将欧洲划出了犬牙交错的世界。③ 宗教改革打破了基督教在德意志的"一统天下"，而 1527 年帝国军队劫掠罗马进一步破坏了它作为基督教世界守护者的形象，从而进一步降低了保守的宗教立场在合法性上的裨益。中世纪的基督教世界一直存在世界性帝国的想象，而神圣罗马帝国则是中世纪最后的遗产。尽管神圣罗马帝国皇帝在诏书中仍然被称为世界的元首，但到 16 世纪已经没有过多实际权力。伏尔泰曾对此给出著名的讽刺："它既不神圣，也不是罗马的，更不是什么帝国。"④ 同时宗教改革运动将早期的现代国家推向了极限。它们几乎瓦解了法国，产生了一个独立的荷兰政体，与昔日的哈布斯堡霸主陷入冲突，改革直接破坏了哈布斯堡王朝的霸权，削弱了王朝的国家形成路径。⑤ 由于宗教和税赋等因素引发的矛盾，帝国内部出现了诸多叛乱。1568 年西班牙的宗教迫害和过重的赋税引发

---

① 〔美〕尤金·赖斯、〔美〕安东尼·格拉夫顿：《现代欧洲史·卷一，早期现代欧洲的建立：1460~1559》，安妮、陈曦译，中信出版社，2016，第 19~20 页。
② 〔美〕尤金·赖斯、〔美〕安东尼·格拉夫顿：《现代欧洲史·卷一，早期现代欧洲的建立：1460~1559》，安妮、陈曦译，中信出版社，2016，第 53 页。
③ 〔英〕马克·格林格拉斯：《基督教欧洲的剧变：1517~1648》，李书瑞译，中信出版社，2018，第 28~30 页。
④ 〔法〕伏尔泰：《风俗论》（中册），梁守锵等译，商务印书馆，2013，第 150 页。
⑤ Daniel Nexon, *The Struggle for Power in Early Modern Europe: Religious Conflict, Dynastic Empires, and International Change*, p. 9.

了尼德兰的独立运动，开始了旷日持久的八十年战争，这是在 17 世纪拖垮哈布斯堡帝国的重要原因。

另一方面，王朝国家带来的后果是哈布斯堡帝国的领土过于分散，长期要面临多线作战，尤其是同法国和奥斯曼帝国的战争。到 16 世纪中叶以后，哈布斯堡的国家构建过程从领土上来看更像是一个从庞大帝国逐渐演变为主权国家的过程。以当时的交通和通信条件而言，无论是查理五世还是此后的腓力二世，都很难控制如此庞大且分散的领地。同时受国内政治的影响，查理五世让其弟弟费迪南一世（Ferdinand Ⅰ）放弃了对勃艮第和西班牙土地的继承权，反而让其获得奥地利哈布斯堡的领地，并承诺其后人拥有奥地利土地的绝对继承权。[①] 这一决定将帝国一分为二，成为之后西班牙和奥地利两个主权国家的雏形。

二 葡萄牙

葡萄牙早期的强盛离不开"完美国王"若奥二世（João Ⅱ de Portuga）时期的国家建设和对航海事业的探索。若奥二世在 1481 年继位之后，凭借非凡的个人才能开始削弱贵族的力量，增强王室的权威。若奥二世通过出其不意的宫廷政治手腕逮捕了葡萄牙最大的贵族布拉干萨公爵（Duke of Bragança），资助和扶植中小贵族，打压教会中的反对势力，并借机由王室法官接管贵族私设的法庭，对领主特权进行全面审查，使得全国当时 25 个原属于贵族的城市、集镇和要塞打开大门接纳王室官员入内。[②] 在稳定了国内局势之后，若奥二世开始着手推动海外探索事业。葡萄牙人在 1481 年开始就在加纳西海岸建立自己的军事要塞和舰队，负责维持贸易和防止西班牙等竞争对手染指。与西班牙的崛起类似，葡萄牙同样受益于先发优势，即海外探索带来的巨额利润，而早期的宗教狂热也同样在对其海外冒险行动起到了重要的促进作用。

1487~1488 年，葡萄牙航海家巴尔托洛梅乌·迪亚士（Bartolomeu Dias）到达"风暴角"，摸清了通往印度的可能海路，若奥二世将其改名为"好望角"，也包含了对东方贸易的美好预期。早期掌握更多以及更准确的航海资料可能也使得他认为葡萄牙人哥伦布提出向西到达印度的计划是不可取的，哥伦布转而为卡斯蒂利亚效劳也使得葡萄牙"错失"了率

[①] 卫克安：《哈布斯堡王朝：翱翔欧洲 700 年的双头鹰》，李丹莉、韩微译，中信出版社，2017，第 148~150 页。

[②] 顾卫民：《葡萄牙海洋帝国史：1415~1825》，上海社会科学院出版社，2017，第 78 页。

先发现美洲大陆的机会。在1493年哥伦布回到里斯本之后,若奥二世意识到问题的严重性。葡萄牙和西班牙开始就美洲大陆的探索范围和探索权出现纠纷,最终在教皇的调解下签订了《托德西利亚斯条约》。西班牙和葡萄牙在佛得角群岛以西,从北极至南极划分一条线,线以东归葡萄牙,以西归西班牙,这意味着伊比利亚的两国处于探索发现的最前沿,将欧洲之外的所有土地变成了政治斗争的空间。①

曼努埃尔一世(Manuel I de Portugal)在1495年继任王位以后,他相信自己要成就伟大的事业,打击异教徒,将基督教传播至全球,就需要通过大航海实现其梦想。曼努埃尔一世力排贵族的反对意见,坚持推动葡萄牙的海外探索事业。他的目标是绕过伊斯兰世界,与祭司王约翰和传说中在印度的基督教群体会合,控制香料贸易,并摧毁开罗的马穆鲁克苏丹的财富,他任命了同样仇恨伊斯兰世界的瓦克斯·达·伽马(Vasco da Gama)担任指挥官,不惜耗费巨资,用最先进的设备、最好的材料和最优秀的船员与工匠来装配其舰队,开始了寻找香料之旅。② 达·伽马不负所望在1499年回到了葡萄牙,开辟了此后葡萄牙从欧洲到印度和东亚的航线。此后十余年间,葡萄牙依靠海军的优势击溃了伊斯兰世界的联合舰队,控制了印度洋沿岸的海上贸易,从而进一步打击了奥斯曼帝国和意大利的东方贸易,而以胡椒等为主的香料贸易也获得了巨额利润,从而让葡萄牙迅速成为欧洲最富裕的国家之一。在向东探索的同时,葡萄牙人在1500年组建了上千人的船队,朝着子午线向西行驶,最终到达南美洲,"发现"了巴西并将其作为海外贸易的重要中转地。宗教狂热和海外扩张在若奥三世时期推动了葡萄牙达到巅峰,但也开始成为葡萄牙盛极而衰的转折点。1521若奥三世继位之后,葡萄牙放弃了一部分北非的要塞,而选择进一步扩展其海权,开拓海外殖民地,在巴西沿海建立一个永久属于葡萄牙的居留地,进一步加强和垄断在印度的香料贸易,同时在中南非洲、马六甲以及澳门建立殖民地。与此同时,若奥三世极度重视天主教在海外领土的传播,为了镇压异端,葡萄牙天主教在境内和海外殖民地设立宗教裁判所,进一步加剧了政治的黑暗。

同西班牙相比,葡萄牙海外殖民帝国的缺陷非常明显。葡萄牙虽然拥有散布在非洲和亚洲数千英里的海岸线,但它仅仅是一个150万人口的小

---

① 〔英〕罗杰·克劳利:《征服者:葡萄牙帝国的崛起》,陆大鹏译,社会科学文献出版社,2016,第44~45页。
② 〔英〕罗杰·克劳利:《征服者:葡萄牙帝国的崛起》,陆大鹏译,社会科学文献出版社,2016,第48~60页。

国,从澳门到好望角,没有占领超过60海里的土地,因而这更像是一个贸易网络而非帝国,葡萄牙更多地依靠外交谈判和"友谊"而非征服的方式,因为不像西班牙拥有对印加帝国的绝对优势,葡萄牙殖民者显然无法征服装备同样精良的东方帝国。[1] 葡萄牙开始受到诸多的挑战,一个是去往印度的其他航线被意大利城邦重新开辟,从而形成对葡萄牙的竞争;另一个是西非的金矿不断受到英国支持的准海盗式的武装商人的骚扰,葡萄牙的贵族开始试图通过王朝联姻寻求伊比利亚的统一。[2] 新任国王塞巴斯蒂昂一世(Sebastian I)在宗教热情的推动下开启了对摩洛哥的战争,他期望战胜摩洛哥的穆斯林并传教到非洲,然而却在1578年的"三王之战"中阵亡,最终导致了阿维什王朝绝嗣。由于葡萄牙国力无法应对竞争对手对其海外贸易的挑战,葡萄牙的贵族和商人都支持腓力二世继承王位,最终葡萄牙在经历王位继承战争后于1580年被西班牙吞并。

三 伊比利亚的统一

腓力二世在1580年继承了葡萄牙的王位后,意味着伊比利亚半岛在哈布斯堡王朝之下首次实现了统一,也控制了葡萄牙与西班牙在子午线东西两侧的殖民帝国。继承了葡萄牙的强大海军后,西班牙哈布斯堡帝国拥有了世界上最庞大的舰队——近30万吨位,而同时期的英国只有4.2万吨位,并拥有大西洋沿岸漫长的海岸线。[3] 尽管伊比利亚的统一让西班牙哈布斯堡帝国的实力在16世纪末再次达到顶峰,但对于哈布斯堡帝国不利的因素仍然没有消失,例如王朝国家的特质使其内部的王国(如荷兰、阿拉贡、葡萄牙、加泰罗尼亚等)对哈布斯堡帝国的反抗在不断增加,分散的领土面临法国和奥斯曼帝国等诸多陆地强敌的威胁,缺乏宗教宽容则使其在低地国家、英格兰、德意志树敌过多。而在发现大西洋贸易利润颇丰后,《托德西利亚斯条约》对于英法荷等国几乎没有任何约束力,逐渐在海上面临越来越多的对手,尤其是他国官方支持的劫掠与海盗行为对哈布斯堡帝国的跨洋贸易造成诸多干扰。但哈布斯堡帝国并没有意识到其经济基础是基于大西洋经济和来自美洲的白银,并没有按照格朗韦勒(Antoine Perrenot de Granvelle)的建议将帝国的重心放在里斯本,积极发展海权,仍然选择以卡斯蒂利亚为中心,最终逐渐在大西洋海权的争夺中

---

[1] 参见 ZoltánBiedermann, 2005: "Portuguese Diplomacy in Asia in the Sixteenth Century: A Preliminary Overview," *Itinerario*, Vol. 29, No. 2, pp. 13~37.
[2] 〔瑞士〕戴维·伯明翰:《葡萄牙史》,周巩固等译,商务印书馆,2012,第30~31页。
[3] J. H. Elliott, 2002: *Imperial Spain, 1469~1716*, London: Penguin, p. 276.

落入下风。① 在英国的玛丽一世（Mary Ⅰ）去世后，哈布斯堡失去了英格兰的王冠并因宗教冲突使得两国关系急剧恶化，1588年之后无敌舰队的数次失败尽管尚未从根本上伤及帝国的霸权，但是在大西洋的优势逐渐丧失之后，西班牙的衰落就很难避免了。

第三节　大西洋贸易的后来者：英法荷在16世纪后期的发展

除了西班牙和葡萄牙之外，西欧国家中的英国、法国与荷兰也部分参与了大西洋贸易。由于缺乏先发优势，它们所能占领的是当时看来相对价值较低的区域，而早期的大西洋探险更多的是寻找金银矿而非在当时发展农业，因此尽管这些国家发展了舰队并发展了少量的定居点和大西洋港口，但在16世纪参与大西洋贸易的规模仍然有限。

一　英国

最初由于亨利七世（Henry Ⅶ）拒绝了哥伦布的建议，英国在海外探索中落后于西班牙，没能够占领当时美洲最为肥沃的土地，也无法同体量数倍于自身的哈布斯堡帝国争夺大西洋的控制权，因而在1500年前后仅进行了一些零星、漫无目的的海外探索。例如英国曾在1496年资助意大利航海家约翰·卡伯特（John Cabot）探索了北美的东海岸，并将旗帜插在了新斯科舍，但是北美的物资不足以支撑早期海外探索的利润。

英国较为幸运的是其国家建设过程较为顺利，很大程度源于其强国家的议会传统。英国的议会制维持了强大的中央权威，各地代表负责忠实地执行国王的决议而没有异议的权力。② 岛国的优势使英国获得了天然的主权边界，这也有助于早期现代国家的形成，同时只需要维持强大的海军而非常备陆军就可以保证自身安全。在16世纪初，英国领取薪金来统治国家的人员数量不到千人，政府缺少强制性力量，没有常备军或有组织的警察人员，甚至连保卫国王和其周围作为仪仗的警卫队也是在复辟时期才创

---

① 参见 J. H. Elliott, 2002: *Imperial Spain, 1469~1716*, New York: Penguin, pp. 277~293.
② Deborah Boucoyannis, 2015: "No Taxation of Elites, No Representation State Capacity and the Origins of Representation," *Politics & Society*, Vol. 43, No. 3, pp. 303~332.

建起来的。①

16世纪英格兰的民族意识则是因为外部威胁而产生，英国的国教——英格兰圣公会——也是为摆脱外部势力对宗教的控制而建立。亨利八世（Henry Ⅷ）在1533年的宗教改革让英国彻底脱离了教会控制是一个意外的后果。最初亨利八世并不是要反对天主教，其本人也笃信天主教教义，但他希望得到一个男性子嗣，在要求同他的第一位王后阿拉贡的凯瑟琳离婚被拒绝后，为了离婚后合法地娶安妮·博林（Anne Boleyn），唯一的途径就是拒绝承认教宗的权威，自己成为英格兰国教的领袖，最终实现政教合一。②议会制度与强国家传统相结合的优势在亨利八世时期进一步展现，国王处于同教皇争夺权力的政治危机中，因而急需议会支持英国教会独立于罗马教皇的控制，王室和议会之间开始了互惠合作：议会出资换取王室的特殊照顾，王室按照议会的意愿来制定政策。③

到16世纪中期以后，随着传统布匹贸易的衰落，英国的外贸也从海峡转向大西洋，贵族和商人们建立了一堆特许公司，试图从东方香料、美洲金块和非洲奴隶贸易中获得高额利润，而这些公司的发展也反过来增强了英国的海军力量，使得英国的国王和旧精英加入中层阶级，一同追逐海外利益。④在欧洲那些远离皇室省份的小地主们由于贫困而无法维持生计，便纷纷向海洋发展，这些通常倾向于新教，他们情愿求助于劫掠船只来打破罗马教皇授予的垄断权，他们要么走私商品，要么直接抢劫西班牙的货船，最后无论商人、贵族甚至英国女王都加入这一行业之中。⑤

最初英国对私掠活动较为谨慎，但仍然无法避免同西班牙关系螺旋式地恶化。1558年，也就是伊丽莎白一世继位后的第一年，一群英国私掠船扣押了西班牙船队。作为报复，西班牙的阿尔瓦公爵在荷兰扣押了英国的船只和货物，伊丽莎白随后又在英国扣押了西班牙的船只和货物，于是

---

① 〔英〕肯尼斯·O. 摩根主编：《牛津英国通史》，王觉非等译，商务印书馆，1993，第321~323页。
② 〔英〕玛丽·伊万丝：《现代社会的形成：1500年以来的社会变迁》，向俊译，中信出版社，2017，第21~22页。
③ 〔美〕尤金·赖斯、〔美〕安东尼·格拉夫顿：《现代欧洲史·卷一，早期现代欧洲的建立：1460~1559》，安妮、陈曦译，中信出版社，2016，第179~180页。
④ 〔英〕保罗·肯尼迪：《英国海上主导权的兴衰》，沈志雄译，人民出版社，2014，第24~25页。
⑤ 参见〔英〕迈克尔·霍华德《欧洲历史上的战争》，褚律元译，中信出版社，2017，第59~60页。

英格兰和西班牙分道扬镳，腓力二世支持英国天主教徒，伊丽莎白则把英格兰开放给荷兰新教徒。① 海外利益的拓展使得英国的海军开始从只能在海峡附近活动的岸防力量，转变为可以远洋作战的外海舰队。② 由于英国不断支持荷兰的独立运动，并且处死了信奉天主教的苏格兰女王玛丽·斯图亚特（Mary Stuart），西班牙意识到维护自身在欧洲的霸权就必须征服英格兰，因而在1587年派遣了无敌舰队攻击英国。击败无敌舰队之后，尽管英国仍未获得相对西班牙的更多优势，战争也影响了其拓展海外定居点，英国早期的殖民甚至是不成功的，但英国在保障自身安全和贸易之外逐渐获得了控制部分海洋贸易路线的能力，这成为此后英国崛起的重要基础。

二 法国

相比起伊比利亚半岛的海外冒险热情，法国在15世纪末16世纪初主要将战略目光聚焦在地中海，在路易十二（Louis XII）统治期间（1498~1515），法国忙于争夺在意大利的势力范围。1515年弗朗索瓦一世继位后，不认可西班牙和葡萄牙擅自瓜分海外殖民地的协议，同样尝试进行海外探索。一批探险家在他的资助下，对北美东海岸进行探索，在1534年发现了圣劳伦斯河的入海口区域，此后逆流而上达到魁北克，并在那里建立法国人的停靠站，但他们无法在北美找到黄金或者通往亚洲的航路。③ 由于资源丰富的南美已经被伊比利亚的殖民者率先占领，而北美并没有各大强国所需要的贵金属等资源，因而对北美的探索热情很快就消退了。法国较少受益于大西洋贸易，可能是因为传统的贸易通道更加有利于法国，里昂有着欧洲最繁华的集市，意大利人在此输入东方产品，并在里昂设立银行分号，有王国中最为富有的银行家。④

海外探索失去先机的同时，弗朗索瓦一世还面临着旷日持久的意大利战争，并且其主要竞争对手哈布斯堡帝国的查理五世此时继承了前所未有的广袤的欧洲领土，其人力财力都远超法国。与分散的帝国相比，法国的

---

① J. F. C. Fuller, 1987: *A Military History of the Western World: From the Defeat of the Spanish Armada to the Battle of Waterloo*, NewYork: Da Capo Press, p. 3.
② 〔英〕保罗·肯尼迪：《英国海上主导权的兴衰》，沈志雄译，人民出版社，2014，第28~29页。
③ 〔德〕沃尔夫冈·赖因哈德：《征服世界：一部欧洲扩张的全球史，1415~2015》，周新建等译，社会科学文献出版社，2022，第128~129页。
④ 〔法〕皮埃尔·米盖尔：《法国史》，蔡鸿滨等译，商务印书馆，1985，第150页。

优势是王国集中和统一，法国在现代早期就一直存在完整的国家意识，这种国家的意识主要以巴黎为中心向外部区域延伸。法国较早消除了大封建主对王权的反抗，并且能够部分分配和掌握教会的财产，建立较为完善的税收制度。[1] 弗朗索瓦一世统治期间，法国财政收入翻了一番，但他统治末期的税收水平并没有比60年前提高很多，财政直接收益占国家财富的比例实际上下降了。[2] 吸取了意大利战争中的教训，弗朗索瓦一世开始推动部分正规军制度变革，以改变过度依赖雇佣军的情况。法国的一些部队开始实行长期服役制度，而且服役的连续性越来越大，1534年法国步兵军团要求制定军事法令，这些法令规定了长期服兵役的条件、军队的结构和规模、士兵的一般义务和权利等。[3]

但16世纪的法国远非哈布斯堡帝国的对手，法国在意大利战争中遭到了多次挫折，包括弗朗索瓦一世本人也一度被俘。法国在意大利争夺统治权的努力于1559年以失败而告终，战争的失败也许最终有助于为法国绝对主义形成更为深刻和严密的基础，因为王朝再度回到自己的疆域之内，但另一方面，战争的失败和王位继承危机又让法国陷入了长达40年的内乱之中。[4] 宗教战争进一步给法国带来了深重灾难，据估计，1550~1580年，仅内战就造成近76万法国人死亡，其中包括32950名贵族、8760名神职人员和65.6万名士兵。[5] 除了内战之外，当时美洲白银大量输入引发了较为严重的通胀，人口增长开始达到土地可以供应粮食的极限，在战争、饥荒和瘟疫等因素共同作用下，1562~1598年的八次宗教战争期间有200万~400万人死亡。[6] 亨利四世（Henry Ⅳ）在1589年登基后，残酷的宗教战争仍在法国延续，尤其是1590年的巴黎之围造成了大量市民被饿死，最终以亨利四世改信天主教而达成妥协，结束了大规模内战。

---

[1] 〔法〕皮埃尔·米盖尔：《法国史》，蔡鸿滨等译，商务印书馆，1985，第143~144页。

[2] Perry Anderson, 1974: *Lineages of the Absolutist State*, London: National Library Board, p. 90.

[3] Christine Shaw and Michael Mallett, 2018: *The Italian Wars 1494~1559: War, State and Society in Early Modern Europe*, London: Routledge, pp. 302~315.

[4] Perry Anderson, 1974: *Lineages of the Absolutist State*, London: National Library Board, pp. 90~91.

[5] Mack Holt, 2005: *The French Wars of Religion, 1562~1629*, Cambridge: Cambridge University Press, p. 200.

[6] Robert Knecht, 2010: *The French Religious Wars, 1562~1598*, London: Longman, pp. 95~96.

亨利四世努力在废墟中重建法国，恢复王室的权威，要求民众放下武器，重拾团结与和平。他依靠娴熟的政治技巧，分裂瓦解当地反对王权的贵族和王公的联盟，在中央和地方吸纳那些他可以信任的贵族，依靠这些贵族所组成的网络强化了王权的基础。① 亨利四世巩固王权的另一途径是通过务实的宗教宽容来弥合国内分裂，他于1598年颁布了《南特敕令》，在政治、财政、司法等方面作出规定，赋予新教徒在国内的同等地位，从而巧妙地获得了各派的支持。② 在确保国内多数天主教徒忠诚的同时，法国王室积极支持大西洋贸易和海外殖民地的拓展，1605年在新斯科舍建立皇家港，此后数年占领魁北克，并逐渐在加拿大建立起北美殖民地。亨利四世在对外事务上斩断了天主教同盟与哈布斯堡王朝的纽带，并继续推行倾向新教的胡格诺派的政策，在战略上通过联合尼德兰、信奉新教的德意志诸侯以及奥斯曼帝国，组织起一个反哈布斯堡霸权的同盟。③ 尽管亨利四世在1610年被刺杀，但法国已逐渐从内战的阴霾中恢复国力，逐渐拥有同西班牙争夺欧洲霸权的能力。

三 荷兰

荷兰最初隶属于哈布斯堡帝国，是帝国最为繁荣和富裕的地区之一，占据其岁入的半数，是帝国名副其实的钱袋。早在16世纪，荷兰的金融和贸易就已经高度发达，工商业者和新教徒占据了主导地位。但是由于哈布斯堡帝国频繁卷入地缘战争，面临接二连三的危机，因而要不断从低地国家寻求越来越多的赋税收入。④ 尽管承担了巨大的财政负担，但是尼德兰仍相对宽容地对待查理五世，但在腓力二世继位以后，他的独断专行引发了贵族、商人和新教徒的广泛不满。一方面，宗教迫害进一步加剧了荷兰同西班牙帝国的矛盾。腓力二世采取更为激进的宗教政策，将尼德兰地区的新教视为异端，长期迫害新教徒。在阿尔瓦公爵（Duque de Alba）的恐怖统治期间（1567～1573），西班牙在荷兰成立了"血色评议会"，

---

① Nicholas Henshall, 2013: *The Myth of Absolutism: Change and Continuity in Early Modern European Monarchy*, New York And London: Routledge, pp. 18～20.
② Yves-Marie Berce, 1996: *The Birth of Absolutism A History of France, 1598～1661*, Hampshire: Macmillan, pp. 1～5.
③ Adam Watson, 1992: *The Evolution of International Society: A Comparative Historical Analysis*, London: Routledge, pp. 175～176.
④ 〔美〕道格拉斯·诺斯、罗伯斯·托马斯：《西方世界的兴起》，厉以平、蔡磊译，华夏出版社，2015，第192页。

大量荷兰居民遭到屠杀，仅前三个月就处决了18000人。① 另一方面，联合省国家意识的觉醒源于哈布斯堡王朝对其施加过重财务负担的不满，腓力二世的经济政策极大损害了荷兰的利益，其继位之后即要求尼德兰议会提供相当于西班牙数年财政收入的资金来支持中央财政。阿尔瓦公爵进一步提出了三项严苛的税收：第一是对所有财产一次性征收1%的资本税，第二是对不动产征收5%的流转税，第三是对所有动产包括日用必需品和商品征收10%的流转税，这几乎会对荷兰的贸易带来破坏性的影响。②

在宗教和经济两重因素的作用下，荷兰各个阶层被迅速动员起来。联合省所信奉的加尔文主义与西班牙的保守天主教观念产生分歧，而哈布斯堡王朝选择严厉镇压，从而使得这场冲突变得完全不可调和。③ 1566年，民间爆发了"破坏圣像运动"，部分爵位较低的荷兰贵族形成了"一致同盟"，达成协议共同对抗宗教法庭和限制宗教自由的敕令。④ 荷兰的商人们确信，若能独立于西班牙，他们的生意会景气得多；大批的工商业者和农民组成了"乞丐军"，在森林和海上展开游击战术。1568年，荷兰省和泽兰省爆发起义，在奥伦治亲王（Willem van Oranje）带领下组建军队同西班牙展开长达80年的独立战争。

1579年年初，尼德兰北方诸省成立乌特勒支联盟，确立了七省联合共和国的政治框架以谋求独立。尽管联合省的经济实力雄厚，但是仍然无法同当时欧洲最强大的哈布斯堡帝国相抗衡。在奥伦治亲王被暗杀后，西班牙重新控制了佛兰德和布拉班特，几乎重建了统治地位。但是荷兰在一定程度得到了英国伊丽莎白女王和法国新教徒的直接或间接的支持，而总体的欧洲国际形势也开始有利于荷兰。1595~1598年，西班牙在与法国的战争中再度失败，而最让其元气大伤的是对英国战争的失败。1585~1604年，西班牙在同英国爆发了数场大范围的战争，荷兰也随之联合英国共同抗敌，其中一次重大成功是1596年联合舰队击败了西班牙新建的无敌舰队。近二十余年的战争让联合省的海军逐渐壮大，逐渐从"海上乞丐"变成"海上马车夫"。除了战争舰队，贸易舰队也蓬勃兴起，荷兰也积极开拓印度洋沿岸的贸易，在1602年成立了荷兰东印度公司，在阿

---

① 〔美〕马丁·T. 胡克：《荷兰史》，黄毅翔译，东方出版中心，2009，第86~87页。
② 〔荷〕安东·范德伦：《海洋帝国的崛起：尼德兰八十年战争，1568~1648》，杜原译，天地出版社，2021，第91页。
③ James Tracy, 2008：*The Founding of the Dutch Republic: War, Finance, and Politics in Holland, 1572~1588*, Oxford: Oxford University Press, pp. 52~73.
④ 参见〔美〕马丁·T. 胡克《荷兰史》，黄毅翔译，东方出版中心，2009，第83~84页。

姆斯特丹、鹿特丹、米德尔堡等贸易中心设立商会，逐步扩张其海外贸易。[①] 迫于财政压力与荷兰海权日渐强盛，西班牙于1609年同联合省签订了《十二年休战协定》，对联合省的独立地位给予了部分承认，荷兰获得了更多发展的机会，这也为此后17世纪荷兰的独立和崛起奠定了基础。

第四节　早期其他行为体的国家建设

除去哈布斯堡帝国以及英法荷等国之外，欧洲还有其他国家以及非国家行为体，其中一些保留了部分中世纪的特征，这些行为体在国际竞争压力之下也开始逐步进行国家建设，虽然由于它们几乎没有参与大西洋贸易而不可能像海权国家那样获得迅速发展与扩张，但艰辛和缓慢的国家建设也为其中一部分行为体之后（17~19世纪）的现代化之路打下了基础。具体来看，这些行为体不同于大航海时代的海权国家，总体可以分为三类，分别是松散的（城市）联盟、城市国家以及西欧之外的君主国。

一　城市联盟

第一类是松散的联盟。在16世纪以来的行为体中，存在一些介于国家联盟与主权国家之间的形态，它是一种松散的城市联盟，城市联盟主要集中在德意志地区，主要包括汉萨同盟（Hanseatic League）和士瓦本同盟（Swabian League），后者在1534年因宗教改革分歧而解散。

汉萨同盟是这类行为体中的典型代表，它最初是由德国北部进行远程贸易的商人所组成的经济共同体，其目的是维护在国外市场上的贸易特权，自1356年后城镇大会成为其主要机构，开始形成定期举行会议的城镇共同体。[②] 汉萨同盟主导了卑尔根和伦敦之间的贸易，到1450年联盟已超过200个城镇，并且一度拥有自己的舰队和陆军来参与国际竞争。汉萨同盟的弱点在16世纪之后已经非常明显，即缺乏一个强有力的中央机构进行协调：在组织层面，同盟内部缺乏等级制安排，在法律、货币、度量衡等问题上都没有保持一致；在外交层面，联盟并不遵循主权原则，虽然由联盟作为一个整体进行对外谈判和签订条约，但各城镇可以选择是否

---

① 参见〔荷〕安东·范德伦《海洋帝国的崛起：尼德兰八十年战争，1568~1648》，杜原译，天地出版社，2021，第185~188页。
② Arnved Nedkvitne, 2014: *The German Hansa and Bergen* 1100~1600, Köln: Böhlau Verlag, pp. 12~14.

批准条约。① 到16世纪下半叶，汉萨同盟成员之间的团结意识不断减弱，各城镇都在逃避财政责任，甚至不愿派代表参加城镇大会，而诸如汉堡等城镇在面临外部竞争时，却以自身利益为重，选择与联盟的对手英国合作。② 这使得联盟几乎无法作为一个完整的行为体参与到国际政治之中，很难同哈布斯堡帝国、英国、法国、荷兰、瑞典等欧洲强国竞争。汉萨同盟在1629年之后就几乎不再举行会议，最后一次会议在1669年举行，只有9个城镇参加。③ 由于缺乏主权上的统一和内部的一致性，其他国家甚至都不愿意承认其有参与签订国际协议的资格。因此在16~17世纪很长时间内，尽管德国地区有着优秀士兵，但是他们也仅仅作为各国的雇佣兵出现在欧洲战场之上。

二 城市国家

城市国家主要出现于现代化早期的意大利，在15世纪，较大的城市征服了大量意大利半岛的小行为体，逐渐形成了城市国家。意大利的城市不同于德国，大量的城市人口和可观的经济和军事资源使其在14~15世纪早期能够独善其身，这也减少了它们组成城镇联盟的必要性。掠夺性的市场环境也让意大利的城市国家意识到彼此之间的竞争关系，因此它们更加倾向于独立行动而不是组成松散的城市联盟。它们具有行为体意识的重要标志是对外发展出了类似于主权国家的特征，即用特定的边界来划分他们的控制权，从而具备了领土层面的排他性。④

但是以威尼斯、佛罗伦萨、热那亚、米兰等为代表的城市国家并没有完全实现现代意义上的国家建设。城市国家从未完全过渡到主权国家，其内部比领土主权国家更为松散，那些被更强大的城市吞并的城镇仍然总体上保持独立，尤其在地方政府事务中，旧的公共机构都是在中央权力之外保持的，这使得中央集权难以实现。⑤ 意大利城市国家不像法国的王权那

---

① Hendrik Spruyt, 1994: "Institutional Selection in International Relations: State Anarchy as Order," *International Organization*, Vol. 48, No. 4, pp. 544~546.
② Philippe Dollinger, 1970: *The German Hansa*, Stanford: Stanford University Press, pp. 336~341.
③ Philippe Dollinger, 1970: *The German Hansa*, Stanford: Stanford University Press, pp. 368~369.
④ Hendrik Spruyt, 1994: *The Sovereign State and Its Competitors: An Analysis of Systems Change*, Princeton: Priceton University Press, pp. 147~149.
⑤ Giorgio Chittolini, 1989: "Cities, City-States, and Regional States in North-Central Italy," *Theory and Society*, Vol. 18, No. 5, pp. 689~706.

第二章　第一波现代化：地理大发现与16世纪葡萄牙和西班牙的崛起之路

样可以调解国内纠纷，以及通过贸易或领土扩张使国王和他的臣民共同受益。相反，威尼斯等城市国家没有推动内部经济与法律的一体化，取消贸易壁垒，但对于被征服区域的治理则类似于殖民地甚至是掠夺型的，例如那些意大利北部共和国被征服的小城镇认为它们处于"三千暴君"的统治之下。[①] 此外，意大利的诸多城市国家始终没有建立常备军体系，而是依靠过去商业贸易所积累的财富使用雇佣军进行战争。[②]

缺乏中央集权制的支持使得意大利在航海、火器等技术上远远落后于其他欧洲国家，意大利很难享受地理发现带来的红利，而地中海贸易带来的收益则远远赶不上大西洋贸易，最后造成其与其他欧洲国家在实力上的巨大差距。[③] 由于意大利在16～17世纪都没有统一的国家出现，城市国家组成的意大利仅仅是一个"地理概念"，并一直是大国竞争的战场，西班牙、法国等列强在意大利进行了血腥的战争。以意大利最繁华的城市之一威尼斯为例，它在16世纪中期因为战争和瘟疫等问题出现了经济衰退。在地中海贸易上，威尼斯开始面对与全副武装的英国商船的激烈竞争，威尼斯不再是地中海贸易唯一的引领者，它的收入严重减少，最终地中海东部的海洋帝国在1570年之后开始瓦解。[④] 随着世界贸易中心逐渐转向大西洋，意大利其他城邦的情况也并不乐观，从1580年开始，意大利的衰退速度开始加快，工业和贸易经历了灾难性的萎缩，羊毛织品的生产陷入停止，造船业垮塌，主要港口大幅萎缩。[⑤] 与欧洲其他地区一样，意大利的粮食生产陷入危机，城邦间各自为政加剧了盗匪的猖獗，一系列因素使得意大利迎来了历史上最黑暗的时刻。由于受到贸易中断和鼠疫的影响，曾经繁荣的意大利北方城市国家迅速衰落，在16世纪初人口减少了2/3，而城市国家内部也充斥着地方冲突和宗教斗争，这些都标志着意大利城市

[①] Hendrik Spruyt, 1994: "Institutional Selection in International Relations: State Anarchy as Order," *International Organization*, Vol. 48, No. 4, pp. 547~549.

[②] 参见 Charles Tilly, 1990: *Coercion, Capital, and European States, AD 990~1992*, Cambridge: Basil Blackwell, pp. 77~81。

[③] 参见 Daron Acemoglu, Simon Johnson and James A. Robinson, 2005: "The Rise of Europe: Atlantic Trade, Institutional Change, and Economic Growth," *The American Economic Review*, Vol. 95, No. 3, pp. 546~579; 郝诗楠、唐世平：《社会科学研究中的时间：时序和时机》，《经济社会体制比较》2014年第2期。

[④] 参见〔英〕安德鲁·兰伯特《海洋与权力：一部新文明史》，龚昊译，湖南文艺出版社，2021，第128页。

[⑤] 〔英〕克里斯托弗·达根：《剑桥意大利史》，邵嘉骏、沈慧慧译，新星出版社，2017，第69~71页。

国家社会结构的解体。①

三 西欧以外的君主国

　　欧洲地区还存在保留着传统绝对主义的内陆君主国，这些国家通过一系列改革建立起了强有力的中央政府，并发展出一套相对行之有效的集权制度，从而为国家发展奠定基础，其中典型的代表是瑞典和丹麦（其中包括尚未独立的挪威）。

　　瑞典最初以共主联盟的形态同丹麦和挪威共同组成卡玛尔联盟，但是在联盟内部的一系列纠纷后，瑞典开始逐渐觉醒行为体意识，拒绝交出主权，这种矛盾在16世纪初达到了顶峰。卡玛尔联盟的领导者丹麦国王克里斯蒂安二世（Christian Ⅱ）上台后实施了残酷的镇压，在1520年11月的"斯德哥尔摩大屠杀"中处决了82名瑞典贵族，此后瑞典在幸存贵族古斯塔夫·瓦萨（Gustav Vasa）的领导下发动了起义，最终在1523年脱离了丹麦的统治。② 瓦萨成为瑞典国王古斯塔夫一世，建立了一套安全有序的国内制度。为了减少教廷对瑞典的影响，古斯塔夫一世放逐了天主教会的大主教，并推动了路德宗理念在瑞典的传播，率先在斯堪的纳维亚半岛推动世俗化的制度变革，规定神职人员的任命需经国王批准，且受世俗法律约束。在自德国出身的职业官僚的帮助下，古斯塔夫一世建立了有效的官僚体制，王室财产和收入大幅度增长，同时通过没收天主教会的资产来获得新教贵族和议会的支持，最终瑞典议会宣布承认实行永久性的世袭君主制。③

　　宗教因素是丹麦早期现代化的重要导火索。丹麦国王德里克一世（Frederik Ⅰ）自登基以来一直倾向于路德宗教士和改革派，并默许新教徒打击天主教势力。他在1533年去世之后，由于丹麦王位是经选举而非世袭产生，以天主教徒为主的新君选举委员会并不支持信奉路德教的弗里德里克一世的长子克里斯蒂安公爵继位，由此引发了国内激烈的政治斗争。④ 由天主教徒把持的参政会和实力强大的贵族推迟了新国王的任命，试

---

① Robert Putnam, 1993: *Making Democracy Work: Civic Traditions in Modem Italy*, Princeton: Princeton University Press, pp. 133~137.

② T. K. Derry, 1979: *A History of Scandinavia: Norway, Sweden, Denmark, Finland and Iceland*, Minnesota: University of Minnesota Press, pp. 83~85.

③ Paul Lockhart, 2004: *Sweden in the Seventeenth Century*, New York: Palgrave, pp. 7~8.

④ 〔美〕布伦达·拉尔夫·刘易斯：《君主制的历史》，荣予、方力维译，生活·读书·新知三联书店，2016，第71~73页。

第二章　第一波现代化：地理大发现与16世纪葡萄牙和西班牙的崛起之路　　79

图找到一位合适的天主教徒，最终演变为血腥的内战。瑞典的古斯塔夫一世向克里斯蒂安公爵提供了援手，最终克里斯蒂安取得了内战的胜利，在1536年继位成为克里斯蒂安三世（Christian Ⅲ）。获胜之后，克里斯蒂安三世效仿瑞典对丹麦进行了一系列宗教和政治结构的改造。一方面，丹麦推动了一系列宗教改革，没收了天主教会的土地，打压了反对王室的贵族，最终国王成为教会的世俗领袖；另一方面，国王与新的参政会一同构成了"丹麦王国政府"，确立了王室权威并从此形成了早期的"两头政治"。[①]

本章小结

如前文所述，早期欧洲现代化受到了航海先发优势、宗教因素和领土分布的影响，前文的过程追踪实际上考察了两个结果，一个是上述解释变量对于国家初始力量获得的影响，另一个是国家发展的趋势。总体来看，如表2-1所示，通过海外扩张、宗教立场和王朝特性这三个变量可以把当时的欧洲分为三个梯队。首先是三者都具备的高收益国家是早期欧洲的"幸运儿"，即西班牙哈布斯堡帝国。其次是三者总体平稳，且没有重大缺陷的国家，尽管初期实力中等，但长期来看是逐渐强盛的。最后是其他类型的国家，由于不参加海外贸易且国家建设松散，因此早期实力较弱并且开始在欧洲日趋激烈的竞争中处于相对停滞和衰败的状态。本章的这些讨论也为此后17世纪的大国海权竞争介绍了部分内容并给出后面章节进行讨论的"关键先期条件"。

首先，西班牙哈布斯堡帝国借助地理大发现的先发优势，获得了巨额海外收益，同时其王朝禀赋让其获得了大量的欧洲与海外领土，并成为天主教世界的领袖，因而西班牙成为当时欧洲主要霸权国。但受到宗教或王朝因素的影响，西班牙长期与英国、法国、荷兰、奥斯曼帝国以及德意志等新教国家发生冲突，这些地缘政治负担超越了西班牙军事和财政的承受能力，因而长期来看其在欧洲的陆权和大西洋的海权日益被新兴国家所侵蚀。而葡萄牙同样获得巨额海外贸易利润，但却因为继承人绝嗣而最终彻底并入西班牙哈布斯堡帝国。

其次，英、法、荷是欧洲主要的新兴大国。三国都一定程度从海外贸

---

① 参见〔丹麦〕克努特·J. V. 耶斯佩森《丹麦史》，李明、张晓华译，商务印书馆，2012，第32~35页。

易中部分获利,荷兰可能最受益于此。信奉新教使得英荷两国一定程度地团结了国内外的新教徒,减少了罗马教廷的影响,推动了其国家建设,但也造成了与天主教国家的对立,并导致了尼德兰的分裂;而在法国,宗教信仰的分歧过大,使其在16世纪后期长期忙于内战,从而对法国早期现代化造成巨大破坏。从王朝特性来看,由于联姻和继承本身存在诸多偶然性,早期的王国不具备集中和相邻的领土,但是英、法、荷三国是为数不多的例外,总体上较少受到外部干预,也没有发生大规模的领土变更。它们虽然没有大西洋贸易的先期优势,早期也一度出现诸多混乱,但是总体国家建设过程中没有致命缺陷,因而此后开始逐渐崛起为主要大国。

表 2 - 1 大航海时代大国兴衰及其影响要素

行为体	解释变量			结果变量	
	海外扩张	宗教立场	王朝特性	初始力量	发展趋势
西班牙	高收益	高收益但有隐患	高收益但有隐患	极强	权力巅峰但开始衰败
葡萄牙	高收益	中等收益	低收益	较强	被吞并
英国	较高收益	较高收益	高收益	中等	逐渐强盛
法国	较高收益	低收益	高收益	中等	逐渐强盛
荷兰	较高收益	中等收益	高收益	中等	逐渐强盛
汉萨同盟	低收益	中等收益	低收益	弱	衰败
意大利城邦	低收益	低收益	低收益	弱	衰败
丹麦	低收益	中等收益	中等收益	弱	相对停滞
瑞典	低收益	中等收益	中等收益	弱	相对停滞

资料来源:笔者自制。

最后,除此之外的城市联盟、城市国家以及其他的君主国则各自有着更多的缺陷,它们受地理等因素的限制无法通过大西洋贸易汲取足够的外部资源,无法同哈布斯堡以及英国、法国和荷兰那样的国家进行海上竞争。德国的城市联盟几乎没有主权行为体的意识,而意大利的城市国家则缺乏完整的国家构建,只有丹麦和瑞士具备相对良好的国家建设,但它们在宗教和王朝特性上几乎没有任何优势,因而这些行为体初始力量较弱,并且很难获得像英、法、荷等国那样高速的经济增长。

第三章 第一波现代化：大西洋贸易、制度变迁与17世纪西欧国家的兴衰

地理大发现、宗教和王朝因素以及一系列的国家建设举措，让哈布斯堡帝国迅速崛起成为欧洲霸权，但也因此陷入了无休止的战争。西班牙哈布斯堡帝国分别在1598年、1605年和1609年同法国、英国和荷兰停止战争，从而实现了"西班牙治下的和平"，这也为早期第一波现代化的开端创造了条件。本章以一个全新的审视现代化的分析框架为出发点探讨"第一波现代化"，即真正有可能跨入现代化的门槛的四个西欧国家（英国、法国、荷兰、西班牙）在1609～1699年的现代化历程。

从地理大发现到17世纪末，西欧具备现代国家雏形的发展路径是第一波现代化，也是整个现代化研究的起点。这背后的核心机制之一是大西洋贸易带来的外部冲击造成欧洲国家国内财富的重组，引起的阶级力量的消长推动了制度的变迁。但是，过去学者们的讨论较少关注起始因素，而且没有将起始因素和制度变迁这一核心机制联系起来。不仅如此，对于一些辅助性的机制也注意不够。我们的新解释则将起始因素、核心机制和辅助机制有机地整合起来。研究表明，专制程度、地理位置、国家规模、国家对贸易的政策以及宗教对立等因素影响核心机制和辅助机制，这些因素和机制的互动共同决定了哪些国家能够崛起或者衰落。

第一节 西欧还是西方的兴起：早期的现代化思考

目前对现代化起点的研究几乎无一例外，标题都是"西方世界兴起（the Rise of the West）"，而且名副其实，覆盖整个西欧（甚至一部分中东欧国家，作为负面参照）。威廉·麦克尼尔、达龙·阿西莫格鲁（Daron Acemoglu）、查尔斯·蒂利、埃里克·琼斯和托马斯·埃特曼（Thomas

Ertman)等人的作品已经成为现代化研究的起点。但是，"西方世界兴起"之谜是一个过于笼统且带有误导性的命题。即便是西欧，也经过了"两波半"才基本实现全部西欧的现代化（以意大利和普鲁士统一为标志），尽管西班牙、葡萄牙等国依旧落后。因此，将欧洲甚至西欧作为一个整体的讨论本身就是错误的。[1] 而在引入时空视角之后，现代化研究的起点就变得相对清晰。

本章用"因素+机制"的分析框架来考察第一波现代化，即真正有可能跨入现代化的门槛的四个西欧国家（英国、法国、荷兰、西班牙）在17世纪的现代化进程。根据另一项相关研究，上述西欧四国以外的其他国家并不具备成功的可能性，1605～1699年，只有这四国拿到了现代化的"入场券"。而1700年后的现代化路径与第一波现代化有很大不同。一方面，作为现代化成功的典范，英国的制度形式会因为模仿、强加、殖民等方式形成一定的扩散[2]；另一方面，英国霸权的确立，尤其是对殖民地的控制会形成路径依赖[3]，成为其他国家现代化的外部环境和初始条件。显然，理解第一波现代化具有特殊意义。

首先，它们开启了现代化的浪潮，地理大发现以来的两百年是人类历史上第一次生产力的飞跃，人类首次通过技术进步实现了持续的经济增长。这两百年间，西欧的人均GDP增长了近30%，荷兰和英国人均GDP增长率高达近180%和75%，即使表现较差的法国和西班牙也分别增长了近25%和29%，这是过去人类社会未曾有过的飞跃。[4]

其次，它们的成功和失败（特别是成功）对后来的整个世界产生了深远影响。如果是西班牙和法国，而不是英国（还有荷兰）率先成功，世界的轨迹肯定不同。第一波现代化的经验为后来者提供了学习和借鉴的经验，技术扩散、观念和制度的传播减少了后发国家自行探索的成本。另外，实现第一波现代化的国家占据了海陆枢纽通道和多数殖民地，并通过

---

[1] 从这点来说，诺斯、托马斯是个好的例外，尽管他们的书名是《西方世界的兴起》，但他们主要关注这四个国家。
[2] 关于个案扩散的讨论参见 Marc Ross and Elizabeth Homer, 1976: "Galton's Problem in Cross-National Research," *World Politics*, Vol. 29, No. 1, pp. 1～28; David Klingman, 1980: "Temporal and Spatial Diffusion in the Comparative Analysis of Social Change," *The American Political Science Review*, Vol. 74, No. 1, pp. 123～137.
[3] 路径依赖的问题参见 Paul Pierson, 2004: *Politics in Time: History, Institutions, and Social Analysis*, Princeton: Princeton University Press, pp. 20～21.
[4] 根据西欧的经济数据计算得出，参见〔英〕安格斯·麦迪森《世界经济千年统计》，伍晓鹰、施发启译，北京大学出版社，2009，第270页。

推广对自身有利的国际秩序和规则来加强自身的权力,这又会影响到后发国家的崛起。英国作为第一批工业化国家的重要特征在于,它在市场上没有遭遇许多可以与之相匹敌的竞争对手,而此后第二波现代化中的国家就不得不在一个已被英国工业化深深改变的世界中进行建设。同时以英国和西班牙为首的西欧国家对于殖民地的占领和管理的方式又很大程度地影响了这些国家在此后几波现代化中的发展路径。[1]

最后,从方法论层面来看,在第一波现代化之前,西欧的总体发展水平较为接近,初始条件较为相似,国家的发展受到外部因素影响更少,因而第一波现代化的四个国家是定性研究较为理想的案例,也更容易寻找到国家现代化的核心机制。更重要的是,18世纪之前的西欧并没有足够翔实的数据,基本不具备定量研究的可能。事实上,诸多量化历史研究都受到了数据问题的挑战,无论是人口,还是城市化数据都存在数据漏洞问题。[2] 定量分析要依赖于大的样本,而18世纪前欧洲的大样本数据很多是不可靠的。所以定性研究更为可取。

因此本章希望通过西欧四国更加详尽的案例研究,进一步理解第一波现代化。本章所讨论的核心问题是:1605~1699年的近百年间,为什么初始条件非常相似,却只有英国发展出先进的宪政制度并且成为世界第一的强国,荷兰和法国都只在某些方面取得成功,而西班牙基本停滞不前甚至走向衰落,其他国家则基本上没有实现现代化的可能性。

第二节 已有研究:一个简略的文献批评

对于上述的核心问题,很多学者都从各自的领域和视角给出了各自的

---

[1] 参见 Daron Acemoglu, Simon Johnson and James A. Robinson, 2002: "Reversal of Fortune: Geography and Institutions in the Making of the Modern World Income Distribution," *Quarterly Journal of Economics*, Vol. 117, No. 4, pp. 1231~1294; Jeffrey D. Sachs and Andrew M. Warner, 2001: "The Curse of Natural Resources," *European Economic Review*, Vol. 45, No. 4, pp. 827~838; Matthew Lange, James Mahoney and Matthias vom Hau, 2006: "Colonialism and Development: A Comparative Analysis of Spanish and British Colonies," *American Journal of Sociology*, Vol. 111, No. 5, pp. 1412~1462.

[2] Sanghamitra Bandyopadhyay and Elliott Green, 2012: "The Reversal of Fortune Thesis Reconsidered," *Journal of Development Studies*, Vol. 48, No. 7, pp. 817~831; Areendam Chanda, Justin Cook, and Louis Putterman, 2014: "Persistence of Fortune: Accounting for Population Movements, There Was No Post-Columbian Reversal," *American Economic Journal: Macroeconomics*, Vol. 6, No. 3, pp. 1~28.

回答。总体说来,已有的解释都没有给出一个相对完善的解释,即一个包括了诸多因素、机制(核心和辅助),并且强调因素和机制之间复杂互动过程的解释。

第一,单一因素的解释。地缘政治学家阿尔弗雷德·塞耶·马汉(Alfred Thayer Mahan)阐述了海权对国家崛起的决定性作用。[①] 亚当·斯密和琼斯则讲述了地理位置的重要性。[②] 社会学家马克斯·韦伯(Max Weber)认为新教伦理在其中起到了决定性的作用,经济学家约翰·凯恩斯(John Keynes)提到了利率对国家兴衰的影响,以及经济思想史学家对重商主义政策的强调等。[③] 道格拉斯·诺斯等人为代表的制度经济学派则关注于产权制度如何产生以及它在国家崛起中所起的作用。[④] 尽管这些论断对于具体因素的精辟论述为建立一个综合性的框架提供了基础,但单一因素显然无法有效解释复杂的现代化过程。

第二,史学研究在具体的历史观察中会比一些社会科学家发现更多的因素,一些关于现代化的历史研究中提到了多个因素组合,但通常仅限于因素的罗列。18世纪前的思想家们,如伏尔泰和大卫·休谟(David Hume),尽管在其历史著作中也夹杂了因素性分析,但仍主要着眼于对重大历史事件和权力斗争过程的描述。[⑤] 保罗·肯尼迪阐述了军事技术、战争规模、财政收入、经济政策等因素对前工业社会的大国兴衰的影响。[⑥] 查尔斯·P. 金德尔伯格(Charles P. Kindleberger)在《世界经济霸权(1500~1990)》一书中探讨了许多可能导致英国和荷兰等国兴衰的因素,但并没有说明这些因素之间的整体关系。[⑦]

[①] 〔美〕阿尔弗雷德·塞耶·马汉:《海权论》,范利鸿译,陕西师范大学出版社,2007。

[②] 〔英〕亚当·斯密:《国富论:国民财富的性质和起因的研究》,谢祖钧译,新世界出版社,2007,第15~17页;Eric Jones, 2003: *The European Miracle*: *Environments*, *Economies and Geopolitics in the History of Europe and Asia*, Cambridge: Cambridge University Press.

[③] 〔德〕马克斯·韦伯:《新教伦理与资本主义精神》,康乐、简惠美译,广西师范大学出版社,2010;〔英〕约翰·凯恩斯:《就业、利息和货币通论》,高鸿业译,商务印书馆,2013。

[④] 〔美〕道格拉斯·诺斯、罗伯斯·托马斯:《西方世界的兴起》,厉以平、蔡磊译,华夏出版社,2015;〔美〕道格拉斯·C. 诺思:《经济史上的结构和变革》,厉以平译,商务印书馆,2010。

[⑤] 〔法〕伏尔泰:《路易十四时代》,吴模信等译,商务印书馆,1982;〔英〕大卫·休谟:《英国史·5》,刘仲敬译,吉林出版集团有限责任公司,2013。

[⑥] 〔美〕保罗·肯尼迪:《大国的兴衰》,陈景彪译,国际文化出版公司,2006。

[⑦] 〔美〕查尔斯·P. 金德尔伯格:《世界经济霸权(1500~1990)》,高祖贵译,商务印书馆,2003。

第三章　第一波现代化：大西洋贸易、制度变迁与17世纪西欧国家的兴衰　85

第三，部分比较政治的研究已经意识到要考虑各因素之间的作用，他们在多因素的基础上加上了交互作用，但是仍然缺乏一种机制性的解释。巴林顿·摩尔注意到初始制度和社会结构之间的共同作用决定了英国和法国之间不同的现代化路径。① 蒂利用强制和资本这两个变量来构建不同国家的类型，并试图用两者的交互作用来探讨一千年来的欧洲城市和国家的变化。② 埃特曼在《利维坦的诞生》一书中用政权和基础结构的类型来划分18世纪基督教世界的国家形态，除了两个变量之间的相互作用之外还加入了时间变量。③ 布莱恩·唐宁则把军事革命和政治变迁联系起来讨论军事对国家建设的重大影响。④

第四，部分研究则采用更长的因果链条来增加变量的深度和层次，这类研究已经接近机制性的解释。埃利亚斯对文明发生的描绘为我们提供了一种综合性的视角，很接近但仍然不是机制性的分析。玛格利特·利瓦伊的研究中已经隐含了机制性的解释，她认为经济结构、国际环境和政府形式这三个约束条件决定了政府的财政收入，从而决定统治者的议价能力，最终影响到国家的制度安排。⑤ 阿西莫格鲁等人的研究发现大西洋贸易对欧洲的影响并不是直接的，而是通过对制度变迁的间接作用。⑥ 张宇燕和高程的"外生货币冲击论"则采取了机制性的分析方法，但仍然存在因素和机制脱节的问题，没有通过严格的变量控制和案例比较来实现因果解释。⑦

本章将借助"因素 + 机制"的分析框架，把前人研究中那些碎片化的真相融为一体，重新解释初始条件的组合如何影响到阶级力量的消

---

① 〔美〕巴林顿·摩尔：《专制与民主的社会起源——现代世界形成过程中的地主和农民》，王茁、顾洁译，上海译文出版社，2013。
② Charles Tilly, 1990: *Coercion, Capital, and European States, AD 990 ~ 1992*, Cambridge: Basil Blackwell.
③ Thomas Ertman, 1997: *Birth of the Leviathan: Building States and Regimes in Medieval and Early Modern Europe*, Cambridge: Cambridge University Press.
④ 〔美〕布莱恩·唐宁：《军事革命与政治变革：近代早期欧洲的民主与专制之起源》，赵信敏译，复旦大学出版社，2015。
⑤ 〔美〕玛格利特·利瓦伊：《统治与岁入》，周军华译，格致出版社、上海人民出版社，2010。
⑥ Daron Acemoglu, Simon Johnson and James A. Robinson, 2005: "The Rise of Europe: Atlantic Trade, Institutional Change, and Economic Growth," *The American Economic Review*, Vol. 95, No. 3, pp. 546 ~ 579; Daron Acemoglu, Simon Johnson and James A. Robinson, 2005: "Institutions as a Fundamental Cause of Long-run Growth," *Handbook of Economic Growth*, No. 1, pp. 385 ~ 472.
⑦ 张宇燕、高程：《美洲金银和西方世界的兴起》，《社会科学战线》2004年第1期。

长、权力斗争的过程以及大国的兴衰,在前人的基础上进一步探讨第一波现代化之谜。

第三节 第一波现代化:一种"因素+机制"分析的框架

本书认为整合式的研究路径有助于重新审视整个现代化的过程,并且能够融合碎片化的研究。如图3-1所示,本章核心的机制借鉴外部冲击论和制度变迁的广义理论,将第一波现代化的过程叙述为如下的核心机制:大西洋贸易→财富积累→商人阶级壮大→权力斗争与制度变迁→崛起成为大国。①

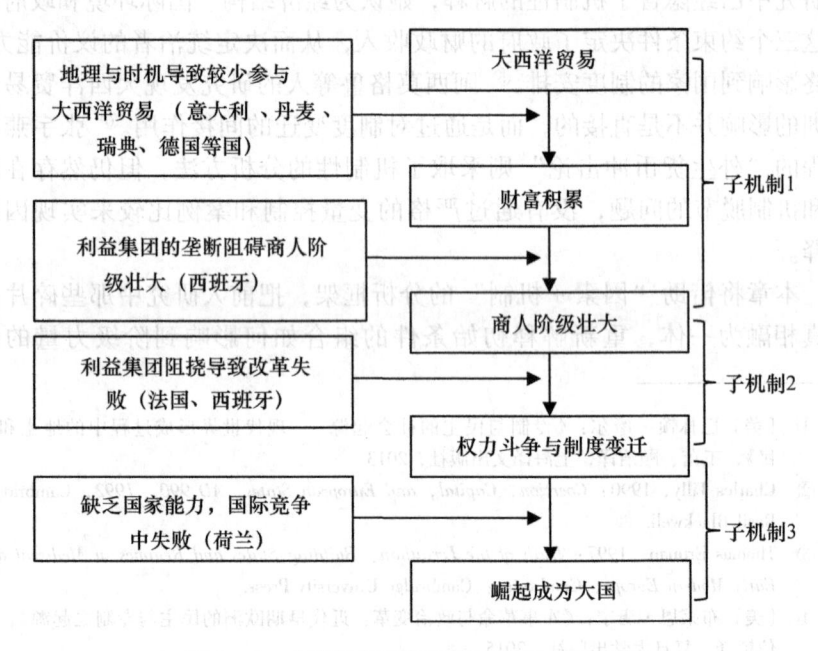

```
地理与时机导致较少参与
大西洋贸易(意大利、丹麦、
瑞典、德国等国)              大西洋贸易
                                ↓
                             财富积累        ┐
利益集团的垄断阻碍商人阶        ↓            ├ 子机制1
级壮大(西班牙)            商人阶级壮大      ┘
                                ↓            ┐
利益集团阻挠导致改革失          ↓            ├ 子机制2
败(法国、西班牙)         权力斗争与制度变迁  ┘
                                ↓            ┐
缺乏国家能力,国际竞争          ↓            ├ 子机制3
中失败(荷兰)               崛起成为大国     ┘
```

图3-1 大西洋贸易与西欧内部的分流机制

资料来源:笔者自制。

---

① 参见张宇燕、高程《美洲金银和西方世界的兴起》,《社会科学战线》2004年第1期;Daron Acemoglu, Simon Johnson and James A. Robinson, 2005: "The Rise of Europe: Atlantic Trade, Institutional Change, and Economic Growth," *The American Economic Review*, Vol. 95, No. 3, pp. 546~579; Tang Shiping, 2011: *A General Theory of Institutional Change*, London: Routledge, p. 34.

第三章　第一波现代化：大西洋贸易、制度变迁与17世纪西欧国家的兴衰

本章选取了三个核心因素作为机制的主体部分，即大西洋贸易、专制程度和国家能力（见表3-1）。大西洋贸易作为主要的外部冲击给西欧各国带来了巨大财富，参与大西洋贸易的四国，西班牙、荷兰、英国和法国，其经济增长明显高于不参与大西洋贸易的其他国家。最初的专制程度对核心机制的三个阶段产生作用：倾向于奢侈品消费会导致金银的外流，攫取型的专制能通过经济的控制来实现强有力的中央集权，并且更容易镇压试图反抗的商人阶级。[①] 国家能力对核心机制的影响在于，强国家传统才能够较好地推动和落实现代化的政治、经济和财政改革，并且适应17世纪欧洲高强度的国际竞争同样需要一个具有较强汲取能力和集中资源用于战争的中央政府，而战争失败可能会丧失崛起为大国所必需的资源（如领土、资源、殖民地和制海权等）。[②] 这也解释了为什么尽管荷兰发展出了完善的宪政制度，却最终无法崛起成为一流大国。

表3-1　　　　　　　西欧国家初始制度和参与大西洋贸易

	参与大西洋贸易		不参与大西洋贸易
	利益固化程度高	利益固化程度低	意大利、丹麦、瑞典、德意志诸国
国家能力强	法国	英国	
国家能力弱	西班牙	荷兰	

资料来源：笔者自制。

根据这三个核心因素所组成的表格中可以看出，英国具备能够崛起的三个要素，即参与大西洋贸易、较强的国家能力以及较弱的利益集团，因而是17世纪西欧现代化进程中较为顺利的国家。具备了两个要素的国家如荷兰和法国是欧洲仅次于英国的强国，仅具备一个要素的西班牙则从最强大的国家衰落为二流国家，而没有参与大西洋贸易的各国则更无可能崛起。

[①] 这部分国家分类的依据参考了〔美〕道格拉斯·诺斯、罗伯斯·托马斯：《西方世界的兴起》，厉以平、蔡磊译，华夏出版社，2015；〔美〕弗朗西斯·福山：《政治秩序的起源：从前人类时代到法国大革命》，毛俊杰译，广西师范大学出版社，2012；〔美〕罗伯特·D. 帕特南：《使民主运转起来》，王列、赖海榕译，江西人民出版社，2001；Thomas Ertman, 1997: *Birth of the Leviathan: Building States and Regimes in Medieval and Early Modern Europe*, Cambridge: Cambridge University Press.

[②] 这部分的分类依据主要参考了当时几场主要战争的结果，包括八十年战争、英西战争、三十年战争以及三次英荷战争。

除此之外，地理位置、国家规模、贸易政策这些辅助因素也对核心机制产生直接或者间接的影响。

1. 地理位置对三个核心因素的影响。这并不意味着所有的政策都是由地理位置决定的，但地理位置至少给英国提供不同于欧陆国家的政策选择。[①] 首先，地理位置便利使西欧滨海国家能够率先参与大西洋贸易。其次，频繁的战争使得欧陆国家出于生存的需要发展出更为专制的制度和强大的陆军，这正是地理环境对国家所进行的选择。最后，地理影响了一国海军和陆军投入和防御的成本，如英国得益于其岛国的地利，发展出强于其他国家的海军力量。

2. 国家规模对三个核心因素的影响。它对国家的影响并不是线性的，即规模太大或太小都未必是幸事。首先，国家规模决定了外部冲击的影响力大小，几百万千克的美洲金银能对拥有数百万人口的英国产生较大的冲击，西欧的黄金也通过间接渠道流向中国，但是对于近亿人口的明王朝来说，这些金银就难以产生有效的冲击。其次，规模较小的国家，如英国，全国的地主阶级容易建立联系，利益更加一致；而法国的商人和王权之间需要通过代理人进行交流，就会产生庞大的官僚机构，反而容易成为制度变迁的障碍。[②] 最后，规模过小（如荷兰）就意味着经济和人口的总量过小，因而在地缘政治经济的竞争中，注定无法同具备规模优势的大国相抗衡。

3. 宗教对立对于制度变迁有着重要的间接影响。鉴于篇幅限制，本章不讨论具体的教义对贸易政策以及制度构建等问题的影响，但教义可能没有韦伯所说的那么重要，因为马丁·路德和加尔文的理论中同样有不利于贸易的学说。[③] 本章关注宗教对立加剧了国家间的冲突，尤其是早期的战争都或多或少受到宗教因素影响，宗教狂热加剧了国家间的冲突，从而极大地消耗了各国的财力和物力。同时宗教对立也加剧了国家内部的冲突和分裂，让国内斗争变得更不容易妥协，从而间接促进了制度变迁。

4. 贸易政策同其他因素的差异在于，它具备更多的能动性。贸易政

---

① 参见〔法〕雷蒙·阿隆《和平与战争：国际关系理论》，朱孔彦译，中央编译出版社，2013，第184页；〔美〕阿尔弗雷德·塞耶·马汉：《海权论》，范利鸿译，陕西师范大学出版社，2007。

② 关于国家规模的影响还可以参考〔德〕诺贝特·埃利亚斯《文明的进程：文明的社会起源和心理起源的研究》，王佩莉、袁志英译，上海译文出版社，2009；〔美〕阿尔弗雷德·塞耶·马汉：《海权论》，范利鸿译，陕西师范大学出版社，2007。

③ 如加尔文反对贸易中无度的牟利欲求，而路德则认为一国应当安心满足于国内贸易。〔美〕道格拉斯·欧文：《国富策：自由贸易还是保护主义？》，梅俊杰译，华东师范大学出版社，2013，第24~25页。

策影响财富的积累，实行重商主义的国家，如英法，更容易实现资本的积累，崇尚奢侈品消费的西班牙则无法"留住"从美洲获得的金银。荷兰实行完全自由的外汇和产业政策，最终导致荷兰的物价上涨和产业空心化。同时重商主义和战争又密不可分，其本身目的就是为发展战争潜力，以削弱他国来实现自身的利益，它无情的逻辑让战争肆虐于欧洲。[1]

通过上述分析可以确定，三种核心因素和四个辅助因素对机制分别起到了促进或者阻碍的作用。这也体现了机制的解释力，机制能够将某些因素串联起来，从而驱动变化或阻止变化。[2] 在相似条件下，货币输入对西欧四国造成了两种截然不同的影响，正反案例恰恰证明了机制的存在，最终只有英国实现现代化是因为其他国家核心机制被阻止了。阻止或促进上述核心机制的这些辅助机制的差异则来自细微的初始禀赋的差异，这些差异是核心机制的"拮抗剂"或者"催化剂"。核心机制主要目的在于探讨大国崛起的机理，而辅助机制则着重于探讨为什么最终只有英国崛起了，而法国、荷兰和西班牙等国要么因为各类政治经济或国际竞争要素始终无法成为一流霸权国，要么彻底陷入了长期的衰落。

如图3-1中的标注，本章的核心机制包含了三个因果链条的子机制。由于这三个因果链条属于三个不同的时间段，而欧洲各国的政治社会变化与参与国际竞争的情况在这些时间段相对同步，为了便于叙述，本章将在以下三节中对这三个时间段的子机制进行平行叙事，通过比较17世纪欧洲各国现代化的差异，来检验上述因素和机制。

第四节 子机制1：大西洋贸易与商人阶级的崛起

前文从一个宏观的视角考察了核心因素和辅助因素对第一波现代化的核心机制的影响，本节则更为细致地讨论第一个具体的机制，即大西洋贸易如何促进商人阶级的崛起，以及不同国家的初始条件导致英国与荷兰出现足够强大的工商业者，西班牙的利益集团则阻挠商人阶级的壮大，法国则介于二者之间。

---

[1] 〔美〕彼得·帕雷特主编：《现代战略的缔造者：从马基雅维利到核时代》，时殷弘等译，世界知识出版社，2006，第209~210页。

[2] 唐世平：《如何发现机制——负面案例和CFs~2013版》，http://www.sirpa.fudan.edu.cn/picture/article/56/88/ac/7c64a8d340368df7c344a544924c/e2aa14d4-bece-49fd-81d4-38dffa33accd.pdf。

如图 3-2 所示，作为外部冲击的大西洋贸易促进了西欧各国商人阶级的崛起，具体可以细分为三个方面的机制。第一，贸易带来的超额货币引发了通胀，它的影响并不是中性的，因为不同商品对通胀反应不同，新增货币在社会各个成员中的分配也并不一致。[①] 王室对于经济的控制力决定了王室还是商人阶级获得更多的相对收益。第二，大西洋贸易带来的阶级和行业间的流动。贸易会使国内供给相对充裕生产要素的所有者的收益上升，[②] 出口部门所在的阶级占有的资源、收入和人数都会增加。[③] 因此贸易使哪个阶级受益，带来的社会后果就不同。如果工商业者控制了出口，贸易带来的社会影响就是农民和贵族加入贸易部门，出现"圈地运动"，令工商业者壮大；如果是王权形成了对贸易的强力控制，官僚就会成为主要的受益者，那么国民就倾向于成为官员而不是商人。第三，经济

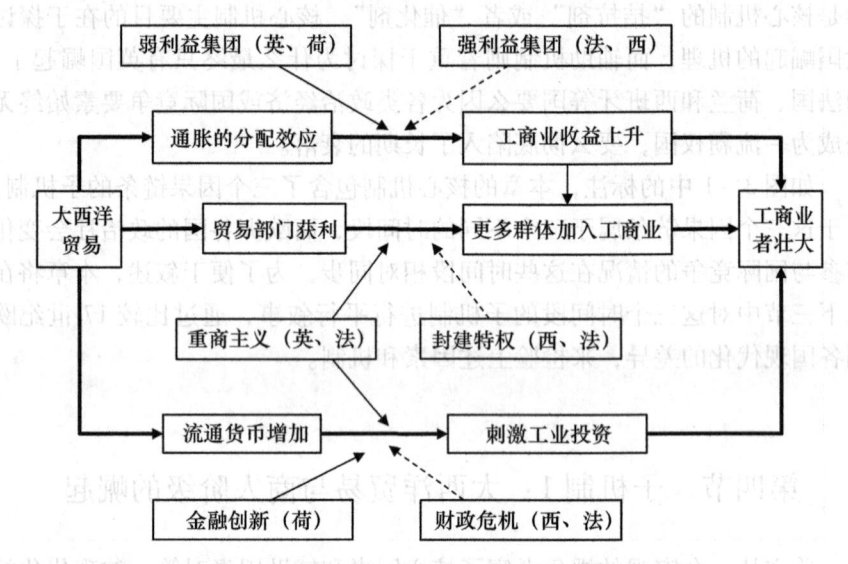

图 3-2 大西洋贸易促进阶级力量对比变化的机制分析

资料来源：笔者自制。

注：粗线部分为核心机制，细线部分为辅助机制。虚线的辅助机制表示对核心机制起阻碍作用，实线则表示促进作用。

[①] 张宇燕、高程：《美洲金银和西方世界的兴起》，《社会科学战线》2004 年第 1 期。
[②] Wolfgang F. Stolperand Paul A. Samuelson, 1941: "Protection and Real Wages," *The Review of Economic Studies* Vol. 9, No. 1, pp. 58~73.
[③] 参见 BelaBalassa, 1964: "The Purchasing-power Parity Doctrine: a Reappraisal," *The Journal of Political Economy*, Vol. 72, No. 6, pp. 584~596; Rybczynski, Tadeusz M., 1955: "Factor Endowment and Relative Commodity Prices," *Economica*, Vol. 22, No. 88, pp. 336~341.

第三章　第一波现代化：大西洋贸易、制度变迁与17世纪西欧国家的兴衰

增长为工商业者壮大提供了外部环境。它既包括了贸易带来的福利增长，也包含了美洲金银对货币供给不足的缓解。随着制造和贸易的发展，对货币的需求也将增加，在这种情况下增加货币供给可以避免利率升高，从而有利于投资，促进了新兴工业的发展。以下从英国、法国、荷兰和西班牙等国的案例来查看上述机制的具体影响。

一　英国

英国的航海事业发展起伏不定，曾经一度在亨利八世、伊丽莎白一世时期获得了短暂的辉煌，但在内战之前几乎没有获得实质性的发展。缺乏强大的海军力量和远洋能力使得英国早期主要通过间接贸易的方式来参与大西洋贸易和获取美洲金银，其通过以羊毛贸易为主，获取对欧洲其他国家的顺差，而这种间接的贸易方式通过上述三个机制促进了英国工商业的发展。

首先，物价的剧烈变化让英国的资产阶级受益。1610~1630年，英国的日用品平均价格已经达到了地理大发现之初的4倍以上，并且也没有趋于稳定的迹象。[1] 尽管这个数字在现在并不高，但在以贵金属为货币的早期现代社会，已经是非常夸张的通货膨胀。16世纪的商业扩张给了人们远超中世纪贵族的机会来挥霍金钱，那些没有选取去适应土地收入下降和价格革命的旧贵族，如果仍然试图跟上奢侈的社会习俗，总是入不敷出，破产的厄运就会降临。[2] 通胀和人口增长带来的后果是，1540~1640年，财富从富人转向社会中层阶级的再分配：长期租约的传统和固定租金的惯例对富人的收入产生不利的影响；物价上涨则损害了穷人的利益，使得丧失土地的劳动者数量急剧上升；只有商人阶级从中获利，因为他们可以高价出售粮食并雇佣廉价劳动力再生产更多的粮食。[3]

其次，同欧洲大陆和殖民地的贸易为英国输入了大量的海外财富，贸易让贵族、农民都加入工商业的社会大生产之中。而英国的主要税源是以羊毛贸易为主的动产，拥有动产和安全财产权的民众相对于君主有更大的议价优势。[4] 同时，最高工资法和行业协会政策限制了贸易部门工资的增

---

[1] 〔英〕阿萨·布里格斯：《英国社会史》，陈叔平等译，商务印书馆，2015，第168~169页。

[2] 参见 Lawrence Stone, 1948: "The Anatomy of the Elizabethan Aristocracy," *The Economic History Review*, Vol. 18, No. 1/2, pp. 3~4.

[3] 〔英〕肯尼斯·O. 摩根主编：《牛津英国通史》，王觉非等译，商务印书馆，1993，第316页。

[4] Robert H. Bates and Da-Hsiang Donald Lien, 1985: "A Note on Taxation, Development, and Representative Government," *Politics & Society*, Vol. 14, No. 1, p. 55.

长，这几个措施都限制了工资的增长，保持了英国出口贸易的活力，因此英国获益更多的是生产羊毛的乡绅和获得出口特权的商人。羊毛制成品的出口使得英国国家岁入严重依赖进出口贸易税，较小的国家规模也让商人更易团结，并逐渐控制了议会的席位。政府的事务很多是由议会讨论和决定的，而商人阶级在议会中占有多数。因而英国贵族远没有法国的吸引人，从市场报价就能看出：从最初詹姆士一世（James Ⅰ）时期的1095英镑，到1619年跌至700英镑，1622年暴跌至220英镑。[①]

最后，英国在17世纪上半叶前都依靠同欧洲国家的羊毛贸易间接获得金银，金银缓慢持续地流入有助于国内新兴工业的形成。为了保持贵金属的输入，英国实施了重商主义政策，它所造成的后果是贸易部门获利远超过非贸易部门。圈地运动并没有莫尔所描绘的可怕，反而为工业提供了充足的劳动力。[②] 英国重商主义实行出口免税和进口高关税，通过立法禁止奢侈浪费从而减少金银的出口，保持了贵金属有利于政府的平衡，同时保护了国内的新兴工业的成长。[③] 为了拓展产业成长的国际空间，英国政府在17世纪初期多次禁止羊毛等原料向竞争对手荷兰出口，同时设立高额关税以阻挡荷兰富有竞争力的新织物输入英国，在其产业保护政策之下，毛纺织业成为英国首要产业，所从事的各类新织物开始销往西班牙、葡萄牙甚至意大利。[④]

二　法国

1610年亨利四世遇刺之后，年幼的路易十三（Louis ⅩⅢ）继位为法国国王，但直到1620年在阿尔芒-让·迪·普莱西·德·黎塞留（Armand-Jean du Plessis de Richelieu）的斡旋下法国才逐渐平息了内乱。1624年，黎塞留担任首相之后，开始用强力手段建立中央集权政府，同时力主拓展海外殖民地，创建了强大的大西洋舰队和地中海舰队，并协助成为法国第一批殖民商业公司。但17世纪初期，海外贸易由西班牙和荷兰主导，法国总体上仍旧通过间接贸易的方式参与大西洋贸易，但受到诸

---

① 〔美〕查尔斯·金德尔伯格：《西欧金融史（第二版）》，徐子健等译，中国金融出版社，2010，第173页。
② 最初"羊吃人"的说法源自托马斯·莫尔带有偏见的评论，参见〔英〕托马斯·莫尔《乌托邦》，戴镏龄译，商务印书馆，1982，第21页。
③ 参见〔美〕詹姆斯·W.汤普逊《中世纪晚期欧洲经济社会史》，徐家玲等译，商务印书馆，1996，第681页。
④ 梅俊杰：《贸易与富强：英美崛起的历史真相》，九州出版社，2021，第61~63页。

第三章　第一波现代化：大西洋贸易、制度变迁与 17 世纪西欧国家的兴衰

多条件的影响，相比起英国，美洲金银对法国商人的阶级壮大的影响是有限的。

首先，美洲金银在欧洲范围内引发的通胀并没有较大程度地改变法国阶级力量的对比，因为法国土地贵族拥有更多的议价权。由于拥有更多的特权，法国的封建领主可以用两方面策略来转嫁通胀和地租停滞带来的负面影响。一方面，封建领主可以把各种领地权力卖给农民或资产阶级，或者攫取公共用地进行转卖，从而获得更多资金；另一方面，地主可以通过恢复和加强对农民的封建领主权力来进行牟利，例如要求租户把谷物拿到领主的磨坊里加工，要求葡萄酒必须到他们的酒庄压榨，面包必须到他们的烘焙坊制作，并对农业集市收取场地费，并强化对农民的奴役。① 贸易和生产没有推动工农商业的壮大。同英国的羊毛生产不同，法国的葡萄酒生产要求精耕细作，需要有大量熟练的农民劳动力，而对土地资本和设备的要求相对较小。② 因此，法国非但没有出现"圈地运动"，反而加强了农民对土地的依附。在 17 世纪的君主制下，法国资产阶级没有像英国资产阶级那样在引领农村迈向尚未成形的工业资本主义世界的现代化过程中起到先锋作用；相反，它高度依赖皇室的恩惠，一心一意只为一小群客户生产武器和奢侈品。③

其次，美洲金银的流入推动了法国中产阶级的出现，但因为其初始制度的影响，法国贵族与资产阶级之间的融合是通过对君主制的推动形成的，即大部分资产阶级实现了封建化，而不是像英国那样封建群体资产阶级化。④ 由于财政困难导致了大量卖官鬻爵现象，官职的私有制对法国制度带来了两个方面的影响。一方面，中产阶级的地位特别高，一个人很容易从这个等级升到另一个较高的等级；另一方面，司法人员（法官和他的助手）的数量庞大，人们对于做官的职业有着特殊的喜爱。⑤ 法国腐朽的"官职税"制度让法国的资产阶级无意也无力从事资本主义的冒险，因为保险舒适的政府官职及其荣耀比起工商活动的风险，显然更受人民的

---

① 〔美〕理查德·拉克曼：《不由自主的资产阶级：近代早期欧洲的精英斗争与经济转型》，郦菁等译，复旦大学出版社，2013，第 289～290 页。
② 〔美〕巴林顿·摩尔：《专制与民主的社会起源——现代世界形成过程中的地主和农民》，王茁、顾洁译，上海译文出版社，2013，第 48 页。
③ 〔美〕巴林顿·摩尔：《专制与民主的社会起源——现代世界形成过程中的地主和农民》，王茁、顾洁译，上海译文出版社，2013，第 57 页。
④ 〔美〕巴林顿·摩尔：《专制与民主的社会起源——现代世界形成过程中的地主和农民》，王茁、顾洁译，上海译文出版社，2013，第 108～109 页。
⑤ 〔法〕瑟诺博斯：《法国史》，沈炼之译，商务印书馆，1972，第 308 页。

青睐。① 因此，尽管大西洋贸易造就了部分法国工商业，它们仍旧依附于官僚与权贵。

最后，重商主义政策在黎世留和柯尔伯执政时期日益发展完善，但最终的成效仍然成败参半。在黎塞留接手治理法国时，预见了未来商贸拓展的可能前景，当时人们意识到只有按照既有通行标准所生产的奢侈品或高质量产品才能行销海外，因而黎塞留所强化的中央政府开始极其严格地进行制成品的检查工作，1629年出台的《米肖法规》对全部丝绸、羊毛和棉花的尺寸都作出了规定。② 在重商主义政策推动法国工商业发展的同时，激烈的国际竞争和财政危机则对国内投资带来负面的影响。但法国因为不利的地理位置使其发展海军的成本过高，无法同英国进行竞争，同时"太热爱战争和过度挥霍"也导致了财富的流失。③ 同西班牙的战争让法国的财政恶化到极点，为了避免在战争中失败就必须不惜代价地增加税收，其1630~1648年税款增加了3倍，但是官员的数量较16世纪增长了4倍，这些官员拥有减税的权力，其数量的增加又导致了税基的减少。④ 法国在频繁的战争中消耗了过多的、本应用于海军建设的资源，财政困境和王室破产使得国王以高昂的代价向贵族借款，加剧了贵族特权，进一步削弱了国家的工商业基础。

三　荷兰

荷兰在1609年同西班牙停战之后，迎来了发展的重要契机，荷兰开始积极参与到大西洋贸易之中。荷兰缺乏一个强大的政府，也因为联合省各自为政的传统，没有形成全国性的强大利益集团，这使得荷兰更多地依靠松散联盟以及它们所投资的私人股份制公司来参与商人活动和海外探险，荷兰依靠制度创新和自由贸易的形式，通过以下机制壮大了荷兰的商人阶级。

第一，荷兰积极参与大西洋贸易，使得大量金银流入国内，当时最为先进的股份制度使得大商人和资产阶级最先受益于大西洋贸易。荷兰人分

---

① 〔法〕伊奈丝·缪拉：《科贝尔：法国重商主义之父》，梅俊杰译，上海远东出版社，2012，第136页。
② 〔法〕伊奈丝·缪拉：《科贝尔：法国重商主义之父》，梅俊杰译，上海远东出版社，2012，第134页。
③ 参见〔英〕威廉·配第《政治算术》，马妍译，中国社会科学出版社，2010，第47页；〔法〕伏尔泰：《路易十四时代》，吴模信等译，商务印书馆，1982，第402页。
④ 〔英〕科林·琼斯：《剑桥插图法国史》，杨保筠、刘雪红译，世界知识出版社，2004，第150页。

第三章　第一波现代化：大西洋贸易、制度变迁与 17 世纪西欧国家的兴衰　95

别在 1602 年和 1621 年成立了东印度公司和西印度公司，公司的股东被组织在各个议事会中，议事会由董事资助领导，董事来自大股东行列，由各城市和各省的执政当局委任，他们以相同方式成为任期六年的大董事会成员，大董事会除了一个席位留给国会代表外，其他 18 个按照资本份额进行分配。① 到 1609 年时，尼德兰每年大概有 20 艘船在几内亚海岸用廉价的纽伦堡商品换取黄金和象牙，约有 2000 阿姆斯特丹磅的黄金流入尼德兰，在停战结束时，由于货物价格低廉，尼德兰人已经成为这一区域内占据支配地位的商人。② 在大西洋上，荷兰发挥海上优势，时常对西班牙船队进行劫掠，例如 1626 年西印度公司的劫掠船攻击萨尔瓦多，带走了 2500 箱糖；1628 年袭击了西班牙的白银舰队，获得了价值 1100 万荷兰盾的白银，相当于联合省年度军队预算的 2/3。③ 荷兰的海外贸易获得了大量金银，最先受益的两个公司的大股东，根据公司的章程，公司盈利超过 10% 情况下就可以进行分红，每六年进行一次结算，而股份则可以拿到交易所进行交易。

第二，荷兰的工商业者在大西洋贸易中壮大，主要依靠新教传统和城市联盟中的精英来实现。一方面，新教传统带来的教派冲突使得旧式封建贵族无法像法国那样控制土地和农业商品化。在 1590 年西班牙无法实质性控制北部尼德兰之后，由于北方各省倾向于新教传统，此后联合省变卖了天主教会的财产并流放了天主教贵族，强化了城市商人和富裕贵族对土地的控制。④ 另一方面，弱国家的传统使得在荷兰只有参与海外探险和工商业活动才能增进自身的利益。荷兰国家力量削弱恰恰是阿姆斯特丹精英在 16 世纪和 17 世纪取得国际贸易成功的基础，摄政精英控制了一个类似国家的机构，而不用对敌对精英作出任何让步，也不必和下层社会群体结盟，这就使得阿姆斯特丹的精英能够把控制的城市和内陆贸易资源集中起来，用于军事和殖民行动实现自己的利益。⑤

---

① 〔德〕沃尔夫冈·赖因哈德：《征服世界：一部欧洲扩张的全球史，1415～2015》，周新建等译，社会科学文献出版社，2022，第 558 页。
② 〔德〕沃尔夫冈·赖因哈德：《征服世界：一部欧洲扩张的全球史，1415～2015》，周新建等译，社会科学文献出版社，2022，第 562 页。
③ 〔荷〕安东·范德伦：《海洋帝国的崛起：尼德兰八十年战争，1568～1648》，杜原译，天地出版社，2021，第 228～229 页。
④ 〔美〕理查德·拉克曼：《不由自主的资产阶级：近代早期欧洲的精英斗争与经济转型》，郦菁等译，复旦大学出版社，2013，第 256 页。
⑤ 〔美〕理查德·拉克曼：《不由自主的资产阶级：近代早期欧洲的精英斗争与经济转型》，郦菁等译，复旦大学出版社，2013，第 266 页。

第三，荷兰依靠发达的金融产业降低了利率，发展出保险制度来推动海外贸易。荷兰不同于其他重商主义国家，它并不禁止贵金属的流出，这样的政策优点吸引了源源不断的资本，存款者接受银行所开出的低利率，以此来换取绝对的流动性，荷兰反而以此积累了相当规模的贵金属储备。同时荷兰发展出了大量创新型金融机构，包括交易所、保险公司等，降低了工商业发展的搜寻成本以及借贷利率。交易费用的降低让阿姆斯特丹成为欧洲的经济中心，市场、法院等机构的发展大大减少了信息搜寻费用、谈判费用和实施费用。资本市场的高效率发展对工商业活动带来了巨大影响，资本市场由许多将借贷双方召集在一起的媒介所构成，这些媒介都用新的金融手段武装起来，因此利率从1500年的20%~30%降到17世纪的3%或更少，而有效市场的发展使得原料容易进口，也便于最终产品的销售，使得荷兰在近代初期成为欧洲的经济领袖。[1] 荷兰受国土规模的限制无法完全用重商主义的形式推动工商业发展，因而只能选择自由贸易的政策。荷兰人通过两家私人公司实施其海军和商业战略，在东、西印度群岛和巴西建立了基地，在那里他们发展贸易，并与西班牙和葡萄牙作战。[2] 商人将他们的资源汇集到股份制公司中去，组建了船队，发展了银行业务，将资本进行兑换、投资以及为其提供保险，成了欧洲的中间商，使得尼德兰在17世纪中期之前，在战争中实现繁荣。[3]

四 西班牙

西班牙在腓力三世期间已经开始衰落，其仍然延续了保守的宗教政策，对摩尔人的驱逐进一步损害了西班牙的经济发展。西班牙在17世纪初期对内仍然热衷于挥霍，而缺乏政治经济上的建树，在海外则不断受到英国与荷兰的袭扰。尽管早期的休战协定为西班牙赢得了喘息的机会，美洲金银仍然不断输入西班牙，但在利益集团等诸多因素影响之下，上述的三个机制并没有让西班牙的商人阶级壮大。

第一，西班牙过度依赖商品进口，使得大量金银流入更多地推动了英国、荷兰以及法国等国而非其自身的工商业发展。西班牙过于注重贵金属

---

[1] 〔美〕道格拉斯·诺斯、〔美〕罗伯斯·托马斯：《西方世界的兴起》，厉以平、蔡磊译，华夏出版社，2015，第203~206页。

[2] Jan Glete, 2004: "Naval Power, 1450~1650: The Formative Age," in Geoff Mortimer, ed., *Early Modern Military History*, 1450~1815, New York: Palgrave Macmillan, p. 97.

[3] 〔美〕理查德·邓恩：《现代欧洲史·卷二，宗教战争的年代，1559~1715》，唐睿超译，中信出版社，2016，第220页。

第三章　第一波现代化：大西洋贸易、制度变迁与17世纪西欧国家的兴衰

的掠夺而不是贸易本身，金属货币急剧增长的后果是"过多的贵金属对工资造成的上升影响摧毁了西班牙的贸易"。① 西班牙成为财富的初始目的地，但是由于其经济发展程度不够，没能成为最终受益者，大约25%的财富被用于支付给借债给国王的外国放债者，剩余更大的一部分用于购买西班牙国内市场缺乏的制成品，因此也使得那些更好满足迅速增长的其他欧洲经济体受益。② 并且，西班牙在经济上从来不是一个自给自足的单位，它们很快对本国无法提供的制成品甚至农产品产生了渴望，不得不以金银与佛兰德斯、法国以及英国商人进行交换，随着金银产量大跌和无力阻止外国入侵者将商品走私进入西属美洲，帝国在经济上已经解体了。③

第二，初始制度的差异使得大量的财富流入却无法促进西班牙的工商业发展。西班牙的海外掠夺让人们看到了暴富的希望，前赴后继地参与到大西洋贸易中去，但是海外探险的死亡率非常高，回到本国的人数时常不到一半。宗教迫害对人口的"消耗"非常严重，仅被剥夺权力和被流放的人数就有数十万，16世纪30年代像塞维尔这样的城市人口已经开始减少，这同样导致了工资的上升，反而只能将生产"外包"给其他欧洲国家。④ 不同于英国的圈地运动，西班牙为维持地租和农产品价格的稳定，严令禁止圈地行为，从而妨碍了更有效率的农业投资。⑤ 西班牙国家的税源也影响阶级的收益，基于哈布斯堡王朝的背景，西班牙天主教会和贵族不但不是征税和剥夺的对象，而且还有免税的特权。很多受到教育的纳税人参加了免税的公务员服务，而有钱和有影响的纳税人则都变成了贵族或绅士。⑥ 这些因素都使得西班牙的商人阶级难以壮大。

第三，激烈的地缘竞争消耗了大量财富，这使得西班牙始终无法将获得的金银用于国内投资和工商业的发展。早期的美洲金银支撑着西班牙扩张性的地缘战略，但是随着海外采矿收入的下降和英荷等国的劫掠行动加

---

① 〔英〕约翰·凯恩斯：《就业、利息和货币通论》，高鸿业译，商务印书馆，2013，第347～348页。
② 〔英〕彼得·伯克、哈利勒·伊纳尔哲克主编：《人类文明史·第5卷，16世纪至18世纪》，中文版编译委员会译，译林出版社，2015，第123页。
③ 〔美〕理查德·邓恩：《现代欧洲史·卷二，宗教战争的年代，1559～1715》，唐睿超译，中信出版社，2016，第216页。
④ 王加丰：《西班牙、葡萄牙帝国的兴衰》，三秦出版社，2005，第274～277页。
⑤ 〔美〕彭慕兰：《大分流：欧洲、中国及现代世界经济的发展》，史建云译，江苏人民出版社，2008，第91页。
⑥ 〔美〕查尔斯·亚当斯：《善与恶：税收在文明进程中的影响》，翟继光译，中国政法大学出版社，2013，第201页。

剧，西班牙的财政进一步恶化。哈布斯堡帝国承担了过重的地缘领土义务，一旦领土遭受入侵或者出现叛乱，就只能将多数费用用于陆地领土的防御，比如1654~1566年西班牙用于荷兰的费用达到21800万达卡，而从印度群岛获得的总数仅仅是12100万达卡。[①] 从美洲运往西班牙的金银也在1600年前后达到峰值，例如1591~1600年输入的白银有2707吨，到1641~1650年则下降到1056吨，而黄金则从峰值的19吨下降到1.5吨。[②] 战争的支出往往超越王室所能获得的收入，西班牙在腓力二世后期，战争的支出达到了收入的3/4，1557年、1575年、1596年、1607年和1627年西班牙王室都发生过破产。[③]

美洲金银和大西洋贸易是早期西欧现代化的基础。北欧和东欧的国家如瑞典、挪威、丹麦和德意志诸国较少参与到大西洋贸易中，南欧的意大利等国则仍然以不断式微的地中海贸易为主。如前文所述，在17世纪初参与大西洋贸易的四个主要国家中，美洲金银的输入对各国国内的阶级力量对比产生了不同的影响。通过对图3-2中机制性分析，已经大致了解了英国与荷兰的资产阶级比法国和西班牙强大的原因，法西两国的贵族垄断了贸易，并享有免税权，工商业者为避开过重的税赋只能购买官职。英国与荷兰的初始条件多数促进商人阶级的壮大，而西班牙的初始条件基本起到阻碍的作用，法国则介于两者之间，即不同的初始条件和机制使得英国与荷兰的贵族工商业者化，而在西班牙和法国则是工商业者官僚化了。这些变化所造成的社会结构差异，成为三十年战争结束之际欧洲各国内部制度变迁的基础。

第五节 子机制2：商人阶级壮大、权力斗争与制度变迁

需要进一步讨论的问题是，为什么英国和荷兰的商人阶级有抗争而且成功了，而法国的抗争完全失败了，西班牙的抗争却以另一种形式"部

---

① 〔美〕保罗·肯尼迪：《大国的兴衰：1500~2000年的经济变迁与军事冲突》，陈景彪译，国际文化出版公司，2006，第47页。
② 〔英〕彼得·伯克、哈利勒·伊纳尔哲克主编：《人类文明史·第5卷，16世纪至18世纪》，中文版编译委员会译，译林出版社，2015，第123页。
③ 〔美〕道格拉斯·C. 诺思：《经济史上的结构和变革》，厉以平译，商务印书馆，2010，第173页。

第三章　第一波现代化：大西洋贸易、制度变迁与17世纪西欧国家的兴衰　99

分成功"了。几乎所有的叛乱和抗争都与政府的财政危机息息相关，拥有充裕财政的政府通常不至于引发叛乱，因为有着足够的财力可以收买或者镇压反对者。国家规模、阶级力量对比和外部压力在很大程度上决定了权力斗争的过程和结果。阶级力量对比决定了什么样的商人会参与抗争，而这三者又共同决定了谁更有机会在权力斗争中获胜。

正如托马斯·孟（Thomas Mun）所言："对外贸易真正的价值和面目就是国王的大量收入和国家的荣誉。"[①] 由于王室对贸易的垄断，大西洋贸易输入的金银最初都为王室提供了不需要降低货币成色就能够贬值的工具，无论它对阶级力量的消长产生何种影响，最初大西洋贸易都不同程度地加强了中央集权。然而，民族和王朝的竞争与宗教狂热融为一体，使得人们不断寻求战争，而在以往他们是可以妥协的。[②] 地缘政治和宗教斗争是消耗各国财政最主要的原因，三十年战争持续时间之长、烈度之强让几乎所有西欧国家的财政都捉襟见肘，财政的困难加剧了国内的困境，让各国国内围绕金钱和权力进行斗争。

英国、法国和西班牙大规模的内部抗争几乎都爆发在三十年战争结束前后，荷兰在三十年战争后期才获得了独立。这里需要看到初始条件对权力斗争的影响，即宗教对立、国家规模、地缘政治以及前面所述的阶级力量对比在其中发挥的作用，以下将分英国、法国、荷兰和西班牙四个案例来比较分析。

一　英国

英国的查理一世（Charles Ⅰ）于1625继位时，已经无法像詹姆士一世那样通过出卖土地来筹钱了，宗教分歧所引起的苏格兰叛乱给了王室财政最后一击。英国的商人阶级控制了经济，而且出口贸易的税源单一，英国半数以上的岁入来自进出口的吨税和磅税，对于这些不动产征税是相对困难的，因此只能通过与国会协商。而英格兰的商人阶级为给国王施加压力，甚至给苏格兰军队提供资助。查理一世为避免苏格兰军队兵临城下，在1640年被迫重新召开被解散的议会。

1620年间爆发的贸易危机让商人阶级意识到垄断的弊端，对于政治权力的需求日益增加。英国地域狭窄更容易让各阶层建立联系，将矛头共

---

① 〔英〕托马斯·孟：《英国得自对外贸易的财富》，袁南宇译，商务印书馆，1978，第89页。
② 〔美〕保罗·肯尼迪：《大国的兴衰：1500～2000年的经济变迁与军事冲突》，陈景彪译，国际文化出版公司，2006，第33页。

同对准中央。因此尽管国王提出的拨款要求并不过分,但是议院的领袖却抓住机遇,希望王权完全从属于民众,让公共自由彻底赢得优势。因此他们利用国王召开议会之际,提出了三大类建议,分别涉及国会特权问题、财产权问题和宗教问题。① 虽然英国国会起诉了国王的宠臣斯特拉福德伯爵,但实际目的是削弱王权而非单纯的"清君侧"。伯爵的剥夺公权案在后世看来是欲加之罪,但国王急于达成和解,批准了国会永久化和处死伯爵的法案。借助剥夺公权案,国会相继掌握了关税的征税权(这占到英国半数以上的收入),解散了国王的"星法庭",国王被迫离开伦敦,寻求地方贵族和领主的支持。

当政治上的妥协失败时,国王和他的挑战者就分为两个阵营,各自进行内战的动员。挑战者是否存在共同利益、挑战者的组织性、对资源的控制程度、他们追求共同目标联合的程度以及挑战的时机,都会对权力斗争的结果产生重要影响。② 一方面,重商主义政策和专制程度较弱对于国王在政治斗争中的处境相当不利,这恰恰是由于地缘政治的影响。出于同西班牙竞争的需要,英国才通过重商主义将国家和市场的力量相结合,其结果是商人阶级逐步控制了经济。另一方面,王权衰落与英国岛国的环境和对贸易的依赖密切相关,英国在失去诺曼底之后就不再面临陆地的威胁,因而没有强大的常备陆军。③ 英国在对欧洲大陆的干涉中并未获得实质性利益,因而国内达成了发展海军的共识,因为强大的海军能够保障贸易甚至劫掠他国的船队。

1642年内战开始时,国王能够依靠的只有贵族和显要的绅士,他们主要出于荣誉和对王室的忠诚;而伦敦市和多数公司团体站在国会一方。经历玫瑰战争、亨利七世对贵族的屠杀以及宗教改革以后,英国贵族已经日渐式微,到伊丽莎白一世后期上院贵族的提案已经不到1/5。④ 得益于税源相对单一,国会的支持者更为团结,国会一方占据大部分的经济资源,战争开始时王国全境都几乎掌握在国会手中。国会在内战一开始就攫取了所有军械库的装备、军资,国王为了武装其追随者只能借用民团的武

---

① 〔英〕大卫·休谟:《英国史·5》,刘仲敬译,吉林出版集团有限责任公司,2013,第222~223页。

② Charles Tilly, 1978: *From Mobilization to Revolution*, New York: Newbery Award Records, pp. 54~55.

③ 这部分观点参见 Otto Hintze, 1975: *The History Essays of Otto Hintze*, New York: Oxford University Press.

④ 阎照祥:《英国贵族史》,人民出版社,2000,第147页。

器，在英国内战的一开始就尽显劣势。而岛国的特点在于，英国内部的纠纷受到外邦的干涉较少，尽管荷兰和西班牙支持查理一世，但其运输的物资大部分都被英国舰队所拦截。[①] 由于海军的机动性，英国内战时期王室完全无法控制海军，当海军将领支持国会时，就断绝了王室的外援。同时宗教改革的结果是新教在英国占据主导，教派分歧影响了国会一方的凝聚力。当时天主教的西班牙和法国也忙于内战和彼此间的战争，无法给国王以援助。国王唯一优势在于贵族的战斗力更强，其一度在斯特拉顿、兰斯多恩、伦德维多恩和纽伯里等一系列战役中取得了军事优势。但是由于双方控制资源的悬殊，国会军能够经受再三的军事失败，但是国会军在奥利弗·克伦威尔（Oliver Cromwell）的带领下，在马斯顿荒原一役中击败国王的势力，并建立了同样勇敢善战、军纪严明的正规陆军，最终取得了内战的胜利。

内战结束之后，在17世纪中后期，英国的制度变革经历了多次反复，在克伦威尔去世之后，查理二世（Charles Ⅱ）再度复辟了斯图亚特王朝。到1685年詹姆斯二世（James Ⅱ）继位之后，进一步试图恢复天主教和加强王权，引发了英国两党的反对，最终爆发了光荣革命，由荷兰执政威廉三世（William Ⅲ）成为英国君主，确立了君主立宪制。最终商人阶级在和王权的斗争中获胜，1689年的《权利法案》限制了国王的权力，保障选举自由，确立了议会的立法、财政、军事等权力，最终发展出一套鼓励创新的制度环境，对于产权的保护和对政府行为的限制为经济增长提供了一个适宜的环境。

二 法国

初始条件的差异决定了抗争的政治目标或者说制度变迁的观念是不同的。法国的地理禀赋决定其初始制度是相对专制攫取型的。环境使得法国对战争破坏性的认识更加深刻。战争使税收具有正当性，被认为是统治者利用国家所供给的资金而提供的一种公共物品。[②] 法国同英国在规模、经济基础上的不同导致了两国制度上的差异。由于法国的规模远大于英国和荷兰，从而必须发展出一套委托代理制度。由于三级会议的代表往返巴黎的成本过高，因此他们更愿意同王室代理人进行谈判，这些因素助长了庞

---

① 〔英〕大卫·休谟：《英国史·5》，刘仲敬译，吉林出版集团有限责任公司，2013，第314~315页。
② 〔美〕玛格丽特·利瓦伊：《统治与岁入》，周军华译，格致出版社、上海人民出版社，2010，第124~125页。

大的官僚机构。

法国的上层商业和工业阶级与帝制国家之间存在依赖关系，他们和土地贵族间并不存在相对紧张的关系，而这种紧张关系存在于生产者阶级与支配阶级和国家之间，也存在于地主支配阶级与专制性帝制国家之间。[1] 法国没有强大的商人阶级，农民和地方领主的负担已经过高，再加重税赋获得的资金可能还不够镇压他们的叛乱，唯一可观的税源就是官僚阶层，政府再次征收亨利四世设立的官职税，要求王国官员预付四年保证金。

马扎然的财政政策很快引发了官僚的不满，高等法院立刻发动叛乱要求审查预算和财政收支，过重的税赋让此前受压迫的大领主、农民和下层民众都同高等法院联合起来，试图通过法院集会改革王国财政。[2] 但是当查理一世被处死的消息传到法国以后，法官和王公反而害怕君主制被推翻，因为他们仅希望通过权力斗争来维护自己的特权。与此相反，皇太后仅仅流放了马扎然，却"解除了厌弃战争，热爱王权的百姓进行叛乱的借口"。[3] 因为法国的抗争并不针对皇权，而是针对打算削弱他们特权的主教。

法国的投石党之乱最初由大法官们领导，市民和商人受尽盘剥起来反抗，而地方的领主因为黎塞留时期王室对他们压迫而趁机报复，富裕的官僚阶级也因为利益受损而反抗。在驱逐马扎然的问题上，投石党除了动员社会各个阶层外还联合西班牙军队，但是投石党的问题在于参与的阶层之间原本就矛盾重重，尤其是马扎然下野之后其政治目标的分歧立刻就暴露了。法国和英国差别在于法国拥有强大的正规军。历史上法国为战争付出了更高和更持续的代价，同英国协商征税的传统不同，法国人从国王口中得到的永久防御的承诺，值得他们付出永久税收的代价。[4] 因此法国依靠人头税而建立的正规军，成为王室集权主义的一个关键部门，军费来源不必再求助于三级会议，王室掌握了军队。法国的经济结构则决定了其税种的多样化，对不动产的课税使得民众相对国王缺少议价权。[5] 受到17世纪初军事革命的影响，民众和地方领主实际上很难同中央正规军进行有效

---

[1] 〔美〕西达·斯考切波：《国家与社会革命：对法国、俄国和中国的比较分析》，何俊志、王学东译，上海人民出版社，2013，第60页。

[2] 〔法〕约瑟博斯：《法国史》（上册），沈炼之译，商务印书馆，1972，第202～203页。

[3] 〔法〕伏尔泰：《路易十四时代》，吴模信等译，商务印书馆，1982，第70页。

[4] 〔美〕玛格利特·利瓦伊：《统治与岁入》，周军华译，格致出版社、上海人民出版社，2010，第115页。

[5] 〔美〕玛格丽特·利瓦伊：《统治与岁入》，周军华译，格致出版社、上海人民出版社，2010，第116～125页。

对抗，起义所仰仗的仅仅是王室和政府内部的分裂。因此当查理一世被处死的消息传至巴黎时，法国的贵族、资产阶级和大法官们反而更加害怕市民起义扩大而选择同国王妥协。正规军很快就在结束第一次投石党运动的"战役"中发挥作用。虽然投石党的人数众多，但缺乏军事训练，孔代亲王仅以八百士兵就击溃了巴黎十万市民。

第二次和第三次投石党运动则更多的是源于王权的内部矛盾，事实证明了贵族很难同市民进行长期合作，而孔代和蒂雷纳这样的贵族也时常在王权和民众之间摇摆，在几次投石党之乱中加入不同阵营。作为投石党首领的孔代在占领巴黎以后很快就失去民众的支持，在缺乏民众基础的情况下，贵族只能依赖外国军队，在大肆抢劫的外国"流寇"面前，无论是民族主义还是理性考虑，民众更加愿意同王室这个"坐寇"妥协。因此当西班牙自顾不暇而不能给予足够支持时，投石党运动很快就失败了。

三　荷兰

尽管停战协议给予了荷兰足够的自主性，但在八十年战争期间荷兰在名义上仍然隶属于西班牙帝国，荷兰在 17 世纪中期仍然致力于彻底摆脱西班牙哈布斯堡帝国的影响。尽管联合省没有确立一个强有力的领导机构，但得益于大西洋贸易，沿海的商业化社会所缴纳税赋大幅度增加，荷兰省在八十年战争期间贡献了 52% ~ 64% 的财政收入，成为联合省实质上的中央权威。[①] 17 世纪荷兰的大部分地方是由城市有产阶级供养的，并且由于荷兰的地位远超其他省份，荷兰中产阶级在联合省的地位要远远高于其他的乡绅、地主和佃农：荷兰省议会有 19 张选票，其中 18 张属于主要城市，1 票属于贵族；而尽管在整个联合省中，各省都具有平等的投票权，但是荷兰具有否决权。[②] 可以看到以荷兰为首的城市中产阶级在联合省拥有极强的话语权，因而荷兰在制度变迁过程中都主要权力斗争的对象仍然是西班牙帝国，一旦彻底脱离西班牙哈布斯堡王朝，商人就相当于在权力斗争中获得胜利。

荷兰靠近主要的河运通道，地处连接东北欧和西南欧海上大通道的中央，纵横交错的河网和低地的位置为荷兰提供了交通便利，因而金融和转口贸易成为荷兰的支柱产业。荷兰本身虽然缺乏足够的资源，但依靠鼓励

[①] 这部分财政数据参见 Richard Bonney ed., 1999：*The Rise of the Fiscal State in Europe, C. 1200 ~ 1815*, Oxford：Oxford University Press, pp. 318 ~ 319。

[②] 参见顾卫民《荷兰海洋帝国史：1581 ~ 1800》，上海社会科学院出版社，2020，第 122 ~ 125 页。

自由的工商业，反对协会的垄断，反而让荷兰成为西欧制造业的第一个重要中心。商业贸易的发展促进了荷兰的繁荣，宽松的环境又让荷兰总是想方设法通过降低交易成本来刺激商业，从而提高了经济组织的效率。在三十年战争期间，荷兰拥有高效率的常备陆军和海军，一直维持近7万人的军队，这一规模是法国的1/3，但是荷兰的人口仅仅是其1/10，而强大的商业和金融体系为荷兰军队提供了充裕的资金，其军费支出在总收入的占比为欧洲最高。① 与此同时，当时的国际环境也有利于荷兰对西班牙的斗争。荷兰海军逐渐壮大，在1639年的唐斯海战中击败了西班牙舰队，成为新的海上霸主。为了打击西班牙的势力，荷兰开始派遣船只驶往东方，很快取代葡萄牙人成为南方海域的商业势力，1641年从葡萄牙手中夺取马六甲并在1644年占领最重要的港口锡兰，标志着荷兰在印度洋确立了霸权。② 在陆地上，三十年战争爆发后，荷兰加入新教国家和法国等国组成的反哈布斯堡的阵营。到1640年之后，随着葡萄牙、加泰罗尼亚、那不勒斯、西西里岛等地爆发了反抗西班牙哈布斯堡帝国的起义，西班牙还要同时应付其主要对手法国，尼德兰地区的战争对于西班牙的紧迫性已经很低了。

最终随着西班牙在三十年战争中的失败，1648年签订的《威斯特伐利亚合约》确立了荷兰的独立。三十年战争结束后不久，荷兰执政威廉二世意外死于天花。这让荷兰意识到在和平时期没有执政官照样可以运转，并在海牙召集一个代表城市和省的大国民会议，然后在绝大多数地方保留了联盟宪法，军队指挥权则在几个省之间瓜分，在此后几十年里（1650～1672年）联合省处于更加松散的"无执政"时期。③

四　西班牙

地理大发现后，探险潮和金银输入的后果是人口下降和工资上涨，这让多数工商业者无法存活，也无法留住熟练的工人，只有贵族商人凭借特权和垄断才能在远洋贸易中获益。因此西班牙缺乏英国那样强大的商人阶级，叛乱的动力来自地方贵族对帝国的不满。西班牙的地方和中央的关系是微妙的。一方面，地方领主在海外贸易和维持对内的统治上需要中央军的支持；另一方面，地方在财政上同中央又是一种竞争的关系。西班牙与

---

① Jan Glete, 2002: *War and the State in Early Modern Europe: Spain, the Dutch Republic and Sweden as Fiscal-Military States, 1500～1660*, New York: Routledge, pp. 140～173.
② 〔美〕威廉·麦克尼尔:《西方的兴起：人类共同体史》，孙岳等译，中信出版社，2015，第605页。
③ 〔英〕安博远:《低地国家史》，王宏波译，中国大百科全书出版社，2013，第179～180页。

第三章　第一波现代化：大西洋贸易、制度变迁与17世纪西欧国家的兴衰

英法最大的差异是，它的规模过大以至于哈布斯堡帝国更像是国家联盟，即使是中央政府也无法对全境实现有效的控制，卡斯蒂利亚和阿拉贡以外的地区对帝国的认同很低。尽管西班牙长期为保卫帝国而战斗，但是许多受保护的地区并不把这看成是自己的事情。① 而对外战争的失败既加重了税赋又削弱了中央的权威，一旦中央企图摊派费用，叛乱就此起彼伏。因此民族主义在西班牙反而导致分离主义的倾向，反抗者只寻求自己领地的独立。

1639年，西班牙的奥里瓦雷斯伯爵（the Count-Duke of Olivares）和菲利普四世（Philip Ⅳ）将所有可用的海军力量派往英吉利海峡，试图在荷兰海军集中力量之前击败他们，从而扭转战局，但是未能达到战略目的，反而在英格兰东南部的唐斯海战中给西班牙造成了毁灭性的失败。② 内外战争榨干了卡斯蒂利亚经济，并削减了王室的财政能力，如果把通胀因素考虑在内，美洲财富的减少进一步降低了王室的可支配收入，致使王室可支配收入从1591~1595年的880万比索，减少到1646~1650年的120万比索。③ 奥里瓦雷斯伯爵试图改变过去低效的统治方式，让卡斯蒂利亚之外的区域分担更多的财政和军事义务，引发了加泰罗尼亚和葡萄牙对于"卡斯蒂利亚化"行动的怀疑。④ 最终，这一失败的改革加剧了西班牙帝国的灾难，1640年加泰罗尼亚和葡萄牙开始反抗菲利普四世（Felipe Ⅳ）。

阶级构成决定了西班牙各属地所动员的力量不同。加泰罗尼亚的商业贵族阶层自身并不足够强大，分离主义的政策是出于对皇室过重的税赋和战争的不满。但贵族同底层民众存在明显的阶级对立，甚至还要依靠中央军来镇压起义，因此他们唯一能做的就是求助于第三方势力。而葡萄牙曾经作为独立国家而存在，从民众到贵族都形成了脱离西班牙的共识。那不勒斯则是典型的农业经济，商业资产阶级的力量非常弱小，起义军由手工业者和小商人组成。西班牙强大的常备军和税收制度则成为制度变迁的最大阻碍。同摩尔人的战争既是一项宗教事业，也是一项领土事业，它使西班牙的公民处于无限冲突的预期中，这种预期的结果就是产生了长期的税

---

① 王加丰：《西班牙、葡萄牙帝国的兴衰》，三秦出版社，2005，第314页。
② Jan Glete, 2004: "Naval Power, 1450~1650: The Formative Age," in Geoff Mortimer, ed., *Early Modern Military History*, 1450~1815, New York: Palgrave Macmillan, p.97.
③ Richard Bonney, ed., 1999: *The Rise of the Fiscal State in Europe, c.1200~1815*, New York: Oxford University, pp.222~224.
④ 〔美〕理查德·邓恩：《现代欧洲史·卷二，宗教战争的年代，1559~1715》，唐睿超译，中信出版社，2016，第235~236页。

收制度。① 税收和兵役制度让西班牙得以维持欧洲最庞大的常备军,16世纪末维持了近20万的常备军。② 无论何处商人或者贵族阶级都无法单独与西班牙帝国抗衡,因而起义胜负结果更加取决于时机,或者说取决于外部力量的干涉,内部的动员是次要的。加泰罗尼亚虽然也试图寻求法国的帮助,但是因为法国也分心于投石党之乱,西班牙获得了喘息的机会,在巴塞罗那被围困了近13个月后,商业贵族的抗争失败了。③

前面两场起义和三十年战争让西班牙筋疲力尽,而葡萄牙的民族意识觉醒后国内对脱离西班牙达成共识。葡萄牙在独立时没有一个人以西班牙菲利普的名义进行真正的反抗。④ 而1647年那不勒斯的抗争既没有足够的社会基础,又缺乏恰当的时机,在三十年中战争接近尾声之际西班牙已经获得喘息的机会,因此起义军很快就被西班牙军队镇压。

尽管西班牙内部起义的结果不尽相同,但是应当看到的是,缺乏足够商人阶级的情况下,抗争仅仅是表达了地方权贵对哈布斯堡帝国的不满,但是仍旧无法触及核心的宪政问题,因此这些地区的抗争不会孕育出现代化的议会制度,最终在三十年战争之后,荷兰和葡萄牙确认了独立,西班牙哈布斯堡帝国分崩离析,并且由于帝国君王在17世纪末期绝嗣,最终在经历了西班牙王位继承战争之后彻底沦为二流国家。

至此我们已经叙述了四个国家不同的路径如何导致了四种完全不同的结果(见图3-3)。法国王室的胜利创造了路易十四时代空前的中央集权,建立了强大的中央集权帝国;西班牙哈布斯堡王朝在变革失败、产业衰败和帝国的分崩离析中衰落;荷兰在独立后建立一套高效的制度,但也面临日益增加的国际压力。唯有英国资产阶级取得了胜利,在掌握权力以后,他们通过制定对其有利的制度来促进自身权益,即破除垄断的自由竞争、预算制度、鼓励技术创新的专利保护以及最重要的私有产权的保护。产权制度的建立使得个人收益率接近社会收益率,促进整体社会生产率的提高。贸易垄断的破除进一步促进了海外贸易,最终形成了正向反馈和良性循环,让英国资产阶级不断壮大,并促进了产权制度的不断完善,从而

---

① Edward Ames and Richard T. Rapp, 1977: "The Birth and Death of Taxes: A Hypothesis," *The Journal of Economic History*, Vol. 37, No. 1, p. 172.
② Charles Tilly, 1990: *Coercion, Capital, and European States, AD 990~1992*, Cambridge: Wiley-Blackwell, p. 79.
③ 〔美〕雷蒙德·卡尔:《西班牙史》,潘诚译,东方出版中心,2009,第141页。
④ 〔美〕查·爱·诺埃尔:《葡萄牙史》(上册),南京师范学院教育系翻译组译,江苏人民出版社,1974,第254页。

能够更加有效地应对威斯特伐利亚体系建立之初的各类挑战。除了荷兰之外，三十年战争和西班牙哈布斯堡帝国的崩溃也影响或缔造了许多新兴国家，对此后的欧洲现代化产生了深远的影响，例如勃兰登堡—普鲁士开始崭露头角，瑞士在战争之后独立，奥地利哈布斯堡王朝（以及神圣罗马帝国）则在战争中被削弱。

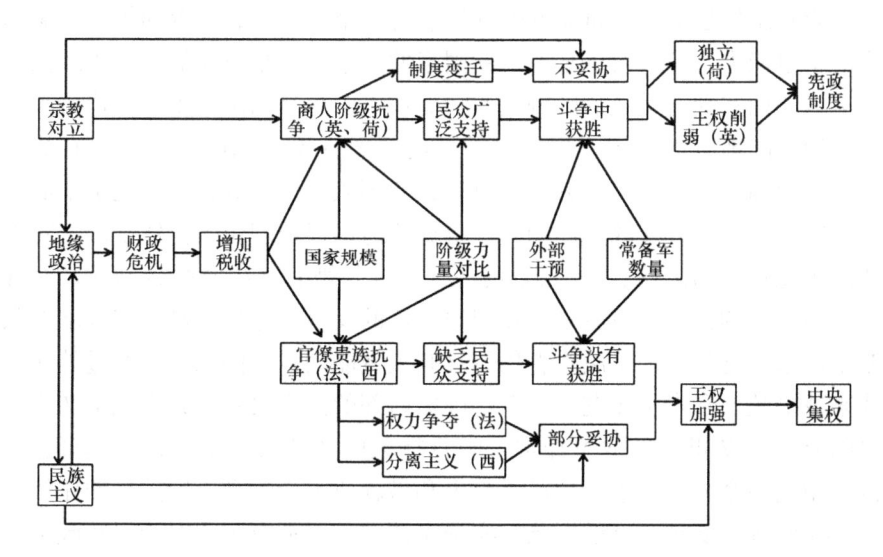

图 3-3 初始条件组合对权力斗争的影响机制分析

第六节　子机制 3：制度变迁、国际竞争与大国的兴衰

在讨论了前面两个子机制后，这部分要分析的内容是制度变迁如何影响国际竞争从而导致了大国兴衰的不同命运。三十年战争之后，17 世纪后半叶迎来了威斯特伐利亚体系下的大国竞争。此时西班牙哈布斯堡帝国开始分崩离析，瑞典的强国地位也仅仅是昙花一现，各国在经历了制度变迁之后，尽管实力有所差异，但是英、法、荷三国在 17 世纪后期基本上处于同一量级。因而在案例比较分析中重点考察英、法、荷三国之间的竞争，即 17 世纪后期的英荷战争、法荷战争和英法九年战争（大同盟战争）。

关于最终大国竞争的讨论显然不能仅限于国内政治的过程，还要考虑地缘政治的结构，笔者认为安全战略和制度基础最终影响了国家的兴衰。本节将从结构层面的视角，在地理禀赋的基础上分析不同的制度以及地缘战略如何影响到国家的兴衰。在过程层面，如前文所述，大西洋贸易带来的外部冲击影响了国内阶级力量的消长，促进了国内的制度变迁，最终通过建立高效的制度来促进国家的崛起。而结构层面的讨论是本节的重点，西欧各国通过直接或间接的方式来获取殖民地的财富，并且将这些财富转化为军事力量去参与国际竞争，去保障、控制和夺取重要的领土、资源与殖民地，从而进一步强化自身的实力。

影响结构层面核心机制的辅助机制有三个：第一，位置和规模影响国家的军事能力。位置对于早期西欧国家的竞争而言是重要的，处于欧洲边缘地区的国家拥有更低的防御成本，而被大国环绕的国家则会被迫将大量资源用于陆地上的防御。规模对国家的重要性不言而喻，国家拥有的领土、资源和人口越多，能够建立更庞大的军队，增加其在国际竞争中的优势。第二，国家外交政策影响其军事竞争力，但地理位置仍然是国家对外政策优先目标的出发点。[①] 偏远的岛国不容易被其他国家联合制衡，而规模最为庞大的强国则更容易招致周边国家的反对。地理禀赋一定程度上限制了国家的选择，但是决策者仍然具有主观能动性。国家可以通过外交方式来减少敌人和增加盟友。第三，国家内部的制度决定了其将经济转为军事的能力，17世纪的战争经常是旷日持久的消耗战，是国家间军事、经济和制度的全方位竞争。税赋承受力和借款成本影响到国家的长期作战能力，这两者都受到制度的影响。实施宪政的国家拥有可预期的财政政策就能够通过降低借款成本来增加竞争力，而国家内部政治参与度则影响了国民对税赋的承受能力。图3-4中展示了地理禀赋、制度基础和国际竞争的成败机制分析，可以看到英国在17世纪后期的国际竞争中属于正面案例，而法国和荷兰则是负面案例。通过比较分析可以看到，国际竞争的成败是诸多因素和机制共同影响的结果。

一 英国

三十年战争对英国制度变迁的影响要远小于欧陆国家，英国的内部进程较少受到外部力量的干扰。议会的胜利进一步确立了商人阶级的治国理念，同时由于商人阶级拥有自己的代议制机构，进一步强化了英国的国家能力。在税收制度设计上，英国通过取消包税人的制度，防止了强利益集团的出现。英国的税收制度在克伦威尔以后就开始改进，1660~1690年，英国取消了所有税的承包制度，改由专业的税务机关承担税务工作，税务

---

① 〔美〕兹比格纽·布热津斯基：《大棋局：美国的首要地位及其地缘战略》，中国国际问题研究所译，上海人民出版社，2007，第32页。

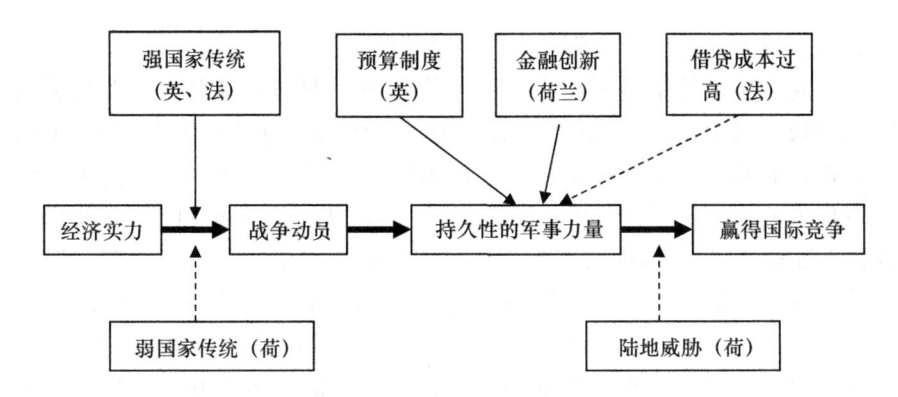

第三章　第一波现代化：大西洋贸易、制度变迁与17世纪西欧国家的兴衰　　109

图 3-4　地理禀赋、制度基础和国际竞争的成败机制分析

资料来源：笔者自制。

注：粗线部分为核心机制，细线部分为辅助机制。虚线的辅助机制表示对核心机制起阻碍作用，实线的辅助机制则表示促进作用。

人员必须通过考试取得相关执业资格，同时需要频繁地从一个税收地区转移到另一个地区，以防止与商人过于熟识。①

与此同时，商人的利益扩张使得英国不可避免地会面临同荷兰的海上竞争。尽管1639年唐斯海战西班牙被击败也许有利于英国，但是西荷两国在英国海域交战而英国却无能为力则让其深感海权的重要性。在克伦威尔担任"护国主"期间，英国开始不断加强海军建设。内战年代的政治颠覆使商人能够影响新政府的贸易政策，在海外贸易上的垄断原则和羊毛布料的出口是英国主要国策，支持长期国会的大批伦敦商人希望这些政策能够继续下去，1651年《航海法案》的发起人是莫里斯·汤普森（Maurice Thompson）和他的一群从事殖民贸易的亲友，他们对扩大英国远东贸易的计划感兴趣。②《航海法案》巧妙地结合了私人利益和公共利益，既满足了大进口商控制外国市场竞争的要求，把殖民地的产品牢牢地输送到母国，又能通过立法建立了一个转口贸易体系，并保证了国家的战略和经济安全，而对荷兰海运进口商的直接打击也提供了解决贸易平衡问题的机会。③ 英国试图保护对本土航海贸易垄断，以重商主义的方式来排除荷兰的贸易竞

---

① 〔美〕查尔斯·亚当斯：《善与恶：税收在文明进程中的影响》，翟继光译，中国政法大学出版社，2013，第281页。
② James E. Farnell, 1964: "The Navigation Act of 1651, the First Dutch War, and the London Merchant Community," *The Economic History Review*, Vol. 16, No. 3, pp. 439~454.
③ Charles Wilson, 1978: *Profit and Power: A Study of England and the Dutch Wars*, Hague: Martinus Nijhoff, pp. 55~57.

争,这也成为此后三次英荷战争的重要原因。

在商人阶级的主导下,英国在"共和国"期间的海上力量得到了迅速的增长。议会在内战中取胜确保了海军自此被视为国家力量,统一由国家负担,而共和国海军资金主要源于没收的皇室资产,在此背景之下,舰队以惊人的速度扩张,1649~1651 年增至41 艘,到1649~1660 年激增至207 艘新船。[①] 尽管前面两次英荷战争中,英国并未占据多大优势,但是到第三次英荷战争时,在1673 年的泰瑟尔岛海战中,英国出动的舰艇数量已经和荷兰相近。荷兰有55 艘参战舰艇,联合舰队有81 艘战舰,其中有54 艘是英国的。[②] 英国的地理优势在同荷兰的竞争中开始展现,由于没有陆地的威胁,尽管英国在前两次英荷战争中在国际上相对孤立,却也没有给英国带来实质性的威胁。在第三次英荷战争中,法国成为英国的盟友,尽管英法联合舰队在海上没有取得战果,但法国对荷兰的陆战成为打击荷兰的关键,极大消耗了荷兰的实力,最终使其海上运输逐步落入英国之中,让英国开始跻身海洋强国之列。

在三次英荷战争和光荣革命之后,英国在获得欧洲霸权的道路上开始面对比荷兰更强大的对手,即太阳王路易十四的法国。强国家传统加上象征着弱利益集团的宪政制度使得英国最大限度地挖掘出战争的潜力。17世纪以来,欧洲的战争变得越发昂贵,西欧各国出现了不同程度的财政困难甚至濒临破产,因而对财政的获取和动员是国家在国际竞争中获胜所不可缺少的条件。在光荣革命之后,英国的宪政制度控制了政府横征暴敛的权力,这不仅使政府具备了偿还债务的能力,而且筹集到的资金数额也达到了前所未有的水平。光荣革命之前,英国的政府债务只能达到国民生产总值(GNP)的2%~3%,英国只能以6%~30%的贷款利率筹措小额短期贷款。[③] 建立规范财政制度的结果反而是英国能够以更加低廉的利率来筹款用于战争,进一步加强了英国的霸权,更加可预期的政府行为也鼓励了更多的投资。[④] 在光荣革命后的英法九年战争期间,政府负债水平达到

[①] 〔英〕保罗·肯尼迪:《英国海上主导权的兴衰》,沈志雄译,人民出版社,2014,第50页。

[②] 〔美〕阿尔弗雷德·塞耶·马汉:《海权论》,范利鸿译,陕西师范大学出版社,2007,第121页。

[③] Sidney Homer, 1996: *A History of Interest Rates*, Hoboken: Rutgers University Press, pp. 129, 149.

[④] Douglass C. North and Barry R. Weingast, 1989: "Constitutions and Commitment: The Evolution of Institutions Governing Public Choice in Seventeenth-Century England," *The Journal of Economic History*, Vol. 49, No. 4, pp. 803~832; Olson Mancur, 1993: "Dictatorship, Democracy, and Development," *American Political Science Review*, Vol. 87, No. 3, pp. 567~576.

第三章 第一波现代化：大西洋贸易、制度变迁与17世纪西欧国家的兴衰

了国内生产总值的40%，从而使得新政府资助战争的能力增长了10倍以上，这对打败法国起到了至关重要的作用。①

英国在海上的霸权不仅来自其得天独厚的地理位置，更在于民主制下的国家能力。英国的制度允许公民拥有参加政治过程的权利，以此来决定税收的管理和使用，更加公平和透明的纳税制度让民众甘心缴纳更多的税。英国实施宪政制度之后，国会正式允许建立一套财政和金融体系，这带来的结果是撤除了对发展军事力量尤其是海军的限制。英国财政收入占国民收入比重的变化是衡量政府能力的重要指标。1500~1700年，英国财政收入占国民收入的比重通常维持在3%左右，尽管有个别年份会急剧上升（如内战时期），但通常无法维持在高水平。光荣革命之后，这一比率急剧上升到6.7%，此后则一直维持在8%~10%。② 而这些税收中有六成以上被用于发展海军为主的军事力量，英国依靠强大的军事力量控制海上贸易和殖民地。在光荣革命后的一个世纪里，英国的税收占国民收入的20%以上，而法国政府则为10%左右。③ 当英国的借债和征税能力远远超过法国时，法国注定难以在与英国的消耗战中获得优势。

二 法国

在路易十四时代，黎塞留和让—巴普蒂斯特·柯尔贝尔（Jean-Baptiste Colbert）等人努力削弱了贵族的权力，路易集所有权力于一身，创造了所有国王中在位时间最长的纪录，建立绝对主义君主制。在威斯特伐利亚体系建立后的国际竞争中，这种中央集权的制度给法国崛起带来的绩效需要从短期和长期两个方面来查看。

从短期来看，绝对的专制制度和庞大的规模让法国通过集权建立了欧洲最强大的陆军。法国依靠人头税而建立的正规军成为王室集权主义的一个关键部门，军费来源不必再求助于三级会议，王室掌握了军队。④ 三十年战争后法国仍然面临外部威胁和投石党运动后的国内混乱，路易十四意

---

① Douglass C. North and Barry R. Weingast, 1989: "Constitutions and Commitment: The Evolution of Institutions Governing Public Choice in Seventeenth-Century England," *The Journal of Economic History*, Vol. 49, No. 4, p. 823.
② Patrick Brien and Philip Hunt, 1993: "The Rise of a Fiscal State in England, 1485~1815," *Historical Research*, Vol. 60, No. 160, p. 175.
③ Ronald Findlay and Kevin H. O'Rourke, 2007: *Power and Plenty: Trade, War and the World Economy in the Second Millennium*, Princeton: Princeton University Press, p. 349.
④ 〔英〕科林·琼斯：《剑桥插图法国史》，杨保筠、刘雪红译，世界知识出版社，2004，第119页。

识到了需要加强对军队的控制，并建立起一支随时能够投入战斗的军队。在训练有素的军队发展出来之后，无论是贵族还是底层民众都无法挑战王室的权威。为了控制财政系统，法国建立了一个庞大的行政官僚制度，科尔贝尔利用其来实现对经济的管制。在投石党运动失败之后，法国仍然保持了原有的专制制度，法国的国内政策从一开始就由政府而非某一社会阶级自主推进。欧洲各国用税收支持专业化的军队，欧洲开始享受此前无法实现的国内和平，这促进了经济的增长，并且无须给国民经济带来过多的负担。[1] 在实现军队的专业化之后，法国在17世纪中后期已经成为当时西欧最强大的陆军国家。法国1500年时拥有四五万人的军队，1600年时军队规模达到8万人，到1700年时已经有40万人。[2] 法国通过集权在短期内集中了大量资源参与对外战争，庞大的军队在第二次法荷战争的初期获得了重要优势。法国最初向荷兰边境进攻时的陆军数量就达到11万人，是荷兰军队的数倍以上。通过贿赂英王查理二世（Charles Ⅱ）以及科隆、巴伐利亚和威斯特伐利亚的领主和主教，法国获得了多数国家的支持，并争取到了德意志、瑞士和西班牙的中立。因而最初法国军队几乎攻无不克，路易十四从早到晚收到攻克某地的消息，法国在1792年攻陷乌得勒支，逼近荷兰首都阿姆斯特丹，法国的声望在此时到达顶峰。[3]

但长期来看，法国社会的现代化进程一直是由国王推进的，因而深受个人因素的影响，尽管在有远见的国王或者大臣当政时，能够通过其纵横捭阖的外交和重商主义政策来缓解政策执行中的低效以及避免同时与多个强国作战。在柯尔贝尔执政的几年里，法国以中央集权的方式将海权理论付诸实践。但法国发展海权是很勉强的，多少取决于密切注视它的专制政权对发展海权的兴趣能维持多久。[4] 尽管法国领土广阔，人口众多，资源丰富，防守力量强大，但是其地理位置并不那么有利于进行决定性的对外征服战役。法国在大陆上受到限制，在海上又被牵制，因而不可能战胜敌国联盟。[5] 因此，在法国军队接近阿姆斯特丹时，德意志和西班牙开始转

---

[1] William H. McNeill, 1982: *The Pursuit of Power: Technology, Armed Force, and Society Since AD 1000*, Chicago: University of Chicago Press, pp. 139~140.

[2] 〔美〕伊恩·莫里斯：《文明的度量：社会发展如何决定国家命运》，李阳译，中信出版社，2014，第188页。

[3] 〔法〕伏尔泰：《路易十四时代》，吴模信等译，商务印书馆，1982，第128~138页。

[4] 〔美〕阿尔弗雷德·塞耶·马汉：《海权论》，范利鸿译，陕西师范大学出版社，2007，第81页。

[5] 〔美〕保罗·肯尼迪：《大国的兴衰：1500~2000年的经济变迁与军事冲突》，陈景彪译，国际文化出版公司，2006，第84~85页。

向支持荷兰，法国逐渐被英国等盟友抛弃，最终失去了胜利果实。在此后的英法九年战争和西班牙王位继承战争中，欧洲国家因惧怕法国过于强大带给自身的威胁，纷纷联合起来抵抗法国。

法国的军队规模虽然在数量上具有压倒性优势，但是由于其自身制度的缺陷，一旦陷入旷日持久的消耗战就无法维持。首先，法国的税收体制决定了其无法对贵族和神职人员征税，而这些群体通常较为富裕，更穷的阶级则很难压榨出更多的税金。相比之下，英国征税的障碍主要来自受资产阶级控制的国会对征税权的限制，所以英国的税收就更有弹性。尽管柯尔贝尔在战时通过加强控制并剥夺了部分免税特权，但是法国内部的抗争和债务违约开始增加。[1] 其次，法国政府对财政系统的控制和对经济的管制虽然在短期内可以增加王室和官僚组织的收入用于战争和维稳，但长期施行这种政策却会阻滞经济增长。官僚组织不仅吸收它带来的一部分收入，而且成为法国政治结构中的顽固力量。[2] 法国的寻租制度通过卖官鬻爵来鼓励人们用多余的钱去购买官职而不是用于投资，通过买官获得职位的官员的腐败程度远高于英国，收税员通常会在税金上缴之前中饱私囊。层层克扣既损害了法国的经济基础，同时又增加了法国王室在战时筹措资金的难度。最后，由于法国缺乏像英国一样的财政体系，王室对于财政赤字不以为意，并且在偿还短期或者长期债券时缺乏信用，不良的信用记录和过高的违约率使得法国借款成本远高于欧洲其他国家。[3] 因此在路易十四后期，法国偿还贷款的代价要比英国高很多。当法国在英法九年战争和西班牙王位继承战争中遭到失败以后，就意味着无法继续扩大在德意志地区的影响力，又因为无法与西班牙合并，最终只能成为仅次于英国的强国。

三 荷兰

三十年战争结束以后，荷兰与西班牙结束了敌对状态，这使得运输和保险的成本骤降，有些地方的跌幅甚至超过了50%。荷兰商人可以在同一条件下与西班牙及其所属殖民地进行贸易。为了应对海上的风险，荷兰发展出了出色的海上保险制度，大量保险公司在阿姆斯特丹出现，以至于保险费率降

---

[1] Francis Ludwig Carsten, ed., 2008: *The New Cambridge Modern History: The Ascendancy of France, 1648~88*, Volume V, Cambridge: Cambridge University Press, p. 31.

[2] 〔美〕道格拉斯·C.诺思：《经济史上的结构和变革》，厉以平译，商务印书馆，2010，第170~171页。

[3] 〔美〕保罗·肯尼迪：《大国的兴衰：1500~2000年的经济变迁与军事冲突》，陈景彪译，国际文化出版公司，2006，第79页。

低到10%甚至是8%，而法国同期则是25%。① 这些有利因素推动了海运发展，促进了荷兰的海运繁荣，让荷兰获得了"海上马车夫"的称号。

尽管一系列有效的经济改革和制度安排让荷兰在17世纪中后期成为欧洲的经济领袖，但是荷兰在国际竞争中的弱点也很快在此后几场战争中暴露出来。先进的制度并不必然意味着富强，安全和生产永远是国家强大的基础。荷兰从规模和人口上来看属于中小国家，并且临近陆军强国法国。得益于拥有健全的经济制度，荷兰在大国争霸中暂时渔利。完全的自由主义的外汇和产业政策导致的后果就是荷兰没有一个繁荣的商业生产基础作为支柱。缺乏海陆的安全保障和产业空心化，使得荷兰在英法实行重商主义政策后，面临着巨大的竞争压力。轻易即可筹借的贷款最终也让荷兰政府背上了巨大的债务包袱，而靠消费税来偿付债务又使其工资和物价上涨，结果使荷兰商品失去了竞争力。②

更低的利率、更先进的纺织技术，再加上更容易获得的西班牙羊毛，使得荷兰最初在纺织业这个关键产业占尽优势，荷兰的发展对英国造成了直接冲击，最终导致了1652～1654年的第一次英荷战争。③ 在第一次英荷战争中，荷兰国家能力不足的问题就已经初现端倪。从地理禀赋上看，低地国家的地理位置也意味着荷兰沿岸的浅海会限制海军战舰的吃水深度，从而影响吨位和火力。而荷兰的大西洋贸易要途经英国控制的范围，这意味着荷兰舰队无法保障其船队的安全，对贸易的依赖和缺乏足够安全保障使得荷兰不愿意进行战争。从制度角度看，由七个省份组成的荷兰七省联合体，各滨海省份都有自己的舰队和海军部，各省之间互相猜忌，马汉在对海战的研究中认为联合省的海军统帅机关缺少集中指挥和协调能力使得荷兰军队几次错失了战机。④

与庞大的海军相比，荷兰的陆军十分弱小，这让荷兰在第三次英荷战争中付出了惨重代价。当路易十四组织30万精锐部队进攻荷兰时，荷兰只有2.5万素质低劣的士兵应战。⑤ 国家能力的不足加速了荷兰的失败，

---

① 〔法〕伊奈丝·缪拉:《科贝尔:法国重商主义之父》，梅俊杰译，上海远东出版社，2012，第145页。
② 〔美〕保罗·肯尼迪:《大国的兴衰:1500～2000年的经济变迁与军事冲突》，陈景彪译，国际文化出版公司，2006，第74页。
③ Ronald Findlay and Kevin H. O'Rourke, *Power and Plenty: Trade, War and the World Economy in the Second Millennium*, pp. 238～239.
④ 参见〔美〕阿尔弗雷德·塞耶·马汉《海权论》，范利鸿译，陕西师范大学出版社，2007，第117页。
⑤ 〔法〕伏尔泰:《路易十四时代》，吴模信等译，商务印书馆，1982，第129～130页。

商人逐利的天性让荷兰商人在战前甚至战斗最激烈的时期向敌人出卖军火，以至于荷兰军火库缺乏足够的储备。在对法国的数次战争中，荷兰都感到资源不足，它必须把防务开支的3/4用于陆军，因而忽视了舰队，而英国却在海上和殖民活动中占据了越来越大的优势。荷兰则深受普遍赖账的损失以及国内分裂的影响，在无法避免的国际竞争中不断损失自己的殖民地和海外贸易，即使有金融上的优势也无济于事。① 战争给荷兰的经济带来了巨大的损害：1616~1688年，荷兰的投资集中在大陆和神圣罗马帝国，对后者的投资大部分于第二次和第三次英荷战争中丧失；自1688年后，荷兰的投资大量流入英国。② 在法荷战争中，荷兰几乎全线沦陷，直到荷兰人打开拦海大坝才以惨痛的代价勉强击退法国，为了和法国对抗而优先发展陆上力量，荷兰海军开始迅速衰落。面对法国的敌意，荷兰在失去依靠海上力量建立起来的领导地位后，任何政策都无力回天。③

威廉·奥兰治（William Van Orange）离开荷兰并在此后成为英国国王，这也一定程度上给荷兰带来了负面的影响。短期来看，荷兰需要分出更多部队来维持光荣革命的成果，大量精锐部队需要留在英国维持新秩序；长期来看，威廉三世成为国王之后，英荷两国划定了各自造船数量，同时规定了两国东印度公司从事的业务，荷兰从事香料贸易而英国从事纺织品贸易，最终到18世纪之后，英国的海上力量和贸易都超过了荷兰。④ 这一特殊的共主关系，最终也让荷兰相对平稳地将海上霸主的权杖交接给了英国，到18世纪之后逐渐退出大国竞争的舞台，但仍然不失为富裕发达的现代化国家。

四 其他欧洲国家的情况

除了英法荷三国以及日渐衰落的西班牙帝国之外，三十年战争之后一些欧洲国家也开始推动内部的国家建设，这里主要提及三个关键国家的兴衰，分别是一度成为欧洲强国之一的瑞典、开始崭露头角的勃兰登堡—普鲁士、从16世纪之后分离出的哈布斯堡帝国的旁支奥地利哈布斯堡帝国。

---

① 〔美〕保罗·肯尼迪：《大国的兴衰：1500~2000年的经济变迁与军事冲突》，陈景彪译，国际文化出版公司，2006，第83页。
② 〔美〕查尔斯·金德尔伯格：《西欧金融史（第二版）》，徐子健译，中国金融出版社，2010，第228页。
③ 〔美〕阿尔弗雷德·塞耶·马汉：《海权论》，范利鸿译，陕西师范大学出版社，2007，第76~78页。
④ 参见顾卫民《荷兰海洋帝国史：1581~1800》，上海社会科学院出版社，2020，第167页。

首先是欧洲强国瑞典。瑞典的国家建设在 16 世纪就较为完整，但真正意义上的财政—军事化的国家建设始于 17 世纪初期。阿道夫·古斯塔夫二世（Adolf Gustav Ⅱ）继位之后通过了 1612 年宪章，进一步在王权和贵族之间达成共识与和解。古斯塔夫二世对中央政府进行了重组，建立了皇家上诉法院体系，精简了国家财政，顺利地整合了议会、行政部门和军事机构。[①] 古斯塔夫二世在国家建设问题上最大贡献是通过改革军队将农民招募进入部队，从而实现了其在战时与和平时期的身份转换，以此来减轻财政负担。[②] 这一举措的优势是通过建立常备军制度解决了过去困扰欧洲各国政府的难题，即雇佣军的薪酬问题。瑞典的国家建设较为完整，但是缺乏一套通过外部扩张汲取资源的正向反馈机制。因此，尽管古斯塔夫通过改革拥有了十几万陆军，但是这些强大的战争机器是难以维系的。因为瑞典的经济总量相对于欧洲强国是渺小的，瑞典要防止军队哗变就需要在德意志进行抢劫，而要维持海军以及国内防御，国家就不得不大量消耗财政，并不顾一切地向贵族出售王室资产。[③] 瑞典的实力在三十年战争中被大量消耗，古斯塔夫的阵亡进一步打击了瑞典，两年后，瑞典军队在巴伐利亚几乎全军覆没。[④] 16 世纪末，瑞典在北方战争中惨败，退出了大国竞争的舞台。

其次是勃兰登堡—普鲁士。勃兰登堡和普鲁士在 1618 年因为遗产继承问题成为选帝侯约翰·西吉斯蒙德（Johann Sigismund）治下的共主联邦。在格奥尔格·威廉（Georg Wilhelm）统治期间（1619～1640），勃兰登堡—普鲁士在三十年战争中遭受了严重破坏，成为宗教战争和大国角逐的主要战场。到 1640 年，大选帝侯腓特烈·威廉（Fredrick Willian）继位后，勃兰登堡已经濒临绝境，波兰、瑞典和荷兰从不同方向威胁着普鲁士的安全。威廉早期努力的方向是试图重新获得独立。1653 年，他和贵族达成协议，议会批准他在此后 6 年里从农民和城市居民处征收 50 万泰勒的税款，作为回报，贵族的土地所有权得到保护，不能落入非贵族手中，依靠这项协议大选侯得到资金来武装军队。[⑤] 与此同时，他通过精简

[①] Paul Lockhart, 2004: *Sweden in the Seventeenth Century*, New York: Palgrave, pp. 25~27.

[②] Andre Corviser, 1979: *Armies and Societies in Europe, 1494~1789*, Bloomington and London: Indiana University Press, p. 119.

[③] 〔美〕保罗·肯尼迪：《大国的兴衰》，陈景彪译，国际文化出版公司，2006，第 61~62 页。

[④] 〔美〕布伦达·拉尔夫·刘易斯：《君主制的历史》，荣予、方力维译，生活·读书·新知三联书店，2016，第 74~75 页。

[⑤] 〔英〕塞缪尔·E. 芬纳：《统治史（卷三）：早期现代政府和西方的突破——从民族国家到工业革命》，马百亮译，华东师范大学出版社，2014，第 323~324 页。

军队和解雇雇佣兵，打造了效忠王室的精锐部队，维持了当地的秩序，建立近8000人的常备军。① 到北方战争时期（1655~1660），其军队数量已经达到25000人，到1670年代的荷兰战争时期则高达38000人，到17世纪80年代，他的军队因杰出的纪律和低逃兵率脱颖而出。② 威廉依靠其强大的军事实力，用其选帝侯的投票权换取了奥地利对其独立的支持，最终在神圣罗马帝国的协调之下，获得了普鲁士的绝对主权。早期的普鲁士以此作为国家建设的基础，开始建立一个高度官僚化的国家。尽管在18世纪中期之前仍然属于欧洲弱国，但其实力在迅速增长，到1701年成为获得正式承认的王国。

最后，奥地利哈布斯堡王朝17世纪经历了从衰落到短暂中兴的过程。在16世纪哈布斯堡查理五世将帝国分为东西两个部分之后，东部的西班牙哈布斯堡帝国由腓力二世继承，西部的奥地利以及神圣罗马帝国的头衔留给了斐迪南一世。此后奥地利经历了两次分裂，分为下奥地利、上奥地利和内奥地利，直到各个分支的继承人绝嗣，到1665年再度由利奥波德一世（Leopold Ⅰ）重新统一。利奥波德一世在1655~1657年成为匈牙利国王、波希米亚国王、克罗地亚国王、奥地利大公以及神圣罗马帝国皇帝，而他此时正同时面对西侧法国对于德意志的蚕食和东侧奥斯曼土耳其的威胁。1683年的维也纳之围加强了奥地利哈布斯堡王朝的凝聚力，维也纳也获得了欧洲国家大量的支持。奥斯曼帝国的野心让中欧的王公们感到担忧，利奥波德一世让他们相信，他提升军力不是为了征服外国土地，而是为了保卫自己的边境，他与匈牙利和克罗地亚的贵族们达成了一种暂时的平衡，满足了各方的主要关切，还保证了匈牙利的宗教自由，同时也避免挑战匈牙利贵族的经济特权。③ 欧根亲王（Prinz Eugen）成为神圣罗马帝国的陆军元帅后，哈布斯堡的命运迎来一个新的上升期，它在同奥斯曼帝国的交战中大获全胜，1699年的《卡洛维茨条约》为奥地利哈布斯堡家族带来了巨大收获，匈牙利进一步认可了哈布斯堡家族对其王位的世袭继承，最终利奥波德一世将其统治扩展到一个辽阔的帝国。④

---

① Gordon Craig, 1955: *The Politics of the Prussian Army, 1640~1945*, London: Oxford University Press, pp. 3~5.
② 〔英〕克里斯托弗·克拉克：《钢铁帝国：普鲁士的兴衰》，王丛琪译，中信出版社，2018，第50~51页。
③ Paula Sutter Fichtner, 2003: *The Habsburg Monarchy, 1490~1848: Attributes of Empire*, New York: Palgrave Macmillan, pp. 51~52.
④ 〔奥〕史蒂芬·贝莱尔：《奥地利史》，黄艳红译，中国大百科全书出版社，2009，第66页。

此外，丹麦经历了从选举君主制到世袭君主制的转变。丹麦的财政开支在频繁且日渐昂贵的战争中急剧上升，丹麦过去的王室和参政会之间的平衡被逐渐打破，过去代表贵族的参政会试图不断增加贵族和非贵族阶级的税赋，最终导致了逐渐失去贵族与平民阶级的信任。随着三十年战争和在同瑞典的战争中惨败，丹麦割让了大量领土，并被迫为瑞典军的占领和掠夺买单，最终丹麦国王弗雷德里克三世在1660年召开了三级会议，在教士和市民领袖的带领下迫使贵族同意将君主选举制改为世袭制，并废除了部分贵族免税特权和公职垄断权。[1]

英国在早期现代化过程中积累的国家建设中的优势在17世纪末的国际竞争中逐渐体现，如前文所述，英国最大的优势是不需要依靠高度专制来获取强国家能力，而是依靠一种典型的新制度主义所宣称的优势，即让"个人收益接近于社会收益"[2]而产生的强国家传统，从而避免了欧陆的强国家传统所造成的利益固化和财政收支不断恶化。这和地理禀赋的优势一同促进了英国在国际竞争中的胜利，使其最终超越了最初海上强国荷兰和整体经济人口总量高于英国的法国。法国由于存在利益固化的问题，因而无法像英国那样具有可持续的低利率借贷，最终因为财政的约束而无法取胜；而荷兰则缺乏强国家能力，无法依靠强有力的中央政府进行战争动员和资源调配，同时在陆地面临法国的严重威胁，因此也未能在17世纪末期的混战中胜出。而其他未参与大西洋贸易的欧洲国家，如奥地利和普鲁士等国，由于缺乏海外殖民地，尽管它们开始逐步完善其国家建设，但距离主要欧洲强国还有较大差距。

本章小结

本章通过分析各类因素如何通过各种辅助机制作用于制度变迁的各个阶段，进而使起始条件相似的国家走上不同的现代化之路。上述机制已经在一定程度上回答了两个问题：即核心机制回答了17世纪欧洲国家崛起的内在机制，即外部冲击如何造成国内财富重组进而推动了英国商人阶级的兴起，并最终推动了英国的制度变迁和崛起。辅助机制则回答了为什么

---

[1] 〔丹〕克努特·J. V. 耶斯佩森：《丹麦史》，李明、张晓华译，商务印书馆，2012，第38~39页。

[2] 参见〔美〕道格拉斯·诺斯、罗伯斯·托马斯《西方世界的兴起》，厉以平、蔡磊译，华夏出版社，2015，第6页。

第三章 第一波现代化：大西洋贸易、制度变迁与17世纪西欧国家的兴衰

英国崛起了，法国却未能崛起，而西班牙和荷兰却衰落了。同时本章通过分析三个子机制，试图回答为何地理大发现后各国阶级兴衰出现差异，各国不同的阶级力量对比如何对权力斗争的结果和制度变迁的路径产生影响，以及这些制度又如何影响竞争的胜负和国家的兴衰。上述讨论表明了西欧国家崛起的机制是复杂的，并非一个单一理论就能够简单解释，既非简单的地理决定论或者宿命论，也非政治精英能够完全操控的，客观因素的影响如地理、规模，而政治家主观的贸易政策和宗教政策的选择也同样重要。"因素＋机制"的分析框架不仅可以容纳更多的因素和解释变量，将过去各个学科的学者的思想和理论中所蕴含的真相的碎片熔炼为一个完整的故事，还能够用来寻找过去被遗漏和忽视的变量在现代化过程中所起的作用。

上述讨论也表明，对国家兴衰的所谓地缘政治分析不能偏废结构和过程两个层面，尤其是不能忽略制度因素在国家兴衰中所起的作用，而仅仅强调海军或陆军的作用。早期的大国竞争印证了这一分析框架：在霍布斯文化下，结构层面的生存更为重要，缺乏国家建设和外部安全的富足在外部冲击下就可能仅仅是昙花一现；而忽略了制度的力量，集中国力追求军事优势而打造出来的强权，最终又会因为内部效率的低下而在长期的国际竞争中走向衰落。

此外还需看到的是，同16世纪相比，17世纪的现代化进程已经产生了很大不同，尤其是宗教和王朝因素的作用迅速下降。16世纪对宗教的狂热以及由此产生的号召力时常可以影响国家兴衰，但是17世纪的宗教因素则仅仅是作为大国冲突的催化剂。1648年之后，民族国家的观念开始影响欧洲国际社会，尤其是西班牙王位继承战争的结果表明了过去的王朝因素所带来的国家合并问题已经大幅减少，取而代之的是均势和主权等观念。

第四章 第一波半现代化：火器革命的文明动力机制与18世纪初欧陆国家的经验

在讨论完第一波现代化的历程之后，本章开始对第一波半现代化时期的欧洲进行比较分析，第一个阶段是在18世纪初期，这可以视作从第一波向第一波半的过渡和转变时期。如前文所述，随着英国日趋强大并建立了英国治下的霸权，欧陆国家不得不开始在一个被英国所深刻改变的世界中求索现代性，英国及法国起到了部分的模范效应。这种示范效应在18世纪中后期会更加明显，因此关于第一波半的特征将在第六章重点讨论。

本章以技术革命为视角，从地区和国家两个层面探究18世纪早期西欧的文明动力机制，即18世纪前后的火器革命以及相应的步兵操练技术在西欧的推广带来了效率、组织和财政三个方面的变革。在地区层面，技术革命在提升军事能力的同时，还在制度层面引发了两个方向的外部性：其一是正向外部性，常备军的日常操练强化了西欧国家的基础性能力，这有助于现代国家转型；其二是负外部性，频繁的战争导致西欧国家在18世纪普遍的财政危机，增加了传统贵族阻碍改革的筹码。在国家层面，由于初始条件的差异，各国在技术革命中的获益不尽相同。利益固化程度较低的初始条件能够抑制负外部性，而强国家传统增强正向外部性。因此在法国、西班牙、奥地利和普鲁士四国中，普鲁士在技术革命中获益最多，其次是奥地利和法国，而西班牙则获益较少。这些国家在技术革命中的不同结果在某种程度上也可以为思考技术革命和制度变革之间的关系带来一些现代性启示。

第一节 技术革命的制度效应

技术革命所带来的制度影响长期被研究者所忽视。纵观历史，即便存在少量特殊情况，技术革命总体上促进国家发展是毋庸置疑的。过去的增长理论中，无论是传统的索罗模型（Solow Model），还是此后罗默等人的内生增长模型，技术始终是直接、相对中性地通过提高全要素生产率（Total Factor Productivity，TFP）来促进发展。① 过去的研究则更多地讨论技术革新的原因。② 例如以道格拉斯·诺斯等人为代表的制度经济学派侧重于讨论制度环境改善会推动技术进步，让私人收益率接近社会收益率。③ 而在政治学领域，尽管一部分著作涉及了技术与发展或现代化的关系，但是各类文献仍然着眼于各类外部冲击④、地理环境⑤或者内部结构因素⑥对于国家发展的作用。并且这些早期的比较历史研究往往只注重寻找对称案例而无视案例的时空条件，因此遭到了诸多批评。

要深刻理解技术革命对国家发展的作用，就需要重新审视技术与发展之间的因果路径。过去的研究忽视了一个非常重要的问题：技术变革在何种时空中、以何种方式影响了国家内部的组织形式和财政结构，从而通过制度的中介效应影响国家兴衰。这种机制远比单纯的生产率或战斗力的提升重要。换言之，技术革命带来的不仅是船坚炮利的"硬件变化"，更重要的是为适应新技术所产生的"软件变化"，即国家能力、社会结构和制度安排的变化。在进一步讨论之前，有几点需要说明。

---

① Robert Solow, 1956: "A Contribution to the Theory of Economic Growth," *The Quarterly Journal of Economics*, Vol. 70, No. 1, pp. 65~94; Paul Romer, 1990: "Endogenous Technological Change," *Journal of Political Economy*, Vol. 98, No. 5, pp. 71~102.

② Joel Mokyr, 1992: *The Lever of Riches: Technological Creativity and Economic Progress*, Oxford: Oxford University Press.

③ 〔美〕道格拉斯·诺斯、罗伯斯·托马斯：《西方世界的兴起》，厉以平、蔡磊译，华夏出版社，2015；〔美〕道格拉斯·C. 诺思：《经济史上的结构和变革》，厉以平译，商务印书馆，2010。

④ Earl J. Hamilton, 1929: "American Treasure and the Rise of Capitalism (1500~1700)," *Economica*, Vol. 27, No. 11, pp. 338~357; Daron Acemoglu, Simon Johnson and James A. Robinson, 2005: "The Rise of Europe: Atlantic Trade, Institutional Change, and Economic Growth", *The American Economic Review*, Vol. 95, No. 3, pp. 546~579。

⑤ 〔美〕贾雷德·戴蒙德：《枪炮、病菌与钢铁：人类社会的命运》，谢延光译，上海译文出版社，2006；Eric Jones, 2003: *The European Miracle: Environments, Economies and Geopolitics in the History of Europe and Asia*, Cambridge: Cambridge University Press.

⑥ 〔美〕巴林顿·摩尔：《专制与民主的社会起源——现代世界形成过程中的地主和农民》，王茁、顾洁译，上海译文出版社，2013；〔英〕迈克尔·曼：《社会权力的来源》（第一卷）：从开端到1760年的权力史》，刘北成、李少军译，上海人民出版社，2015；Perry Anderson, 1974: *Lineages of the Absolutist State*, London: National Library Board; Wolfgang Reinhard, ed., 1996: *Power Elites and State Building*, New York: Oxford University Press.

第一，本书的目的并非给出一个关于技术如何影响制度变迁或国家兴衰的一般性理论，而是试图在一个具体的时空情境下（即18世纪初的西欧），探讨火器在不断细微改进到临界点后，所带来政治社会层面的"蝴蝶效应"，并以此为案例来展示技术革命与国家发展之间的因果机制。需要看到的是，就像不能将蝴蝶振翅作为热带风暴的原因一样，技术改良带来的深远影响不能被简单地视作休谟或者密尔方法意义上的因果关系，即它启动了复杂的多重系统效应，并产生了诸多意料之外的影响，但很难被完全视作这些结果的原因。

第二，火器除了火枪之外，显然还包括了火炮以及火药投掷物等，但本文所讨论的火器革命一律指代从火绳枪到燧发枪的改进。只讨论火枪的改进主要原因在于，相比其他火器的改进，18世纪前后的火器革命带来了战争方式的变化，而其他火器的改良并没有达到上述效果。本文在诸多军事革命中选择1700年前后从火绳枪到燧发枪的火器革命作为典型案例来分析，其原因如下。首先，1700年前后的火器革命引发的战争形式变化奠定了近代战争的雏形。在操练、纪律、战斗中使用科学的火炮射击学，这些使得18世纪的战争迥然有异于16世纪和17世纪，而1700年之后的战斗中使用的武器已经定型，在此后150年间都没有太大变化。[1] 其次，18世纪之前的技术革命存在较多的内生性和干扰变量的问题。而18世纪初技术扩散速度远高于早期，并且在1700年前后，最重要的干扰变量——宗教因素的作用大幅降低，故而可以更清晰地观察技术革命对制度变迁的影响。最后，西班牙王位继承战争之后，英国优势逐步确立，但是18世纪上半叶欧洲各国仍然没有模仿英国和进行大规模改革的动力，直到国际竞争逐渐增强。[2] 因此18世纪上半叶技术革命带来的系统效应可以视作18世纪后半叶西欧的改革与"开明专制"的"关键先期条件"（Critical Antecedents）。[3]

本章所讨论的内容包含了三个层面的意义：在历史层面，通过系统效应来展示18世纪初的技术革命如何带来一系列国家能力和社会结构层面

---

[1] John Keegan, 1993: *A History of Warfare*, New York: Vintage Books, pp. 342~345.

[2] 参见 David Landes, 1969: *The Unbound Prometheus: Technological Change and Industrial Development in Western Europe from 1750 to the Present*, New York: Cambridge University Press; Hamish Scott, eds., 1990: *Enlightened Absolutism: Reform and Reformers in Later Eighteenth Century Europe*, London: Macmillan.

[3] 参见 Dan Slater and Erica Simmons, 2010: "Informative Regress: Critical Antecedents in Comparative Politics," *Comparative Political Studies*, Vol. 43, No. 7, pp. 886~917.

第四章 第一波半现代化：火器革命的文明动力机制与18世纪初欧陆国家的经验

的变化，而这些并不起眼的变化最终决定了18世纪中后期西欧的制度变迁方向和大国兴衰的命运；在理论层面，展示上述被忽视的"技术→制度→国家兴衰"这一因果链条；在现实层面，探讨兴衰成败的经验对于后发国家的现代化战略带来何种启示。基于此，本章试图探讨如下问题。首先，除了直接的效率提高外，技术革命如何通过间接效应改变社会结构和制度安排来促进西欧的兴起？其次，西欧在总体上都获益于技术革命，为何不同大国之间的命运却截然不同？最后，这些兴衰成败的经验对于后发国家的现代化战略带来何种启示？

第二节 技术革命与18世纪的军事变革：三种因果路径

中世纪以来，西欧发生了多场军事技术革命。14世纪的步兵革命淘汰了旧式的欧洲骑士，15世纪初期的火炮革命让城堡变得不堪一击，它们在技术上瓦解了中世纪贵族的优势，16世纪的防御工事革命则提供了抵御火炮的有效手段，结束了炮兵对步兵的绝对优势。[1] 随着17世纪以来火枪的进一步改善，热兵器开始逐渐代替冷兵器。由于火枪早期射速过慢的缺陷，在战斗中仅被零星采用，直到17世纪末至18世纪初，由于滑膛枪和燧发枪的发明与改进，火器的射击频率大幅上升但仍然远远慢于近代的来复枪，因此需要以步兵方阵和增加士兵的方式来增加战斗力，这个细微的技术改进深刻地塑造了欧洲的政局，成为一系列变革的开端。

图4-1展示了过去文献中解释技术革命与国家兴衰的三种路径。路径①侧重于讨论技术变革所带来的直接影响，强调了技术所带来的TFP或者是战斗力的提升。伊恩·莫里斯（Ian Morris）将技术和战争能力直接作为度量社会发展和文明的尺度。[2] 杰弗里·帕克（Geoffrey Parker）探讨了军事技术革命如何让欧洲获得了相对于其他地区的优势。[3] 威廉·麦克

---

[1] 参见〔美〕布莱恩·唐宁《军事革命与政治变革：近代早期欧洲的民主与专制之起源》，赵信敏译，复旦大学出版社，2015，第74~85页。

[2] 〔美〕伊恩·莫里斯：《文明的度量：社会发展如何决定国家命运》，李阳译，中信出版社，2014。

[3] Geoffrey Parker, 1996: *The Military Revolution and The Rise of West*, 1500~1800, Cambridge: Cambridge University Press.

尼尔认为17世纪军事技术（包括科技和管理技术）的提升给18世纪以来的社会变迁所造成的影响。① 这类文献主要以欧洲为单位，讨论了火器技术革命所带来的欧洲和其他地区的战斗力或综合实力之间的差异。

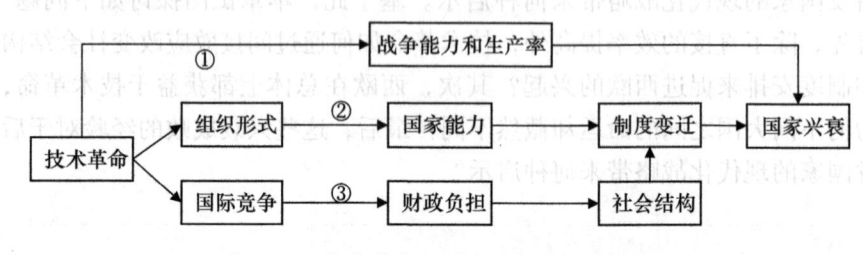

图 4-1 技术革命与国家兴衰的三种路径

路径②认为，技术革命通过影响国家内部的组织形式进而强化了国家能力，使其有利于实现现代化。技术革命本身无法说明欧洲战争战事的变化，迈克尔·霍华德（Michael Howard）认为，真正的变化不在军队所持有的武器，而在军队本身的建设以及使用它的政府。② 布莱恩·唐宁认为战争程度的高低影响国内的动员程度，最终决定了制度的差异。③ 托马斯·埃特曼则阐述了高强度的国际竞争与国家建设的时序如何影响到制度安排。④ 约翰·查尔兹（John Childs）通过对整个欧洲战争历史的详尽叙述，展现了三十年战争以后军事变革对于王室和贵族关系、国家能力变化乃至18世纪末期的革命运动的影响。⑤

路径③展示了技术革命加强了军备竞赛和国际竞争，通过财政压力改变了国家的社会政治制度安排，最终影响到国家的命运。技术革命除了直接带来战斗力和效率的提高之外，最主要的影响在于提高了欧洲内部的竞争激烈程度。⑥ 以这一逻辑为出发点，产生了许多经典的关于"军事—财

---

① William H. McNeill, 1982: *The Pursuit of Power: Technology, Armed Force, and Society Since AD 1000*, Chicago: University of Chicago Press, pp. 117~184.
② 〔英〕迈克尔·霍华德：《欧洲历史上的战争》，褚律元译，中信出版社，2017，第85页。
③ 〔美〕布莱恩·唐宁：《军事革命与政治变革：近代早期欧洲的民主与专制之起源》，赵信敏译，复旦大学出版社，2015，第282~291页。
④ Thomas Ertman, 1997: *Birth of the Leviathan: Building States and Regimes in Medieval and Early Modern Europe*, Cambridge: Cambridge University Press.
⑤ John Childs, 1982: *Armies and Warfare in Europe, 1648~1789*, Manchester: Manchester University Press.
⑥ 参见黄琪轩《霸权竞争与欧洲技术革新》，《科学学研究》2010年第11期；黄琪轩《国际安全、国际政治经济与科学技术》，《科学学研究》2011年第5期。

政"的著作或学说。①"国家制造战争，战争塑造国家"，这是查尔斯·蒂利关于近现代西欧国家建设中的经典论述，② 他强调对战争资源的榨取和争夺造就了国家的中央组织结构。③ 玛格丽特·利瓦伊认为，外部的约束条件如国际环境、生产力和经济结构、政府形式会影响君主的相对议价能力，从而影响国家的制度安排。④

前人的研究展示或隐含了上述三种路径，前人的研究为理解真实的历史提供了真相的碎片，本章并不试图挑战上述理论的历史叙述和对特定因素的强调，而是试图借助系统论来强调，只关注一种单一的路径无法理解技术革命的现代化内涵，会带来对现代化理论认识的偏颇。除了路径①所讨论的直接影响外，路径②和路径③所带来的重要启示是军事变革对于制度安排的影响是非线性的：技术革命加剧了国际竞争，战争的风险会提高统治者相对议价能力，而战争成本上升则使得统治者更加依赖于贵族。过去的许多论述缺乏一种具体而细致的系统分析，往往是过于长时段和粗线条的勾勒，对于机制的理解存在一定程度的黑箱化和线性化的缺陷。⑤ 而打开黑箱和系统性地理解技术革命对国家兴衰的影响，至少需要从两个层面进行分析：一个是基于宏观视角，将欧洲视作整体的系统，考察技术革命对整体欧洲的影响；另一个则是从微观视角，在国家层面对欧洲进行案例内比较研究。

第三节　技术革命在西欧层面的文明动力机制

技术革命的影响是非线性的。因为人类社会随着技术变革带来的影响

---

① Richard Bonney, ed., 1999: *The Rise of the Fiscal State in Europe, c. 1200~1815*, New York: Oxford University; Rafael Torres Sánchez, 2015: *Constructing a Fiscal-Military State in Eighteenth Century Spain*, New York: Palgrave Macmillan.

② Charles Tilly, 1990: *Coercion, Capital, and European States, AD 990~1992*, Cambridge: Basil Blackwell; Charles Tilly, 1985: "War Making and State Making as Organized Crime," in Theda Skocpol, Peter Evans, and Dietrich Rueschemeyer, eds., *Bringing the State Back In*, New York: Cambridge University Press, pp. 169~191.

③ Charles Tilly, 1990: *Coercion, Capital, and European States, AD 990~1992*, Cambridge: Basil Blackwell, pp. 14~15.

④ 〔美〕玛格利特·利瓦伊：《统治与岁人》，周军华译，格致出版社、上海人民出版社，2010，第14~19页。

⑤ 黑箱型解释的缺陷的讨论参见 Mario Bunge, 1997: "Mechanism and Explanation," *Philosophy of the Social Sciences*, Vol. 27, No. 4, pp. 410~465.

而变化，从而产生诸多超乎线性想象的"蝴蝶效应"。罗伯特·杰维斯（Robert Jervis）认为："系统具有不同于部分的特性，组成系统的一系列单元或要素之间互相联系，要素互相关系的变化会导致系统其他部分发生变化。"[1] 因此简单从要素之间的相关性很难直接明晰技术革命的文明动力机制，事实上技术革命的非线性影响往往受多个不同方向机制的影响，即技术革命所带来的正向与负向外部性，当明确这些不同方向的机制时，就可以洞悉它在欧洲层面的复杂效应。如图 4-1 所示，除了技术革命的直接影响外，研究者还需要思考它在制度层面带来的两个不同的效应。

一 军事能力提升与战争方式的变革

火器革命第一个重要的影响是通过标准化生产和训练来提升国家总体的军事实力，由此引发战争方式的变化，使得建立常备军成为在战争中获胜的必要因素。一方面，军事改革带来的标准化生产降低了武器生产和士兵训练的成本。因为标准化的操练意味需要标准化的生产，其短期效果是大幅减少武器量产的边际成本，而训练士兵的成本也会显著降低，整个军队就变成一台巨大的军事机器，士兵和装备如同零件一样可以替换，因而这种有组织的暴力行动的规模和可控性就大大提高了。[2] 军事的标准化生产和训练随之而来的后果是欧洲君主国的战争能力得到明显提升。燧石发火装置极大地提高了火枪发射效率，刺刀的发明又使得火枪手能发挥长矛的作用。值得一提的是，东西方战争能力的差距也是在 18 世纪初期逐渐出现的。根据莫里斯的估算，西方战争能力在 16 世纪大致增长了 50%，在 17 世纪增长了 100%，18 世纪又增长了 50%；相比之下，东方世界的战争能力增长很少。[3]

另一方面，火器革命使得国家需要维持一支庞大的常备军来进行日常化的步兵操练以适应新的战争方式。早在 17 世纪初期，莫里斯亲王发现将部队细分为更小的战术单位，便于向各层级传达命令，并且操练可以使

---

[1] Robert Jervis, 1998: *System Effects: Complexity in Political And Social Life*, Princeton: Princeton University Press, p. 6；唐世平、王凯、杨珊：《理解国际安全战略中的"系统效应"——以中苏同盟破裂的多重影响为例》，《世界经济与政治》2013 年第 8 期。

[2] William H. McNeill, 1982: *The Pursuit of Power: Technology, Armed Force, and Society Since AD 1000*, Chicago: University of Chicago Press, pp. 139~141.

[3] 〔美〕伊恩·莫里斯：《文明的度量：社会发展如何决定国家命运》，李阳译，中信出版社，2014，第 181~188 页。

第四章　第一波半现代化：火器革命的文明动力机制与18世纪初欧陆国家的经验　127

士兵更加顺从和更具战斗力。① 到 17 世纪末，士兵穿上制服，火枪手也不再瞄准特定的个人而是整个敌阵，步兵方阵和严格的军纪彻底取代了中世纪以来的个人英雄主义。步兵方阵战术和火枪的训练开始系统化，射击被分解为各个单一的动作，通过系统的训练促进了军队的正规化并提高射击效率。1700 年西班牙王位继承战争后，步兵横队战术成为主流战法。在 17 后半叶至 18 世纪的战争中，两军对垒的部署是相似的：骑兵在两翼，火炮在后翼均匀分布，步兵则组成方阵，排成三列，由其中一队下令射击，剩余两队则装填弹药。② 成排射击既强调纪律性，也需要专业训练，因此需要更多军官和详尽的训练手册，而更复杂的军事策略需要更多的训练和严明的军纪，做到这一点最有效的办法是常备军而不是战争爆发后匆忙募兵，这也要求拥有更强大的后勤保障和财政实力的新型政府。③

二　常备军制度与中央权威的强化

火器革命对于西欧最重要的影响是强化了中央集权，从而加速了欧洲的现代国家建设。如马克思所言："随着新作战工具即射击火器的发明，军队的整个内部组织就必然改变了，各个人借以组成军队并能作为军队行动的那些关系就改变了，各个军队相互间的关系也发生了变化。"④

首先，常备军制度的出现削弱了贵族的力量和传统的封建结构。骑士是中世纪以来贵族的象征，技术革命也意味着骑士的衰落。⑤ 如恩格斯所言："火器一开始就是城市和以城市为依靠的新兴君主政体反对封建贵族的武器。以前一直攻不破的贵族城堡的石墙抵不住市民的大炮；市民的枪弹射穿了骑士的盔甲。"⑥ 在战场上，骑士不再是绝对主力，盔甲在面对燧发枪时很难起到有效防护，这使得骑士对装配火器的步兵方阵发动中世纪式的冲锋显得很不明智。骑士在 17~18 世纪欧洲战场上"降格"成骑兵，其作用是被部署在侧翼扰乱对方的炮兵部署，防止其对己方的步兵方

---

① William H. McNeill, 1982: *The Pursuit of Power: Technology, Armed Force, and Society Since AD 1000*, Chicago: University of Chicago Press, pp. 125~140.
② 〔美〕彼得·帕雷特主编：《现代战略的缔造者：从马基雅维利到核时代》，时殷弘等译，世界知识出版社，2006，第92~93页。
③ 〔英〕杰里米·布莱克：《军事革命? 1550~1800年的军事变革与欧洲社会》，李海峰、梁本彬译，北京大学出版社，2019，第9页。
④ 《马克思恩格斯选集》第1卷，人民出版社，2012，第340页。
⑤ Christopher Storrs and Hamish M. Scott, 1996: "The Military Revolution and the European Nobility, c. 1600~1800," *War InHistory*, Vol. 3, No. 1, pp. 3~5.
⑥ 《马克思恩格斯选集》第3卷，人民出版社，2012，第547页。

阵造成巨大杀伤力。过去西欧的君主依赖地方领主和骑士来聚集军队，这使得地方具有极强的自治权，而领主也成为地方的军政统帅。但随着地中海和大西洋贸易的兴起，西欧传统的封建经济组织开始没落，王室开始拥有足够的财政来逐渐转向使用常备军，从而使得政治、财政和军事力量开始集中于王权，贵族就更加无法反抗君主，只能被迫进入法院或者军队。此外，长期战争瓦解了过去的封建结构，战争带来的诸多灾难使得民众更加期望从国王口中得到永久防御的承诺，并愿意付出永久性税收作为代价。[1]

其次，常备军制度的出现使得一直被马基雅维利等人所诟病的雇佣兵制度逐渐被现代国家放弃。蒂利将1700年视作从"雇佣兵战争"到"民族化战争"的转折点，国家开始从自己的民族中招募人员，创建海陆军，统治者直接把武装力量和财政机构纳入国家管理机构，以此急剧地减少对雇佣兵的依赖。[2] 一方面，火器革命带来了作战方式的巨大变化。要适应这种新的作战方式就需要军队进行复杂的日常训练，并对团队协作有着更高要求，从而使得国家必须维持一支庞大的常备军来适应新型的战争。[3] 同时，常备军在修建防御工事和进行整齐划一方阵射击这两种新的战争模式中发挥出明显的优势，因为雇佣兵通常不愿意去挖战壕或接受严格训练。随着战争方式的改变，多数雇佣兵只有两种出路，要么在战场上表现不佳而逐渐被雇主抛弃，要么接受"长期雇佣"进行标准化的日常操练，最终被转化或收编为常备军。另一方面，由于军事开支日益增加，过去带有雇佣军性质的军团长官们开始放弃他们对于军队的自主权，转而效忠于国王，以此来换取王室的薪金。[4] 国家直接支付薪水的常备军比雇佣军具备许多优势，例如可以准确掌握军人和军官的数量和编制，有利于将装备和武器标准化，能够保持军纪，保证士兵的忠诚度等。[5] 士兵在长期出征过程中，也

---

[1] 参见〔美〕玛格丽特·利瓦伊《统治与岁入》，周军华译，格致出版社、上海人民出版社，2010，第115~116页。

[2] Charles Tilly, 1990: *Coercion, Capital, and European States, AD 990~1992*, Cambridge: Basil Blackwell, pp. 29~30.

[3] 参见 Clifford Rogers eds., 1995: *The Military Revolution Debate: Readings on the Military Transformation of Early Modern Europe*, Boulder: Westview Press, pp. 13~36; Geroffrey Parker, 1988: *The Military Revolution: Military Innovation and the Rise of West, 1500~1800*, Cambridge: Cambridge University Press.

[4] John Childs, 1982: *Armies and Warfare in Europe, 1648~1789*, Manchester: Manchester University Press, p. 29.

[5] John Childs, 1982: *Armies and Warfare in Europe, 1648~1789*, Manchester: Manchester University Press, pp. 13~16.

第四章 第一波半现代化：火器革命的文明动力机制与18世纪初欧陆国家的经验

开始熟悉自己国家的人文地理，这就逐渐发展成为现代国家意识，最终这种意识逐渐代替地方主义意识形成国家认同。[1] 在标准化的操练过程中，遵守上级制定的规章成为常规，单调的训练让底层士兵形成了紧密的集体，由训练精良的排和连组成的社团迅速取代了按照地位形成的等级。

最后，常备军制度的出现改变了整个欧洲的政治社会局势。技术革命使军队分工进一步细化，在越发复杂的社会和军事结构中，中央机构作为持久的、专门的和分工细密的任务领域的职能便会愈加凸显，从而使得统治者和被统治者之间的分野愈发明显和稳定。[2] 它带来了意料之外的作用是建立了一个由国家管理的新官僚机构，任务是征收维持军队所需的税收，并通过谨慎地处理经济状况，维护农业生产和国家整体福利，从而尽可能地提高国家的生产力。[3] 与此同时，国家的军事实践和管理能力又相互促进：政府通过增加对社会资源的控制来发展专业的军队，专业的军队作为服务工具又可以反过来参与国防和对内镇压。[4] 最终，王室得到了中世纪以来从未有过的军队对君主的忠诚，王室的强制力拓展到国家的各个角落，可以通过军队清洗或者驱逐不服从统治的少数族群，粮食危机、乡村骚乱或者工人罢工都可以使用常备军进行镇压，并且常备军还承担了维持社会秩序的职能，早期欧洲并不区分军队和警察的职能，王室需要依靠军队巡逻和维护法律的权威，尤其是对民众强制征税。[5]

总而言之，火器革命通过三个机制强化了中央权威。第一，在安全层面，火器技术革命降低了传统贵族在国家安全中的作用，高昂的战争成本不断地瓦解传统的封建结构。第二，在组织和制度层面，火器技术革命加快了专业分工，常备军和职业军人开始成为一个新的效忠于王室（或者说国家）的群体。第三，在经济方面，常备军除了维持对外安全的任务之外，还具有强制征税和维持内部秩序的职能，从而强化了国家的汲取能力。因此，火器技术革命很大程度上推动了欧洲的国家建设进程，为此后

---

[1] John Childs, 1982: *Armies and Warfare in Europe*, *1648~1789*, Manchester: Manchester University Press, pp. 57~58.

[2] 参见〔德〕诺贝特·埃利亚斯《文明的进程：文明的社会起源和心理起源的研究》，王佩莉、袁志英译，上海译文出版社，2009，第386页。

[3] Hans Delbrück, 1990: *The Dawn of Modern Warfare*: *History of the Art of War*, Lincoln and London: University of Nebraska Press, pp. 223~224.

[4] 参见〔英〕迈克尔·霍华德《欧洲历史上的战争》，褚律元译，中信出版社，2017，第76页。

[5] John Childs, 1982: *Armies and Warfare in Europe*, *1648~1789*, Manchester: Manchester University Press, pp. 16, 177~178.

"开明君主"的现代化改革奠定基础。

三 战争成本上升和普遍性财政危机

技术革命改变国际体系的攻防成本，导致欧洲层面战争频率上升，进而引发了18世纪中期欧洲普遍性的财政危机。

西欧各国军事力量增长和战争的边际成本下降，这在整个西欧范围内造成了国际竞争加剧，因为那些在技术变革中获得相对军事优势的国家会更加在争端中使用武力。军队规模的不断扩大则在欧洲带来了螺旋式的军备竞赛。1702～1714年，法国有10%的适龄人口参与正规军，七年战争期间，普鲁士适龄人口参军比例达到25%，当法国的军队数量高达20万的时候，奥地利、普鲁士和俄罗斯只能被迫扩军，其他小国也被迫效仿。[①] 频繁的战争是竞争加剧的重要标志。图4-2展示西欧各国处于战争状态的年份，第一个时期是从1648年威斯特伐利亚体系确立到1699年，第二个时期是从1700年西班牙王位继承战争爆发到七年战争前夕，两个时期都接近五十年，而第二个时期西欧五个主要大国的战争频率明显要高于第一个时期。1740年奥地利王位继承战争后，战争形式发生了重

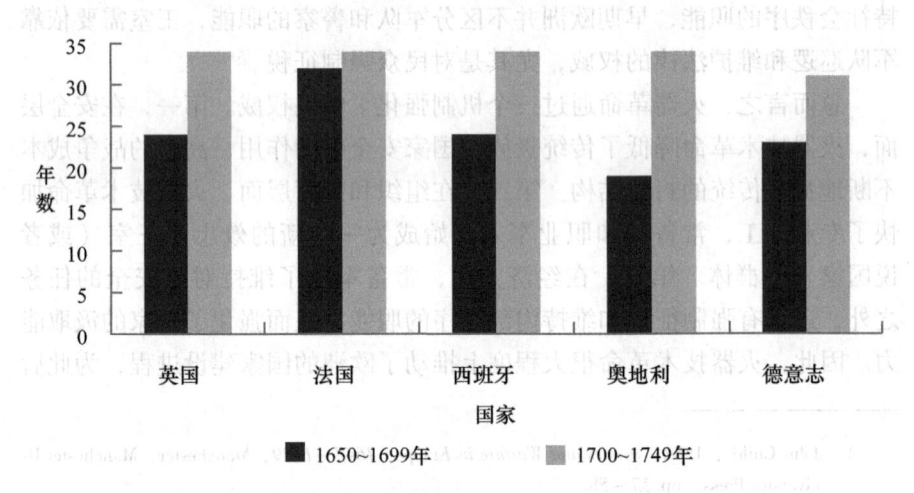

图4-2 西欧各国处于战争状态的年数（1650～1749）

资料来源：〔美〕理查德·内德·勒博：《国家为何而战？过去与未来的战争动机》，陈定定等译，上海人民出版社，2014，第224～231页。

[①] John Childs, 1982: *Armies and Warfare in Europe, 1648～1789*, Manchester: Manchester University Press, pp. 41～43.

第四章　第一波半现代化：火器革命的文明动力机制与 18 世纪初欧陆国家的经验　131

大变化，普鲁士和奥地利从有限战争逐渐转向全民动员，开始了以民族国家为单位的战争，这就进一步增加了国际竞争的烈度。

与此同时，西欧的军队规模开始上升，各国可以有条理地组织更大规模的军队来应对战争的需求。西欧国家的军事规模在 18 世纪实现了较快的增长，尤其在西班牙王位继承战争后，法国、奥地利、普鲁士、英国的军事力量一直处于上升趋势。作为主要强国的法国，1500 年能组织 5 万人的军队，1600 年能组织 8 万人，1705 年时为 40 万人，到 1756 年维持在 33 万人左右；而英国的军队数量从 1705 年的 8 万人，到 1760 年增加到近 20 万人。① 相比起历史上的其他时期而言，英国和法国在 18 世纪军队占人口比例也达到了历史的顶峰，分别占到 5.4% 和 2.1%，而在 17 世纪英法的这一比例分别是 0.7% 和 0.4%，在 1850 年则是 1.1% 和 1.2%。② 西班牙作为日益衰落的帝国，军队数量则从 1705 年的 5 万人增加到 1760 年的 9.8 万人；奥地利主要的军队规模也从 1655 年的 1.37 万人增加到 1700 年的 5.5 万人，1715 年之后则一直维持在 15 万~20 万人。③ 普鲁士更是军队规模迅速扩张的典型，其军队/人口比在 1760 年时最高达到 7.2%，其军队规模从 1695 年的 3 万人增加到 1710 年的 3.9 万人，1740 年战争结束时已经达到约 8 万人的规模，到七年战争期间则维持在 14.3 万~16 万人，成为欧洲军队占人口比例最高的国家。④

战争的频率和规模大幅上升带来的最为深远影响是拖垮了君主国本就极为脆弱的财政。随着军队规模不断扩大，复杂的武器、不断增多的后援与行政层级，以及极其复杂的供应和后勤使得战争越发昂贵。⑤ 同时，技

---

① 〔英〕杰里米·布莱克：《军事革命？1550~1800 年的军事变革与欧洲社会》，李海峰、梁本彬译，北京大学出版社，2019，第 12 页。

② Charles Tilly, 1990: *Coercion, Capital, and European States, AD 990~1992*, Cambridge: Basil Blackwell, p. 79; John Brewer, 2005: *The Sinews of Power: War, Money, and the English State, 1688~1783*, London: Taylor & Francis, p. 32.

③ Michael Hochedlinger, 2003: *Austria's War of Emergence: War, State and Society in the Habsburg Monarchy, 1683~1797*, London: Longman, pp. 104, 237, 300；〔美〕布莱恩·唐宁：《军事革命与政治变革：近代早期欧洲的民主与专制之起源》，赵信敏译，复旦大学出版社，2015，第 79 页。

④ Andre Corviser, 1979: *Armies and Societies in Europe, 1494~1789*, Bloomington and London: Indiana University Press, p. 113; J. A. R. Marriott and Robertson, C. G., 1968: *The Evolution of Prussia: The Making of An Empire*, London: Oxford University Press, p. 105; John Childs, 1982: *Armies and Warfare in Europe, 1648~1789*, Manchester: Manchester University Press, p. 42.

⑤ 〔美〕威廉·麦克尼尔：《全球史：从史前到 21 世纪的人类网络》，王晋新等译，北京大学出版社，2017，第 263~264 页。

术革命使得火枪、大炮和骑兵这三个要素都不具备绝对优势,反而在阵地战中形成了互相克制的态势,导致18世纪的战争旷日持久,经常是耗尽人力和财力再也打不下去才告终。① 在18世纪上半叶的多数时期,各国多数财政收入都被用于军事支出。英国在和平时期的军事支出占全部财政收入的比重为36%~45.2%,战争时期则会上升到52.1%~66.6%;普鲁士的比例是最高的,和平时期大约为75%~82%,到战争时期则会维持在90%左右;法国在和平时期的支出为34%~41%,而在西班牙王位继承战和七年战争期间则上升到51.2%~65.2%;西班牙在西班牙王位继承战争前后为71%~78%,此后则一直保持在60%左右;奥地利在和平期间为48%~52%,而在七年战争时期则升高到79%。② 这种居高不下的军费成为此后财政危机的主要根源。因此,这些国家开始了陷入财政危机的魔咒:所有国家都希望在战争中获得优势,几乎所有的政府都被如何增加税收,以支付正在进行的和以前所进行的战争军费所困扰。③

欧洲大陆的君主国时常通过卖官鬻爵或者借款的方式来缓解短期财政问题,但这无法解决收支不平衡的根本问题,反而进一步恶化了政府的财政状况。战争带来的财政负担造成了西欧国家内部的冲突,债务和信贷开始成为左右国内政治的重要因素,在财政危机的阴影之下,王室和等级会议的冲突接连不断,这也成为西欧内部变革最为直接的动力。④ 要应对日益增加的战争支出,就需要与富裕的贵族商人进行妥协,从而获得足够的财政支持,但要以维持或恢复部分的封建特权作为代价,这又会在制度层

---

① John Keegan, *A History of Warfare*, New York: Vintage Books, pp. 344~345.
② 以下数据根据财政和军事支持的历史数据计算得出。英国的数据来自 John Brewer, 2005: *The Sinews of Power: War, Money, and the English State, 1688~1783*, London: Taylor & Francis, p. 32; 西班牙的数据来自 Rafael Torres Sánchez, 2015: *Constructing a Fiscal-Military State in Eighteenth Century Spain*, New York: Palgrave Macmillan, p. 218; 普鲁士的数据来自 Marriott John Arthur Ransome, and Charles Grant Robertson, 1968: *The Evolution of Prussia: the Making of An Empire*, Oxford: The Clarendon Press, p. 129; Richard Bonney, eds., 1995: *Economic System and State Finance*, Oxford: The Clarendon Press, p. 415; 法国的数据来自 Richard Bonney, eds., 1999: *The Rise of the Fiscal State in Europe, c.1200~1815*, Oxford: Oxford University Press, p. 145; Eugene Nelson White, 1989: "Was There a Solution to the Ancien Régime's Financial Dilemma?" *The Journal of Economic History*, Vol. 49, No. 3, pp. 545~568; 奥地利的数据来自 P. G. M. Dickson, 1987: *Finance and Government Under Maria Theresa, 1740~1780*, New York: Oxford University Press.
③ 〔美〕保罗·肯尼迪:《大国的兴衰》,陈景彪译,国际文化出版公司,2006,第80页。
④ 参见 Jeremy Black, 2004: *Kings, Nobles and Commoners: States and Societies in Early Modern Europe, A Revisionist History*, London: IB Tauris, pp. 134~135.

面阻碍国家的政治现代化。

第四节 技术革命与18世纪欧洲大国的制度变迁

技术革命在欧洲层面推动了巨大的变革。整个西欧开始从依赖雇佣兵、包税人和向私人出售官职的"自弱型"改革转向依靠常备军和官僚制度的"自强型"改革。[①] 然而，技术革命在增加军事实力、强化国家基础性能力等方面存在正外部性，但也带来了加重国家的财政负担的负外部性。因此那些可以促进前者而避免后者的国家，往往可以更大程度受益于技术革命。18世纪技术革命的受益者需要具备两个方面的优势：其一是能够发挥技术革命的"红利"，即通过最大限度装备和高效使用新型火器来提升自身军事力量；其二是以技术革命为契机，在制度层面最大限度地推动现代国家构建。由于英国在光荣革命之后已经开启了现代化的大门，这部分技术革命在法国、西班牙、奥地利和普鲁士四国的不同结局进一步阐述文明动力机制在国家层面的实证依据。

一 法国

欧洲近两百年的军事进步集中体现在法国军队上面。由于技术革命造成武器和战术的相似性，因此18世纪的战争胜负取决于人数、武器和将军的指挥能力等要素。[②] 法国军事机器的扩充主要归因于步兵的重要性日益增加：火枪的发明、改进与刺刀的发明使得步兵的战斗力显著增加，而防御工事建造以及随之而来的围城战使得步兵可以发挥许多骑兵无法履行的功能。查理八世时期，法国的步兵数量仅仅是骑兵的2倍，而在17世纪末期已经增加至骑兵的5倍。[③] 如前文所述，步兵规模的增加意味着需要进行现代化的管理，步兵方阵需要严格的纪律，法国的士兵已经无法像16世纪或者17世纪初期那样，可以完全无视中央意志、组织松散的单位来各自为战。

法国的军事现代化始于17世纪后半叶。在三十年战争结束之际，法

---

① 〔美〕许田波：《战争与国家形成：春秋战国与近代早期欧洲之比较》，徐进译，上海人民出版社，2009，第29~37页。

② 参见 Jermey Black, 1999: *Warfare in the Eighteenth Century*, London: Cassell, p.156.

③ 〔美〕彼得·帕雷特主编：《现代战略的缔造者：从马基雅维利到核时代》，时殷弘等译，世界知识出版社，2006，第57~58页。

国面临着财政破产和军队腐化的困境，在米歇尔·勒·泰利埃（Michel le Tellier）父子的努力下，法国到1700年时已经拥有单一集中的管理机构将数十万军人同时投入战场，并使之保持整齐划一达数年之久。① 1710年，法国出现普遍的饥荒，征兵成本进一步降低，通过野蛮手段抓壮丁的做法逐渐减少，由于面包的价格暴涨，军队只需要少量食物就可以让饥民入伍。② 在此基础上，法国发展出一套相对完善的系统来实现对战争的控制，开始通过国家官僚机构而非私人武装的指挥官来保障军粮供应、实现统一着装、建立军营和医院，到1718年法国开始建立兵工厂，1727年国家已经可以免费提供武器。③

军事现代化给法国的政治社会结构带来两方面的影响。短期来看，法国中央政府的能力得到了极大增强，这一制度依赖于平民士兵和贵族军官制度的结合。一方面，波旁王室通过向贵族提供军队官职来降低其独立性，避免因为贵族军官的不满而再度发生诸如"投石党之乱"的事件。1702年，法国额外创造了7000个位置来满足青年贵族的需求，过量的贵族军官使得军队越发臃肿和低效；到1750年，退休军官的数量和现役数量已经一样多，军队已经变成了一个自我繁衍的贵族俱乐部，旧贵族对军队的控制让他们拒绝一切改革。④ 另一方面，法国通过征兵制度保留了许多经验丰富的老兵。法国的自愿征兵在每年10月至次年3月进行，士兵要签署一个6~8年的合约，期满之后可以退伍，但是如果士兵愿意继续服役一段时间，他们可以得到30法郎，很少有人会拒绝这种诱惑，经常会在军中服役20~30年。⑤ 但是，平民很难通过军队获得上升渠道，他们可以获得中下级军官的职位，但在战争结束之后很快就被300法郎的价格强制解散。

通过上述制度，法国加强了国内的控制，并增加了军队的战斗力，路易十四也成为欧洲最为典型的集权君主。但长期来看，法国的改革利弊参

---

① 〔英〕迈克尔·霍华德：《欧洲历史上的战争》，褚律元译，中信出版社，2017，第87~88页。
② Geoffrey Parker, 1988: *The Military Revolution: Military Innovation and the Rise of West, 1500~1800*, Cambridge: Cambridge University Press, pp. 46~47.
③ Colin Jones, "The Military Revolution and the Professionalisation of the French Army Under the Ancient Régime", in Clifford Rogers eds., 1995: *The Military Revolution Debate: Readings on the Military Transformation of Early Modern Europe*, Boulder: Westview Press, pp. 155~162.
④ John Childs, 1982: *Armies and Warfare in Europe, 1648~1789*, Manchester: Manchester University Press, p. 81.
⑤ John Childs, 1982: *Armies and Warfare in Europe, 1648~1789*, Manchester: Manchester University Press, pp. 81~85.

第四章 第一波半现代化：火器革命的文明动力机制与18世纪初欧陆国家的经验

半，因为相对于奥地利和普鲁士，王室对贵族集团的议价能力更弱，因而要以沉重的财政负担为代价来换取其支持。为了安抚失去政治权力的传统贵族，贵族阶级可以享受免税权，独占官僚、司法、教会和军队等各界的职位。[①] 而贵族军官在严重削弱法国军队战斗力的同时，还造成了沉重的财政负担。在七年战争期间，这种贵族军官制度的缺陷暴露无遗：过剩的军官携带大量的行李、仆人和马匹，吃掉大部分的口粮，彼此之间互相争吵，轮流指挥同一个单位，这些军官的薪水总额甚至高于其他剩余军费的开支总额。[②] 军队规模不断扩大和频繁的战争两次让法国濒临财政危机，战争造成的巨额债务让法国时常依赖卖官鬻爵和向特权阶级借款等方式来缓解财政，但与英国出售那些荣誉性头衔不同，法国出售的职务部分带有免税特权，这进一步导致了财政恶化，也加深了王室对特权阶级的依赖。

法国军事革命的后果是国家权力伴随着特权阶级力量的增长，形成了以"穿袍贵族"为代表的新兴贵族和以"佩剑贵族"为代表的传统贵族的二元局面。路易十四死后，强大的中央权威进一步被贵族所"俘获"，摄政王为了维系自身权力而选择依靠贵族，等级会议恢复了"谏诤行事"从而获得了对改革政令的否决权。[③] 法国王室在18世纪前期一直无法打破长期面临的经济和财政困境，因为贵族可以阻挠一切新税的征收并拒绝交出各类垄断特权，使得法国无法进一步进行集权制改革来应对日益激烈的国际竞争。到18世纪后期，战争引发的财政危机迫使王室强行推动集权制改革，这种改革不但收效甚微，还加剧了统治集团内部即王室和贵族的矛盾。

二 西班牙

西班牙王位继承战争的开始标志着17世纪最强大的哈布斯堡王朝分崩离析，波旁王朝的腓力五世（Philip V）入主马德里。波旁王朝给西班牙带来了军事变革，西班牙在历史上首次拥有了常备军，但雇佣兵过多的问题仍然没有得到解决，到1720年代，仍然有1/3的西班牙步兵由旧式的外国雇佣兵组成。[④] 与此同时，西班牙拥有西欧最为庞大的军官队伍，

---

① Perry Anderson, 1974: *Lineages of the Absolutist State*, London: National Library Board, pp. 107~108.
② John Childs, 1982: *Armies and Warfare in Europe, 1648~1789*, Manchester: Manchester University Press, p. 82.
③ 〔法〕伏尔泰：《巴黎高等法院史》，吴模信译，商务印书馆，2015，第250页。
④ 参见 Henry Kamen, *Empire: How Spain Became a World Power, 1492~1763*, New York: Perennial, pp. 450~451.

他们必须被支付薪水且不会被辞退，却无法胜任自己的工作。①

西班牙王位继承战争让西班牙丢失了大量海外领土，但也加强了其内部控制。尽管腓力五世试图推动一系列变革，但已为时过晚。由于阿拉贡（Aragon）在战争中支持哈布斯堡王朝，西班牙在1707年借机废除了阿拉贡的特权，强制推行了财政改革，并在1716年推行了行政改革。② 腓力五世试图推动以卡斯蒂利亚化（Castilianized）的中央集权，但是卡斯蒂利亚的经济优势已经不复存在，一个强加于更为富裕的边缘地区的中央集权政府反而阻碍了西班牙的发展。③

军事革命对于西班牙的影响更多是间接的，因为西班牙的军队仍然带有浓厚的17世纪的色彩。尽管完成了常备军革命，但是相对于其他欧洲的绝对主义国家而言还远远不足。腓力五世政策模仿的是路易十四统治下的法国，他大力支持教会的发展，继续鼓励宗教裁判所的活动，最终让整个国家都掌握在教会和贵族手中，他们控制着国家高级官员和地方官员的任命权，并掌握了国家的土地、财政和司法。④

战争费用的急剧上升和利益集团的日益膨胀，给西班牙的财政带来沉重负担。西班牙王室在1739年再度破产，引起了西班牙国内进行中央集权制改革的一致呼吁。⑤ 但是由于中央政府始终不具备优势且又无法撼动强大的利益集团，直到18世纪末期，西班牙的国家建设水平都远远落后于同时期的西欧国家。

三 奥地利

奥地利的哈布斯堡王朝在军事技术上是相对落后的国家，从火绳枪到燧发枪的变革过程在奥地利非常缓慢，大部分军队也缺乏运用新型火枪的能力，直到1722年才标准化生产燧发枪。⑥ 因此，在欧洲各国主动采用

---

① John Childs, 1982: *Armies and Warfare in Europe, 1648～1789*, Manchester: Manchester University Press, p. 82.
② Juan Gelabert, 1999: "Castile, 1504～1808," in Richard Bonney, ed., *The Rise of the Fiscal State in Europe, c. 1200～1815*, New York: Oxford University, pp. 229～230.
③ J. H. Elliott, 2002: *Imperial Spain, 1469～1716*, London: Penguin, pp. 377～378.
④ 〔英〕塞缪尔·E. 芬纳：《统治史（卷三）：早期现代政府和西方的突破——从民族国家到工业革命》，马百亮译，华东师范大学出版社，2014，第411页。
⑤ Rafael Torres Sánchez, 2015: *Constructing a Fiscal-Military State in Eighteenth Century Spain*, New York: Palgrave Macmillan, pp. 55～56.
⑥ Michael Hochedlinger, 2003: *Austria's War of Emergence: War, State and Society in the Habsburg Monarchy, 1683～1797*, London: Longman, pp. 126～127.

第四章 第一波半现代化：火器革命的文明动力机制与 18 世纪初欧陆国家的经验   137

步兵方阵的时期，奥地利骑兵比例远高于其他国家：奥地利在 1705 年拥有 40 个骑兵兵团和 38 个步兵兵团，每个兵团 1000~1200 人，而这些骑兵中有 21 个胸甲骑兵团，其余部分则是龙骑兵和匈牙利轻骑兵。[①] 骑兵过多的后果往往是无法像步兵一样严格遵守军纪，反而保留了更多的中世纪色彩的残余，因而在 18 世纪并不具备优势。

1713 年，西班牙王位继承战争之后，奥地利国王查理六世获得了哈布斯堡王朝在欧洲分散的领土，各地等级会议相继承认"国事诏书"，为君主国领地的联合提供了法律基础。[②] 由于控制了神圣罗马帝国的王位，奥地利可以在整个德国地区征兵，德国军团的数量约为 2/3，剩下 1/3 则来自匈牙利。[③] 军事现代化的滞后使得匈牙利骑兵的地位在帝国中举足轻重，即便到 1740 年之后仍然通过恳求而非武力去迫使匈牙利军团服从中央政府。[④] 这种国家联合执政的代价是高度的分权，奥地利军队的资金、补给和招募的权力都由地方等级会议所控制，因此这种半君主半议会统治的模式一直伴随着奥地利的现代化。[⑤]

军事革命后一系列的战争同样给奥地利造成财政危机，1740 年的债务数量已经是 1701 年的 4 倍，军事支出占据财政收入的近 80%。[⑥] 这些税金主要依靠地方等级会议来收集，这弱化了奥地利的国家能力。但在奥地利内部并未形成统一的贵族的集团，因此奥地利通过与各领地协商收取贡金而非依靠卖官鬻爵来筹集资金。因此尽管奥地利在查理六世的晚期连续遭遇军事失败，并在 1740 年的奥地利王位继承战争中丢失了西里西亚，但是由于并未形成庞大的贵族集团，国家在对外战争中

[①] Michael Hochedlinger, 2003: *Austria's War of Emergence: War, State and Society in the Habsburg Monarchy, 1683~1797*, London: Longman, pp. 104~108.

[②] 〔奥〕史蒂芬·贝莱尔：《奥地利史》，黄艳红译，中国大百科全书出版社，2009，第 68~72 页。

[③] John Childs, 1982: *Armies and Warfare in Europe, 1648~1789*, Manchester: Manchester University Press, p. 49; Michael Hochedlinger, 2003: *Austria's War of Emergence: War, State and Society in the Habsburg Monarchy, 1683~1797*, London: Longman, p. 107.

[④] 参见 Oscar Jaszi, 1961: *The Dissolution of the Habsburg Monarchy*, Chicago and London: University of Chicago Press, p. 61.

[⑤] Michael Hochedlinger, 2003: *Austria's War of Emergence: War, State and Society in the Habsburg Monarchy, 1683~1797*, London: Longman, p. 111.

[⑥] P. G. M. Dickson, 1987: *Finance and Government under Maria Theresia, 1740~1780*, New York: Oxford University Press, Vol. II, pp. 119, 380; Michael Hochedlinger, 2009: "The Habsburg Monarchy: From 'Military-Fiscal State' to 'Militarization'," in Christopher Storrs, ed., *The Fiscal-Military State in Eighteenth-Century Europe: Essays in Honour of PGM Dickson*, Burlington: Ashgate, pp. 79~80.

开始形成部分凝聚力,仍然为此后玛利亚·特蕾莎女王的改革与复兴留下可能。

四 普鲁士

军事革命意味着普鲁士需要提高军队规模,"军曹国王"腓特烈·威廉一世(Friedrich Wilhelm Ⅰ)是普鲁士步兵的创造者,正是他大幅加强了普鲁士的军事力量。威廉一世在1733年创立了普鲁士的军事行政系统(canton system),从而让普鲁士军团可以在所在地征兵。他规定所有的适龄男子必须服兵役8个月至2年,训练完成之后每年只需要待在正规军中2个月。[①] 同欧洲其他国家的军队一样,普鲁士的军队统一制服,进行刻板而重复的日常训练,例如关于队形变化和射击训练,使其可以在枪林弹雨中仍然遵循军令。[②] 此外,在腓特烈·威廉一世的带领下,普鲁士率先将火枪的木制推杆改进为铁制推杆,从而大幅提高了射击效率,同时刺刀的改进使得在射击时无须摘下刺刀,从而更加有利于近身搏杀。[③] 军事革命后,普鲁士军队军纪严明,战斗力闻名遐迩,每一个营或连都可以准确地操演复杂的战术队形,在此后的多场战役中经常以少胜多。

普鲁士国家建设以军队为基础。由于资源的匮乏,任何一次战败对于普鲁士来说都会是灾难,因此普鲁士不计代价地将所有资源集中于军队。[④] 承担这种管理任务的中央机构被称为军事总署(general directory)。普鲁士的战争指挥官还参与管辖区域的税收和行政管理,让社会与经济生活受到越来越多的纪律约束,将政府事务管理纳入军事考虑。[⑤] 普鲁士建立了一张官僚网络,增强了君主对经济活动和自然资源的控制权,削弱了地方的独立性,形成以柏林为中心的中央政府。[⑥] 威廉一世将中央和地方行政机构合二为一,成立战争与领地委员会,到1740年他去世时,普鲁

[①] Martin Kitchen, 1975: *A Military History of Germany: From Eighteenth Century to the Present Day*, Bloomington: Indiana University Press, pp. 9~10.

[②] S. Fischer Fabian, 1981: *Prussia's Glory: The Rise of a Military State*, New York: Macmillan, pp. 80~81.

[③] Sidney B. Fay, 1964: *The Rise of Brandenburg-Prussia to 1786*, New York: Holt, Rinehart and Winston, pp. 98~99.

[④] Walter L. Dorn, 1963: *Competition for Empire, 1740~1763*, New York: Harper & Row, p. 90.

[⑤] Hans Rosenberg, 1958: *Bureaucracy, Aristocracy and Autocracy: the Prussian Experience, 1660~1815*, Cambridge: Harvard University Press, pp. 37~38.

[⑥] 〔英〕迈克尔·霍华德:《欧洲历史上的战争》,褚律元译,中信出版社,2017,第94页。

士的建国工作已经完成。①

技术革命对普鲁士的社会结构带来两方面的影响。一方面,普鲁士的军事传统和频繁的战争造就了顺从的贵族。威廉一世继位后,清退了军中的无用人员,将腾出的职位给了贵族,禁止他们为其他君主服务,并要求他们参加日常操练,通过这种方式来进一步削弱地方的残余反对势力。②技术革命带来了频繁的战争,而德国地区是大规模战争的主要战场,战争导致过去骄傲的德国绅士变得极为贫穷,他们并不像法国或西班牙的贵族那样拥有足够多的财富以保证经济独立,反而非常依赖军中任职的薪水,因为这一收入要高于其从贫瘠的土地中获得的收入。军队职务贵族化在普鲁士反而是增加了其战斗力,主要原因是普鲁士的军官不像法国贵族那样有足够好的经济条件作为"退路"。长期以来的传统使得普鲁士贵族首领也觉得有责任在军中担任职务,因此普鲁士贵族军官的晋升完全依靠能力和战功。腓特烈大帝明确表示更喜欢贵族而不是资产阶级军官:"我经常从贵族中选择军官,因为他们更有荣誉感。如果贵族失去了荣誉,他会被整个家族排斥;反之平民犯了错误,他们仍然可以接着做他父亲的生意。"③

另一方面,由于资源匮乏造就了普鲁士的节俭和资源汲取能力,普鲁士反而没有发生法国那样严重的财政危机。18世纪的观察家们将腓特烈·威廉一世统治之下的普鲁士称为"军营",国王极端吝啬,忽视教育和艺术,并拒绝支付士兵的抚恤金,而用节约的资金来资助1.2万新教徒移民去开发东德意志的农田。④在普鲁士的征兵体系中,只有最强壮的人才会被军团选中,但是普鲁士王室却仅仅需要支付少量费用来维持相对于其人口而言极为庞大的常备军。由于具备良好的素质,普鲁士的士兵在休假的10个月中不会找不到工作,因而和平时期国家每年只需支付2个月的薪水,这也大量节约了普鲁士的财政。⑤ 腓特烈大帝即位后,普鲁士通

---

① 〔英〕塞缪尔·E. 芬纳:《统治史(卷三):早期现代政府和西方的突破——从民族国家到工业革命》,马百亮译,华东师范大学出版社,2014,第328~329页。
② Sidney B. Fay, 1964: *The Rise of Brandenburg-Prussia to 1786*, New York: Holt, Rinehart and Winston, p. 98.
③ John Childs, 1982: *Armies and Warfare in Europe, 1648~1789*, Manchester: Manchester University Press, p. 64.
④ 〔美〕罗宾·W. 温克、〔美〕托马斯·E. 凯泽:《牛津欧洲史·第2卷,1648~1815年,从旧制度到革命时代》,赵闯译,吉林出版集团有限公司,2009,第118~119页。
⑤ John Childs, 1982: *Armies and Warfare in Europe, 1648~1789*, Manchester: Manchester University Press, p. 87.

过军事冒险和任命军人担任税务官员来提升其税收效率。普鲁士在1740年发动了西里西亚战争，从奥地利手中夺取了大量人口和工业资源。普鲁士在此期间展现出强大的汲取能力：西里西亚的财政收入在奥地利时期仅为210万弗罗林，在被普鲁士占领数年后就增加到700万弗罗林。[1] 普鲁士常备军在汲取税收方面显示出了独特的优势。腓特烈大帝任命普鲁士的伤残退伍军人担任税务官员，由于普鲁士的税法并不复杂，所以伤残军人的财务能力稍弱并不会严重影响其税收效率。这些军人的优势在于，他们保持着服从命令的天性，比起欧洲其他地区的官员要更加遵纪守法，而且他们如果被开除就很难找到比税务官更好的工作，因此由其担任税务官员既保障了官员收税的积极性，又避免了过去包税人对民众的过度压榨。[2] 最终腓特烈大帝通过财政改革，实行了高效的税收制度，用三流国家的资源维持了一流国家的军队，普鲁士得以在经济资源匮乏时获得高于同时期俄国的税收。[3]

五　小结

火器革命仅仅提高了武器的射击频率，但却在欧洲范围内引发了多重系统效应。从欧洲层面来看，技术革命通过常备军制度增强了军事能力和中央集权，但欧洲诸国也由于财政危机而加剧了对贵族的依赖。因此，基于初始制度和社会结构的差异，西欧四国的获益程度是不同的。表4-1在一定程度上展示了这一差异，以及这一差异在18世纪后半叶改革中所带来的后果。首先，获益最多的是普鲁士，它借助技术革命带来的组织层面的影响，建立了强大的国家机器，并且通过军国主义的方式压制贵族，从而迅速崛起成为主要强国。其次，奥地利—哈布斯堡王朝。军事革命增加了其领地间的凝聚力，其在战争和军事现代化过程中逐步获得各领地在军事和财政上的支持，从而缓慢地推动奥地利的国家建设，却也因领地的分散始终无法在技术革命中获得足够强的国家能力。再次，法国可以视作典型的"半负面案例"。[4] 法国继承了路易十六的遗产，拥有成熟的官僚

---

[1] Michael Hochedlinger, 2003: *Austria's War of Emergence: War, State and Society in the Habsburg Monarchy, 1683~1797*, London: Longman, pp. 281~286.

[2] Edgar Kiser and Joachim Schneider, 1994: "Bureaucracy and Efficiency: An Analysis of Taxation in Early Modern Prussia," *American Sociological Review*, Vol. 59, No. 2, pp. 193~201.

[3] Dorn, Walter L., 1931: "The Prussian Bureaucracy in the Eighteenth Century," *Political Science Quarterly*, Vol. 46, No. 3, p. 404.

[4] 上述定义参见叶成城、唐世平《基于因果机制的案例选择方法》，《世界经济与政治》2019年第10期。

体系和欧洲最强大的陆军,因此最初受益于技术革命带来的中央权威强化;但随着技术造成的财政压力逐渐增加,火器革命带来的财政困难使得一度被压制的权贵集团再度复兴,同时也加剧了权贵集团同王室的矛盾,最终导致了旧制度在18世纪末期崩溃。最后,西班牙的国家和财政都受到私人的强烈影响,在技术革命之后一直无法摆脱富裕而保守的权贵集团,也无法建立强有力的中央集权,因此其在18世纪后期的改革中迅速失败。

表4-1　　　　　　　　技术革命与社会变革结果

	强权贵集团	弱权贵集团
强国家能力	法国（改革导致社会崩溃）	普鲁士（改革成功）
弱国家能力	西班牙（改革迅速失败）	奥地利（改革部分成功）

资料来源:笔者自制。

第五节　东方世界:火器革命对清王朝的影响

在讨论了欧洲的案例后,本书再将目光转移到同时期东亚的清朝。我们对于所谓"东方世界"的思考仍是基于经典的"大分流之谜"。[1] 而本书所引申出关于大分流问题的思考是:同时期的清朝也一度出现了火器革命并使用它战胜了周边的势力,但是为何技术革命却没有引发制度变迁或者推动现代化变革?

早在明朝中后期,西欧的火器技术开始经由传教士等途径传入中国,中国的火器技术也出现大量革新。明末中国发明的"自生火铳"是中国乃至东亚文献中最早的燧发枪,它由军事专家毕懋康所研制,发射时士兵扣动扳机,锤击燧石,产生火星,从而引燃火药,这种火器在技术水平基本上与西欧保持同步。[2] 杰弗里·帕克认为,早期的中国甚至比西欧更加重视先进的军事技术和发明,中国在平定倭寇（1540年）到康熙帝正式

---

[1] 参见〔美〕彭慕兰《大分流:欧洲、中国及现代世界经济的发展》,史建云译,江苏人民出版社,2008;〔美〕王国斌:《转变的中国:历史变迁与欧洲经验的局限》,李伯重、连玲玲译,江苏人民出版社,2010。

[2] 李伯重:《火枪与账簿:早期经济全球化时代的中国与东亚世界》,生活·读书·新知三联书店,2017,第158~160页。

将台湾收入版图（1683）期间都使用了大量火器。[①] 在天启六年的宁远之役后，皇太极对火器的威力有了深刻的认识，遂开始积极仿铸，同时随着孔有德军的投顺，清军获得了过去教会中一直引为不传之秘的火炮操作和瞄准技术，从而逐渐对明军形成了火力优势。[②] 清朝统一中国的战争很大程度上也获益于明朝后期的军事变革，清军依靠投诚的明朝军队组成了火器为特色的汉八旗，仰仗火器方面的优势，建立起强大的帝国。清朝建立之初，无论是平准噶尔、对抗沙俄还是攻打台湾，同样离不开大量装配和使用火器。莫里斯认为滑膛枪给中国带来了武器上的优势，1500年前后草原上的弓箭手经常打败农业王国的步兵，但1600年他们就只能偶尔取胜，而到1700年，胜利对他们来说则是闻所未闻的事了。[③]

在康熙之后，国家开始趋于稳定。乾隆时期已经没有像俄罗斯、吴三桂或者台湾郑家那样极具威胁性的对手，虽然战争频率仍然不低，但这类战争通常不至于危及国家的存亡。外部压力的减轻使得大规模研发火器的必要性下降，无须像列强林立的欧洲那样要始终保持火器技术的更新。康熙后期减少了火器制造，雍正不仅在技术上没有创新，反而以"满洲夙重骑射"，在营兵丁"不可专习鸟枪而废弓矢"为由，规定"只有马上枪箭熟悉者"才能"勉以优等"的选拔政策，使得枪炮的研制进一步衰落。[④] 这些文化因素和军官选拔机制，使得清代火器研制进一步衰落，技术明显落后于西欧。同时，外部威胁减弱后，热兵器的存在反而不利于清朝的内部统治，因而更加容易被废弃。在鸦片战争以前，连明朝末年出版的很多有关火器技术的书都失传了。[⑤] 例如毕懋康所著的《军器图说》就被乾隆皇帝以修《四库全书》为由被封禁，直至道光年间才重新开放。另外，也有观点认为，清朝的皇帝不遗余力地想要证实他们是遵循儒家思想的，因此向西方借鉴军事技术也会遇到更多障碍。[⑥]

由于财政、技术和理念等各种原因，清军几乎没有大规模研发火器，

[①] Geoffrey Parker, 1996：*The Military Revolution and The Rise of West, 1500 ~ 1800*, Cambridge：Cambridge University Press, pp. 136 ~ 145.

[②] 黄一农：《红夷大炮与明清战争》，四川人民出版社，2022，第380页。

[③] 〔美〕伊恩·莫里斯：《西方将主宰多久：东方为什么会落后，西方为什么能崛起》，钱峰译，中信出版社，2014，第295页。

[④] 王兆春：《中国火器史》，军事科学出版社，1991，第267页。

[⑤] 李伯重：《火枪与账簿：早期经济全球化时代的中国与东亚世界》，生活·读书·新知三联书店，2017，第388 ~ 389页。

[⑥] 〔美〕菲利普·霍夫曼：《欧洲何以征服世界？》，赖希倩译，中信出版社，2017，第76 ~ 77页。

第四章 第一波半现代化：火器革命的文明动力机制与18世纪初欧陆国家的经验

尽管拥有少量更为先进的燧发枪（如皇室成员），但是清军仍然以火绳枪和冷兵器为主。英国乔治·马戛尔尼（George Macartney）使团在乾隆年间访华时，使团的主计员约翰·巴罗（John Barrow）曾经询问清朝官员为何不使用欧洲军队普遍装配的火枪时，得到的答案是在实战中发现火绳枪更有效，巴罗推测可能与当时的炼钢技术与火药质量有关，同时他认为清兵缺乏沉着使用火枪的能力，相比之下用铁叉固定在地面的火绳枪稳定性更强。[1] 因此李约瑟在考察中国的军事技术发展史时发现，尽管燧发枪的优势非常明显，中国却因为军事上的保守，几乎没有燧发枪时代，直到1860年英法联军侵华时，中国守军仍然使用火绳枪。[2]

如前文所述，欧洲技术革命的核心机制是从火绳枪到燧发枪的射速改进带来了战争方式的变化，并在此基础上发展出常备军、官僚机构和相关的后勤财政体系改革。而清代几乎没有大量使用燧发枪的记载，周边也没有一个实力相近且大规模装配燧发枪的竞争对手，自然也无法引发东亚地区战争方式的改变，并带来制度层面的变革。中国自秦以来一直都保持着常备军和强大的官僚机构体系，所以火器革命的影响更加有限。在此情况下，中国只需要将火器和军队有效结合，不需要对兵法进行革命，因为它们和火器完全榫卯相接，只需要把弩换成火铳，一切都顺理成章。[3] 由于缺乏外部压力，且不具备制度变迁的内部基础，火器革命不太可能像在欧洲那样成为制度变迁的外部冲击。

从上述差异也可以看出，欧洲和东亚同时使用火器仅仅具有表面的相似性，火器的使用很难在18世纪的中国产生现代性。欧洲已经具备了工业基础、科技体系、代议制等东方所不具备的现代化的必要条件，与当时的东方世界并不具备可比性。而18世纪的东亚无论是制度、科技、工业基础还是人均经济的增长率都完全不足以摆脱马尔萨斯陷阱，也没有像早期英国和荷兰那样通过大西洋贸易来积累足够的贵金属和发展出强大的商人阶级，总之远没有获得第一波现代化的"入场券"。[4] 而中国和日本等

---

[1] 〔英〕乔治·马戛尔尼、〔英〕约翰·巴罗：《马戛尔尼使团使华观感》，何高济、何毓宁译，商务印书馆，2019，第379~380页。

[2] 〔英〕李约瑟：《中国科学技术史·第五卷，化学及相关技术·第七分册，军事技术：火药的史诗》，刘晓燕等译，科学出版社，2005，第401页。

[3] 〔美〕欧阳泰：《从丹药到枪炮：世界史上的中国军事格局》，张孝铎译，中信出版社，2019，第133~134页。

[4] 张宇燕、高程：《美洲金银和西方世界的兴起》，《社会科学战线》2004年第1期；黄振乾、唐世平：《现代化的"入场券"——现代欧洲国家崛起的定性比较分析》，《政治学研究》2018年第6期。

"东方世界"的国家，只有在19世纪后半叶的"第二波现代化"中才具备成功实现现代化的可能性。

本章小结

本章展现了火器革命带来的多重系统效应在西欧现代化中的巨大影响。最初的军事革命仅仅提高了武器的射击频率，但却在欧洲范围内引发了多重系统效应。火器革命在18世纪上半叶并未造成显著可见的激烈变化，它作为一种"关键的先期条件"为18世纪后半叶的变化埋下伏笔。一方面，技术革命通过常备军制度增强了国家战斗力，另一方面也因为财政危机而加剧了对贵族的依赖，这两个维度的变化共同推动了此后西欧的改革浪潮，但同时也导致了它们在第一波半现代化中的差异。

如图4-3所示，火器技术革命带来的多重系统效应，它通过复杂的机制对西欧现代化起到巨大的促进作用。火器技术革命带来了标准化的生产和战争形式的变化，它对于现代国家存在两种不同方向的外部性：它的

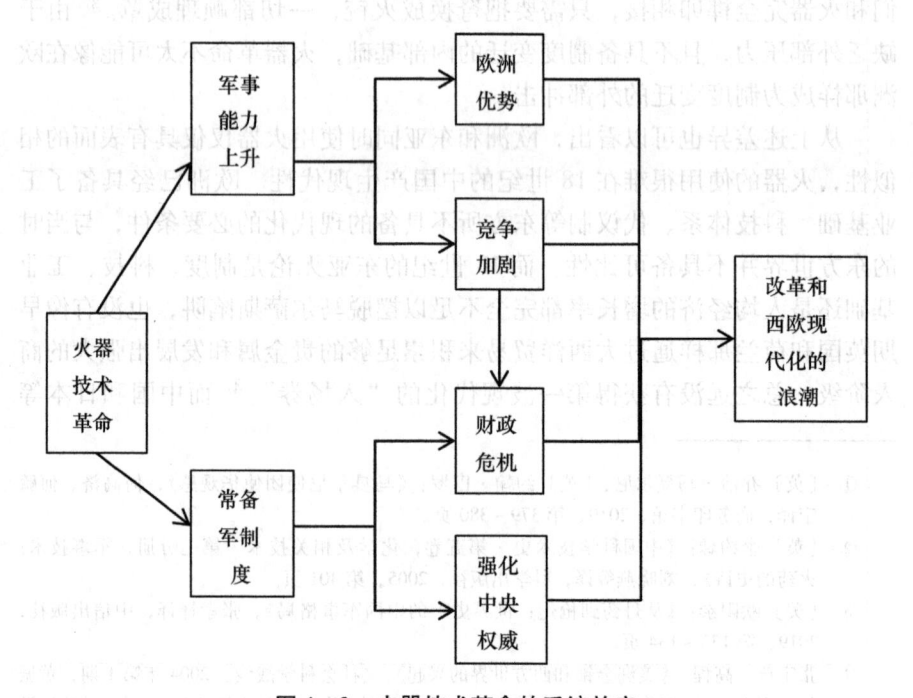

图4-3 火器技术革命的系统效应

第四章 第一波半现代化：火器革命的文明动力机制与 18 世纪初欧陆国家的经验

正外部性是带来了标准化生产和步兵方阵的战术，这意味着国家只能依靠常备军来进行日常步兵操练，而常备军同时也被用于国内镇压故而强化了中央权威，有助于国家的现代化转型；它的负外部性是加剧了西欧内部的竞争，给国家财政带来巨大负担，从而使王室受制于传统贵族而无法推进改革。到 18 世纪中期，不断增加的竞争和危机感促使了西欧各国精英的觉醒，他们试图借助不断增加的中央权威推行被称为"开明专制"的改革运动，从而开启了改革和"第一波半现代化"的浪潮。

就欧洲国家的初始条件来说，强国家传统有助于提升火器革命的正外部性，而较弱的利益集团则有助于缓和负外部性，在欧陆国家中只有普鲁士同时具备上述条件，因而其也最大程度地获益于技术革命。火器革命对于欧洲的意义完全不同于同时期的清朝，它没有带来组织和财政层面制度的变革，同时清朝在一次性消灭对手后就不再面临激烈的国际竞争，因此其火器技术在 18 世纪开始逐渐落后于西方，没有为当时的清朝带来现代性。

早期欧洲的火器革命使欧洲各国命运不同，也带来如下的现代性启示。一方面，在技术革命的"风口"，国家只有通过配套的组织、后勤、财政等一系列的制度改革，才能够最大限度地发挥技术的正外部性，而这种正外部性又会进一步推动制度变迁，形成良性循环。事实上，技术革命带来的军事力量增强可能只发挥了一部分作用，更为重要的是其间接引发的制度变革。另一方面，需要看到技术的"非中性"特征，并非在任何时候都会带来持续的正外部性，国家需要通过新技术增强国家基础性能力，同时通过制度和立法来减少新技术在政治社会层面的负外部性。

第五章 第一波半现代化之"帝国的黄昏"：18世纪后期法国与西班牙的改革之殇

本章以一个全新的审视现代化的分析框架为出发点，探讨"第一波半现代化"中法国和西班牙的现代化历程。18世纪中期，法国和西班牙的波旁王室在战败后实行自上而下的改革来谋求富国强兵之道。两国的改革主要从政治、经济和财政三个层面进行：在政治改革中，两国试图恢复中央权威；在经济改革中，两国都一定程度地开放市场；在财政改革中，两国尝试通过向特权阶级征税和紧缩等方式度过危机。在特权阶级的阻挠和外部环境的影响下，法国和西班牙在这三个领域的改革最终都未能成功，但是两国面临的结局又不尽相同。法国具有较强的国家能力，能够有效地动员整个国家机器去推动改革，引起了以贵族为主的既得利益者的激烈反抗，最终旧制度下的法国在王权和贵族的内耗中爆发大革命。西班牙的国家能力较弱且具有广阔的殖民地作为缓冲，因此政府缺乏足够能力与决心在本土进行强有力的变革。在贵族的阻挠下，政治、经济和财政改革很快失败。西班牙的改革者知难而退，将改革的注意力转向了殖民地，通过加强对殖民地的控制和掠夺来缓解国内的危机，最终导致了19世纪西班牙殖民帝国的崩溃。

第一节 第一波半现代化的意义

地理大发现是现代化的起点和近代世界史的开端。从1492年哥伦布发现新大陆到1789年法国大革命爆发的近三百年间，西欧地区与东欧、中东以及东方世界的差距逐渐拉大，而西欧内部原本实力相近的国家间也出现了梯度和分流。英国开始成为全球性霸权，机械化大生产、产权与预算制度以及高效和负责任的政府是其领先于其他国家的重要标

第五章 第一波半现代化之"帝国的黄昏":18世纪后期法国与西班牙的改革之殇 147

志。此前的研究表明,大西洋贸易带来的外部冲击对西欧国家产生了深远的影响。一方面,大西洋贸易引起了国家内部阶级力量的消长,外部冲击、初始制度和国际竞争决定了西欧各国制度变迁的方向;另一方面,制度变迁、国家能力和初始地理禀赋又决定了西欧国家在国际舞台上的兴衰成败。

1700年爆发的西班牙王位继承战争可以视作新一轮现代化的开始,本书称为"第一波半现代化"。从西班牙王位继承战争到七年战争期间,国际竞争深刻地改变了第一波现代化中的核心机制。海军与制度的优势让英国在海外扩张中节节胜利,相比之下,欧洲君主国则在屡战屡败之际面临空前危机。殖民地逐渐丢失后,法国和西班牙来自大西洋贸易的财政红利被消耗殆尽,而战争带来的巨额债务进一步耗尽了国家财政。拉丁欧洲的君主国不约而同地寻求改革以度过财政危机,因而财政危机代替美洲金银的外部冲击成为现代化的前提与背景。随着教权的没落和启蒙运动的兴起,先进的政治、经济理念通过思想家们的著作在各国上流社会流传。英国作为现代化的典范开始让君主国的统治集团意识到了差距所在,他们开始学习和借鉴英国和其他强国的经验来谋求富国强兵之道。学习他国的长处就意味着改革,改革成为启蒙时代的主题曲。

第一波半现代化研究同样还具有理论和现实意义。过去的研究通常关注亚洲和欧洲之间的分流,将西欧乃至欧洲作为整体来研究。[①] 第一波半现代化的理论意义在于发现和强调18世纪西欧内部业已形成的差距和梯度:英国开始成为霸权国,法国和西班牙则试图通过改革追赶英国,普鲁士、奥地利等新兴国家开始通过改革模仿英国和法国的政治制度,试图缩小同主要大国之间的差距。尽管历史情境各不相同,但是启蒙时代欧洲国家改革成败的经验却有很多可以借鉴之处,这正是第一波半现代化研究的现实意义所在。尤其是法国在当时属于相对发达的工业化大国且较少受到外界直接干涉,在经历了长时间的繁荣之后走向崩溃,相对完整的改革过程为我们研究改革的逻辑提供了典型的案例,其改革失败的经验教训对于仍然处于现代化进程中的中国也有重要的借鉴意义。为了更加深入地讨论与剖析改革所面临的机遇和挑战,本章首先聚焦于法国和西班牙,以此作为后续研究的基础。

[①] 欧洲和亚洲的大分流问题参见〔美〕彭慕兰《大分流:欧洲、中国及现代世界经济的发展》,史建云译,江苏人民出版社,2008;〔美〕杰克·A. 戈德斯通:《为什么是欧洲?世界史视角下的西方崛起(1500~1850)》,关永强译,浙江大学出版社,2010。

本章试图通过对法国和西班牙在政治、经济和财政三个领域的改革进行比较，回答如下问题：两国推行了什么样的改革措施？哪些因素和机制导致了两国的改革都以失败告终？同样是改革失败，为什么两国的结局又截然不同？

第二节 已有研究及其批评

改革对于国家来说是一个系统性的工程，理解国家作为一个系统的特性有助于对改革的理解。国家是一个复杂的系统，它的各个部分紧密结合在一起，又受到其他部分的影响。马里奥·邦奇认为准确地描述一个系统至少需要囊括四个方面：组成（composition）、结构（structure）、环境（environment）和机制（mechanism）。[①] 国家的组成包括统治集团的构成和阶级构成；结构则由物质和观念结构组成，主要包含初始制度和观念；环境则包括国际环境、经济形势和殖民地等改革所面临的外部环境；机制则为改革的具体过程。前人对18世纪后期法国和西班牙改革的研究主要集中在前三个方面。

首先，早期的研究侧重于强调国家的组成对改革失败的影响。对于国家组成部分的讨论集中于两个方面，即认为统治集团与被统治者的矛盾和统治集团内部的矛盾是改革失败的主要原因。阿克顿勋爵（Lord Acton）认为是阶级力量消长导致法国革命，法国资产阶级的勤奋使得财产分配格局发生了变化，他们要求获得与自己的人数相称的权力，提出统治者应当是自己的代理人。[②] 巴林顿·摩尔认为旧制度下贵族对王室的依附和统治阶级对农民的压迫所引发的阶级冲突最终导致了法国的失败。[③] 许多研究开始意识到统治集团内部的矛盾。乔治·勒费布尔（Georges Lefebvre）在其对于法国革命的经典论述中认为，资产阶级通过革命建立了一种更准确反映出新的经济力量分配关系的制度，同时他也意识到了统治集团内部矛盾同样是导致法国崩溃的重要原因。为了区分统治集团内部矛盾和阶级矛盾在不同时期的作用，他将法国革命分为贵族革命、资产阶级革命、民众

[①] Mario Bunge, 2004: "How Does It Work? The Search for Explanatory Mechanisms," *Philosophy of the Social Sciences*, Vol. 34, No. 2, pp. 182~210.

[②] 〔英〕阿克顿：《法国大革命讲稿》，姚中秋译，商务印书馆，2012。

[③] 〔美〕巴林顿·摩尔：《专制与民主的社会起源——现代世界形成过程中的地主和农民》，王茁、顾洁译，上海译文出版社，2013。

革命和农民革命四个阶段来融合这两种解释。① 艾尔弗雷德·科班（Alfred Cobban）为代表的修正主义学派仍然延续了对阶级组成的分析，但是他质疑资产阶级革命的说法，认为摧毁封建主义的是农民而非资产阶级。②

其次，部分研究在此基础上加入了结构性因素，它既包括物质因素如初始制度或国家能力，也包含观念因素如思想启蒙。保守主义的代表人物埃德蒙·柏克（Edmund Burke）从初始制度的视角反思法国革命，认为错误的根源在于国民议会的构成。③ 威廉·麦克尼尔和塞缪尔·E. 芬纳（Samuel E. Finer）则意识到了启蒙思想和既得利益集团之间的勾结成为消解旧制度的主要因素。前者侧重于论述思想的作用，后者则更加细致地阐述欧洲君主实行开明专制中的障碍，并且开创性地采取了"全样本"研究，涉及了18世纪末欧洲的全部改革。④ 托克维尔（Tocqueville）富有洞见地观察到，法国大革命是中央集权、社会矛盾和贵族反动等因素的共同作用，同时也看到了启蒙思想的力量。托克维尔的论述中已经隐含了机制性的解释：中央集权制加剧了法国国内的社会矛盾，改革则增加了统治集团的脆弱性，最终导致了旧制度的灭亡。⑤

再次，部分社会科学家开始探讨改革失败更深层次的原因，研究经济形势、国际竞争和殖民地等外部环境对改革失败的影响。托马斯·埃特曼看到了国际竞争的长期影响，提出持续的国际竞争导致了专制的初始制度和国家越来越依赖于贵族和资本家，最终造成改革失败。⑥ 西达·斯考切波（Theda Skocpol）则侧重于国际竞争的短期影响，认为战争带来了财政危机，当国王希望增加财政收入时，就会试图提高税收，但是由于国内贵族较为团结，就会同贵族僵持不下，最终使得农村地区的危机蔓延成为政治革命。⑦ 杰

---

① Georges Lefebvre, 2005: *The French Revolution: From Its Origins to 1793*, London: Routledge.
② Alfred Cobban, 1999: *The Social Interpretation of the French Revolution*, Cambridge: Cambridge University Press.
③ 〔法〕埃蒙德·柏克：《反思法国大革命》，张雅楠译，上海社会科学院出版社，2014，第39~51页。
④ 〔美〕威廉·麦克尼尔：《西方的兴起：人类共同体史》，孙岳等译，中信出版社，2015，第722页；〔英〕塞缪尔·E. 芬纳：《统治史（卷三）：早期现代政府和西方的突破——从民族国家到工业革命》，马百亮译，华东师范大学出版社，2014。
⑤ 〔法〕托克维尔：《旧制度与大革命》，冯棠译，商务印书馆，2012，第73、109、215页。
⑥ Thomas Ertman, 1997: *Birth of the Leviathan: Building States and Regimes in Medieval and Early Modern Europe*, Cambridge: Cambridge University Press.
⑦ 〔美〕西达·斯考切波：《国家与社会革命：对法国、俄国和中国的比较分析》，何俊志、王学东译，上海人民出版社，2013，第75~78页。

克·戈德斯通的研究进一步丰富了对外部环境的讨论，认为18世纪末人口压力带来的冲击作用于国家的社会结构，由于国家的税收体制和精英招录机制是脆弱的，从而在人口压力之下导致了失败。[1] 斯坦利·斯坦（Stanley Stein）和芭芭拉·斯坦（Barbara Stein）在对18世纪西班牙的考察中发现，殖民地同样是一个重要因素，因为殖民地财富推迟了西班牙的改革，而争夺殖民地的战争又促使西班牙依靠特权阶级来维护国内的稳定，最终由于特权阶级的阻挠导致了改革未能取得足够多的成效。[2]

最后，当代的一些历史学研究在前人的基础之上已经试图给出一个综合性的解释。威廉·多伊尔（William Doyle）在《法国大革命的起源》一书中给出了关于法国革命的综合性解释。他认为财政危机、政府治理和反对派的阻挠最终导致各个阶级纷纷登上历史舞台。[3] 在另一本著作中，他还提到启蒙运动、殖民地的丧失等因素给法国改革带来的影响。[4] 伊曼纽尔·沃勒斯坦总结出经济形势、殖民地贸易、对外战争和各种内部因素造成了法国改革的失败，但他仍然没有明晰这些因素之间的关系。[5]

上述研究给出了一定的解释，但还是很少涉及描述系统所需要的第四个要素——机制。尽管历史学家和部分社会科学家开始试图综合前人研究中的各种因素，在他们精心安排的叙事和过程追踪中已隐含了机制性的解释，但是尚未明晰其中的核心机制和辅助机制。除此之外，过去的研究仍存在一些不足之处。首先，部分研究缺乏案例比较分析，仅以单案例研究为主，而一些研究中通常也存在一定的偏见。比如，认为王位继承战争之后的西班牙已经不再重要，从而忽略了18世纪西班牙的发展。大革命的惨烈让后世的研究者将注意力更多地放在法国，如勒费布尔和埃特曼都将大革命视作重大事件，而不去考察为什么西班牙的改革没有导致类似的革

---

[1] 〔美〕杰克·戈德斯通：《早期现代世界的革命与反抗》，章延杰等译，上海人民出版社，2013，第169~170页。

[2] Stanley Stein and Barbara Stein, 2003: *Apogee of Empire: Spain and New Spain in the Age of Charles Ⅲ, 1759~1789*, Baltimore and London: The Johns Hopkins University Press.

[3] 〔英〕威廉·多伊尔：《法国大革命的起源》，张弛译，上海人民出版社，2014，第39~51页。

[4] William Doyle, 2002: *The Oxford History of the French Revolution*, Oxford: Oxford University Press.

[5] 〔美〕伊曼纽尔·沃勒斯坦：《现代世界体系》第3卷，孙立田等译，高等教育出版社，2000，第85~91页。

第五章 第一波半现代化之"帝国的黄昏":18世纪后期法国与西班牙的改革之殇

命。其次,许多研究使用了不够恰当的跨越时空的案例比较,违背了"密尔方法"中案例比较的"最大相似原则"。① 由于缺乏有效的变量控制,时空差异会降低其因果解释的可信度。如戈德斯通和摩尔将法国革命与英国革命进行比较,斯考切波则将其同俄国和中国革命相比较,甚至还有学者将法国革命同美国独立战争进行比较。② 本章将以此为基础,借助于新的分析框架,吸收前人研究成果,给出一种"因素+机制"的系统性解释。表5-1为第一波半现代化既有研究中涉及的因素。

表5-1　　第一波半现代化既有研究中涉及的因素

	组成		结构		环境		
	阶级矛盾	统治集团内部矛盾	思想启蒙	初始制度	经济形势	国际竞争	殖民地
阿克顿	√						
柏克				√			
摩尔	√			√			
勒费布尔、科班	√	√					
麦克尼尔		√	√	√			
芬纳		√	√	√			
托克维尔	√	√	√				
埃特曼		√				√	
斯考切波	√	√		√		√	
戈德斯通	√	√			√		
斯坦利·斯坦、芭芭拉·斯坦		√	√	√		√	√
沃勒斯坦	√	√	√		√		
多伊尔	√	√	√	√	√	√	√

---

① John Mill, *System of Logic: Ratiocinative and Inductive, Being a Connected View of the Principles of Evidence and the Methods of Scientific Investigation*, New York: Harper & Brothers Publishers, 1882, pp. 478~537.
② 例如〔美〕苏珊·邓恩:《姊妹革命:美国革命与法国革命启示录》,杨小刚译,上海文艺出版社,2003。

第三节 改革战略的理论框架与因素分析

七年战争以后，英国获得了制海权，逐步蚕食法国、西班牙等国的海外殖民地。工业革命、启蒙运动和国际竞争的加剧使得西欧的旧制度逐渐迈入了风雨飘摇的黄昏。西欧旧制度下的政治精英们开始意识到英国制度的优势，改革势在必行。除英国与荷兰已在一定程度上完成现代化以外，欧洲其他各国仍然处于制度建设的探索阶段。法国、西班牙、普鲁士、奥地利、葡萄牙、瑞典等国的君主们都主动通过"开明专制"下的变革来谋求富国强兵，但是除了普鲁士之外，多数国家改革的成效都非常有限。

在诸多案例中，本章选取了法国和西班牙两国进行比较，作为后续研究的基础。文章选择这两个案例基于如下理由：首先，解释成功的案例相对简单，只需解释国家做到了什么，具备了什么条件；而解释失败则相对困难，需要在复杂的过程中厘清变量，通过过程追踪来试图回答问题。其次，在改革失败的国家中，法国和西班牙是最接近成功的，瑞典和葡萄牙在改革尚未足够推行时，支持改革的君主就已经被暗杀或者病逝。而法国和西班牙的君主都大力支持改革，并在改革初期取得了一定成就，但最终仍然失败。最后，法国和西班牙同属建国时间相对较长的殖民大国，而且都属于波旁王朝，七年战争后都丢失了殖民地并出现财政危机，因而两国具有较强的相似性。相比之下，当时的普鲁士和奥地利都属于建国时间较短的国家。法国和西班牙的条件相似度较高，但是最终结局却又不同，因而在案例比较分析中更加符合密尔方法中的最大相似性原则。本章目的在于给出一个关于法国和西班牙改革失败的机制性解释，进一步发展和融合前人的研究来解释18世纪法国和西班牙改革的失败。要解决这一问题，就需要借助一个"因素+机制"的分析框架，通过区分核心因素和辅助因素在核心机制与辅助机制中所起到的作用，从而容纳更多的变量与竞争性解释。

首先是基于因素的讨论。本章仍然使用国家能力和利益集团两个核心变量来讨论法国和西班牙的现代化之路。

从利益固化的角度来看，旧制度的专制形态往往有着悠久的历史渊源。早期国家建设时间较久的国家，特权阶级的势力已经深刻嵌入社会的各个角落。盘根错节的体系让他们成为维系旧制度不可或缺的力量，损害他们利益的改革就难以有效实施。法国和西班牙都是传统的帝国，具有非

第五章　第一波半现代化之"帝国的黄昏"：18 世纪后期法国与西班牙的改革之殇　153

常强大的特权阶级，利益固化非常严重。西班牙的教会和贵族仍然控制着国家的主要部门。菲利普五世为了加强中央集权大力支持教会的发展，西班牙的教士数量达到 16 万人，并且鼓励宗教裁判所的活动。整个国家都掌握在教会和贵族手中，他们控制着国家高级官员和地方官员的任命权，同时控制着国家的土地和财政。① 西班牙的高层官员则主要来自三所大学——阿尔卡拉（Alcalá）大学、萨拉曼卡（Salamanca）大学和巴利亚多利德（Valladolid）大学，它们的学生主要来自贵族和上流社会，很少来自中产阶级。② 法国的利益固化问题同样严重。法国的社会结构已经从 17 世纪的王室、佩剑贵族、穿袍贵族和资产阶级的三角关系转变为 18 世纪的王室、中产阶级改革者、特权维护者的三角关系。③ 1717 年以后，包税人、收税人、大司库、承租人及其他高级会计师们共同形成了数量庞大的贵族，他们与支配阶级结合在一起的程度相当高，以至于国王无法召开反对他们的司法会议。④ 利益集团形成对君主制度的制约，法国的路易十四在政府消灭一切竞争权力后，又不给予体制全部权力，让国家的一些高级阶层——教士、贵族和最高法院保持了足够的独立性，使其可以对抗国王的意旨，阻碍官僚机构的工作。⑤

　　从国家能力角度来看，法国比西班牙具有更强的国家能力。法国的王权在消除潜在敌手、提高自身的强制力以及管制从臣民那里提取的资源等方面非常成功，并且成功地吸纳和打破了那些在 17 世纪早期仍拥有自主军事力量与独立庇护网的王公贵族和领主。⑥ 法国高等法院的权力到达顶峰是在 1750～1760 年，在莫普（Maupeou）打击了高等法院之后，法官们在路易十六时期的权力较弱，各类增税的法令相对容易通过。⑦ 相比之

---

① 〔英〕塞缪尔·E. 芬纳：《统治史（卷三）：早期现代政府和西方的突破——从民族国家到工业革命》，马百亮译，华东师范大学出版社，2014，第 411 页。
② Stanley Stein and Barbara Stein, 2003: *Apogee of Empire: Spain and New Spain in the Age of Charles III, 1759～1789*, Baltimore and London: The Johns Hopkins University Press, p. 28.
③ Franklin Ford, 1962: *Robe and Sword: The Regrouping of the French Aristocracy After Louis XIV*, Cambridge: Harvard University Press, p. 248.
④ 〔美〕西达·斯考切波：《国家与社会革命：对法国、俄国和中国的比较分析》，何俊志、王学东译，上海人民出版社，2013，第 76 页。
⑤ 林赛编：《新编剑桥世界近代史·第 7 卷：旧制度 1713～1763 年》，中国社会科学院世界历史研究所组译，中国社会科学出版社，1999，第 282～283 页。
⑥ 〔美〕查尔斯·蒂利：《欧洲的抗争与民主（1650～2000）》，陈周旺等译，格致出版社、上海人民出版社，2008，第 96 页。
⑦ William Doyle, 1972: "Was There an Aristocratic Reaction in Pre-Revolutionary France?" *Past and Present*, Vol. 57, No. 1, p. 104.

下，西班牙保留了许多中世纪色彩的制度，其官僚体制效率也远不如法国。王室敕令对根深蒂固的社会习俗和态度缺乏作用，国王缺乏忠诚的代理人网络来推行法律。[1] 西班牙广阔的殖民地分散了统治者的精力，马德里距离殖民地过远，无法依赖中央军对其进行有效控制。18世纪后期，宗主国与殖民地之间的矛盾逐渐加深，英美法等国又加快了对其殖民地的渗透，西班牙的国家能力被进一步削弱。因此法国的国家机器能够更强地动员起来，从中央到各级行省，从城市到农村都更顺利地实行新政；而西班牙最初的改革只能依靠与贵族和教会的部分妥协而非高效的官僚机构来推动，就意味着改革措施无法渗透到社会的各个领域。

其次，本章试图从战略分析的视角对改革的机制进行分析。改革意味着至少部分改变旧制度，自上而下的改革是国家在国内乃至国际政治中最重要的战略选择之一，因而我们借助于战略分析的框架来寻找导致改革成功或者失败的机制，将国家的改革大战略分为四个阶段，即政策的评估、决策、动员和执行。[2] 本章以此为框架来把握各种因素之间的相互作用，厘清不同的因素和机制在每个阶段的作用。改革的第一个阶段是对改革进行总体评估，即君主和他的决策圈对国际环境和国内现状进行大致的了解，例如国家所拥有的外交资源、战略资源、国家能力、国内的利益集团以及现行制度所存在的弊端等。改革的第二个阶段则是决策，即君主下定改革的决心之后，签署和推行新的政策，制定改革方案，修正过去制度中不合理的内容。决策过程中君主是处理信息的中心，君主及其大臣们需要综合考虑各方的利益诉求，权衡利弊后决定在改革过程中需要依靠或者打压哪些团体和阶层。同时，各个利益集团如贵族、教士、资产阶级、民众都会试图用各种方式来影响决策的过程。改革的第三个阶段是社会动员，即国家通过调动国内的人力、物力资源推动改革，通常需要的是社会各阶层尤其是官僚机构的支持。动员阶段的难点在于清除改革的阻力，改革必然触及利益集团，改革者所推行的行政如果无法满足大部分人的利益诉求，那么就难以保证有足够的国家能力来推动改革。改革的第四个阶段是政策的执行，即需要国家的各个机构来落实新政，代理人对政策的歪曲、既得利益集团的阻挠和外部环境的影响等都会在这个阶段对政策的实施效果产生影响。

---

[1] 〔美〕雷蒙德·卡尔：《西班牙史》，潘诚译，东方出版中心，2009，第177页。
[2] 左希迎、唐世平：《理解战略行为：一个初步的分析框架》，《中国社会科学》2012年第11期。

对于上述四个阶段的区分有助于增强对改革的理解，但相较于早期现代化的研究，由于存在观念传播和主动效仿的行为，在第一波半现代化中的影响因素更多，机制更为复杂，几乎很难用单一的机制来解释。过去的研究往往将经济、政治以及财政等领域的现代化混为一谈，这并不利于给出机制性的解释。因此，本章通过区分政治、经济和财政三个领域来简化问题，从而对第一波半现代化中法国和西班牙的改革失败给出一个"因素+机制"的解释。需要指出的是，这三个领域的改革并非是完全独立的，但这种区分有利于给出更为细致和精确的解释。

第四节　法国与西班牙的政治改革

在18世纪最初的五六十年中，法国和西班牙在国际竞争中经历了惨痛的失败。西班牙王位继承战争是法国和西班牙衰落的重要标志：西班牙帝国失去了对直布罗陀海峡的控制，丢失了大量的海外殖民地和欧洲大陆的领土，沦为二流国家；法国在《乌得勒支和约》中失去了三十年战争以来新获得的领土，并逐步丧失了制海权。18世纪下半叶，西班牙和法国都经历了最高权力的更迭，这在当时意味着政治转型的时机已经来临。权力斗争的结果决定了制度变迁的方向，而制度变迁的方向决定国家的兴衰。[①] 改革意味着自上而下的制度变迁，王室要推行改革就需要通过政治改革实现中央集权。因此政治改革是其他领域改革的基础，如果统治者无法重新凝聚过去被特权阶级蚕食的权力，那么经济和财政改革就无法启动。

一　法国的政治改革

七年战争的惨败和启蒙运动的兴起让法国思想界意识到英国宪政制度的优越性和权力制衡的必要性。法国的精英们开始表露出他们在某种程度上落后于英国的感觉，并着手研究赶上的办法，这点在伏尔泰、孟德斯鸠的作品中都得到充分体现。[②] 战争打击了王室权威，也动摇了精英对旧制度的信心，就连路易十六也宣称"需要一个比英国更为英国化的

---

① 参见 Shiping Tang, 2011: *A General Theory of Institutional Change*, London: Routledge。
② 参见〔法〕伏尔泰《哲学通信》，高达观等译，上海人民出版社，2005，第37~47页；〔法〕孟德斯鸠：《论法的精神》，张雁深译，商务印书馆，2005，第194页。

法国"。① 法国进行政治改革的主要目的是通过打击特权阶级和重组官僚机构来加强中央集权，从而为其他领域的改革提供权力基础。

在决策的过程中，实现中央集权最核心的问题是处理好同贵族和教会的关系。法国强大的贵族是改革的主要阻力。路易十四去世后，法国的大贵族对绝对主义王权发动复辟。摄政王奥尔良公爵腓力二世（Philippe Ⅱ, Duke of Orléans）通过与高等法院达成交易，恢复了路易十四时期被取缔的"谏诤行事"。② 尽管路易十五亲政后恢复了绝对主义象征的内阁制，但在绝对主义国家的形式下，大贵族的统治已经形成了强大的特权阶级。整个贵族阶级严守过去的法令，虽然他们只有25万人左右，但是却享受免税权，独霸官僚、司法、教会和军队等各界的职位。③ 法国王室希望建立一个崭新的、取消中间机构的君主政体。④ 王室开始往外省派遣监察官，他们给各省带去了巴黎集中统一的意志，试图剥夺地方显贵们的权力。历任的财政大臣们希望通过其他机构来替代高等法院的作用，但成立新的省级大会的尝试很快因遭到贵族和王室反对而搁置。因为在三级会议中，资产阶级要求彻底改变财政制度和进行选举，这个条件是王室无法答应的，地方法院因为害怕被架空而同样反对。对于教会则不同，法国王室更倾向于采取利用和拉拢的政策。早在路易十四时期，法国就已经发展出一套比较成熟的官僚体系，强势的高卢主义传统使得王权已经对教会取得了压倒性优势，教会出于功利主义的目的已经被王室所"收编"。王室试图通过控制和收买教权来加强中央集权。国王通过普通教士委员，进一步确认了主教控制普通教士的权力，并且将教会的人事任命权纳入手中，作为交换条件，国王为教会提供保护伞。不再受最高法院管制，让主教们有巨大利益可图，他们以放弃中世纪式的统治为代价，通过与王室的妥协更加务实地融入现行体制中，享受国王提供的庇护，以较低的代价避免教会资产被王室吞并，在社会政治等级中寻到新的平衡点。⑤

政治改革在动员过程中激起了社会各界不同的反应。建立绝对君主制意味着国王可以直接通过官僚机构渗透到国家的各个角落，王室所要依靠

---

① 〔美〕伊曼纽尔·沃勒斯坦：《现代世界体系》第3卷，孙立田等译，高等教育出版社，2000，第92~103页。
② 〔法〕伏尔泰：《巴黎高等法院史》，吴模信译，商务印书馆，2015，第250页。
③ Perry Anderson, 1974: *Lineages of the Absolutist State*, London: National Library Board, pp. 107~108.
④ 〔法〕皮埃尔·米盖尔：《法国史》，蔡鸿滨等译，商务印书馆，1985，第259页。
⑤ 〔法〕丹尼尔·罗什：《启蒙运动中的法国》，杨亚平等译，华东师范大学出版社，2011，第339页。

的新兴的官僚集团是最大的受益者和支持者,他们通常来自中下级贵族,而反对者的声音则更加强大。首先,法国的大贵族通过启蒙运动传播民主思想,希望通过制度变迁来限制王权,建立贵族统治的立宪制度。巴黎高等法院是抵制改革的主要堡垒。1743 年,路易十五亲政后曾试图加强集权,通过立法改革剥夺了高等法院的立法权,但是路易十六继位后,为了维护国家统一又重新召集了高等法院。① 法国其他高等法院受了巴黎高等法院的怂恿,宣布彼此采取一致行动,要求法国所有高等法院构成一个团体。其与本省的监察官或军事指挥官发生冲突,并企图阻止新税的征收。② 其次,思想启蒙并不利于王室推行中央集权。在启蒙思想的影响下,法国民众对于王权的痛恨要高于特权,民众和舆论多数情况下站在高等法院一边,认为高等法院是制衡国王的最后一道屏障。③ 最后,愿意与王权合作的教会在不断衰落,但它们维护特权的决心却没有改变。一方面,法国的高等法院通过打击教会来削弱王权;另一方面,教会和王室之间同样是合作与斗争并存,教士仍然是唯一拥有话语讲坛的阶层,教堂本身就是一个集会和发表演说的场所,当王权威胁到教会的主要利益时,他们可以通过舆论向王室施加压力。

在具体的政策实施中,贵族与王室关系进一步僵化最终导致了政权稳定性的减弱。法国的贵族虽然已不再动用武力,但它通过对抗宫廷和诉诸舆论来抵制和破坏国王的权威,佩剑贵族一马当先,购买官职的司法行政官吏则随声附和,因为国王派往各省的巡按使正力图从他们手中夺走地方政务。④ 而改革派内部却并不团结,权力斗争和宫廷阴谋加剧了改革的困难,高等法院的极力反对、改革派之间的相互倾轧以及王后对改革派的敌视使得改革派大臣的任期很短。雅克·内克尔(Jacques Necker)是改革的坚定支持者,但是为了财务大臣的职位极力促成杜尔哥(Anne Robert Jacques Turgot)的倒台;德布里安(Étienne Charles de Loménie de Brienne)也不反对改革,但同样为了职位而成为卡洛讷(Charles Alexandre de Calonne)的政敌。⑤ 因此改革派与特权阶级之间力量对比悬殊,特权

---

① 〔英〕科林·琼斯:《剑桥插图法国史》,杨保筠、刘雪红译,世界知识出版社,2004,第 168 页。
② 〔法〕瑟诺博斯:《法国史》,沈炼之译,商务印书馆,1972,第 358 页。
③ 参见〔法〕托克维尔《旧制度与大革命》,冯棠译,商务印书馆,2012,第 205 页。
④ 〔法〕乔治·勒费弗尔:《法国革命史》,顾良等译,商务印书馆,2010,第 93 页。
⑤ 参见 William Doyle,2002:*The Oxford History of the French Revolution*,Oxford:Oxford University Press;〔法〕丹尼尔·罗什:《启蒙运动中的法国》,杨亚平等译,华东师范大学出版社,2011,第 441~448 页。

阶级拒绝向国王和改革派妥协，历任财政大臣都在与高等法院的较量中失败。1786年，卡洛讷试图召开显贵会议来绕开高等法院，但是出席会议的贵族代表拒绝一切改革，王室要推行改革只能寻求召开三级会议。1788年后，王权与穿袍贵族之间的矛盾越发不可调节，国王流放了部分法官却又迫于压力将其召回。地方贵族和教士同样要求召开三级会议，法国各地的游行与暴动得到了特权阶级的怂恿和默许。军队和官僚体系同样认同他们特权阶级的身份，官员的懈怠引发了大面积的行政混乱和军事崩溃，对军官们不愿意镇压反抗的预期进一步加剧了危机。[①] 最终孤立无援的王室被迫召开三级会议，但是三级会议无助于解决法国的核心问题，反而将第三等级逐渐推上历史舞台，引发了此后的大革命。

二　西班牙的政治改革

1759年，西班牙国王斐迪南六世（Fernando Ⅵ）去世，卡洛斯三世（Carlos Ⅲ）继承王位。七年战争的失败及英国对哈瓦那和菲律宾的占领震惊了西班牙朝野，西班牙清楚地意识到盟友法国已经不再是欧洲第一强国。[②] 西班牙的行政制度仍未完全实现政教分离，波旁王朝入主马德里后，西班牙才开始学习法国的中央集权制，路易十四时期的国家体制和统治文化成为西班牙的典范。启蒙运动增加了西班牙人的爱国主义和对公共福祉的关切，西班牙的精英们呼吁在社会各个层面增强国家能力。[③] 卡洛斯三世上台之后不久就启动了西班牙的政治改革，政改的决策要从贵族和教会两个层面进行讨论。

尽管波旁王朝近半个世纪的统治削弱了贵族精英对西班牙的影响，但高级贵族（Grandeza）仍然拥有大量土地，具有对庄园的司法管辖权和对地方法院的影响力，并占据军队和政府的重要部门，如外交官和殖民地总督。[④] 由于西班牙的王权不够强大，针对贵族的政治改革是非常谨慎的。卡洛斯三世说："我不抛弃任何人，也不会有人抛弃我"，除了少数在那

[①] 〔美〕西达·斯考切波：《国家与社会革命：对法国、俄国和中国的比较分析》，何俊志、王学东译，上海人民出版社，2013，第75~78页。

[②] Charles Truxillo, 2001: *By the Sword and the Cross: The Historical Evolution of the Catholic World Monarchy in Spain and the New World, 1492~1825*, Westport: Greenwood Press, p. 98.

[③] Gabriel Paquette, 2008: *Enlightenment, Governance, and Reform in Spain and Its Empire, 1759~1808*, New York: Palgrave Macmillan, pp. 56~57.

[④] Stanley Stein and Barbara Stein, 2003: *Apogee of Empire: Spain and New Spain in the Age of Charles Ⅲ, 1759~1789*, Baltimore and London: The Johns Hopkins University Press, p. 31.

不勒斯的部下外，他更加倾向于任用马德里的旧臣。① 首先，他保留了费迪南六世时期的大部分内阁大臣，唯一的改变就是将财务大臣替换成了改革派的埃斯基拉切（Esquilache）。卡洛斯三世不翻旧账，鼓励公务员们不断创新，培养出了一群忠诚有为的官僚，但也意味着难以彻底改变体制本身。其次，为了削减以学院派为代表的旧贵族的影响，卡洛斯三世大量提拔了中下层的贵族（Hidalgos）进入官僚机构、学院和教会。他提拔了许多出身并不显赫的官员，并且开始从不重要的部门甚至非政府部门选拔官员进入核心决策圈。这些中下层贵族对大公和贵族非常不满，卡洛斯三世通过任命这些官员加强中央集权，试图借此防止传统贵族分享中央权力。② 再次，西班牙恢复了监督官（Intendant）制度。监督官作为王室代表具有很大权力，负责监督征税和管理地方司法，同时还具备制定经济政策和维护公共安全秩序的职能。③ 最后，西班牙政治改革中的败笔则是埃斯基拉切为加强集权所实施的对公共秩序的整顿。在埃斯基拉切的推动下，西班牙开始整顿公共秩序，禁止西班牙传统服饰长披肩，因为这种服饰便于藏匿武器，并使得警察难以辨认罪犯，因而让官员随身携带大剪刀以剪去违反者的衣服尺寸。④

王室的政治改革试图架空高级贵族，削减他们的政治影响力，新政引发了贵族们的不满。禁止传统服饰的新政激怒了民众，1766 年粮食危机暴发后，在贵族和教会的怂恿下，民众在复活节发动骚乱。卡洛斯三世被迫逃离马德里，经谈判最终废弃了埃斯基拉切时期过于严苛的法令。但骚乱也带给西班牙王室削弱教会和加强王权的契机。虽然 18 世纪西班牙的启蒙主义和王权至上主义都强调政教分离，但绝不意味着要把教会排除出公共生活，因此西班牙的王室虽然和教会区分了职能，但国家与教会之间仍然是互助与合作的关系。⑤ 天主教中的耶稣会更是支持罗马教廷，反对

---

① Stanley Stein and Barbara Stein, 2003: *Apogee of Empire: Spain and New Spain in the Age of Charles III, 1759~1789*, Baltimore and London: The Johns Hopkins University Press, p. 25.
② Charles Noel, 1990: "Charles III of Spain," in Hamish Scott, eds., *Enlightened Absolutism: Reform and Reformers in Later Eighteenth Century Europe*, London: Macmillan, p. 128.
③ Ronald Asch, 2008: "Absolutism and Royal Government," in Peter Wilson, ed., *A Companion to Eighteenth Century Europe*, Oxford: Blackwell Publishing, p. 456.
④ 事实也证明了埃斯基拉切过于激进的政策是不必要的，此后的改革家阿兰达（Aranda）通过让这类传统服装成为刽子手的制服，便轻易让西班牙厌恶和放弃这类服饰。参见〔美〕威尔·杜兰《世界文明史 10：卢梭与大革命》，幼狮文化公司译，东方出版社，1998，第 250~251 页。
⑤ Gabriel Paquette, 2008: *Enlightenment, Governance, and Reform in Spain and Its Empire, 1759~1808*, New York: Palgrave Macmillan, pp. 73~74.

王权至上。当耶稣会被认为参与了马德里骚乱后，卡洛斯三世通过支持詹森派来打击耶稣会以及同它关系密切的学院派，同詹森派、支持王权的主教以及憎恨耶稣会的奥古斯丁修会会士（Augustinian）结成联盟，很快就于1767年在西班牙及其殖民地驱逐了耶稣会士。① 耶稣会士逃亡教皇国之后，佛罗里达布兰卡（Floridablanca）采用外交手段说服罗马教皇解散了耶稣会。②

强大利益集团使得王室改革难以有效实施。卡洛斯三世是18世纪波旁王朝少有的贤君，但迫于贵族压力，在改革之初便没有制定激进的目标。缺乏足够的国家能力让西班牙王室在遇到阻力之后只能选择妥协，因此改革注定难以走远。由于没有改革整个体系，新政的效果非常有限，新任命的官员没有保护平民反而受权贵的影响而腐化或者被边缘化。③ 尽管学院派遭到打压，学院中的教授仍然可以通过歪曲政策和怠工来抵消改革的影响，抵制新课程的推行。④ 到18世纪80年代，改革设计者坦努西（Tanucci）试图打击领主的司法权，但此时已经得不到任何支持。相比教会，贵族的特权受到的损害要小得多。但是卡洛斯三世想要废除宗教裁判所的努力也没有成功，据说他曾感慨道："西班牙人想要这样，我不妨顺其自然。"⑤

在本土加强集权遭到抵制之后，西班牙开始将改革的注意力转向殖民地，卡洛斯三世任命加尔维斯（Galvez）为殖民地总督，开始在殖民地推行新政。西班牙在殖民地建立常备军，同时在加勒比海地区修建要塞，以加强对殖民地的控制。⑥ 然而殖民地的改革在加强皇室权威的同时，也增加了不平等，封闭了克里奥尔人（Creole）（即早期在殖民地出生的西班牙人后裔）在当地政府中获得职位的通道。加尔维斯

---

① Charles Noel, 1990: "Charles Ⅲ of Spain," in Hamish Scott, eds., *Enlightened Absolutism: Reform and Reformers in Later Eighteenth Century Europe*, London: Macmillan, p. 135.
② Franco Venturi, 1984: *The End of the Old Regime in Europe, 1776~1789, Part I: The Great States of the West*, Princeton: Princeton University Press, p. 239.
③ 〔美〕雷蒙德·卡尔：《西班牙史》，潘诚译，东方出版中心，2009，第177页。
④ Charles Noel, 1990: "Charles Ⅲ of Spain," in Hamish Scott, eds., *Enlightened Absolutism: Reform and Reformers in Later Eighteenth Century Europe*, London: Macmillan, p. 136.
⑤ 〔英〕塞缪尔·E.芬纳：《统治史（卷三）：早期现代政府和西方的突破——从民族国家到工业革命》，马百亮译，华东师范大学出版社，2014，第410~411页。
⑥ Carlos Marichal, 2007: *Bankruptcy of Empire: Mexican Silver and the Wars Between Spain, Britain and France, 1760~1810*, Cambridge: Cambridge University Press, p. 25.

和当时波旁王朝的改革者都不信任他们,因为他们并不认可新西班牙是卡斯提尔(Castile)王国管辖的领土的一部分,更不认同过去的哈布斯堡帝国的概念。[①] 殖民地的改革增强了王室对殖民地的控制力,为此后的经济和财政改革打下权力基础,但也意味着与殖民地精英的矛盾进一步加剧。

三 小结

战争失败和思想启蒙促使法国和西班牙进行政治改革。政治改革是其他改革的前提,法国和西班牙都希望通过加强中央集权和削弱特权阶级来获得权力,但遭到特权阶级的激烈反抗,特权阶级在无法与中央正面对抗时,便动员民间力量反制,借此阻挠中央政府的改革。总体来看,法国的政治改革比西班牙的更为激进,阻力也更大。西班牙的渐进式改革带来的变动很小,很少在根本上触及特权阶级的利益,因而西班牙王室在政策和法规的制定上遇到的阻力要小得多,但是即便如此,西班牙仍然很快将政治改革转向殖民地。表5-2、图5-1为法国与西班牙的政治改革。

表5-2　　　　　　　　　法国与西班牙的政治改革

	措施	反对者	反对方式	政策后果
法国	派遣监察官	穿袍贵族	结社反对	地方矛盾加剧
	提拔中下级贵族	佩剑贵族	消极懈怠	军队无法镇压叛乱
	控制收买教会	高等法院	打击教会	驱逐耶稣会
	加强中央集权	民众	暴动	召开三级会议与爆发革命
西班牙	派遣监察官	—	—	—
	提拔中下级贵族	学院派	怠工、煽动民众	民众被煽动
	剥夺教廷权力	耶稣会	煽动民众	民众被煽动
	加强中央集权	民众	暴动	改革被迫暂停
	加强殖民地管控	殖民地精英	独立运动	殖民地精英不满加剧

---

① Charles Truxillo, 2001: *By the Sword and the Cross: The Historical Evolution of the Catholic World Monarchy in Spain and the New World, 1492~1825*, Westport: Greenwood Press, p. 100.

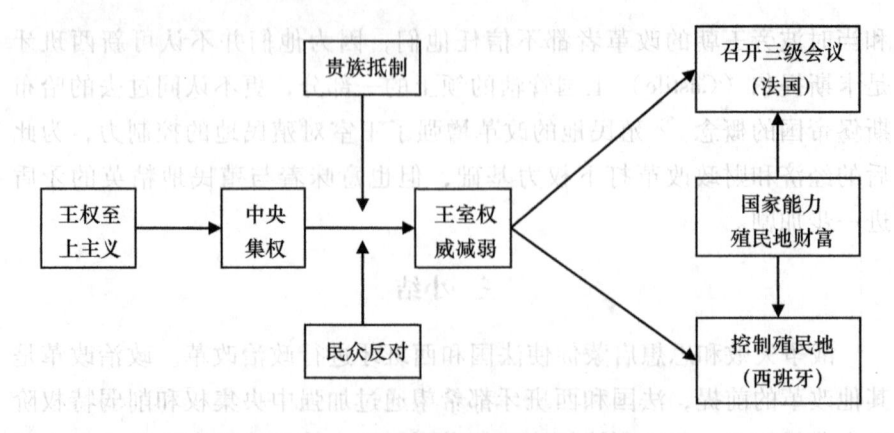

图 5-1　法国与西班牙的政治改革

资料来源：笔者自制。

第五节　法国与西班牙的经济改革

  18 世纪西欧国家的经济水平开始出现分流。18 世纪初法国与西班牙同英国的差距尚不大，英国的人均国内生产总值仅为 1250 国际元，法国为 910 国际元，而西班牙为 853 国际元，但是到 19 世纪初时，英国的人均 GDP 已经是法国和西班牙两国的 1.5 倍以上。[①] 18 世纪中期工业革命爆发后，英国的技术已经明显领先于西欧其他国家。它既是各国学习和效仿的榜样，也是备受竞争者羡慕和担忧的经济霸主，所有的国家都来观察、访问和努力学习英国。[②] 七年战争进一步加剧了法国和西班牙的经济困难。法国在战争中失去了大部分海外殖民地，其在大西洋沿岸的商业被打断，尤其是中转贸易和棉花制造业，这些都是法国发展最快的部门，从而成为法国经济的转折点。[③] 西班牙的经济在 18 世纪 60 年代出现了负增长，人均 GDP 比 50 年代下降了约 2.6%。[④] 在危机和鲜明的反差之下，

---

① 〔英〕安格斯·麦迪森：《世界经济千年统计》，伍晓鹰、施发启译，北京大学出版社，2009，第 51~61 页。
② 〔英〕哈巴库克、波斯坦主编：《剑桥欧洲经济史（第六卷）：工业革命及其以后的经济发展：收入、人口及技术变迁》，王春法等译，经济科学出版社，2002，第 333~334 页。
③ 〔美〕伊曼纽尔·沃勒斯坦：《现代世界体系》第 3 卷，孙立田等译，高等教育出版社，2000，第 91 页。
④ 数据参照了阿尔瓦雷斯等人的估算，西班牙的人均 GDP 在 18 世纪大多数时间都是增长的，只有在 18 世纪 60 年代出现倒退，参见 Carlos Álvarez-Nogal and Leandro Prados De La Escosura, 2013: "The Rise and Fall of Spain (1270~1850)," *The Economic History Review*, Vol. 66, No. 1, p. 33。

第五章 第一波半现代化之"帝国的黄昏":18世纪后期法国与西班牙的改革之殇　163

法国和西班牙从18世纪中期开始进行经济改革。

一　法国的经济改革

法国的经济改革始于18世纪70年代,经济自由化是改革的主题曲,这意味着要改变路易十四时代让—巴普蒂斯特·柯尔贝尔(Jean-Baptiste Colbert)的重商主义路线。最初倡导自由化的是以杜尔哥为代表的重农主义学派,他们深受英国发展模式的影响,认为通过自由开放的经济可以促进技术进步,增强法国的核心竞争力。

在路易十四的支持下,财政大臣杜尔哥制定了最初的经济改革的新政。他提出了著名的六条法令(Six Edicts),其中最重要的三条政策是推动国内自由市场的改革。首先,取消各种行业协会。法国在1749年对劳工的立法中规定了工人对师傅的从属地位,尽管法律规定禁止工人成立联盟,但工人时常通过在餐馆或者咖啡馆的聚会来组织活动,要求提高工资。① 杜尔哥的自由化政策既禁止了行会对工人的控制,也禁止工人的集会,试图将社会"原子化"来实现政府强力管制下的"自由"。其次,打击垄断公司,取消特许经营权。受到特许权的限制,企业家、手工业者和工人没有足够的自由创新的空间。工人没有选择职业的自由,垄断公司可以用非常低廉的价格来雇佣他们。② 杜尔哥指责垄断公司通过限制市场准入减少了贸易机会,导致高价格、低质量产品的泛滥,他呼吁应该让任何人都有平等参与贸易的机会。③ 最后,实现谷物自由贸易流通,取消政府的价格管制,这也是最具争议的一条法令。杜尔哥试图通过贸易自由化来打破垄断,借助市场力量稳定粮食价格。另外三条则是为了减轻当时税赋最重的农民的负担:取消监察官强迫农民修筑道路的劳役,代之以有报酬的劳役;降低农业税;限制政府机构及其开支。④

杜尔哥的经济改革并没有得到预期的支持。法令公布不久,巴黎高等法院就直接拒绝登记,但是在路易十六的支持之下仍然可以通过"御临法院"来强行注册。免除劳役的措施遭到贵族和教士的反对,这些特权

---

① Jeff Horn, 2006: *The Path not Taken: French Industrialization in the Age of Revolution, 1750~1830*, Cambridge: The MIT Press, pp. 22~23.
② David Gordon, ed., 2011: *The Turgot Collection: Writings, Speeches, and Letters*, Auburn: Ludwig von Mises Institute, p. 275.
③ Jeff Horn, 2006: *The Path not Taken: French Industrialization in the Age of Revolution, 1750~1830*, Cambridge: The MIT Press, p. 23.
④ David Gordon, ed., 2011: *The Turgot Collection: Writings, Speeches, and Letters*, Auburn: Ludwig von Mises Institute, pp. 261~315.

阶级还控制了地方法院，他们要坚决捍卫旧制度下的特权。① 禁止行业协会的法令损害了各行业师傅们的利益，因为他们失去了对工人的控制。尽管摆脱行业协会让工人得到了实惠，但由于法令禁止工人结社，他们失去了同资本家和行业协会的议价能力，因而其利益仍旧很难得到保障。最初普通市民为废除特许公司感到欣喜，自发上街狂欢庆祝。放开管制则更是经济改革中最具负面效应的政策，由于18世纪后期法国的谷物生产跟不上人口增长，拥有土地的家庭越来越少，并且国王也无法阻止农民家庭成员对土地的分割，以至于土地太少而无法养活整个家庭，越来越多的家庭被迫到市场上购买土地，1766~1792年法国几乎每两年就会暴发一次粮食危机。② 在粮食供不应求的情况下，政府取消管制导致了粮价暴涨。大众不但没有欢迎改革，反而强烈要求应该按照传统模式对经济进行管理，使之不至于失控。③ 民众在特权阶级的煽动下发动暴动，尽管杜尔哥动用强力手段镇压了骚乱，但骚乱使他失去了特权阶级和民众的支持，改革的阻力越来越大。路易十六被迫在1776年解除他的职务，内克尔上台后先后恢复了价格管控和行会的特权。

在国内改革受挫之后，改革者试图开放对外贸易来倒逼改革。1783年，内克尔的继任者卡洛讷上台。卡洛讷部分沿袭了杜尔哥的政策，废除内部关税壁垒，统一国家市场。更为重要的是，卡洛讷在1784年实施开放市场，希望可以"一石二鸟"：一方面通过对走私贸易征税解决财政危机，另一方面借助市场压力强制革新。④ 开放市场虽然让出口部门受益，尤其是让拥有大庄园生产葡萄酒的大贵族获利，但是新兴工业部门却因此受到巨大冲击，解决法国大量就业的纺织业首当其冲，因为工业革命后英国机械化生产的成本低于法国。1786年签订的《英法商约》造成了法国国内广泛的失业：仅1787年就有18万人失业，到1789年已使50万工人丧失生计，并毁掉了1万家商业公司。⑤ 大量的失业和1788年严重的自

---

① Jeff Horn, 2006: *The Path not Taken: French Industrialization in the Age of Revolution, 1750~1830*, Cambridge: The MIT Press, p. 26.
② 〔美〕杰克·戈德斯通：《早期现代世界的革命与反抗》，章延杰等译，上海人民出版社，2013，第243页。
③ 〔美〕巴林顿·摩尔：《专制与民主的社会起源——现代世界形成过程中的地主和农民》，王茁、顾洁译，上海译文出版社，2013，第69页。
④ 〔美〕伊曼纽尔·沃勒斯坦：《现代世界体系》第3卷，孙立田等译，高等教育出版社，2000，第103页。
⑤ Jeff Horn, 2006: *The Path not Taken: French Industrialization in the Age of Revolution, 1750~1830*, Cambridge: The MIT Press, p. 73;〔美〕伊曼纽尔·沃勒斯坦：《现代世界体系》第3卷，孙立田等译，高等教育出版社，2000，第107页。

然灾害加剧了普通民众的不满，经济改革失败为大革命提供了社会基础。

二 西班牙的政治改革

西班牙的经济改革比法国更早，始于18世纪60年代。英法两国的经济学著作开始出现西班牙语译本，尽管宗教裁判所禁止这类启蒙著作，但上流社会仍然可以通过走私图书等途径获得。启蒙思想深刻影响改革派高官，例如皇室会议主席阿兰达（Aranda）就是伏尔泰的好友，皇室会议的成员坎波玛内斯（Campomanes）和佛罗里达布兰卡则深受法国重农主义和英国自由主义的影响。在顾问和幕僚的推动下，卡洛斯三世在战争结束后不久就着手经济改革，希望借此增强王室的军事和政治力量，洗刷七年战争的耻辱。

在决策阶段，西班牙的经济改革主要从工商业和农业两个方面进行。西班牙对于工商业的基本政策是鼓励自由市场。早期西班牙各地尤其是马德里的行业协会控制和垄断着整个产业，西班牙同样颁布法令取消各行会的垄断权代之以自由贸易。[①] 卡洛斯三世通过降低税率来鼓励工商业发展，将马德里的销售税（Alcabala）总体降低2%，又分别将安达卢西亚（Andalusia）和卡斯蒂利亚（Castilla）的销售税从14%降至8%和5%。[②]同时，西班牙通过实行保护性的关税、补贴和王室的直接投资来促进国内工业发展，并取消对从事工商业的歧视来增强人们对这类行业的尊重。农业政策改革的主要目的是保护农民，废除中世纪遗留下的贵族特权。中世纪的法律允许贵族在农民的土地上任意放牧，农民的产权无法得到保护。1766~1767年，在坎波玛内斯和佛罗里达布兰卡的倡导下，西班牙终于立法保护农民的财产权。[③] 此外，卡洛斯三世通过兴修道路降低西班牙内部的交易成本，鼓励外国移民去开垦西南部荒芜的土地，并要求市政府将其名下未耕种的公有土地以最低的实际地租承租给农民。[④] 与法国一样，

[①] Henry Schoellkopf, 1902: *The Enlightened Despotism of the Eighteenth Century: Charles III in Spain*, Ithaca: Cornell University Press, p. 55.

[②] Henry Schoellkopf, 1902: *The Enlightened Despotism of the Eighteenth Century: Charles III in Spain*, Ithaca: Cornell University Press, p. 77.

[③] Henry Schoellkopf, 1902: *The Enlightened Despotism of the Eighteenth Century: Charles III in Spain*, Ithaca: Cornell University Press, p. 46.

[④] 〔美〕威尔·杜兰:《世界文明史10：卢梭与大革命》，幼狮文化公司译，东方出版社，1998，第255页。

西班牙经济改革中争议最大的是谷物贸易自由化改革。西班牙谷物贸易的传统是由中央制定地方政府实施的价格管控政策,教会和贵族占有绝大多数土地,他们经常囤积粮食高价出售。为此西班牙在 1765 年废除了价格管控,允许谷物自由流通和交易,并规定部分地方政府需要在粮食短缺时提供必要的供应。[1]

西班牙的新经济政策在动员和实施过程中受到了贵族和教会的敌视。改革威胁到了教会的财产,贵族也预感到埃斯基拉切的新政会威胁到他们的利益,垄断粮食贸易的五大商会也极力反对改革。经济改革在具体执行中偏离了埃斯基拉切等人最初的预期。当地有权势的人控制了市政府并且同地方法院结成同盟,他们侵吞政府的谷仓和公共资金,并以低价格获得地方政府的土地。地方政府由于缺乏足够的经验和责任心,在储备粮食时没有采取逐步买入的策略,反而在粮食短缺时大规模买进,这既推高了粮食的价格又造成谷仓的巨额损失。为减少损失,地方政府禁止外地的低价粮食进入,从而进一步推高了价格。[2] 同法国一样,西班牙在 18 世纪末也面临着人口持续增长和粮食供不应求的问题。开放谷物自由贸易之后,西班牙国内出现了对面包价格上涨的普遍焦虑。[3] 在粮食持续歉收的影响下,小麦价格在 1761~1765 年上涨了 60%。[4] 改革激怒了贫困的消费者,民众对卡洛斯三世大失所望,在耶稣会的煽动与贵族的暗中支持下,马德里爆发大规模骚乱。卡洛斯三世最终被迫恢复价格管制,并将财务大臣埃斯基拉切撤职。

本土的改革遇到阻力后,卡洛斯三世将改革转向殖民地。殖民地经济改革的目的是增强对殖民地的控制,并借助殖民地经济来促进宗主国的发展,因而西班牙在殖民地的自由贸易政策并非英国式的自由放任,更接近重商主义。一方面,西班牙消除了加的斯(Cadiz)在大西洋贸易中的垄断行为。过去西班牙的大西洋贸易都要经过西班牙南部港口加的斯,以便于对货物进出口征收重税。这造成了巨大的贸易损失,也导致了走私猖

---

[1] Laura Rodríguez, 1973: "The Spanish Riots of 1766," *Past & Present*, Vol. 59, No. 1, pp. 118~120.

[2] Laura Rodríguez, 1973: "The Spanish Riots of 1766," *Past & Present*, Vol. 59, No. 1, pp. 121~122.

[3] Christopher Storrs, 2008: "Iberia: Spain and Portugal in the Eighteenth Century," in Peter Wilson, ed., *A Companion to Eighteenth Century Europe*, Oxford: Blackwell Publishing, p. 328.

[4] Stanley Stein and Barbara Stein, 2003: *Apogee of Empire: Spain and New Spain in the Age of Charles III, 1759-1789*, Baltimore and London: The Johns Hopkins University Press, p. 47.

獗。1765 年，商业自由化的改革打破了加的斯的垄断并开放至八个港口；1778 年，西班牙进一步深化改革，完全废除了加的斯的垄断地位，试图重新确保西班牙对殖民地贸易的控制。[1] 另一方面，西班牙王室加强了对殖民地的垄断与剥削。为了保护宗主国的纺织业，西班牙规定所有销往殖民地的纺织物必须得到政府的许可。[2] 西班牙在殖民地的经济来源主要分为三个部分，最多的是国家对以烟草为主的特许垄断经营，约占总收入的1/3；矿业税和贸易税收入相近，两者共约占总收入的1/4。[3] 在过去特许垄断组织的基础上，西班牙进一步拓宽了王室的特权，从1766年起不准再建私营烟场，到1775年，墨西哥销售雪茄烟和香烟的商店已由王室经营的专卖处所取代。[4] 除了烟草外，西班牙还实行对水银、火药和盐等商品的垄断。大部分的垄断收入没有被用于当地发展，而是被运往马德里。表5-3、图5-2为法国与西班牙的经济改革。

表5-3　　　　　　　　　　法国与西班牙的经济改革

	措施	反对者	反对方式	政策后果
法国	打击行业协会	大资本家	—	—
	谷物贸易自由化	民众	暴动	杜尔哥下台
	取消强迫劳役	贵族	动员民众	国内骚乱
	对外贸易自由化	进口部门	—	失业和倒闭潮
西班牙	打击行业协会	大资本家	—	—
	谷物贸易自由化	民众	暴动	埃斯基拉切下台
	保护农民产权	贵族	动员民众	国内骚乱
	国有特许经营	殖民地人民	独立运动	19世纪殖民地独立
	保护性关税	—		低效垄断

资料来源：笔者自制。

---

[1] Gabriel Paquette, 2008: *Enlightenment, Governance, and Reform in Spain and Its Empire, 1759 ~ 1808*, New York: Palgrave Macmillan, pp. 102 ~ 103.

[2] Stanley Stein and Barbara Stein, 2003: *Apogee of Empire: Spain and New Spain in the Age of Charles III, 1759 ~ 1789*, Baltimore and London: The Johns Hopkins University Press, p. 168.

[3] Carlos Marichal, 2007: *Bankruptcy of Empire: Mexican Silver and the Wars Between Spain, Britain and France, 1760 ~ 1810*, Cambridge: Cambridge University Press, p. 59.

[4] 刘文龙：《大国通史：墨西哥通史》，上海社会科学院出版社，2008，第85页。

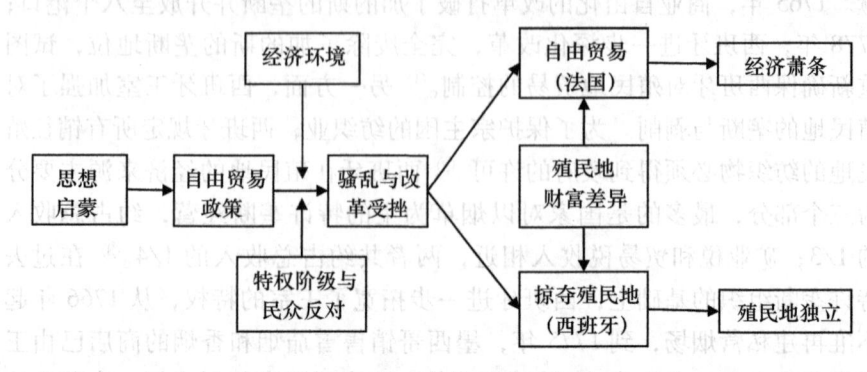

图 5-2　法国与西班牙的经济改革

资料来源：笔者自制。

西班牙王室在改革中夺取了贵族和特许商人过去在大西洋贸易中的特权，通过将大西洋贸易国家化来增强王室的军事和政治力量。因此西班牙在美洲的贸易额开始超越其他欧洲国家，在20多年内增长了7倍。[1] 卡洛斯三世在殖民地的经济改革增加了财政收入，然而西班牙经济并没有恢复活力，因为它过度依赖于皇室垄断和贸易保护。[2] 改革本身仅仅从王室而非殖民地的利益出发，因此攫取型的经济制度反而恶化了殖民地经济，加剧了其与宗主国之间的矛盾。

三　小结

法国和西班牙经济改革的目的是破除贵族的经济特权，通过市场化改革增强国内经济的竞争力。然而，经济改革时常被特权阶级抵制和歪曲，而当时的经济环境已不利于改革，开放市场反而导致市场失灵。因为只有在谷物供应充足时，贸易自由化才有助于破除垄断，通过减少交易成本来减轻人民的负担。但18世纪末，西欧人口增长造成了农产品相对短缺，在供给不足时放开经济管制，既因为破除垄断得罪了特权阶级，又因为价格上涨得罪了普通民众。经济改革受挫后，法国和西班牙走向两条不同的道路。法国选择开放国际贸易，试图以开放倒逼改革，

---

[1] Charles Noel, 1990: "Charles Ⅲ of Spain," in Hamish Scott, eds., *Enlightened Absolutism: Reform and Reformers in Later Eighteenth Century Europe*, London: Macmillan, pp. 138~139.

[2] Charles Truxillo, 2001: *By the Sword and the Cross: The Historical Evolution of the Catholic World Monarchy in Spain and the New World, 1492~1825*, Westport: Greenwood Press, p. 99.

但法国经济已经处于下行期且缺乏竞争力,因此很快在同英国廉价商品的竞争中面临困境。而拥有广袤殖民地的西班牙则选择加强对殖民地的垄断和控制,通过攫取殖民地财富来促进国内经济发展,这成为19世纪殖民地独立运动的开端。

第六节　法国与西班牙的财政改革

18世纪中后期,军事技术变革、常备军制度的建立和通货膨胀等诸多因素让政府的军事支出急剧上升,频繁的对外战争让法国和西班牙再度面临财政危机。过去两国所依赖的财政手段逐渐失效,通胀导致生活必需品越发昂贵,税赋已经不能再高,因为如果负担过重,就会引发百姓接连不断的抗议。旧制度本身的局限也影响了国家的征税能力,正如孟德斯鸠所言:"国民享受的自由越多,便越可征收较重的赋税。而专制国家是不能够增加赋税的,因为奴役已经到了极点而不能再增加。"[①] 财政问题已经影响到国家稳定和对外战略,它是一系列改革的核心和君主最为关心的问题。

一　法国的财政改革

七年战争期间,法国每年要支付3700万里弗的军费,路易十五通过举债而非增税的方式来支付这笔庞大的费用,这导致法国国债从1753年的1.36亿里弗升至1764年的2.35亿里弗。[②] 法国的税率增加数次之后已经无法提高。1756年,法国的税收增加了1/20,以便为七年战争筹集军费,1760年又增加了一次。[③] 由于战争所引发的财政危机和各地高等法院的抵制,法国在1770~1774年已经濒临破产。改革开始之初,法国的收入只有2.13亿里弗而支出却达到2.35亿里弗。[④] 路易十六时期的历次改革主要由财政大臣推动,分别是杜尔哥的改革(1774~1776年)、内克尔的改革(1777~1781年)、卡洛讷的改革(1783~1787年)和布里安的

---

① 〔法〕孟德斯鸠:《论法的精神》,张雁深译,商务印书馆,2005,第261~262页。
② Daniel Marston, 2001: *The Seven Years' War*, Northants: Osprey Publishing, p. 860.
③ 〔英〕科林·琼斯:《剑桥插图法国史》,杨保筠、刘雪红译,世界知识出版社,2004,第167页。
④ 〔美〕威尔·杜兰:《世界文明史10:卢梭与大革命》,幼狮文化公司译,东方出版社,1998,第760页。

改革（1787～1788年）。

路易十六时期四任财政大臣的改革措施可以总结为开源节流，即减少支出和增加收入。首先，减少支出对于政府来说相对容易，因为在程序和法律上面临的阻力较少。杜尔哥通过削减预算和铲除腐败无能的官员，在1775年就减少了6000万银币的支出，并把国债利息从870万里弗降低到300万里弗。政府信用因而大大恢复，使得他能以4%的利率从荷兰银行家手中获得6000万里弗的贷款，来偿清高利率（7%～12%）的债务。[1]内克尔同样进行大刀阔斧的改革，他削减了个人抚恤金，将这部分成本从每年3520万里弗降低到2800万里弗，并将支付给王室的预算也减少了200万～250万里弗。[2] 同时，内克尔通过财政国有化来减少支出。由于法国公共信贷体系不发达，政府的会计官员可以通过从民间集资转借给政府，从而赚取利息差价，这极大提高了政府借贷的成本。因而内克尔通过将所有的短期贷款集中化来避免官员对空闲资金的投机倒把，从而降低了贷款成本。其次，增加收入的手段包括借贷和向特权阶级征税。借款受到的阻力较小相对容易通过，因为它在短期内不会损害任何人的利益。内克尔担任财务大臣期间，积极发挥其银行家的特长，通过大举借债在短时间内增加政府的收入来支持战争。北美独立战争爆发以后，内克尔筹集大笔金额支援美国独立，最终法国在战争中投入的费用高达10亿里弗。[3] 尽管这一系列措施能够在短期内缓解危机，避免政府破产，但要解决财政问题归根结底还是需要增加政府的常规收入，由于民众的负担已不能更重，只能向统治阶级内部征税，因此这便成为财政改革的难点。

在财政改革的动员过程中，征税的目标主要是教会和贵族。法国的教会虽然被免除了直接税，但是仍要定期向国王缴纳"自愿捐赠"。在王室遇到财政危机时，教会通常愿意以捐赠的形式来支持财政，到1780年时教会已经为王室负债1.4亿里弗。但是教会并非任由王权处置的群体，一方面，教会因承担着在意识形态上支持正统秩序的任务而在统治集团中举足轻重；另一方面，教会是法国行动最为一致的组织，每隔5年就要召开教士会议。一旦王权试图损害教会隐匿财政和免税的

---

[1] 〔美〕威尔·杜兰：《世界文明史10：卢梭与大革命》，幼狮文化公司译，东方出版社，1998，第761页。

[2] Thomas Ertman, 1997: *Birth of the Leviathan: Building States and Regimes in Medieval and Early Modern Europe*, Cambridge: Cambridge University Press, p. 149.

[3] 〔美〕威尔·杜兰：《世界文明史10：卢梭与大革命》，幼狮文化公司译，东方出版社，1998，第770页。

第五章　第一波半现代化之"帝国的黄昏"：18世纪后期法国与西班牙的改革之殇　　171

特权，例如1780年政府试图再次评估教会财产和对教会领主征税时，教会就会奋起反击，甚至会煽动民众或者利用"自愿捐赠"进行政治讹诈。① 法国的贵族则分为佩剑贵族和穿袍贵族，两者逐渐在路易十五时期联合起来与王权对抗。② 佩剑贵族没有政治权力，但是在纳税上享有特权，依靠自己的特权以及与地方局的关系，能逃避沉重的赋税。穿袍贵族占据了各大法院，高等法院反对征收收入税，认为，"新增税收必须得到纳税人的同意"，拒不接受国王关于公正地重组直接税的主张。③ 高等法院提出要"保卫当时的社会免遭财政饥渴的政府的侵夺"，它们并不是仅仅以此为借口来维护贵族的利益，而是真心诚意地保护全民的利益，因而得到了广泛的支持。④

　　在政策实施阶段，我们仍然从三个方面来看执行的效果。首先，针对特权阶级的增税政策。法国试图对贵族新增的税收包括农业税、租税和个人所得税，特权阶级仍然有足够的方法去应对。对于农业税，贵族领主可以通过对租金的调整将其转嫁给农民；对于租税则通过影响税评人员和购买豁免权来规避；对于所得税则通过少报瞒报来逃税，例如皇族每年应当缴纳240万里弗的所得税，但实际上仅仅缴纳了18.8万里弗。⑤ 其次，内克尔的借贷政策。内克尔为了支持战争而过度举债，花费高达10亿里弗，尽管信贷扩张一定程度上刺激了经济，但长期来看却让财政急剧恶化，再度濒临破产。最后，削减支出所节约的收入对庞大的战争开支而言只是杯水车薪，它所造成的紧缩在短期内却进一步加剧了经济困难。削减支出引起统治阶级内部的普遍不满：王室开支减少造成王后对内克尔的不满，官员工资下降引发了普遍的懑意，金融资本家则因被断财路而仇恨改革者，改革派空前孤立。1781年，内克尔公布了法国政府的财政预算，由于该报表透露了巨额的王室赏赐而引起整个社会的公愤，这触及了统治集团的底线，内克尔被迫辞职。由于特权阶级对改革者的敌视

---

① 〔英〕威廉·多伊尔：《法国大革命的起源》，张弛译，上海人民出版社，2014，第77~78页。
② Franklin Ford, 1962: *Robe and Sword: The Regrouping of the French Aristocracy After Louis XIV*, Cambridge: Harvard University Press.
③ 〔美〕杰克·戈德斯通：《早期现代世界的革命与反抗》，章延杰等译，上海人民出版社，2013，第215页。
④ William Doyle, 1972: "Was There an Aristocratic Reaction in Pre-Revolutionary France?" *Past and Present*, Vol. 57, No. 1, p. 104.
⑤ 〔美〕杰克·戈德斯通：《早期现代世界的革命与反抗》，章延杰等译，上海人民出版社，2013，第205页。

和财政改革本身存在的副作用，财政改革几乎引起了社会各个阶层的不满，历次财政改革都以失败告终，路易十六只能通过召开三级会议来解决财政危机。

二　西班牙的财政改革

由于卡洛斯三世积极推进军事现代化和战争的巨额支出，军费开支急剧上升，占总支出的 1/4 以上，其中一半以上的军费都被用于建设海军。[①] 尽管西班牙可以通过殖民地的收入来改善政府收支，但仍然不足以支持西班牙的军事现代化和战争的开支，因而需要通过改革财政体制来筹集资金。西班牙的财政体系比法国更为复杂，宗主国与殖民地之间形成复杂的税收转移网络，它包括三个层面：首先是在宗主国区域内的征税，其次是各殖民地间的财政互补，最后是殖民地向母国的汇款。[②]

西班牙的财政改革主要集中于第一个层面和第三个层面。首先，西班牙通过打击教会来获得更多的财政收入。西班牙的教会和王权有着几个世纪的共生与合作，这使得西班牙的政教分离比欧洲的任何国家都困难。教会主要财源有三个方面：一是什一税，二是通过遗赠和购买方式所积累的土地带来的收入，三是向外界尤其是政府提供的贷款利息收入。政府财政依赖教会的贷款，自然对教会敬畏三分。随着教会资产的不断膨胀，教会的免税特权既影响到国家的财政收入，也损害王室的权威。到 18 世纪 50 年代，西班牙教会已攫取了近 15% 的国民收入，牧师的收入是非神职人员的 5 倍。[③] 改革的目标之一就是削弱教会的财税特权，王室在 1761 年接管了教会主要的税收项目，清退了许多试图逃税的牧师，并对教会的土地征税，尽管税率只有普通税的一半。同时卡洛斯三世要求教会"自愿"捐款，并向各修道院索取他们全部收益的 8%。[④] 其次，西班牙加强了对殖民地的掠夺。在西欧国家中，只有西班牙和葡萄牙的殖民地对宗主国兵力和对财政收入有贡献，其他国家最多只能用殖民地所征收的税收来维持

---

① Henry Schoellkopf, 1902: *The Enlightened Despotism of the Eighteenth Century: Charles Ⅲ in Spain*, Ithaca: Cornell University Press, pp. 81～83.

② Carlos Marichal, 2007: *Bankruptcy of Empire: Mexican Silver and the Wars Between Spain, Britain and France, 1760～1810*, Cambridge: Cambridge University Press, pp. 30～31.

③ Stanley Stein and Barbara Stein, 2003: *Apogee of Empire: Spain and New Spain in the Age of Charles Ⅲ, 1759～1789*, Baltimore and London: The Johns Hopkins University Press, pp. 33～34.

④ Henry Schoellkopf, 1902: *The Enlightened Despotism of the Eighteenth Century: Charles Ⅲ in Spain*, Ithaca: Cornell University Press, p. 76.

第五章 第一波半现代化之"帝国的黄昏"：18 世纪后期法国与西班牙的改革之殇　173

费用，在战时则根本无法维持支出。① 卡洛斯三世通过往殖民地派遣监察官和实施严格的军事管控进一步攫取殖民地的财富，并向荷兰出售从殖民地获得的黄金以及在殖民地出售皇家彩票来筹措资金。此外，西班牙同样实施减少行政开支和发行偿付利息的政府债券来改善财政收支。但西班牙政府的信用好于法国，当西班牙的债券跌至票面价值的 70%～80% 时，西班牙在 1782 年创设了第一家银行——圣卡洛斯银行，以票面额赎回债券来恢复国家财政信用。②

西班牙的财政改革完全是由传统贵族推动的，目的在于增加王室收入。殖民地改革一定程度上促进了经济发展，但也存在诸多掠夺性政策，例如各类垄断专卖权和关税收入，因而加剧了土生白人与宗主国之间的矛盾。在本土改革中，改革者经历了 1766 年的骚乱后对民众并不信任，他们只希望在精英牢牢控制的社会中，拥有高效且顺从的农民和工商业者。中产阶级在改革中受益不多，因此对于改革也不积极；民众对改革持强烈反对态度，因为改革所需要的成本大部分成为民众的负担，而改革的目标又过于分散，最终大部分改革项目因缺乏足够的资金支持而虎头蛇尾。③

改革实施后，西班牙从殖民地获得的财富大幅上升。18 世纪 60 年代，西班牙年均从殖民地获得 312 万比索，到 90 年代高达 906 万比索。1750～1770 年西班牙从美洲输入的银币占铸币总量的 27%，1770～1790 年则达到了 40%。④ 西班牙未能将通过改革获得的资金用于国内建设，反而将大部分从新西班牙获得的资金用于支付利息和扩军。西班牙海军的吨位从 1765 年的 12.4 万吨增加到 1790 年的 25.3 万吨，增长近一倍，相比之下，法国的增幅为 85%，英国仅为 25%。⑤ 在北美独立战争期间，西班牙军费涨幅高达 37%，由于来自殖民地的收入被切断，西班牙出现财政危机。⑥ 西班牙

---

① 〔英〕亚当·斯密：《国富论：国民财富的性质和起因的研究》，谢祖钧译，新世界出版社，2007，第 457 页。
② 〔美〕威尔·杜兰：《世界文明史 10：卢梭与大革命》，幼狮文化公司译，东方出版社，1998，第 256 页。
③ Charles Noel, 1990: "Charles Ⅲ of Spain," in Hamish Scott, eds., *Enlightened Absolutism: Reform and Reformers in Later Eighteenth Century Europe*, London: Macmillan, pp. 141~142.
④ Carlos Marichal and Matilde Souto Mantecón, 1994: "Silver and Situados: New Spain and the Financing of the Spanish Empire in the Caribbean in the Eighteenth Century," *Hispanic American Historical Review*, Vol. 74, No. 4, p. 594.
⑤ Carlos Marichal, 2007: *Bankruptcy of Empire: Mexican Silver and the Wars Between Spain, Britain and France, 1760~1810*, Cambridge: Cambridge University Press, p. 24.
⑥ Stanley Stein and Barbara Stein, 2003: *Apogee of Empire: Spain and New Spain in the Age of Charles Ⅲ, 1759~1789*, Baltimore and London: The Johns Hopkins University Press, p. 175.

本土的改革虽然相较法国更为温和，但财政改革同时得罪民众和特权阶级，却又未有显著成效，最终在18世纪90年代被废止。在殖民地的改革中，当地人不但没有从改革中获益，反而被西班牙对殖民地的强力控制和对资源的掠夺所激怒，开始寻求脱离西班牙的统治。表5-4、图5-3为法国与西班牙的财政改革。

表5-4　　　　　　　　法国与西班牙的财政改革

	措施	反对者	反对方式	政策后果
法国	削减政府支出	官僚	消极怠工	执行力度减弱
	财政国家化	金融家	打击改革者	改革者被孤立
	打击教会	教会	舆论和煽动	部分民众被煽动
	打击贵族	贵族	舆论和法律制衡	高等法院反对征税
		民众	—	失去民众支持
	举借外债	—	—	财政破产
西班牙	打击教会	教会	—	—
	增加各类支出	民众	—	增加民众负担却无成效
	掠夺殖民地	殖民地人民	独立运动	19世纪殖民地独立

资料来源：笔者自制。

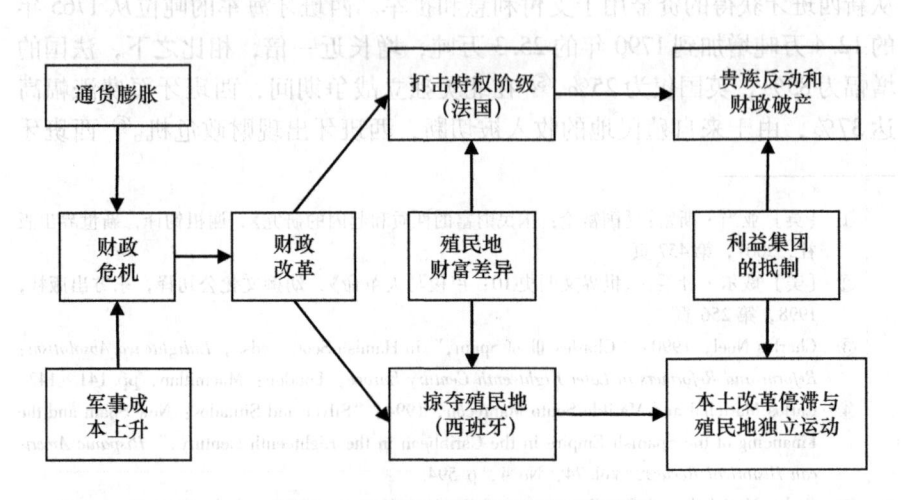

图5-3　法国与西班牙的财政改革

资料来源：笔者自制。

三　小结

战争成本急剧增加对旧制度的财政体系形成冲击，旧制度下的改革已经陷入两难困境：若任由事态恶化，巨额的利息就会导致财政危机，危及旧制度，而财政改革所激发的民众与贵族的反抗同样会威胁到旧制度的生存。西班牙和法国都选择了后者，但西班牙对殖民地的掠夺和转嫁使其财政危机并不如法国迫切，因而在本土的财政改革也相对温和。法国的改革除了借债几乎都是以得罪民众和统治集团内部为代价的，因此在集团内部激起强烈反抗，使得政府在濒临破产时被迫召开三级会议；而西班牙的改革力度相对较小，更多地通过对殖民地的控制来弥补财政缺陷，虽然没有触动本土贵族利益，但却引发了殖民地精英和民众的反抗，最终为19世纪初新西班牙的独立运动埋下伏笔。

本章小结

国际竞争和启蒙运动促使法国和西班牙在政治、经济和财政三个领域进行改革。在政治改革中，法国通过动员官僚机构和召开省三级会议等方式打击和削弱贵族的力量，激起了以高等法院为代表的贵族的强烈反抗；西班牙政治改革的力度要小得多，王室扶植中下层贵族来对抗学院派为代表的高级贵族。在经济改革中，法国和西班牙都采取了贸易自由主义的政策，对内破除垄断和壁垒，对外开放贸易和殖民地，但是受人口和经济周期的影响，经济自由化造成物价飞涨，西班牙的民众被动员起来反对新政，而法国的民众则在骚乱后进一步要求政治权利。在财政改革中，西班牙通过没收教会资产和掠夺殖民地来应对财政危机，激化了殖民地与宗主国的矛盾；而法国试图取消贵族特权遭到贵族集团的一致反对，导致王室在统治集团内部空前孤立。

需要进一步思考的是，改革失败为什么导致了法国和西班牙两种截然不同的命运。本部分将结合此前讨论的三个领域和各个变量的作用给出一个"因素+机制"的解释。如图5-4所示，改革经历了评估、决策、动员和执行四个阶段，这四个阶段本身组成了改革的核心机制，而殖民地、国际竞争、社会结构、国家能力和思想启蒙这些变量（因素）通过辅助机制作用于战略行为的不同阶段，最终造成了改革结果的差异。本章借助"因素+机制"的解释来深化对改革四个阶段中核心因素、辅助因素、核心机制和辅助机制的理解。第一，国际竞争主要影响改革的评估阶段，造成波旁王室的财政危机，迫使其进行改革。因此国际竞争是改革的前提变量，而财政危机可以理解为这一辅助机制的中介变量。第二，启蒙运动在政治、经济和财政理念上提供了新的思想，在决策阶段为改革指明方向。但思想的作用并非决定性的，而应当理解为辅助因素，即思想启蒙推动了改革的进程。第三，在动员阶段，国家能力对改革力度的影响是显而易见的。殖民地因素则通过辅助机制来影响改革的力度。由于法国缺乏殖民地来转嫁矛盾，这使得法国的政策选择更少，因而执行改革更为坚决。西班牙则不然，正如当时西班牙的一位官员所说，"西班牙未来的和平建立在忽视殖民地的利益之上，而法国缺乏这种优势"。[①] 第四，由于社会结构趋于利益固化，改革在执行过程中时常受到特权阶级和民众的反对，不利于改革的外部环境又加速了改革的失败。而外部的经济环境则通过辅助机制降低改革的经济绩效，加剧了改革的失败。

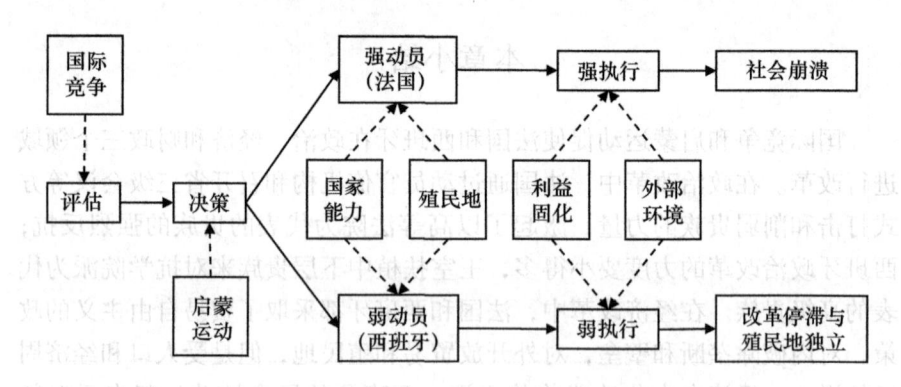

图 5-4 法国与西班牙改革的不同路径

资料来源：笔者自制。

注：实线代表核心机制，虚线代表辅助机制。

结合上述变量，图 5-4 给出了法国和西班牙两种不同结局的机制性解释。法国强有力的国家能力起到了重要的动员作用，但是却因为社会内部的利益固化，激化了阶级矛盾和统治集团内部的矛盾。一方面，王室因为削减特权和打击贵族削弱了自身的统治能力，反而进一步激化了阶级矛盾。正如托克维尔所说，法国"最完全地丢掉了能对

[①] Franco Venturi, 1984: *The End of the Old Regime in Europe, 1776~1789, Part I: The Great States of the West*, Princeton: Princeton University Press, p. 250.

封建制度起保护作用或为它服务的一切，却没有改去自身中那些会伤害人的东西……贵族在丧失其古老的政治权利后已不再治理和领导居民，然而却还保留金钱上的豁免和利益，这便使得他们的特权显得如此不可理解"。① 另一方面，改革加剧了统治集团内部的矛盾。王权衰落使得贵族的挑战更加肆无忌惮，官商勾结使得资产阶级也开始支持贵族的反动，君主制的革新者想以牺牲特权来加强专制主义，法国力图推行普鲁士或者俄罗斯式的绝对专制，但却遇到了中欧国家前所未有的阻力。② 所谓的贵族反动并非是要反对政府并恢复到路易十四时期的绝对主义，而是为了抵制政府过于激进的财政政策，1771 年以后，代表他们的高等法院之所以支持召开三级会议是因为他们发现已经无法用过去的方式来捍卫自身利益。③ 最终，绝对主义国家的覆灭直接与其封建结构僵化有关，君主政体无力向它代表的阶级征税，而国家与贵族之间关系的僵化最终加速了它们的共同灭亡。④ 统治集团内部矛盾和阶级矛盾的同时爆发毁灭了旧制度。高等法院坚持在税制改革之前必须召开三级会议，在灾难性的歉收和广泛失业的惨境中，路易十六被迫召开三级会议，贵族、资产阶级、市民和农民纷纷登上历史舞台，大革命的到来最终埋葬了旧制度。相比之下，西班牙王室的改革力度较弱，而且有广阔的殖民地作为缓冲，绝大多数的改革都没有触及贵族最根本的封建特权。由于没有足够的国家能力推行强有力的改革，改革的力度尚未造成封建结构的完全僵化，特权阶级内部也不会有推翻王权的决心，因此西班牙的改革虽然失败，但是退回原点时仍能维持政局的稳定。在法国大革命之后，佛罗里达布兰卡就意识到改革的风险，最终停止了各项改革。西班牙在本土和殖民地的改革之间形成了鲜明对比，西班牙依靠其军事实力在殖民地具有更强的国家能力，可以大胆地在殖民地打击当地贵族和教士，相对容易地进行政治、经济和财政改革，但这类改革明显僵化了殖民地精英和王室派遣监督官之间的关系。因此当西班牙在拿破仑战争中被严重削弱后，墨西哥率先于 1810 年爆发独立战争，此后中美洲地区纷纷在 19 世纪 20 年代脱离西班牙，传统的殖民帝国最终分崩离析。

---

① 参见〔法〕托克维尔《旧制度与大革命》，冯棠译，商务印书馆，2012，第 241 页。
② 〔法〕皮埃尔·米盖尔：《法国史》，蔡鸿滨等译，商务印书馆，1985，第 259 页。
③ William Doyle, 1972: "Was There an Aristocratic Reaction in Pre-Revolutionary France?" *Past and Present*, Vol. 57, No. 1, p. 104.
④ Perry Anderson, 1974: *Lineages of the Absolutist State*, London: National Library Board, p. 112.

第六章 第一波半现代化之"帝国的胎动":18世纪后期普鲁士和奥地利的崛起之路

本章以两个最主要的德意志国家——普鲁士和奥地利作为案例来研究第一波半现代化(1700~1789)中的改革,试图结合前人研究中的两种路径,融合国家建设和强制资本的理念,分别从政治改革、经济改革和财政改革三个方面介绍普鲁士与奥地利的改革历程。在政治改革中,由于贵族的虚弱,普鲁士和奥地利都不同程度地加强了中央集权;在经济改革中,普鲁士和奥地利都未能彻底废除农奴制度,但是通过重商主义和国家主导一定程度地实现了工业化;在财政改革中,普鲁士和奥地利都加强了中央政府对财政的管理,并且让财政收入大幅上涨。但是由于奥地利的领土更为分散,地方力量更强,始终未能摆脱王朝国家的特征,而普鲁士依靠更强的国家能力,在旧制度下实现了高效的管理。我们用国家能力和利益集团两个变量来衡量18世纪拉丁欧洲的改革,认为只有像普鲁士那样具备较弱的利益集团和较强的国家能力,才能在旧制度下成功推动部分改革。

第一节 第一波半现代化中的德意志

18世纪德意志的现代化是过去现代化研究中较少涉及的领域。罗马帝国崩溃后,在16~17世纪西欧各国开始国家建设时,德意志的领土上仍然存在数百个小国,它们仅被视作大国的缓冲带和雇佣军的提供国,柏林和维也纳长期处于国际体系的边缘位置。但到19世纪末20世纪初时,柏林和维也纳已经成为国际舞台上的主要列强之一。18世纪是奥地利和普鲁士成为主要强国的过渡时期,笔者称之为"帝国的胎动",因为这一时期两个弱小的帝国迅速崛起但尚未成为比肩英法的大国。1700年西班

第六章　第一波半现代化之"帝国的胎动"：18世纪后期普鲁士和奥地利的崛起之路　179

牙王位继承战争到 1789 年法国大革命期间，奥地利和普鲁士通过近 90 年的现代化历程，打造了此后帝国的雏形。我们将这段时间称为第一波半现代化，以区别于 1492~1699 年的第一波现代化。[①]

西班牙王位继承战争和七年战争逐步确立了英国在国际体系中的优势，战争造成的财政危机和启蒙运动的兴起促使奥地利和普鲁士通过改革来推动现代化。首先，普鲁士和奥地利都是典型的实施"开明专制"的国家，它们通过在政治、经济和财政上的发展来追赶欧洲发达国家。从综合实力来看，英法是当时最主要的大国，普鲁士和奥地利则紧随其后，腓特烈大帝认为普鲁士和奥地利要强于第三梯队的国家，因为那些国家在没有外国补贴的情况下，无法拥有足够的财政来维持独立的外交政策。[②] 普鲁士和奥地利同属于神圣罗马帝国，具有相似的语言，基本没有出海口，同属于新兴国家和较为落后的农业国，同样是在高频度的战争中求存，比较普鲁士和奥地利符合理论意义上的"最大相似原则"。[③] 其次，过去的研究讨论了法国和西班牙改革失败的因素和机制，在加入普鲁士和奥地利的案例讨论后，就可以通过"全样本研究"来更好地理解第一波半现代化。最后，普鲁士和奥地利这两个不具备任何天时地利的后发国家，通过内部变革来实现富国强兵。两国由于不同的初始条件分别选择两种不同模式进行国家建设，而这两种模式又不可避免地存在各自的缺陷。这两种模式的"后发优势"和"后发劣势"可以为新兴国家的发展提供经验和借鉴。

本章希望通过讨论 1700~1789 年奥地利和普鲁士的现代化历程，回答和阐述三方面问题。第一，奥地利和普鲁士在 18 世纪的国家建设过程中采取了什么政策和措施以及这些政策分别起到了什么效果？第二，哪些因素和机制导致奥地利和普鲁士的改革相对成功？第三，奥地利和普鲁士的国家建设存在哪些差异，这些差异又导致了哪些不同的结果？最后，在

---

① 参见 Daron Acemoglu, Simon Johnson and James A. Robinson, 2005: "The Rise of Europe: Atlantic Trade, Institutional Change, and Economic Growth," *The American Economic Review*, Vol. 95, No. 3, pp. 546~579；张宇燕、高程：《美洲金银和西方世界的兴起》，《社会科学战线》2004 年第 1 期。

② Richard Bonney, 1995: "The Struggle for Great Power Status and the End of the Old Fiscal Regime," in Richard Bonney, eds., *Economic Systems and State Finance*, New York: Oxford University Press, p. 332.

③ John Mill, *System of Logic: Ratiocinative and Inductive, Being a Connected View of the Principles of Evidence and the Methods of Scientific Investigation*, New York: Harper & Brothers Publishers, 1882, pp. 478~537.

讨论奥地利和普鲁士现代化的基础上，结合法国和西班牙以及英国国家建设的案例，在时空视角下得出关于第一波半现代化的一般性理论。

在讨论具体的改革问题之前，还有几个问题和概念需要澄清。第一，由于18世纪的哈布斯堡帝国仍然介于王朝国家和主权国家之间，其主要领地分为三个部分——奥地利省份、波希米亚王朝和匈牙利王国，同时还统治着遥远的奥属尼德兰地区（现在的比利时、卢森堡地区）和意大利北部，因而拥有众多称谓，如哈布斯堡、奥地利、奥匈帝国，或用维也纳指代。各类称谓各有缺陷，如哈布斯堡帝国就容易与17世纪西班牙的哈布斯堡帝国混淆，直接称为奥地利则忽略帝国的其他部分，而奥匈帝国的称谓则通常始于19世纪。为了便于叙述，本章不再区分上述概念，均指代奥地利哈布斯堡王朝统治的诸多领地的集合。第二，文中的西欧采用广义的概念，包含"狭义"的西欧和中欧，指代波兰以西的欧洲。但第一波半现代化浪潮相较于第一波现代化的地理范围更广，已经拓展到了罗马帝国。第三，尽管文章的时间跨度设定在法国大革命之前的18世纪，但是德国的改革始于1740年代，大规模的推行则是在七年战争之后，因此这段历史会成为过程追踪的重点。

第二节 德意志的兴起：基于两种路径的理论框架

过去的文献时常将奥地利和普鲁士统称为德国。在关于德国崛起的国家建设的研究中，至少有一点是普遍认可的，即国际竞争在德意志的国家建设过程中起到至关重要的作用。基于过去的研究可以大致了解现代化的基本机制，即外部冲击→内部结构变化→制度变迁。[1] 多数研究都以战争作为德国现代化研究的起点，总体来说其逻辑链条都近乎图6-1所示的两种路径。[2]

第一种路径可以称为"军事—官僚说"。其核心机制是，频发的战争导致德国发展出高效的军事官僚制度，从而通过国家能力的差异决定最后的制度形态。在这个过程中，地理空间会起到非常重要的干预作用。这类学说继承和发扬了马克斯·韦伯对官僚制度的解释，认为普鲁

---

[1] Shiping Tang, 2011: *A General Theory of Institutional Change*, London: Routledge.
[2] John Brewer and Eckhart Hellmuth, eds., 1999: *Rethinking Leviathan: The Eighteenth-Century State in Briatin and Germany*, London: Oxford University Press, pp. 3~5.

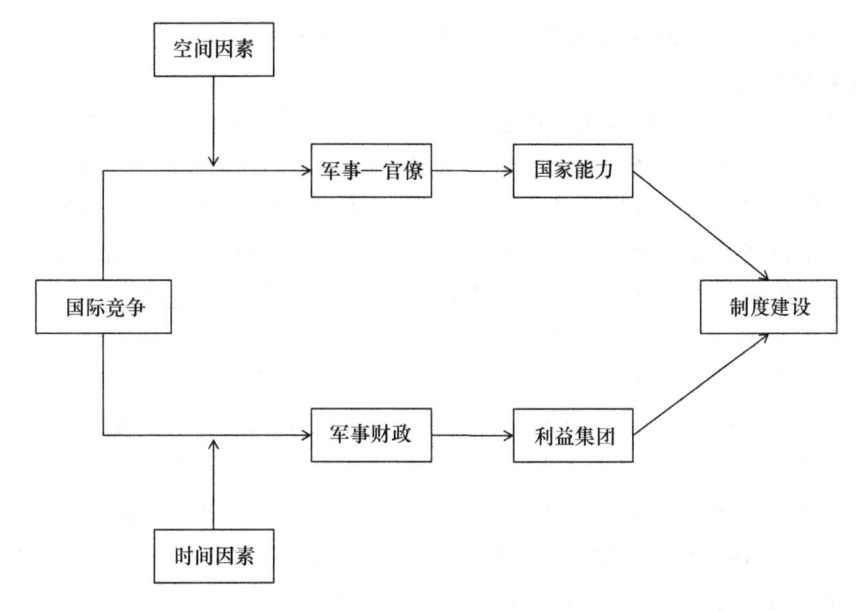

第六章 第一波半现代化之"帝国的胎动":18世纪后期普鲁士和奥地利的崛起之路　181

图 6-1　德国现代化的两种路径

资料来源:笔者自制。

士行政组织取得的进步源于官僚行政,尤其是独断的原则。[1] 安德烈·科维泽(Andre Corviser)提出军队对普鲁士的官僚机构产生部分的决定性影响,即使在奥地利等未全部军事化的国家中,军队也在国家建设中扮演着极重要的角色。[2] 埃德加·凯泽(Edgar Kiser)等人发现了普鲁士传统的军事体制对官僚体制的干涉作用,使得普鲁士具有比其他欧洲国家更为高效的税收制度。[3] 历史学家奥托·欣茨(Otto Hintze)则开创性地将地理和军事相联系,认为不同的战略环境和战争经历创造了不同类型的国家,军事和陆权的发展造成了欧洲大陆的绝对主义专制,而拥有地理屏障的英国则较晚出现常备陆军,因而发展出了宪政制度。[4] 这类学说中最具有代表性的则属布莱恩·唐宁的现代化理论,他认为战争程度的高低影响国内的动员程度,最终产生了欧洲大陆内部军事官僚

---

[1] Max Weber, 1978: *Economy and Society: An Outline of Interpretive Sociology*, Berkeley and Los Angeles: University of California Press, pp. 973~974.

[2] Andre Corvisier, 1979: *Armies and Societies in Europe, 1494~1789*, Bloomington and London: Indiana University Press, pp. 116~112.

[3] Edgar Kiser and Joachim Schneider, 1994: "Bureaucracy and Efficiency: An Analysis of Taxation in Early Modern Prussia," *American Sociological Review*, Vol. 59, No. 2, pp. 187~204.

[4] Otto Hintze, 1975: *The History Essays of Otto Hintze*, New York: Oxford University Press.

主义和保留的宪政主义的差异,而地理因素则在一定程度上决定了宪政国家的不同命运。①

第二种路径可以称为"强制—资本说"。这个学说的基本思路,战争对于财政的需求促使国家不断地去控制资源,通过影响国家内部利益集团的差异决定其制度变迁。约翰·蔡尔兹(John Childs)在对欧洲战争史的研究中发现,欧洲的君王们只有抓住权力的两个方面——军队和金钱才能够所向披靡,失去任何一个都意味着失败。② 在具体的国别研究中,迪克逊(P. G. M. Dickson)用军事—财政国家理论从国际竞争的角度展示了奥地利哈布斯堡王朝如何通过变革来应对普鲁士的外部威胁;彼得·威尔逊(Peter Wilson)则从普鲁士的角度来查看和对比其与奥地利的军事—财政架构的差异。③ 查尔斯·蒂利关于战争促使国家形成和转变的经典讨论无疑非常具有洞见,他用强制和资本这两个变量来描绘早期国家建设的过程,认为对战争资源的榨取和争夺造就了国家的中央组织结构,但是他的研究事实上仍然缺乏细致的案例分析和历史依据。④

在第二种路径中,时间因素往往起到非常重要的作用,包括时机和时序。⑤ 早期许多德国研究的历史著作已经意识到不同时期的差异性,经济史学家威廉·罗雪尔(Wilhelm Roscher)将西欧的发展史分为三个阶段:第一阶段是从宗教改革到三十年战争结束,称为封闭绝对主义(Confessional Absolutism),代表人物是西班牙菲利普二世;第二阶段是从1648年开始,称为古典绝对主义(Courtly Absolutism),以路易十四的个人强权为代表;第三阶段是在18世纪,以腓特烈大帝(Frederick the Great)和约瑟夫二世(Josef Ⅱ)为代表的开明专制(Enlightened Absolutism)。⑥

---

① 〔美〕布莱恩·唐宁:《军事革命与政治变革:近代早期欧洲的民主与专制之起源》,赵信敏译,复旦大学出版社,2015,第282~291页。

② John Childs, 1982: *Armies and Warfare in Europe, 1648~1789*, Manchester: Manchester University Press, p. 15.

③ P. G. M. Dickson, 1987: *Finance and Government Under Maria Theresia, 1740~1780*, New York: Oxford University Press; Peter H. Wilson, 2009: "Prussia as a Fiscal-Military State, 1640~1806," in Christopher Storrs, ed., *The Fiscal-Military State in Eighteenth-Century Europe: Essays in Honour of PGM Dickson*, Burlington: Ashgate, pp. 95~124.

④ Charles Tilly, 1990: *Coercion, Capital, and European States, AD 990~1992*, Cambridge: Wiley-Blackwell.

⑤ Paul Pierson, 2004: *Politics in Time: History, Institutions, and Social Analysis*, Princeton: Princeton University Press.

⑥ 转引自Peter Wilson, 2000: *Absolutism in Central Europe*, London and New York: Routledge, pp. 3~4。

第六章　第一波半现代化之"帝国的胎动"：18世纪后期普鲁士和奥地利的崛起之路

杰里米·布莱克从政府和精英关系的社会动力学角度查看制度变迁，意识到18世纪上半叶和下半叶之间社会制度变迁的逻辑是不同的，扩张和战争造成的财政负担是当时改革的重要动力。[①] 而最具有代表性的著作则是托马斯·埃特曼的《利维坦的诞生》一书，他对国家建设进行分析时发现，1450年之后的国家建设者比之前的具有更多优势，因为他们采取最先进的行政管理技术和财政手段，因而可以有效抵制私有化的压力，从而使得"拉丁欧洲"出现不同于德国的制度安排。[②]

许多研究也曾试图融合这两种路径。汉斯·罗森博格（Hans Rosenberg）看到了普鲁士王室与贵族的结盟，认为依赖贵族参战使得王室被迫去尊重地方利益，从而限制了中央集权。[③] 佩里·安德森试图融合这两种路径，一方面承认国际竞争对国家建设的作用，另一方面又强调社会经济诸多形态和初始制度带来的遗产，他区分了国家建设的三种形态：欧洲西部（法国与西班牙）温和的绝对主义，其特征是行政管理领域的卖官鬻爵；欧洲东部（普鲁士和奥地利）军事化的绝对主义，基本没有卖官现象；以及英国与荷兰的宪政主义。[④] 迈克尔·曼的鸿篇巨著中进一步拓展和补充了军事对于国家建设的影响，他采用专制权力和基础性（infrastructure）权力两个维度来衡量18世纪的西欧国家。他的研究已经意识到韦伯所混淆的两个概念，即中央集权的制度能力并不等同于精英对于中央权威的渗透。[⑤] 沃尔夫冈·莱茵哈特（Wolfgang Reinhard）则区分了国家建设的三个层面，分别是微观层面的精英权力、中观层面的国家能力（尤其是战争动员）、宏观层面的社会与统治阶级，但在他编辑的论文集中并没有体现各个层次之间的互动和系统效应。[⑥]

但是，上述研究仍然面临诸多问题。首先，这两种路径的混淆带来的后果是用单一变量去区分多个维度，造成类型区分的混乱。在上述学者的

---

① Jeremy Black, 2004: *Kings, Nobles and Commoners: States and Societies in Early Modern Europe, A Revisionist History*, London: IB Tauris, pp. 134~135.
② Thomas Ertman, 1997: *Birth of the Leviathan: Building States and Regimes in Medieval and Early Modern Europe*, Cambridge: Cambridge University Press.
③ Hans Rosenberg, 1958: *Bureaucracy, Aristocracy and Autocracy: the Prussian Experience, 1660~1815*, Cambridge: Harvard University Press.
④ Perry Anderson, 1974: *Lineages of the Absolutist State*, London: National Library Board.
⑤ 〔英〕迈克尔·曼：《社会权力的来源（第二卷）：阶级和民族国家的兴起（1769~1914）》，陈海宏等译，上海人民出版社，2015，第68~71页。
⑥ Wolfgang Reinhard, eds., 1996: *Power Elites and State Building*, New York: Oxford University Press.

研究中，尽管其时空范围相近，但是对于这些相同的国家所进行的类型学区分却基本是不同的：唐宁用动员能力来划分欧洲国家，因而普鲁士、法国和光荣革命后的英国就属于具有较强国家能力的类型；而埃特曼、安德森等人则以官职的私有化为标准将普鲁士和奥地利归为同一类型；此外，欣茨等人则将宪政作为标准以区分英国同欧洲大陆国家，而许田波对于自强型国家和自弱型国家的区分也遵循了这种类型区分的思路①。其次，时空范围的选择决定了理论构想的缺陷。过长时段的研究（如蒂利和安德森）往往缺乏细致的案例分析，而过于短期时段（如国别史类研究）则往往缺乏足够的案例比较来进行因果解释。并且两者都会存在样本选择偏差，即过度专注于七年战争或者法国大革命之类的重大事件，而忽视了在国家在相对平稳时期所发生（或者没有发生）的制度变革。因为前者只能将大事件作为关键节点，而后者只能倾向于选择重要事件来支撑研究的意义。最后，不恰当的案例比较会削弱因果分析的解释力。诸如欣茨和唐宁等人将德意志作为一个整体与英国的发展历程进行比较，试图说明宪政制度的重要性，事实上英国和德国的发展模式截然不同，这用一个基本的反事实思考就能发现其中的问题，例如普鲁士作为一个后发国家，显然不可能采取类似于英国的内外政策。

第三节　西欧四国改革的因素性分析

为了上述问题，本章从前人研究的传统出发，用是否存在财政危机作为情境变量，用利益集团和国家能力这两个变量来描绘普鲁士和奥地利的现代化历程。前面章节已经分析过（见表6-1），那些没有发生财政危机和已经实现现代化的国家如英国和荷兰不会去推动大规模的社会变革，在西欧四国中，法国具有强国家能力和较强的利益集团，改革最终导致社会崩溃；而西班牙国家能力较弱，且有着较强的利益集团，因而改革迅速失败。普鲁士和奥地利跟法国与西班牙两国则恰好是一种反空间案例，从上述变量/因素的视角来看，普鲁士和奥地利具有不同的类型学特征。

---

① 〔美〕许田波：《战争与国家形成：春秋战国与近代早期欧洲之比较》，徐进译，上海人民出版社，2009，第29~37页。

第六章 第一波半现代化之"帝国的胎动":18世纪后期普鲁士和奥地利的崛起之路

表6-1 第一波半现代化中的改革

	财政危机迫使专制君主国改革		宪政国家
	利益固化程度高	利益固化程度低	利益固化程度低
国家能力强	改革导致社会崩溃（法国）	改革成功（普鲁士）	英国
国家能力弱	改革迅速失败（西班牙）	改革部分成功（奥地利）	荷兰

资料来源：笔者自制。

首先，财政危机是当时改革的触发条件，1740年之前由于没有财政危机因而缺乏足够的改革动力。奥地利王位继承战争和七年战争让西欧各国的财政都濒临困境，从而倒逼各国进行改革。而英国与荷兰作为宪政国家，面临较小的财政压力或者这种压力尚不至于产生社会危机，所以英国与荷兰的案例不符合本章讨论的前提。因此本章主要讨论法国、西班牙、普鲁士和奥地利关于这两个变量在类型学上的定性区分。根据上述讨论和此前的研究，本章用一个2×2表来进一步考察这两个核心变量所导致的不同结果，即通过对这两个维度的区分来融合这两种路径。

其次，普鲁士和奥地利都不具备像法国或者西班牙那样根深蒂固的利益集团。普鲁士和奥地利在18世纪都属于建国时间较晚的帝国，缺乏一个团结在一起嵌入社会各个角落并且控制中央政府的利益集团，同时也不存在像法国那样通过卖官将公职私有化的传统。这不仅降低了打击利益集团的必要性，也使得适度削减贵族集团的利益不至于伤害到统治基础；同时也让王室在中央政府层面面临较少阻力，更加容易各个击破阻碍集权的利益集团。

普鲁士的贵族和教会在中央层面已经被削弱殆尽。由于经过宗教改革的一番改良，那些不良的教会制度已经被扫除一空，教会不再积有巨额财富；相比较而言，法国的朝廷、教会、贵族以及国会都不愿意放弃特权，因此改革必然是剧烈的。[1] 普鲁士贵族的弱势则源于军事制度和经济落后。当时普遍流传着对普鲁士的印象是，普鲁士不是一个拥有军队的国家，而是一支拥有国家的军队。由于普鲁士的农村经济并不繁荣，地方贵族在交出省和王国范围内的领导权时损失很少，作为补偿他们得到了免于邻近强国掠夺性军事权力侵扰的保护。他们在政治上维持着对地方的完全

---

[1] 〔德〕黑格尔：《历史哲学》，王造时译，上海书店出版社，2006，第415~417页。

控制，但仅作为服从命令和遵守纪律的个人加入国王的军事和行政机构之中，从而将各省编织进王国之中，但富有的上层阶级从未作为群体被允许进入王室行政机构的中上层。① 战乱和落后还加强了贵族屈服于王室的经济动机，由于无法自给自足，容克们在为国王服役时，还为其家庭成员争取到雇用的机会；相比之下，法国的君主成功地从地方权力体系中排挤了领主，但是王室的中上层行政机构受到了分散却日益走向联合的财富所有者的渗透，官僚机构因而丧失了对付支配阶级社会经济利益的潜在能力。② 借助于军事化和经济利益，霍亨索伦的统治者通过努力摧毁了贵族阶级的独立性。

奥地利贵族的弱势某种程度上源于统治地区的多样化，地方贵族无法像传统的君主国一样依靠门第或者利益联合，因而缺乏同中央政府的议价能力。奥地利并不存在像法国和西班牙那样的旧式军队贵族，当民族主义在18世纪中叶开始逐渐兴起的时候，王室决定创建一个新的军队。许多地区开始逐渐"奥地利化"（Austrification），这不仅是出于对缺乏中央政府而导致战争创伤的记忆，而且同样基于王室自身的资源。奥地利哈布斯堡王朝在欧洲军队中算是一个例外，并没有吸收贵族作为军官。面临着统治地区不同的社会结构，玛丽娅·特蕾莎（Maria Theresa）和约瑟夫二世不能够完全依赖于贵族队伍，他们任用有能力和忠诚的人。③ 军人要提升地位成为贵族，要么是因为获得女王的嘉奖，或者服役30年以上便可以提出申请。特蕾莎女王从非贵族的军官中创造了军队贵族，鼓励民众忠于君主个人而非单一的公国，大约有2/3的奥地利军官没有任何贵族血统。④

最后，国家能力作为另一个核心变量决定了西欧各国在早期现代化建设中的执行能力，国家能力的差异使得普鲁士在18世纪末期得以建立一个更接近现代化国家的体系，建立一个中央集权和逐渐拥有主权国家意识的帝国；而奥地利的国家建设则长期停留在半民族、半王朝国家阶段。普

---

① 〔美〕西达·斯考切波：《国家与社会革命：对法国、俄国和中国的比较分析》，何俊志、王学东译，上海人民出版社，2013，第119~121页。
② 〔美〕西达·斯考切波：《国家与社会革命：对法国、俄国和中国的比较分析》，何俊志、王学东译，上海人民出版社，2013，第120~121页。
③ John Childs, 1982: *Armies and Warfare in Europe, 1648~1789*, Manchester: Manchester University Press, p. 82.
④ Michael Hochedlinger, 2009: "The Habsburg Monarchy: From 'Military-Fiscal State' to 'Militarization'," in Christopher Storrs, ed., *The Fiscal-Military State in Eighteenth-Century Europe: Essays in Honour of PGM Dickson*, Burlington: Ashgate, p. 92.

鲁士强大的国家能力来自王室对贵族和农民的强力控制。首先，普鲁士王室拥有无节制征税的传统。最初由于选帝侯对军队的规范使得勃兰登堡免于混乱，1648年地方等级会议出于感激，愿意为选帝侯提供资金来供养和扩大军队规模，在选帝侯势力扩大后地方等级会议就无力阻止其征税。[1] 1653年王室和贵族达成协议，议会批准其从农民和城市居民那里得到税赋和金钱，以贵族不纳税作为回报，使得大批农民遭受了奴役。[2] 其次是贵族对王室的经济依赖。由于普鲁士没有海军，而新教的教堂比起天主教也没有太多吸引力，对于普鲁士贵族来说，最好的职业就是服役于陆军。由于普鲁士的贵族十分贫穷，他们对军队职务十分渴望，因而王室将贵族拉入军队以确保他们的服从，而18世纪中期长达近23年的战争进一步减少了这些贵族的资产，使得他们更加依赖于军队的薪水和补贴。[3] 最后，普鲁士让贵族和城镇市民不断内讧，从而制约了有利于议会政治发展的贵族力量，最终形成了"北方的斯巴达"，即王室官僚和土地贵族的军事化结合。[4]

奥匈帝国继承了哈布斯堡王朝领土多而分散的特性，缺乏单一的政府体系，便成为其中央集权的主要阻力，维也纳对其他领地的控制更多的是依靠协商而非普鲁士式的上下级从属关系。中央同地方存在两种协商实践：一个是中央会在地方等级会议中派遣法院委员，另一个是同地方等级会议在维也纳的代表进行谈判。[5] 在多数省份中，传统的地方权威仍然干涉政府事务，约瑟夫二世意识到，改革通常需要地方贵族的允许，只能够在各省份依次推进。[6] 尤其是匈牙利，它作为一个"国家"由贵族组成，通过贵族议会选举代表，他们对哈布斯堡缺乏认同。匈牙利议会有着强烈的地方主义传统的不成文宪法，但同时又接受女王对于军队的无可争议的

---

[1] Gordon A. Craig, 1955: *The Politics of the Prussian Army, 1640~1945*, Oxford: Oxford University Press, pp. 3~5.

[2] 〔英〕塞缪尔·E. 芬纳：《统治史（卷三）：早期现代政府和西方的突破——从民族国家到工业革命》，马百亮译，华东师范大学出版社，2014，第323页。

[3] John Childs, 1982: *Armies and Warfare in Europe, 1648~1789*, Manchester: Manchester University Press, pp. 86~88.

[4] 〔美〕巴林顿·摩尔：《专制与民主的社会起源——现代世界形成过程中的地主和农民》，王茁、顾洁译，上海译文出版社，2013，第449页。

[5] Grete Klingenstein, 1990: "Revisions of Enlightened Absolutism: 'The Austrian Monarchy Is Like No Other'," *The Historical Journal*, Vol. 33, No. 1, p. 157.

[6] Hamish Scott, 1990: "Reform in the Habsburg Monarchy, 1740~1790," in Hamish Scott, ed., *Enlightened Absolutism: Reform and Reformers in Later Eighteenth Century Europe*, London: Macmillan, pp. 147~149.

控制权，因而特蕾莎女王往往谨慎地避免与当地精英的冲突，采取低姿态甚至以眼泪博取贵族的同情，通过各种谈判和妥协而非军事暴力让匈牙利接受中央权威，即便如此也始终没有完全消除匈牙利乃至波希米亚的分离主义倾向。① 奥地利的崛起并非由于中央不断增强对地方层面的干预，而是基于王室同贵族和教会这两股力量的结盟，虚弱的中央权威被地方体系所分享，低效而又松散的体系使得政府无法支撑其大国地位。②

需要指出的是，上述两种路径并不仅是提供了两个变量，仅仅基于因素分析也远远不够的，还需要进一步思考两种国家建设的机制。增加变量或维度不足以融合两种路径，而是需要通过过程追踪来考察这两个变量在普鲁士和奥地利的政治、经济和财政改革过程中所发挥的具体作用。为了便于叙述，本章将改革区分为四个阶段，即评估、决策、动员和执行，分别考察核心变量在观念形成、制度政策、各个阶层的博弈以及具体政策执行过程中所发挥的作用。③

第四节 普鲁士和奥地利的政治改革

18世纪后半叶对于德国来说是一个重要的启蒙时代，在整个世纪中约有17.5万本书籍在德语地区出版，其中有2/3是在1760年后出版的；同时出版了近3000本杂志，涉及了自然科学和人文社科的绝大多数领域。④ 在启蒙运动的思潮之下，德国的君主们开始试图推进"开明专制"式的绝对主义改革，普鲁士的腓特烈大帝和奥地利的约瑟夫二世便是其中的代表人物，他们都希望将启蒙思想付诸实践，改善国家治理、促进国家福祉以及缩短同西方诸国的差距。⑤ 普鲁士和奥地利的国家形成时间较

---

① Pieter M. Judson, 2016: *The Habsburg Empire: A New History*, Cambridge: Harvard University Press, pp. 43~45; Oscar Jaszi, *The Dissolution of the Habsburg Monarchy*, pp. 61~64.
② Hamish Scott, 1990: "Reform in the Habsburg Monarchy, 1740~1790," in Hamish Scott, ed., *Enlightened Absolutism: Reform and Reformers in Later Eighteenth Century Europe*, London: Macmillan, pp. 153~155.
③ 参见左希迎、唐世平《理解战略行为：一个初步的分析框架》，《中国社会科学》2012年第11期。
④ Hannah Barker and Hannah Barker, eds., 2002: *Press Politics and the Public Press, Politics and the Public*, Cambridge: Cambridge University Press, pp. 71~75.
⑤ Peter Wilson, 2000: *Absolutism in Central Europe*, London and New York: Routledge, p. 109.

第六章　第一波半现代化之"帝国的胎动"：18世纪后期普鲁士和奥地利的崛起之路　189

晚，在三十年战争乃至18世纪才开始逐渐进入准强国的行列，因而政治改革的目标是建立有效的中央集权机构。这是两国进行国家建设的基础。

一　普鲁士的政治改革

普鲁士国王腓特烈大帝（Frederick the Great）是启蒙时代最具魅力和矛盾的人物。他是深受思想启蒙的坚定拥护者，早期写过反对马基雅维利（Machiavelli）的著作，与伏尔泰等启蒙哲学家有过密切交往。一方面，腓特烈大帝一生都钦佩约翰·洛克和美国民主的发展，即使到晚年仍然认为美国是18世纪最令他佩服的国家。[1] 另一方面，他在崇尚君主无上权威的同时，认为国家利益高于一切。[2] 在1740年继位后，其主要目标就是振兴普鲁士。但是普鲁士不像其他欧洲大国那样拥有人口、资源和地理的先天优势。在严峻的国际竞争压力和启蒙运动的影响下，普鲁士的改革既有冷酷专制的色彩，又带有启蒙时代理性和宽容的一面。

由于普鲁士议会的权力在17世纪已经被剥夺殆尽，因此议会没能像在其他国家一样对普鲁士的政治改革形成威胁，这种"开明专制"的改革主要集中在行政、司法和宗教三个方面。在行政改革中，由于普鲁士是由三个不同部分组成，要进一步中央集权就需要有高效而驯服的官僚机构将这些部分统一起来，而在这个贫穷的国家中，官僚机构的基础就是军队。腓特烈·威廉一世（Friedrich Wilhelm Ⅰ）在1713年继位之后，进一步深化了军事改革，迫使贵族将长子以外的儿子送进军校，同时还赋予士兵前所未有的荣耀和权力，如在排位次序中的优先位置和丰厚的薪酬。借助于其父亲执政时期形成的对军队强有力的控制，腓特烈大帝将大量的军人安排进入政府机关，加强对行政机构的控制。[3] 在官僚机构的变革中，普鲁士彻底摒弃了法国的管理模式，从而最大程度地减少官员个人的作用：在法国，官员各自管理一块领域；而在普鲁士，即便是最高行政机构——总指挥部（General Directory）的四位大臣，在自己分管的部门做决定也需征询其他三人的意见。为了进一步削减总指挥部的权力，腓特烈大帝采取了诸多办法来防止大权旁落。首先，腓特烈大帝将行政事务细分

---

[1] David Fraser, 2001: *Frederick the Great: King of Prussia*, New York: Fromm International, pp. 614~616.

[2] Leopold Ranke, 2004: *Memoirs of the House of Brandenburg, and History of Prussia During the 17th and 18th Centuries; Volume Two*, Honolulu: University Press of the Pacific, pp. 43~45.

[3] 〔英〕塞缪尔·E. 芬纳:《统治史（卷三）：早期现代政府和西方的突破——从民族国家到工业革命》，马百亮译，华东师范大学出版社，2014，第324~329页。

为不同部分，仅国王一人能总览军政、外交和财政信息。[1] 其次，1741年开始，国王先后成立了独立于总指挥部的特殊部门，分别管理西里西亚事务（1742年）、军队（1746年）、矿业（1768年）和林业（1770年），从而实现了权力从旧部门到新部门的转移。[2] 最后，为确保国王的影响无处不在，他还会直接越级指挥总指挥部的下级官员，以确保报告的真实性，并且派人秘密监视官员的行动，每年定期向其汇报。[3] 在司法改革中，为了改变过去法官因过度贫穷而受贿的情况，腓特烈大帝支持普鲁士的法学家塞缪尔·科克采伊（Samuel Cocceji）说服地方等级会议来提供足够的资金养廉。1746～1751年，科克采伊建立了一套透明的等级制司法体系，取消了宗教裁判，在各省建立了最高上诉法院，并在全国范围内设立最高法院，从而使得全部案件都受中央控制。[4] 在宗教问题上，普鲁士作为一个新教国家在过去对于天主教会存在敌意。腓特烈大帝登基之后，实施了异乎寻常的宗教宽容。只要不批评政治制度，所有人都可以自由发表宗教见解。腓特烈大帝说："如果大家都指责我（在宗教问题上）过于宽容，我很荣幸犯下这样的错误。"[5] 腓特烈大帝的民族政策同样是宽容的，他努力吸引移民而不计较他们来自何处，他曾说过："如果异教徒愿意来，我会为他们建立清真寺。"[6]

腓特烈大帝进一步集权的努力并没有遭遇太多的阻力。德国的容克地主不像西欧贵族那样拥有足够多的财富可以保证经济独立，他们还需要服务政府获得收入。1767年，勃兰登堡与波美拉尼亚的1700名贵族中就有1300人被迫服务政府维持生计；即便在最富裕的西里西亚，这个数量也有近1/3。[7] 因此，容克贵族抵制的效果非常有限，与要求重新建立等级

---

[1] Walter L. Dorn, 1931: "The Prussian Bureaucracy in the Eighteenth Century," *Political Science Quarterly*, Vol. 46, No. 3, pp. 406~412.

[2] Walter L. Dorn, 1932: "The Prussian Bureaucracy in the Eighteenth Century II," *Political Science Quarterly*, Vol. 47, No. 1, pp. 80~81.

[3] Walter L. Dorn, 1932: "The Prussian Bureaucracy in the Eighteenth Century II," *Political Science Quarterly*, Vol. 47, No. 1, pp. 84~87.

[4] Tim Blanning, 2016: *Frederick the Great: King of Prussia*, New York: Random House, p. 424.

[5] Tim Blanning, 2016: *Frederick the Great: King of Prussia*, New York: Random House, pp. 406~408.

[6] Tim Blanning, 2016: *Frederick the Great: King of Prussia*, New York: Random House, p. 448.

[7] Walter L. Dorn, 1932: "The Prussian Bureaucracy in the Eighteenth Century III," *Political Science Quarterly*, Vol. 47, No. 2, p. 263.

第六章 第一波半现代化之"帝国的胎动":18世纪后期普鲁士和奥地利的崛起之路　191

制政府的要求一道,都被改革派大臣轻易压制或置之不理。[1] 而腓特烈大帝的宗教宽容政策得到了天主教会的支持,1740年柏林的天主教会为50个,到1786年增加到8000个以上。[2] 在整个18世纪,普鲁士成为全欧洲受迫害者的避风港,各类新移民(包括新教、天主教以及犹太人)源源不断涌入普鲁士,并且获准保留自己的语言和风俗,"按照自己的信仰方式得到救赎"。[3] 此外,在腓特烈大帝的支持下,科克采伊的司法改革早期取得了较多成果,但在科克采伊死后陷入了停滞。而改革的进一步推动则是因为著名的阿诺德(Arnold)磨坊案件。尽管案件的处理方式与司法公正的原则背道而驰,但腓特烈大帝却因为帮助弱者得到了国内外的一致好评,获得了"农民国王"的称号。[4] 腓特烈大帝巧妙地利用阶级之间的斗争,使得各个阶级都依附于他,从而建立了绝对君主制。

一方面,普鲁士的政治改革减少了旧制度中不合理的因素,例如宗教迫害和贵族对司法系统的垄断。其司法改革最大的成果是完成了普鲁士法典的编纂,该工程始于1780年,直到1794年才完成(而这时腓特烈大帝已经去世),法典禁止酷刑折磨、随意逮捕和对情节轻微的罪犯执行死刑。[5] 宽容的宗教和民族政策也吸引了数十万移民,他们带来了200万泰勒的资金和数万头牲畜,为普鲁士战后的重建注入了活力。[6] 另一方面,普鲁士借助改革避免了政府官员对于官职的私人占有,建立了一套严密的官僚制度,以实现高度的中央集权。尽管这套制度杜绝了普鲁士官僚的腐败和不忠,但在执行过程中,行政管理机构严重缺乏协调,官员不允许发挥主动精神,在一些专门的问题上国王只能草草做出决定,这势

---

[1] 〔美〕西达·斯考切波:《国家与社会革命:对法国、俄国和中国的比较分析》,何俊志、王学东译,上海人民出版社,2013,第119页。
[2] Tim Blanning, 2016: *Frederick the Great: King of Prussia*, New York: Random House, p. 406.
[3] 〔德〕塞巴斯提安·哈夫纳:《不含传说的普鲁士》,周全译,北京大学出版社,2016,第64~65页。
[4] 作为退伍军人的磨坊主阿诺德控告贵族格尔斯多夫(Gersdorf)在上游修建的鱼塘影响了其磨坊的水量,但是法官经过调查认为影响微乎其微,因而判原告败诉。原告上诉至腓特烈大帝处,国王因对贵族的不信任和对军人的偏袒强行改变诉讼结果,判处原告胜诉,从而迫使多名法官辞职,成为欧洲司法界的笑柄。参见 Tim Blanning, 2016: *Frederick the Great: King of Prussia*, New York: Random House, pp. 424~429。
[5] 〔美〕史蒂文·奥茨门特:《德国史》,邢来顺等译,中国大百科全书出版社,2009,第128页。
[6] W. O. Henderson, 1963: *Studies in the Economic Policy of Frederick the Great*, London: Routledge, p. 128.

必要犯错误。① 但腓特烈大帝在原则上从不承认错误，也绝不接受任何批评，他常年居住在波茨坦的无忧宫，让大臣们留在柏林办公，通常只用信件与官员交流，因此诸如西里西亚大臣霍伊姆（Hoym）等官员也养成了报喜不报忧、投其所好的作风。② 当时柯尼斯堡大学教授（Kraus）曾讽刺道："普鲁士的国王远非绝对君主，仅是一个被官僚机构蒙蔽的独裁者。"③

二　奥地利的政治改革

普鲁士的崛起和七年战争的失败让奥地利哈布斯堡王朝感受到了相对衰落，特蕾莎女王意识到了需要进行全面的改革，为日后向普鲁士复仇、夺回西里西亚做准备。改革派的代表人物是弗德里希·威廉·豪格维茨（Fredrich Wilhelm Haugwitz）和文策尔·安东·考尼茨（Wenzel Anton Kaunitz）。前者是德国官房学派（Cameralism）的信徒，主张模仿普鲁士模式，建立集中和高效的行政制度。④ 后者担任过法国大使，钦慕法国文化，接触的是伏尔泰这样的启蒙思想家。但是不论是特蕾莎女王还是考尼茨，对于启蒙哲学的态度仍然相当保守，女王对于书籍的审查甚至比教皇还要严格。⑤ 相比之下，约瑟夫二世则深受启蒙思想的影响，是开明君主的代表人物。哈布斯堡领导层观念上的差异也影响了此后的改革路线。

哈布斯堡帝国政治改革的主要目标是加强中央政府权威。与中世纪多数欧洲国家一样，王权面临的主要阻力是教会和地方贵族，其改革措施可以分为三个方面。首先，在中央层面需要有一支强有力的武装力量来贯彻王室的仪式。在奥地利王位继承战争期间，豪格维茨就开始零星地引入改革，通过大量增加军事税，建立一支10.8万人的常备军，从而加强中央的政治和财政权力。⑥ 豪格维茨通过效仿普鲁士的总指挥部成立了总署

---

① 〔英〕林赛编:《新编剑桥世界近代史·第7卷：旧制度1713～1763年》，中国社会科学院世界历史研究所组译，中国社会科学出版社，1999，第397页。

② Walter L. Dorn, 1931: "The Prussian Bureaucracy in the Eighteenth Century," *Political Science Quarterly*, Vol. 46, No. 3, pp. 413～418.

③ Hans Rosenberg, 1958: *Bureaucracy, Aristocracy and Autocracy: the Prussian Experience, 1660～1815*, Cambridge: Harvard University Press, p. 201.

④ Peter Wilson, 2000: *Absolutism in Central Europe*, London and New York: Routledge, p. 115.

⑤ Derek Beales, 2005: *Enlightenment and Reform in Eighteenth-Century Europe*, London: IB Tauris, pp. 67～70.

⑥ Hamish Scott, 1990: "Reform in the Habsburg Monarchy, 1740～1790," in Hamish Scott, ed., *Enlightened Absolutism: Reform and Reformers in Later Eighteenth Century Europe*, London: Macmillan, p. 155.

(directorium)来执行国内事务，试图借此来实现国内事务的统一规划和管理。此后，这个机构不断扩大，成立了一系列下属机构。其次，针对地方贵族的改革。考尼茨在1753~1792年担任了哈布斯堡帝国的总理大臣（State Chancellor）后开始调整豪格维茨过于激进的中央集权制度。他在1758年提出用一个新的国务会议（Council of State）来实现中央集权，并通过成立地方政府（gubernien）进一步拓展了中央直属机构的权力。[1] 他将中心地区分为几个省，每省都有专门负责征募军队的行政委员会，并逐渐用专业的公务员代替地主。尽管这些官员既要对贵族主导的等级会议负责，又要对女皇负责，但是随着时间的推移，他们对后者的责任占了上风。[2] 而约瑟夫二世的改革则更为激进，他试图完全取消地方贵族和等级会议的权力，获得像普鲁士一样的中央权威。最后，在宗教问题上，由于特蕾莎女王是虔诚的天主教徒，许多天主教人士都支持政府增加对教会的干涉，而更加激进的顾问则认为，国家应当强制管理教会，包括从教育到主教的任命等一切事务。[3]

在最初的政治改革中，豪格维茨激进的集权政策遭到控制地方等级会议和省政府的权贵们的强烈反对，他们担心权力被削弱。但是特蕾莎女王通过一系列中央敕令消解了贵族的反抗，与此同时，在地方上成立由王室提名并且向维也纳汇报工作的代表大会（Deputation），作为总署的地方分支来控制财政和税收。[4] 尽管大贵族仍然居于高位，作为专业顾问的中产阶级和普通贵族开始逐渐占据其他位置。[5] 与法国和西班牙一样，哈布斯堡王朝也面临如何整顿耶稣会的问题。在维也纳，王权同耶稣会的矛盾远没有在巴黎和马德里尖锐，相反耶稣会还承担了牧师和教育的职能，打击他们反而会损害王室的利益。但是迫于外交压力和教皇的命令，特蕾莎女

---

[1] Hamish Scott, 1990: "Reform in the Habsburg Monarchy, 1740~1790," in Hamish Scott, ed., *Enlightened Absolutism: Reform and Reformers in Later Eighteenth Century Europe*, London: Macmillan, pp. 156~157.

[2] 〔英〕塞缪尔·E.芬纳:《统治史（卷三）：早期现代政府和西方的突破——从民族国家到工业革命》，马百亮译，华东师范大学出版社，2014，第424页。

[3] Pieter M. Judson, 2016: *The Habsburg Empire: A New History*, Cambridge: Harvard University Press, pp. 28~29.

[4] Hamish Scott, 1990: "Reform in the Habsburg Monarchy, 1740~1790," in Hamish Scott, ed., *Enlightened Absolutism: Reform and Reformers in Later Eighteenth Century Europe*, London: Macmillan, pp. 155~156.

[5] Michael Hochedlinger, 2003: *Austria's War of Emergence: War, State and Society in the Habsburg Monarchy, 1683~1797*, London: Longman, p. 270.

王被迫镇压耶稣会，但约瑟夫二世仍然保留了许多耶稣会的顾问。[1] 而中央集权面临的最大挑战来自以匈牙利为代表的地方贵族，奥地利在特蕾莎女王时期采取了软性的统治，她用其女性特有的魅力来软化匈牙利的贵族，招揽他们进入维也纳，鼓励他们与奥地利人通婚，让他们的儿子同奥地利人一起在学院中接受教育。[2] 约瑟夫二世继位后则采取了截然不同的强硬政策，对匈牙利发动了直接侵略，使其成为由王室成员单独管理的行政区，但1787年与土耳其的战争爆发后，他很快发现新的政府机构无力完成国家建设的任务，因为郡县贵族不愿意合作，最终只能被迫恢复到1780年的状态。[3]

由于奥地利哈布斯堡王朝的崛起并非基于强有力的中央权威的干预，而是通过王权与贵族和教会这两股力量的结盟，维也纳进行中央集权的尝试往往遭到激烈的反对。在政策实施过程中，特蕾莎女王既没有能力也没有意愿去推动激进的改革，她更愿意通过谈判和妥协来推进改革。[4] 总体来看，哈布斯堡的王权和地方等级会议之间并没有那么强的斗争，更接近于一种合作的关系。改革仅仅局限于奥地利和波希米亚地区，改革虽然在一定程度上结束了政府和等级会议的二元结构，但是没有触动天主教会的权力，对于贵族的影响也远没有最初预期的大，皇室官员仍少于地方贵族。但是改革仍然取得了一定的成效，新的国务会议在改革中扮演重要角色，政府干预数量明显上升，皇室法令从18世纪40年代的36个增加到70年代的96个，到80年代则有近690个。[5] 特蕾莎时期较为渐进和温和的改革为约瑟夫二世的集权提供了基础，但是奥地利的改革并没有实现和普鲁士一样的中央集权。推行改革之后，国内等级会议的力量有所削弱，在哈布斯堡继承的领地中的凝聚力也更强，但是特权并未完全消除，而匈牙利和奥属尼德兰仍然抗拒维也纳的管理。[6] 因此到18世纪80年代，约

---

[1] Derek Beales, 2005: *Enlightenment and Reform in Eighteenth-Century Europe*, London: IB Tauris, pp. 220~224.

[2] Oscar Jaszi, 1961: *The Dissolution of the Habsburg Monarchy*, Chicago and London: University of Chicago Press, p. 61.

[3] Thomas Ertman, 1997: *Birth of the Leviathan: Building States and Regimes in Medieval and Early Modern Europe*, Cambridge: Cambridge University Press, p. 303.

[4] Pieter M. Judson, 2016: *The Habsburg Empire: A New History*, Cambridge: Harvard University Press, p. 41.

[5] Hamish Scott, 1990: "Reform in the Habsburg Monarchy, 1740~1790," in Hamish Scott, ed., *Enlightened Absolutism: Reform and Reformers in Later Eighteenth Century Europe*, London: Macmillan, pp. 157~158.

[6] Olwen Hufton, 2001: *Europe: Privilege and Protest: 1730~1789*, Oxford: Blackwell, p. 122.

瑟夫二世在亲政后试图将匈牙利和尼德兰纳入统一国家的尝试引发了动乱，于是他最终在1790年放弃了一部分改革。①

三 小结

在启蒙运动和国际竞争的影响下，普鲁士和奥地利在18世纪中后期进一步推动了政治改革和国家建设，其目的在于削弱地方贵族的权力和增强国家能力。由于普鲁士和奥地利的贵族并没有形成一个强大的利益集团，中央政府通过施行"开明专制"的改革，一方面缓解了中央同民众的关系，另一方面则进一步加强了对地方的控制。普鲁士借助国家军事化的传统，通过强有力的国家能力对各阶层分而治之，瓦解了贵族的反抗，建立了高效而忠诚的官僚制度，实现了中央集权，为此后1806年的改革奠定了基础。而奥地利则由于缺乏足够的国家能力，在模仿普鲁士进行中央集权的过程中受挫后，只能选择与地方贵族合作，但是仍然显著加强了国家干预制度，最终国家建设的结果是成为介于现代国家和王朝国家之间的类型。图6-2为普鲁士和奥地利的政治改革。

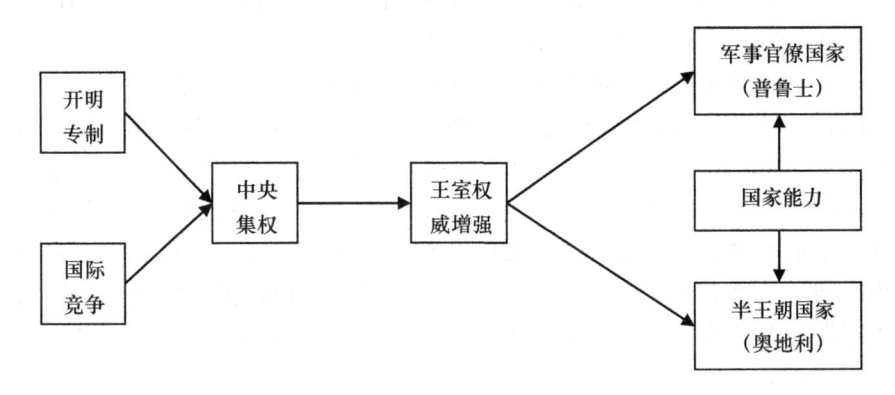

图6-2 普鲁士和奥地利的政治改革

资料来源：笔者自制。

第五节 普鲁士和奥地利的经济改革

18世纪欧洲大陆大多数政府都投入了大量资金，在国家内部进行大

---

① 〔德〕马克思·布劳巴赫等：《德意志史（第二卷）：从宗教改革至专制主义结束（1500～1800）》，陆世澄、王昭仁译，商务印书馆，2008，第422页。

范围的工业化。除了法国之外，在这些政府中，普鲁士和奥地利较为典型，它们的目标大体上是一致的，即借助于财富积累和就业率上升等经济发展，实现自身的政治扩张，但是它们由于初始条件的差异，采取了不同的措施。①

一 普鲁士的经济改革

18世纪中后期的普鲁士仍然是一个落后的农业国，七年战争给普鲁士经济带来了毁灭性的打击，国内大量的房屋、工厂、农田被毁坏，地方政府一度陷入瘫痪。战争花费高达1.4亿泰勒，造成50万人死亡，占总人口的近20%。普鲁士的经济改革是出于政治目标，除了出于对英法高度工业化的羡慕之外，希望对内加强王权和富国强兵，同时还受到17世纪的官房主义的影响，倡导国家对经济的主导和扩大财政支出用于国家福利。②

普鲁士的经济政策分为农业和工商业两个方面。普鲁士传统的农场领主制（gutsherrschaft）严重阻碍了经济的发展：农民每周要给地主提供2～3天的无偿劳动，同时还要耕种自有土地，因此对于义务劳动的时间往往会偷工减料或"开小差"，加剧了生产率的低下和贫穷。③ 由于贵族是统治阶级的基石，腓特烈大帝甚至认为农奴制度是通过社会契约而形成的，一旦废除会对经济带来巨大冲击。④ 普鲁士在经历少量抵抗后就放弃了全面废除农奴制的努力，试图在不废除农奴制度的前提下，改善农民的状况。首先，普鲁士不允许贵族肆意驱逐领地的农民和兼并他们的土地，要求用现金支付来代替低效的劳役，也不允许领主们向村庄收取租税，同时普鲁士还建立了一系列国家军用谷仓以稳定国内经济。⑤ 其次，为了保障农民的权益，普鲁士建立了王室法庭，让农民可以通过诉讼，尤

---

① David Landes, 1969: *The Unbound Prometheus*: *Technological Change and Industrial Development in Western Europe from 1750 to the Present*, New York: Cambridge University Press, p. 135.
② Johan Van Der Zande, 2000: "Prussia and the Enlightenment," in Philip G. Dwyer eds., *The Rise of Prussia 1700～1830*, London: Longman, p. 92.
③ Edgar Melton, "The Transformation of the Rural Economy in East Elbian Prussia, 1750～1830," in Philip G. Dwyer eds., *The Rise of Prussia 1700～1830*, pp. 116～117.
④ Tim Blanning, 2016: *Frederick the Great*: *King of Prussia*, New York: Random House, p. 440.
⑤ William W. Hagen, 1998: "Village Life in East-Elbian Germany and Poland, 1400～1800: Subjection, Self-Defence, Survival," in Tom Scott eds., *The Peasantries of Europe*: *from the Fourteenth to the Eighteenth Centuries*, London: Longman, pp. 176～178.

第六章 第一波半现代化之"帝国的胎动":18 世纪后期普鲁士和奥地利的崛起之路

其是上诉到王室法庭来抵制领主的剥削,而王室法庭的裁决也通常客观公正,这也减少农民诉诸暴力对抗领主的行为。① 此外,普鲁士还通过引进先进的农业技术改革来促进农业生产力。普鲁士在工商业的改革中带有浓厚的重商主义色彩。一方面,腓特烈大帝采取进口替代的政策,限制乃至禁止进口产品以迫使民众自己生产,同时给予国内制造业垄断经营权和补贴。② 另一方面,普鲁士以国家财力大力推动基础建设,促进战后恢复,逐步削减内部的关税,开拓运河和港口,并且通过产业政策来推动工业化。这些工业部门中,普鲁士重点扶持的是纺织、军工、冶金、矿业、瓷器和炼糖产业。腓特烈大帝通过提供垄断权、贸易保护、出口补贴、投资和引入技术工人等方法来促进产业发展,同时还保留了大量商行(business house)作为管理顾问来指导新兴工业,这些"模范企业"虽然无法同先进的工业国进行市场竞争,但是它们引入了新技术,并对其他企业产生一种"示范效应"。③ 其中纺织业是普鲁士最大的产业,主要集中在西里西亚,占据普鲁士 90% 的工业就业人口并创造了 2/3 的工业产值,到 1785 年时出口金额已经达到 600 万泰勒。但是作为支柱产业的纺织和矿业仍然带有浓厚的"封建资本主义"和农奴制的色彩,并且腓特烈大帝害怕机械化生产会造成工人大规模失业,因而并未大规模使用最先进的纺织机。④

普鲁士的经济改革在最初推行时同样遭到贵族的反对。由于七年战争及此后的经济危机令普鲁士的贵族陷入困境,腓特烈大帝及时向他们伸出了援手,向贵族发放现金,授予他们种子和家畜,暂停贵族的信贷利息支付和破产程度,并且向他们提供购地贷款,借此确保贵族的支持。⑤ 作为交换,贵族要承诺配合他的社会变革以及停止过度的土地兼并;同样的,他强迫天主教会建立工厂,以此为条件允许保留那些富裕的

---

① William W. Hagen, 1998: "Village Life in East-Elbian Germany and Poland, 1400 ~ 1800: Subjection, Self-Defence, Survival," in Tom Scott eds., *The Peasantries of Europe: from the Fourteenth to the Eighteenth Centuries*, London: Longman, p. 181.
② Robert B. Asprey, 1986: *Frederick the Great: the Magnificent Enigma*, New York: Ticknor & Fields, p. 573.
③ Ha-Joon Chang, 2002: *Kicking Away the Ladder: Development Strategy in Historical Perspective*, London: Anthem Press, pp. 33 ~ 34.
④ W. O. Henderson, 1963: *Studies in the Economic Policy of Frederick the Great*, London: Routledge, pp. 138 ~ 145.
⑤ Tim Blanning, 2016: *Frederick the Great: King of Prussia*, New York: Random House, pp. 439 ~ 440.

修道院。① 普鲁士强大的国家能力在工业化的动员过程中起到了作用。七年战争之后，腓特烈大帝建立了专门部门管理国家森林和矿物资源，监督鼓励海外贸易机构。组织工程建筑师以及科学家进入国家学术机构，通过这种方式来更好地控制经济。② 普鲁士政府不仅要求商人而且鼓励诸侯及地方政府开办工厂，生产纺织品、玻璃、化工品、有色金属及铁制金属等。这种来自王室的"邀请"通常等同于命令，于是成百上千的工厂诞生了，多数都坐落在新征服的西里西亚省。③

在具体的实施过程中，普鲁士的经济改革基本获得成功，普鲁士开始成为莱茵河以西最重要的农业和工业生产国。在腓特烈大帝统治时期，普鲁士的人口从 278 万人增长到了 563 万人，到 1789 年，普鲁士的工业产值已经达到 4800 万泰勒。④ 腓特烈大帝在其王室领地上废除了农奴制，但并没有对领主继续使用农奴提出异议，这是一种让步妥协，因为国王需要贵族在战争年代提供至关重要的支持和服务。⑤ 普鲁士的农业政策在 18 世纪 70 年代的粮食危机中得到检验，波希米亚和萨克森都遭遇了严重的粮食短缺，近四万饥民被迫逃亡普鲁士，而普鲁士通过皇家谷仓来平抑粮食价格，不仅粮价没有暴涨，还有大量盈余的粮食出口给波兰，腓特烈大帝在回忆录中无不得意地自称是"波兰商业的掌控者"。⑥ 普鲁士的工业化过程中，民营的制造商开始抱怨无法同国有企业和获得垄断经营与政府补贴的商人竞争，消费者也不满国家和私人垄断产品的高昂价格，陷入了国富民穷的境地。普鲁士的政策并没有通过促进社会组织的生产、分配和消费的自由化来促进经济的现代化转型，最初的现代化创造了工业却没有创造资产阶级，缺乏自主性的工业和农业与启蒙精神是背道而驰的。⑦ 总

---

① Robert B. Asprey, 1986: *Frederick the Great: The Magnificent Enigma*, New York: Ticknor & Fields, pp. 566~567.

② 〔美〕布莱恩·唐宁:《军事革命与政治变革：近代早期欧洲的民主与专制之起源》，赵信敏译，复旦大学出版社，2015，第 119 页。

③ David Landes, 1969: *The Unbound Prometheus: Technological Change and Industrial Development in Western Europe from 1750 to the Present*, New York: Cambridge University Press, pp. 135~136.

④ W. O. Henderson, 1963: *Studies in the Economic Policy of Frederick the Great*, London: Routledge, pp. 124~125.

⑤ 参见〔美〕史蒂文·奥茨门《德国史》，邢来顺等译，中国大百科全书出版社，2009，第 129 页。

⑥ W. O. Henderson, 1963: *Studies in the Economic Policy of Frederick the Great*, London: Routledge, pp. 134~135.

⑦ 参见 J. A. R. Marriott and Robertson, C. G., 1968: *The Evolution of Prussia: The Making of An Empire*, London: Oxford University Press, p. 144.

体来看，腓特烈大帝时代的工业化仍然取得了重要成就，普鲁士从一个纯粹的农业国转变为制造业大国。西里西亚、勃兰登堡、马格德堡（Magdeburg）和马克伯爵领地（Grafschaft Mark）已经实现了18世纪标准的工业化。[①]

二 奥地利的经济改革

哈布斯堡王朝在奥地利王位继承战争和七年战争中失去了西里西亚。西里西亚的亚麻工业是奥地利最重要的制造业和出口部门，这给奥地利的经济和财政带来巨大打击。奥地利出现的财政危机源于更深层次的经济问题，需要通过改革来释放经济红利，从而在整体上盘活经济以促进财政增收，而启蒙运动中各个流派思想的争鸣为改革提供了理论基础。例如重农主义认为农民和农业财富的生产是繁荣的基础，重商主义主张通过关税来保护和促进地方工农业，官房主义寻求通过明确分工和设定特定的功能，例如实行内阁制，通过重组政府来提高效率，中欧的詹森主义则主张通过宗教改革促进公共道德的发展。[②]

哈布斯堡帝国的经济改革主要集中于农业和工商业两个方面。农业改革是哈布斯堡帝国经济改革的中心，奥地利和波希米亚的绝大多数成年男性主要从事农业，由于18世纪末期人口的增长，越来越多的农民无地可耕。减轻农民负担成为促进繁荣和增长国民收入的关键。波希米亚和匈牙利实行古老的农奴制度，农奴除了为地主提供徭役之外，甚至没有迁徙、贸易和结婚的自由，这些都严重降低了农业生产效率和为工商业提供劳动力，也不符合奥地利王室所倡导的人道主义精神。在王室的支持下，改革派的代表人物考尼茨将农业改革视作经济改革的核心目标。他提出的改革目标主要包括废除农奴制和公共牧场，减少强制劳动服务，将大型的地产分割为自由农用地并转交给农民以及为指定新的经济政策收集准确的数据等。[③] 而工商业的改革主要包括三个方面。第一，对外通过提高关税来阻止外国商品，对内则降低税收来鼓励王朝内部的贸易。这些尝试开始于1763年，促进哈布斯堡各个部分之间贸易的目标是创造以匈牙利为农业

---

① W. O. Henderson, 1963: *Studies in the Economic Policy of Frederick the Great*, London: Routledge, pp. 159~164.

② Pieter M. Judson, 2016: *The Habsburg Empire: A New History*, Cambridge: Harvard University Press, p. 31.

③ Franz Szabo, 1994: *Kaunitz and Enlightened Absolutism 1753~1780*, Cambridge: Cambridge University Press, pp. 163~164.

中心，以西部省份为工业中心的巨大的自由贸易区。到1775年，波希米亚和奥地利省份建立了共同市场，废除了内部关税。① 第二，奥地利通过改善基础设施，促进内部的经济一体化。政府禁止私人对通过他们的土地而收过路费或者关税，要求省份之间的政府通行税人人平等，并且用于公共支出和修缮道路。约瑟夫二世大力修缮公路（如为公路提供排水系统，清理公路障碍），成倍增加邮政站，疏浚和拓宽河道，保障交通运输的顺畅。② 第三，通过补贴和取消经济特权改善经济活力。在失去西里西亚之后，政府设立了补助金制度和贸易保护壁垒，以鼓励西里西亚的纺织业迁往波希米亚北部。③ 政府还取消了市政公司对于城市市场准入的控制权，废除了各类协会对于从业者的限制，从而使得农民和手工业者能够自由进入市场，不需要得到行业协会和地主的批准。④

尽管奥地利王室在道义上希望推动更加激进的改革，但在具体动员过程中非常谨慎，因为国家的统治要依赖各方支持，同时也担忧骤然废除农奴制会对社会经济造成破坏。特蕾莎女王对匈牙利的改革更为谨慎，她仅三次召集过议会，就是为了避免与匈牙利贵族的潜在冲突。⑤ 真正给改革提供契机的是哈布斯堡境内的农民起义。在18世纪70年代，波希米亚和捷克的农民承担了过重的负担，并在天灾的影响下爆发了大规模的起义。特蕾莎女王借此机会处罚了在灾年大肆出口粮食的贵族，同时赦免了起义的农民，并胁迫贵族接受改革方案，即接受将劳役改为现金支付并且将部分领地分割租赁给自由农。⑥ 尽管农民的抗争给解决徭役问题提供了契机，但是农民对于改革的热情并不高。在约瑟夫二世亲政之后，农民对于社会经济地位的改变视而不见，反而抱怨他对古老的宗教习俗的干预。⑦

---

① Hamish Scott, 1990: "Reform in the Habsburg Monarchy, 1740~1790," in Hamish Scott, ed., *Enlightened Absolutism: Reform and Reformers in Later Eighteenth Century Europe*, London: Macmillan, p. 151.
② Walter Davis, 1974: *Joseph Ⅱ: An Imperial Reformer for the Austrian Netherlands*, Hague: Martinus Nijhojf, pp. 150~151.
③ 〔奥〕史蒂芬·贝莱尔：《奥地利史》，黄艳红译，中国大百科全书出版社，2009，第86页。
④ Walter Davis, 1974: *Joseph Ⅱ: An Imperial Reformer for the Austrian Netherlands*, Hague: Martinus Nijhojf, pp. 151~153.
⑤ Pieter M. Judson, 2016: *The Habsburg Empire: A New History*, Cambridge: Harvard University Press, p. 45.
⑥ Olwen Hufton, 2001: *Europe: Privilege and Protest: 1730~1789*, Oxford: Blackwell, pp. 122~124.
⑦ 〔美〕罗宾·W. 温克、〔美〕托马斯·E. 凯泽：《牛津欧洲史·第2卷，1648~1815年，从旧制度到革命时代》，赵闯译，吉林出版集团有限公司，2009，第176页。

而贵族同样对他的激进的经济政策极度不满,即便是废除国家内部的关税也困难重重。

奥地利的经济改革取得了部分成功。首先,农奴制改革仅在王室领地小范围实施,但是在贵族和教会的反对下,推广到全国的改革失败了。① 改革者试图将这些措施引入王室领地和那些已经被充公的耶稣会和教会资产,但拥有土地的贵族则很少遵循。政府于1781年废除了在波希米亚、摩拉维亚和西里西亚的劳役,一年以后拓展到加利西亚、施第里尔、卡林西亚、斯洛文尼亚,并于1785年推广到匈牙利,这一系列改革解放了数量可观的农奴来参与最初的工业化。② 在商业改革中,宽松的市场环境促使了制造业在农村的增长,企业家为了逃避行业协会的限制和获得低廉的劳动力在乡间开设了工厂,但是大型工业仍然掌控在城市垄断企业手中。1787年3月,约瑟夫二世试图进一步制定法案控制比利时的行业协会时,由于引发大规模抗议,这项法案同年5月就被废止。尽管这标志着对行业协会改革的终止,但是此前的努力积累效应并未白费,行业协会的垄断和对创新的障碍已然被扫除。③ 哈布斯堡王朝的改革在王室控制较强的领地如波希米亚和奥地利得到较好的执行,但是在匈牙利这些贵族强大的地区的成就非常有限,总体而言,哈布斯堡王朝的经济改革极大地促进了奥地利的工业化,为此后奥地利的繁荣奠定了基础。奥地利的工业部门在1780年代开始蓬勃发展,钢铁工业以每年6%的速度递增,成为当时奥地利工业化的象征。④

三 小结

普鲁士和奥地利的经济改革主要有两个目标:一是推动工业化,二是减少贵族的经济特权。对于第一个目标,两国基本都取得了成功,为此后的发展打下了工业基础。对于第二个目标,普鲁士和奥地利的特权贵族尚未强大到控制中央政府,因此王室能够在一定程度上改善农奴的境况;但

---

① Hamish Scott, 1990: "Reform in the Habsburg Monarchy, 1740~1790," in Hamish Scott, ed., *Enlightened Absolutism: Reform and Reformers in Later Eighteenth Century Europe*, London: Macmillan, p. 183.

② Michael Hochedlinger, 2003: *Austria's War of Emergence: War, State and Society in the Habsburg Monarchy, 1683~1797*, London: Longman, p. 274.

③ Walter Davis, 1974: *Joseph II: An Imperial Reformer for the Austrian Netherlands*, Hague: Martinus Nijhojf, pp. 152~156.

④ David F. Good, 1984: *The Economic Rise of the Habsburg Empire, 1750~1914*, Berkeley and Los Angeles: University of California Press, p. 37.

两国仍然是以农业为主的新兴国家，贵族领主仍然是其统治基础，因而无法完全废除农奴制。在这两种看似相同的结果中，普鲁士与奥地利选择了两个不同的方式来处理王室和贵族的关系。普鲁士通过国家垄断经济，依靠强有力的军事官僚机构，形成了贵族对王室的经济依赖，为其在19世纪初的改革扫平障碍。奥地利在激进的改革受挫后，无法进一步加强对匈牙利和尼德兰等地的控制，这就决定了其在19世纪的竞争中缺乏足够的国家能力。图6-3为普鲁士和奥地利的经济改革。

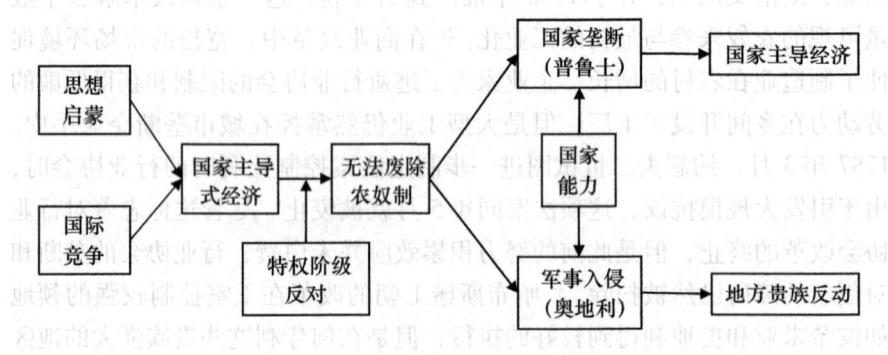

图6-3 普鲁士和奥地利的经济改革
资料来源：笔者自制。

第六节 普鲁士和奥地利的财政改革

18世纪后半叶的开明专制围绕着两个重要的目标展开，一是启蒙运动为改革提供了一个相对理想主义的方案，二是战争最大限度地促使国家提升内部资源备战。[①] 因此，普鲁士和奥地利财政改革的重点是提高国家对于贵族和农民的财政汲取能力，实现财政向中央政府的集中化。

一 普鲁士的财政改革

尽管普鲁士在奥地利王位继承战争中获得了西里西亚，其财政收入也大幅上升，但也因此卷入了更大规模的七年战争。普鲁士最初有1300万泰勒的储备资金，战争期间普鲁士的税收上升到4300万泰勒，这对于普

---

① Jeremy Black, 2004: Kings, Nobles and Commoners: States and Societies in Early Modern Europe, A Revisionist History, London: IB Tauris, pp. 134~135.

鲁士人来说是一个巨大的负担。腓特烈大帝在战争期间将货币贬值了三次，获得了2900万泰勒，同时通过劫掠萨克森获得了5300万泰勒，他在1758年从英国获得了每年2700万泰勒的补贴，但1762年英国首相易主之后停止了这项补贴，普鲁士的财政进一步陷入了困境。[1]

与所有国家一样，解决财政困难的办法都是开源节流，但是普鲁士近2/3的支出都用于军队，而恶劣的周边环境显然不允许减少军费支出，因而只能够想尽办法来增加各项收入。第一，实行货币贬值。为了筹措战争经费，腓特烈大帝多次对普鲁士泰勒进行贬值，借此获得了巨额的收入。但是这种掠夺式的货币贬值带来了严重的副作用，增强了民众对本币的不信任，并抑制了投资。第二，通过对税收官员任命制度的变革提升税收效率。腓特烈大帝任命普鲁士的伤残退伍军人和官僚子弟担任税务官员，并且实行一定程度的包税制度鼓励官员多征收个人税。第三，依靠垄断专卖。王室垄断了烟草、咖啡和盐的专卖，建立海外贸易公司负责进口和销售来自海外殖民地的烟草，同时依靠税务局（Reige）打击走私行为。烟草垄断每年都能为王室带来100万以上泰勒的收入，而对盐的垄断则能够获得130万泰勒。[2] 第四，创建了战争基金和柏林银行。由于普鲁士在当时的欧洲属于穷国，这决定了它很难像英法一样在战时可以向国内外大量贷款，因而必须建立战争基金用于战时的储备。普鲁士最初每年都向基金投入70万泰勒，在并吞西普鲁士后则增加到110万泰勒，整个储备基金从1764年的1450万泰勒增加到1786年的3000万泰勒。[3] 而腓特烈大帝创建柏林银行的初衷是减少犹太人对民众的高利贷剥削，他于1765年创立皇家柏林银行之后，很快就在布雷斯劳（Breslau）开设分行。柏林银行是皇室控制的股份制银行，腓特烈大帝的投资就超过80万泰勒，希望借此获得5%的收益。[4] 但是由于过去普鲁士经常对货币进行贬值，实际获得的投资数量非常有限，人们害怕国王的银行收入金币而最终支付给他们贬值的纸币。

腓特烈大帝在税收改革中动员的部门包括军事贵族和官僚机构，前者

---

[1] Daniel Marston, 2001: *The Seven Years' War*, Northants: Osprey Publishing, pp. 83~84.

[2] W. O. Henderson, 1963: *Studies in the Economic Policy of Frederick the Great*, London: Routledge, pp. 72~73.

[3] W. O. Henderson, 1963: *Studies in the Economic Policy of Frederick the Great*, London: Routledge, pp. 74~75.

[4] Robert B. Asprey, 1986: *Frederick the Great: The Magnificent Enigma*, New York: Ticknor & Fields, p. 572.

主要收取直接税和领地收入，而后者负责消费税和关税。一方面，对于军事贵族而言，腓特烈大帝最初的目的可能只是希望"安置"这部分军人和贵族，普鲁士让伤残军人和官僚子弟担任税务带来了意料之外的高效。伤残的军人保持着高度服从的习惯，他们比普通官员更加依赖王室提供的职务，因为一旦被开除所能找到的工作远不如前；而税务官的职务由亲戚继承降低了王室的训练成本，这种继承制度既能够保证官员提高税收的激励，又可避免他们过度压榨民众而影响长期收入，因为这种继承制确立了官员与民众之间的"重复博弈"。[1] 另一方面，王室依赖税务局向各类商品收税。腓特烈大帝对于官员并不信任，他从法国高薪聘请了一批税务专家，带领一大批税务官员和缉私人员来管束普鲁士的民众，为了培训官员，普鲁士还出了一系列教科书，通过举办财政学讲座来提高官吏的知识水平。最初尽管有公众的批评意见，国王对于税务局总体是满意的，因为税收增长了，并且打击了走私行为。[2] 尽管税务局的创收一直在增加，平均每年都新增80万泰勒，但是由于税务局过度膨胀的行政，其每年的成本也同样要增加30万~80万泰勒。[3] 国王聘用的法国人可以搜查房屋、货栈、车辆和行人，对民众进行可怕的压榨。最终在1783年，国王意识到他的官吏"在各省进行掠夺"，于是把1766年任命的总督们驱逐出境。[4]

从整体的实施效果来看，腓特烈大帝借助财政改革，实行了高效的税收制度，用三流国家的资源维持了一流国家的军队，普鲁士得以在经济资源匮乏时获得高于同时期俄国的税收，并且其人均税负还低于奥地利和法国。[5] 普鲁士的财政收入从1768年的1380万泰勒上升到1786年的2370万泰勒，在18年时间内增长了70%，这个增速远高于其国内生产总值（GDP）的增速，并且腓特烈大帝在其死后留下了5100万的战争基金。[6] 普

---

[1] Edgar Kiser and Joachim Schneider, 1994: "Bureaucracy and Efficiency: An Analysis of Taxation in Early Modern Prussia," *American Sociological Review*, Vol. 59, No. 2, pp. 193~198.

[2] Robert B. Asprey, 1986: *Frederick the Great: The Magnificent Enigma*, New York: Ticknor & Fields, p. 574.

[3] Edgar Kiser and Joachim Schneider, 1994: "Bureaucracy and Efficiency: An Analysis of Taxation in Early Modern Prussia," *American Sociological Review*, Vol. 59, No. 2, p. 199.

[4] 丁建弘、李霞：《普鲁士精神和文化》，上海社会科学院出版社，2012，第126~127页。

[5] Walter L. Dorn, 1931: "The Prussian Bureaucracy in the Eighteenth Century," *Political Science Quarterly*, Vol. 46, No. 3, p. 404.

[6] W. O. Henderson, 1963: *Studies in the Economic Policy of Frederick the Great*, London: Routledge, p. 128; Edgar Kiser and Joachim Schneider, 1994: "Bureaucracy and Efficiency: An Analysis of Taxation in Early Modern Prussia," *American Sociological Review*, Vol. 59, No. 2, p. 188.

鲁士的税制结构大致如下：以1778～1779年为例，普鲁士的财政收入为2280万泰勒，其中直接税占21.9%，领地收入占39.5%，税务局收入占27.2%，垄断烟草和盐的收入占11.4%。[1] 但是在具体实施过程中，最初国王希望新的税收体系可以将税负加给富裕的地主和商人，同时减少走私，然而无论国王如何努力，大部分的税收仍旧来自农民、士兵、手工业者和普通的店主。并且普鲁士的财政改革始终面临两个重大缺陷。一个缺陷是普鲁士作为一个中等强国，长期维持大规模军队的目标是争夺大国地位，但是其维持军队的基金和财政积累只能承担和平时期的费用，因此普鲁士的财政特征决定了普鲁士是当时最"军国主义"却又最害怕战争的国家。战争行为通常只能是针对小国的收益明显大于成本的兼并；而当其受到大国的攻击时，尤其是面对拿破仑的军队时，反而显得异常脆弱。另一个缺陷是，普鲁士依靠军人收税的安排和腓特烈大帝独断的制度只能应对简单的税收体系，随着领土增加和相关问题复杂化，这种缺陷在腓特烈二世时期逐渐出现，使得普鲁士在19世纪初仍然需要进一步推动官僚制改革。[2]

二 奥地利的财政改革

由于在奥地利王位继承战争中丢失了部分巴伐利亚和西里西亚的富饶土地，奥地利的军事税从18世纪30年代的1100万弗罗林下降到1742年的520万弗罗林。而战争的成本则逐年上升，从1741年的1745万弗罗林上升到1748年的2231万弗罗林，在七年战争的高峰期（1761年）则高达4146万弗罗林。[3] 这两场战争的花费让哈布斯堡帝国陷入了严重的财政困境，最初的改革由豪格维茨推动，他在担任奥属西里西亚首脑时，就被临近的普鲁士管理的西里西亚的高效所震惊，当地的财政收入从奥地利时期的210万弗罗林被普鲁士占领数年后就增加到700万弗罗林。[4] 因此，

---

[1] 根据文献中的数据计算得出，参见 W. O. Henderson, 1963: *Studies in the Economic Policy of Frederick the Great*, London: Routledge, p. 66。

[2] Edgar Kiser and Joachim Schneider, 1994: "Bureaucracy and Efficiency: An Analysis of Taxation in Early Modern Prussia," *American Sociological Review*, Vol. 59, No. 2, pp. 200~201.

[3] Michael Hochedlinger, 2003: *Austria's War of Emergence: War, State and Society in the Habsburg Monarchy, 1683~1797*, London: Longman, pp. 281~286.

[4] Michael Hochedlinger, 2003: *Austria's War of Emergence: War, State and Society in the Habsburg Monarchy, 1683~1797*, London: Longman, p. 269; Hamish Scott, 1990: "Reform in the Habsburg Monarchy, 1740~1790," in Hamish Scott, ed., *Enlightened Absolutism: Reform and Reformers in Later Eighteenth Century Europe*, London: Macmillan, pp. 152~153.

不论是豪格维茨还是此后考尼茨和约瑟夫二世的财政改革，都在模仿普鲁士的财政制度。

奥地利哈布斯堡王朝的财政改革主要从三组关系着手。首先，处理中央和地方的贡金。18世纪哈布斯堡的君主和贵族之间是一种权力分享的模式，军队的费用并没有从地方税收体系中独立出来，仍然掌握在地方贵族的手中。[1] 奥地利王位继承战争结束后，在豪格维茨的努力下，地方等级会议与王室于1748年达成妥协，王室通过保证地方领主的特权换取等级会议同意提高和平时期的军事贡金，打破了等级会议对军事税的垄断，取消了象征财政自主权的地方事务大臣制度，并将其合并为总署。[2] 其次，王权与教权的关系。哈布斯堡领地上的天主教是全欧洲最为富裕的，教会土地承担的税负很低，随着越来越多的土地通过遗赠被纳入修道院，国家财政被不断侵蚀。尽管特蕾莎女王是一个虔诚的天主教徒，她最终也同意对教会进行征税。1766年开始，教会拥有的土地被全额征税，逾期则会被出售；次年，政府要求教会上报其收支和人数，限制修道院的人数，防止修道院进一步进行土地兼并。[3] 最后，王室与贵族的关系。在特蕾莎时期，考尼茨的改革集中于王室所控制的领地中，主要是在奥地利和波希米亚。其政策目标是重新分配土地税，从地主手中抽取多余的收入进入国库。[4] 最为剧烈的改革是在约瑟夫二世时期实施的，他在1785年实施土地普查，为全面改革税制做准备，最终在1789年2月实施新的税收和农业规则。这个制度试图进一步推广特蕾莎时期在波希米亚和匈牙利的王室领地上实行的政策，让所有农民统一缴纳30%的年收入，这部分收入由中央政府获得12.2%，地主获得17.8%，同时取消徭役制度。[5] 这相当于将农民捐税和服务全部转化为现金，他们只需向地主缴纳约17%的收入，每年大约只需要支付2个弗罗林，同时所有的土地不论是农民还是

---

[1] Michael Hochedlinger, 2009: "The Habsburg Monarchy: From 'Military-Fiscal State' to 'Militarization'," in Christopher Storrs, ed., *The Fiscal-Military State in Eighteenth-Century Europe: Essays in Honour of PGM Dickson*, Burlington: Ashgate, pp. 68～69.

[2] P. G. M. Dickson, 1987: *Finance and Government under Maria Theresia, 1740～1780*, New York: Oxford University Press, Vol. II, pp. 1, 31.

[3] Olwen Hufton, 2001: *Europe: Privilege and Protest: 1730～1789*, Oxford: Blackwell, p. 121.

[4] Peter Wilson, 2000: *Absolutism in Central Europe*, London and New York: Routledge, p. 115.

[5] Pieter M. Judson, 2016: *The Habsburg Empire: A New History*, Cambridge: Harvard University Press, pp. 81～82.

第六章　第一波半现代化之"帝国的胎动"：18 世纪后期普鲁士和奥地利的崛起之路

领主，都被征以近 12% 的税收。① 对于改革所造成的税收下降和对贵族的损害，约瑟夫二世寄希望于对过去名册登记之外的土地征税以及依靠解放农奴之后生产力的大幅提升来补偿贵族。②

　　财政改革的动员可以分为两个时期。在特蕾莎执政时期，由于面临较强的外部压力，动员相对容易。奥地利和波希米亚地区都信奉天主教，等级会议害怕作为新教国家的普鲁士的入侵，并且豪格维茨也愿意承认贵族的特权是"至高无上和神圣的"，因而容易达成妥协。③ 而在针对教会的改革中，由于 18 世纪天主教会相对于王权的整体衰落，王室没有遭到教会的太多抵抗。尽管改革可能会提高农业生产效率，但是大多数贵族都担心这项规定将会大幅减少他们的收入，因为过去他们可以从土地收入中获得 25% ~ 42%，而改革后会降至 17%。约瑟夫二世的改革对于农民来说是好消息，因为他们先前总计要将收成的 70% 上缴，但是农民并没有表现出对王室的支持，反而拒付税款，因为他们觉得更好的政策马上就要到来。④ 约瑟夫二世的大臣也对此表示反对，认为这剥夺了贵族的财产权却没给贵族以足够的补偿，国王立刻将反对者撤职，但却有更多大臣因为拒绝签署新政而辞职。很快抗议活动从维也纳蔓延到其他领地，虽然这些制度仅仅是在王室领地中实施，但是贵族害怕一旦他们领地中的农民知晓了新政，就会提类似的要求，最终改革将会在经济上击垮他们，迫使他们出售土地。就连一向驯服的波希米亚的贵族也抗议新法律，税收改革则直接在匈牙利引发了贵族的反叛。因为对于匈牙利贵族来说，他们拥有大量土地，废除徭役制度对其是灾难性的打击。在匈牙利，许多贵族开始要求召开等级会议来取代哈布斯堡王朝，他们认为约瑟夫二世从未在匈牙利真正加冕，因而其法律是无效的，由于议会可以选举国王，自然可以从其他王朝另选他人。⑤

　　从财政改革的整体效果来看，奥地利在 18 世纪后半叶的财政状况得到

---

① David F. Good, 1984: *The Economic Rise of the Habsburg Empire, 1750 ~ 1914*, Berkeley and Los Angeles: University of California Press, p. 34.
② Charles W. Ingrao, 1994: *The Habsburg Monarchy, 1618 ~ 1815*, Cambridge: Cambridge University Press, p. 205.
③ P. G. M. Dickson, 1987: *Finance and Government under Maria Theresia, 1740 ~ 1780*, New York: Oxford University Press, Vol. II, pp. 22 ~ 23.
④ Charles W. Ingrao, 1994: *The Habsburg Monarchy, 1618 ~ 1815*, Cambridge: Cambridge University Press, p. 205.
⑤ Pieter M. Judson, 2016: *The Habsburg Empire: A New History*, Cambridge: Harvard University Press, pp. 82 ~ 83.

了很大的改善，财政收入从1749年的2914万弗罗林增加到1789年的8177万弗罗林。[1] 奥地利收入的增加主要取决于间接税的大幅增长，1763~1778年，间接税增加了42.6%，包括从铸币和矿业中获得的收入，其占比从1749年的26.8%增至1778年的44.4%，但从领地获得的收入则几乎从未超过5%。[2] 与此同时，奥地利的财政趋于集中化，中央政府所在地对于帝国其他部分的税收汲取能力明显增强，即王室能够更多的从地方收税来支持中央政府的支出。1752年，奥地利地区（上奥地利和下奥地利）的开支与收入的贡金比为32.5%，也就是说，奥地利地区的收入很大程度被用于补贴其他地区；到1784年，奥地利地区的开支与收入的比值为162%。[3] 需要看到的是，奥地利的改革只有部分获得成功，而且其前提是要贵族协作。特蕾莎时期温和的财政改革可以取得部分成功，因为她始终没有试图从贵族手中彻底夺回征税权。而约瑟夫二世不顾国情试图照搬普鲁士模式的激进改革遭到了国内的普遍反对，他的改革反而威胁到哈布斯堡帝国的力量，因为他在一个与普鲁士完全不同的社会中，不愿意同地主合作。[4] 在比利时和匈牙利爆发了大规模抗争之后，约瑟夫二世又卷入了同土耳其的战争，面对接踵而来的危机，他被迫收回了所有在匈牙利推动的改革，并在其所有领地暂缓实施土地税法令。[5] 图6-4为普鲁士和奥地利的财政改革。

三 小结

普鲁士和奥地利的财政改革目标都在于加强中央政府的财政集中程度。两国财政收入中很大部分来自王室的自有财产，所占比率分别为16%和31%，[6] 因此更加容易通过财政集中来提高收入。但两国初始条件

---

[1] Michael Hochedlinger, 2003: *Austria's War of Emergence: War, State and Society in the Habsburg Monarchy, 1683~1797*, London: Longman, p.286.

[2] Carlo Capra, 1995: "The Finances of the Austrian Monarchy and the Italian States," in Richard Bonney, ed., *Economic Systems and State Finance*, New York: Oxford University Press, p.307.

[3] P. G. M. Dickson, 1987: *Finance and Government under Maria Theresia, 1740~1780*, New York: Oxford University Press, Volume II, pp.109~113.

[4] Jeremy Black, 2004: *Kings, Nobles and Commoners: States and Societies in Early Modern Europe, A Revisionist History*, London: IB Tauris, p.140.

[5] 〔奥〕史蒂芬·贝莱尔：《奥地利史》，黄艳红译，中国大百科全书出版社，2009，第95~96页。

[6] 〔英〕斯蒂芬·布劳德伯利、凯文·H.奥罗克编著：《剑桥现代欧洲经济史：1700~1870》，何富彩、钟红英译，中国人民大学出版社，2015，第65页。

的差异使得普鲁士的税收体系比奥地利高效得多。普鲁士王室拥有更强的控制力，通过传统的军事贵族制度和官僚制度的结合在短期内形成高效的税收制度。奥地利的王室对于地方领主的控制能力要弱许多，更多地借助王室和贵族的妥协来获得税收，因而约瑟夫二世强行模仿普鲁士的制度只能以失败告终。

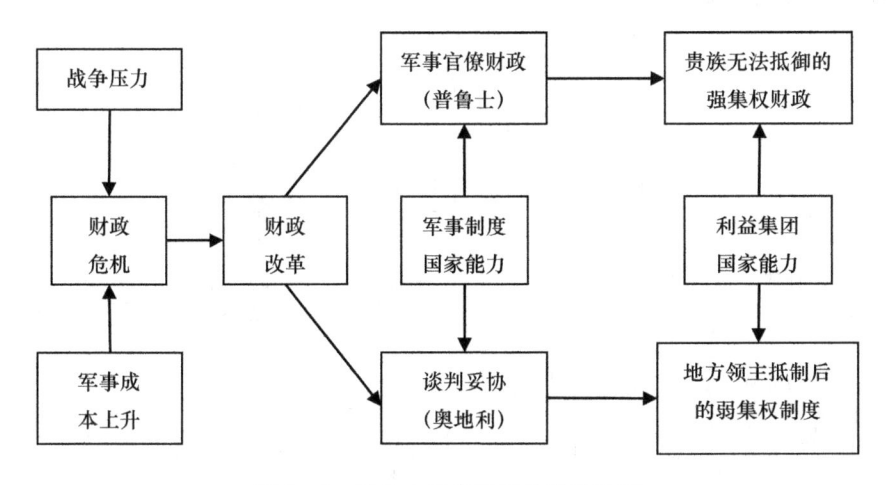

图 6-4 普鲁士和奥地利的财政改革

资料来源：笔者自制。

本章小结

进入 18 世纪后，奥地利和普鲁士迅速崛起并且参与到大国竞争中，因而我们认为有必要基于研究的核心变量——即国家能力和利益集团——来考察奥地利和普鲁士的国家建设，才能够进一步深入理解第一波半现代化。基于上述对核心变量的讨论，我们给出关于第一波半现代化的机制性解释。如图 6-5 所示，在国际竞争、财政危机、示范效应和思想启蒙等外部效应的综合影响之下，西欧四国开启了启蒙与改革的时代。它们的改革历程深受根植于传统的国家能力和利益集团的影响，本章用内斗模式、挟持模式、协商模式和强制模式概括法国、西班牙、普鲁士和奥地利的改革模式。

（1）内斗模式。法国的君主成功地从地方权力体系中排挤了领主，但是这样做的代价是中上层行政机构受到了日益联合的领主的渗透。① 因而法国会出现强大的利益集团和强大的王权共存的情况，这就导致了1789年前后法国政府的高度混乱。法国有能力对改革进行强有力的动员，却因为强大的利益集团的抵制和不利的外部环境导致了改革失败，而王权和贵族之间的激烈内斗促使市民和农民登上历史舞台，最终造成了社会崩溃和血腥的革命。

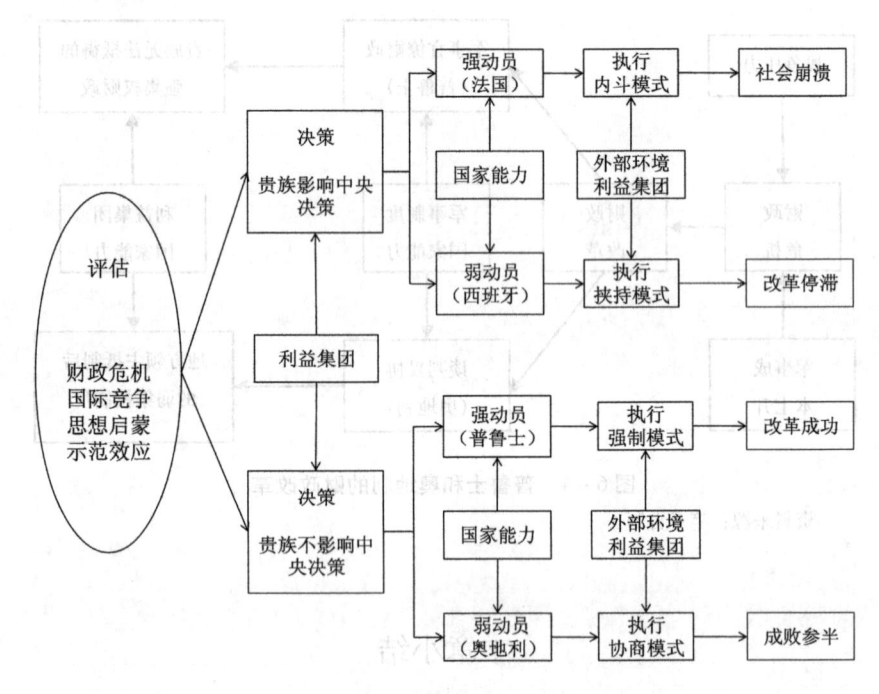

图 6－5　第一波半现代化的因果机制

资料来源：笔者自制。

（2）挟持模式。西班牙的中央政府虽然同样受到利益集团的渗透，但王权却没有深入控制地方政府，缺乏足够的国家能力对改革进行动员。贵族对朝政的把持使得改革一开始就相对保守，但改革仍触动了旧贵族的利益，因此在贵族的抵制和外部环境的影响下很快失败。由于西班牙的改革影响很小，并且很快就恢复原状，使得西班牙的改革和现代化陷入停滞。

---

① 〔美〕西达·斯考切波：《国家与社会革命：对法国、俄国和中国的比较分析》，何俊志、王学东译，上海人民出版社，2013，第121页。

第六章　第一波半现代化之"帝国的胎动"：18世纪后期普鲁士和奥地利的崛起之路　211

（3）协商模式。奥地利哈布斯堡王朝的贵族集团力量较为分散，没有能力在维也纳形成统一的利益集团来影响中央政府的决策，维也纳可以制定相对平等和高效的改革方向。但由于哈布斯堡王朝领土的分散，中央政府未能有效渗透地方权力体系，对改革进行全面动员，因而只能通过王权和地方领主的协作来部分推进改革。哈布斯堡王朝在一定程度上推动新政，改革获得了部分成功，但保留了浓厚的王朝国家的色彩。

（4）强制模式。由于贵族的贫穷和长期的战争等因素的影响下，普鲁士的贵族被强制或者因生活所迫在军队中服役，尽管贵族遍布政府部门，但是始终未能形成与王权对抗的集团。普鲁士的改革是一种专制和启蒙的平衡。这种专制不同于过去的暴君治理，是一种高效和平等的结合：前者因为权力集于一身，国王可以迅速做出决断；后者则是在国王的权威和法治下实现各阶级的平等。[1] 改革之所以能够自上而下顺利推行，既是因为普鲁士的政权早已在社会中变得非常强大，也是因为贵族们再也没有从制度上阻止国家具体政策动议的能力。[2] 这使得普鲁士的王室可以制定足够有效的新政，并借助于军事化的力量进行强有力的动员，从而让腓特烈大帝治下的普鲁士成为旧制度之下最为高效的政府。

结合这四种模式，我们可以更好地理解在第一波半现代化过程中，各国改革的成败与上述因素（表6-1）与机制（图6-5）之间的联系。在专制君主国中，只有普鲁士同时具备较弱的利益集团和较强的国家能力，因而普鲁士的改革获得了成功；奥地利尽管没有强大的利益集团，但是由于缺乏足够的国家能力，最终只取得了部分成功。而法国由于同时存在较强的国家能力和利益集团，最终改革导致了社会崩溃；西班牙既缺乏国家能力，又有强大的利益集团阻挠改革，因而改革迅速失败。

---

[1] David Fraser, 2001: *Frederick the Great: King of Prussia*, New York: Fromm International, p. 616.
[2] 〔美〕西达·斯考切波：《国家与社会革命：对法国、俄国和中国的比较分析》，何俊志、王学东译，上海人民出版社，2013，第121页。

第七章 第二波现代化的开端：帝国共鸣与19世纪初欧洲旧制度的消亡

1848年欧洲变革是19世纪欧洲现代化进程中最为重要的事件之一。它最重要的特征是国家之间存在远高于前几个世纪的互动与社会共鸣。除了英国和俄国等少数国家，欧洲大部分国家在短时间内爆发了社会变革，并且基本都以失败告终。本章结合了阶级分析方法和现代化理论，采用定性比较分析与案例研究相结合的方法，讨论1848年欧洲各国政治现代化成败的原因。定性比较分析的结果表明，经济危机是政治现代化的必要条件，它作为外部冲击触发了各国内部的变革诉求。在此基础上，1848年的现代化浪潮存在两条路径：第一条路径是具有较高经济水平且不受反革命联盟影响的国家，通过资产阶级革命来实现政治现代化；第二条路径是具有强国家能力且利益固化程度较低的国家，通过君主立宪制改良来推动现代化进程。此外，通过过程追踪和更长时段的分析可以发现，同时具备上述两条路径所需因素组合的国家，其转型的代价更低且转型后建立的制度也更为稳定。

第一节 拿破仑战争与旧制度的崩溃

地理大发现以来的三百年间，西欧开启了近代史上第一波现代化的浪潮。[1] 英国率先实现现代化后，法国等欧陆国家在18世纪中期开始效仿

---

[1] 早期的现代化研究参见张宇燕、高程《美洲金银和西方世界的兴起》，《社会科学战线》2004年第1期；Daron Acemoglu, Simon Johnson and James A. Robinson, 2005: "The Rise of Europe: Atlantic Trade, Institutional Change, and Economic Growth," *The American Economic Review*, Vol. 95, No. 3, pp. 546~579。

第七章 第二波现代化的开端：帝国共鸣与19世纪初欧洲旧制度的消亡

英国的成功经验，一系列失败的改革引发了影响深远的法国大革命。[①] 1799年年底的雾月政变拉开了法兰西帝国对外扩张的序幕，在此之后，拿破仑·波拿巴（Napoleon Bonaparte）领导下的法国横扫了欧洲的旧制度，将象征着大革命成果的政治法律制度迅速扩散到欧洲各地，从而加速了欧洲整体的现代化进程。拿破仑战争强制推进了拿破仑的司法体系，并随之废除了现存的法律，推进了人人平等的法治精神。[②] 然而正如法国著名作家雨果所言，滑铁卢过后，旧欧洲重新填补了因拿破仑消失所带来的长时期的莫大空虚，波拿巴的阴灵仍然震撼着旧世界，革命的力量时刻让各国君主惴惴不安。[③] 此后，1820~1830年欧洲的抗争进一步推动了民众思想的现代化，在工业革命的背景下，复辟的旧制度越来越难以适应新的生产方式和民众的权利诉求。如表7-1所示，绝大多数欧洲国家深受拿破仑帝国以及早期抗争的影响，而1848年多数出现抗争与变革的国家都深受这些关键先期条件的影响。[④] 1820~1830年的革命不断冲击"三皇同盟"为代表的欧洲保守势力，最终在1848年形成更大规模、席卷欧洲的变革浪潮，彻底终结了旧世界。

表7-1　　　　　　　　1848年变革的关键先期条件

	拿破仑的影响	1820~1830年的抗争	1848年抗争
法国	1	1	1
丹麦	1	1	1
意大利诸邦	1	1	1
德意志小国	1	1	1
尼德兰	1	1	1

---

① 本章将1789~1848年前后定义为第二波现代化时期，划分的理由是出现了强烈的传播效应，国家开始通过强制、诱导等互动模式影响周边国家的现代化，与此同时现代化开始从欧洲传播到世界各地。而1848~1918年前后则又可以定义为第二波半现代化，相关讨论同时可参见王子夔《普鲁士歧路——19世纪俄国和奥地利现代化改革中的效仿》，《世界经济与政治》2018年第10期。
② Michael Broers, 2016: "Pride and Prejudice: The Napoleonic Empire throughthe Eyes of Its Rulers," in Ute Planert, ed., *Napoleon's Empire European Politics in Global Perspective*, Basingstoke: Macmillan, pp. 310~311.
③ 参见〔法〕雨果《悲惨世界》，李丹、方于译，人民文学出版社，2019，第349页。
④ 关于关键先期条件的概念参见Dan Slaterand Erica Simmons, 2010: "Informative Regress: Critical Antecedents in Comparative Politics," *Comparative Political Studies*, Vol. 43, No. 7, pp. 886~917.

续表

	拿破仑的影响	1820~1830年的抗争	1848年抗争
奥地利/普鲁士	1	0	1
瑞士	1	1	1
波兰	1	1	0
西班牙/葡萄牙	1	1	0
挪威	1	0	0
瑞典	0	0	0
俄罗斯	0	0	0

资料来源：Ute Planert, ed., *Napoleon's Empire European Politics in Global Perspective*, chapter 1; Seva Gunitsky, 2018："Democratic Waves in Historical Perspective," *Perspectives on Politics*, Vol. 16, No. 3, p. 638; Mike Rapport, 2008：*1848: Year of Revolution*, New York: Basic Books, chapter 2~3.

欧洲各国的抗争与变革于1848年集中出现，引发了19世纪最为剧烈的现代化浪潮。艾瑞克·霍布斯鲍姆（Eric Hobsbawm）认为，1848年也是第一次潜在意义的全球革命，是欧洲大陆唯一一场传播最广却也最不成功的革命，并对此后历史产生了深远的影响：一方面，它彻底清除了中世纪以来的农奴制残余，增强了欧洲民众的权利意识；另一方面，它唤醒了各国的民族意识，由此引发了此后到"二战"期间欧洲各国因民族问题而出现的分裂、统一与战争。[1] 这场变革以极快的速度爆发，并且除了少数国家成功之外，多数国家在爆发后较短时间内都以失败而告终。因此，许多学者将1848年变革称为"欧洲之春"，也时常由于特征的相似性被当代社科学者用于类比"阿拉伯之春"。[2] 本章主要目的在于通过对1848年欧洲变革的案例进行比较研究，了解区域内急剧的社会变化对国家的影响，以及探讨哪些因素和机制导致了各国制度变革结果的差异。

第二节 文献综述与理论框架

关于1848年欧洲变革的文献较多，观点也存在差异，但是这些文献

---

[1] 〔英〕艾瑞克·霍布斯鲍姆：《资本的年代：1848~1875》，张晓华等译，中信出版社，2017，第11页。

[2] Kurt Weyland, 2012："The Arab Spring: Why the Surprising Similarities with the Revolutionary Wave of 1848?" *Perspectives on Politics*, Vol. 10, No. 4, pp. 917~934；〔英〕理查德·埃文斯：《竞逐权力：1815~1914》，胡利平译，中信出版社，2018，第215~239页。

第七章　第二波现代化的开端：帝国共鸣与19世纪初欧洲旧制度的消亡　215

几乎都认识到1848年前后的大规模政治社会变革在时空上的密集，即尝试从各自的视角解释和分析为何这一变革在时间上非常集中，在空间上涵盖了欧洲地区多数国家。诸多政治学和历史学的文献对此进行了讨论和研究，大致可以总结为以下几类理论。

1. 经济基础理论。这类理论强调的是经济基础对上层建筑的影响。恩格斯将1848革命视作是阶级斗争的结果。恩格斯指出："正是这个工业革命才到处都使各阶级之间的关系明朗化起来；它排除了从工场手工业时期遗留下来，而在东欧甚至是从行会手工业中遗留下来的许多过渡形式，造成了真正的资产阶级和真正的大工业无产阶级，并把它们推到了社会发展的前台。"① 查尔斯·蒂利通过对法国的观察发现，在关键动员中，有组织的工人的地位变化影响了民主化的轨迹，工人组织在1848年开始大量增长，并且涌入了法国的国民警卫队中，最终通过资产阶级—工人—农民的联合推翻了奥尔良政权。② 同样的，塞缪尔·亨廷顿在讨论法国大革命到第一次世界大战期间的"第一波民主化浪潮"时，主要将其归因于经济和社会发展，认为经济发展、工业化、都市化、资产阶级和中产阶级的出现、工人阶级的发展等因素都在北欧国家民主化运动中发挥了作用。③ 这类理论的优势在于解释工业化程度较高的地区（如法国和德国地区）出现工人运动的根源，但如果把1848年席卷欧洲的革命全部归因于阶级斗争，仍然无法解释经济落后的东欧国家为何也爆发了同样的抗争，相比之下工业更为发达的荷兰和英国则相对平静。

2. 观念变革理论。该理论侧重于讨论民众的社会观念变化对1848年欧洲变革的影响，认为欧洲革命的主要动力源于自由民主观念的普及。托克维尔在解释1848年法国革命时提到了工业革命后民众观念的转变，即工人对民主的向往深入人心，经济和政治的方面的理论开始取得人们的认可，这些理论试图证明人类所有的悲剧都是法律带来的，通过改变社会的现状可以改变当前的贫困。④ 乔纳森·伊斯雷尔（Jonathan Israel）认为，美国的民主共和主义意识形态输入对欧洲革命产生了影响，美国开创了现

---

① 《马克思恩格斯选集》第4卷，人民出版社，2012，第385页。
② Charles Tilly, 2004: *Contention and Democracy in Europe*, 1650~2000, New York: Cambridge University Press, pp. 121~122.
③ 〔美〕塞缪尔·P. 亨廷顿：《第三波：20世纪后期的民主化浪潮》，欧阳景根译，中国人民大学出版社，2013，第47页。
④ 参见〔法〕托克维尔《1848年法国革命回忆录》，李秀峰等译，东方出版社，2015，第85~86页。

代社会的基本精神和形式，1847～1848年的瑞士革命是欧洲历史上最接近美国革命和宪法的发展，给欧洲人带来了至关重要的新活力。[1] 社会观念的变化较好地解释了制度变迁的起点，但是仍然无法单独解释那些在1848年间没有任何变化的社会（例如西班牙和葡萄牙）。

3. 人口压力理论。这类理论讨论是马尔萨斯陷阱以及相关的经济危机对欧洲革命的影响。历史学者迈克·拉波特（Mike Reapport）则将1848年保守秩序的崩塌归因于欧洲经济、社会转型带来的"现代化"危机：欧洲农村地区已经濒临马尔萨斯陷阱，城市建设的速度赶不上乡村贫民涌入的速度，同时周期性的经济萧条遇上马铃薯病造成的粮食绝收，由此引发了普遍的愤怒和骚乱。[2] 同样有学者认为这场变革是短期经济的结果，即1845～1847年的粮食供应严重短缺及随后的工业衰退所引发的恐慌导致了1848年的革命。[3] 杰克·戈德斯通进一步用人口/社会结构模型来解释1848年前后的危机，提出人口压力带来的劳动力过剩、城市人口激增、实际工资下降和谋求精英职位的受教育者不断增加，由此造成了中下层精英的普遍不满，认为1848年革命并非必然的突破性进展而是周期性危机的再次回归。[4] 这类理论的优势在于较好地解释了为何1848年欧洲革命具有普遍性，而缺陷则在于无法解释国家层面（如普鲁士同奥地利）的差异，甚至也很难解释历史学家所提到的1780～1840年法国人口出生率一直在降低的问题——这结束了法国作为欧洲人口最多的国家的历史，但是法国却是1848年欧洲革命风暴的中心。[5]

4. 社会认知理论。社会认知理论将1848年革命视作非理性抗争的结果。库尔特·维兰德（Kurt Weyland）从有限理性和认知的角度讨论1848年革命，认为如果没有发展完善的政治组织，暴乱和自发起义将是政治斗争的主要形式，因为公民获取信息的渠道会受到限制，从而无法正确地看待各类事件和选择。[6] 当周边国家发生剧变时，他们缺乏能力和经验来判

---

[1] Jonathan Israel, 2019: *The Expanding Blaze: How the American Revolution Ignited the World, 1775～1848*, Princeton: Princeton University Press, pp. 547～567.

[2] Mike Rapport, 2008: *1848: Year of Revolution*, New York: Basic Books, pp. 32～37.

[3] Helge Berger and Mark Spoerer, 2001: "Economic Crises and the European Revolutions of 1848," *The Journal of Economic History*, Vol. 61, No. 2, pp. 293～326.

[4] 〔美〕杰克·戈德斯通：《早期现代世界的革命与反抗》，章延杰等译，上海人民出版社，2013，第274～335页。

[5] 参见〔美〕约翰·R. 麦克尼尔、威廉·H. 麦克尼尔《麦克尼尔全球史：从史前到21世纪的人类网络》，王晋新等译，北京大学出版社，2017，第305页。

[6] Kurt Weyland, 2014: *Making Waves: Democratic Contention in Europe and Latin America Since the Revolutions of 1848*, New York: Cambridge University Press.

断这些事件是否有可能在他们自己的国家取得成功，1848年的行动者做出了轻率、过于乐观的决定，倾向于认为革命很容易像法国一样迅速获得胜利，因此在奋起反抗时低估了斗争的残酷性。① 相比之下，在1848年革命中，反动势力由于长期执政而更具经验，在革命浪潮之后通过相关总结和学习，能够更彻底地处理信息和恢复比较理性的决策，因此可以制定有效措施以扼杀革命。② 维兰德一定程度上提供了关于欧洲革命迅速兴起和失败的微观思考，但是他的理论很难解释为何一些"仓促发动"抗争的国家（如丹麦）仍然取得了成功。

5. 效仿和扩散理论。该理论侧重于认为1848年的革命和反革命是特定案例（主要认为是法国）在欧洲整体扩散的结果。塞瓦·冈蒂斯基（Seva Gunitsky）通过对北美独立战争以来13次民主化潮流的类型学分析，认为1848年革命属于一种"横向跨界传播"（horizontal cross-border contagion）的社会革命，即它是通过共享的水平网络和区域效应展开的，较少受到国际秩序的影响，并且抗争的蔓延压倒了国内的影响，因此国家的时间通常与内部原因无关。③ 另外一些学者通过大样本研究和案例分析，认为1848年革命传播之后，保守派（reactionaries）对于前车之鉴的学习更多的是基于相似的政体类型而非距离，例如普鲁士更多的是类比奥地利而非法国来制定其长期的反革命模式。④ 这类理论的优势在于，能够较好地解释抗争集中爆发以及它失败的原因，但仅仅将其归因于法国革命的扩散仍然无法解释为何巴登等德国地区进行抗争的时间要早于法国，当然它也无法解释法国的案例本身。

如表7-2所示，虽然各类理论都有各自的解释力，但是上述理论同样有许多无法解释的案例。例如强调外部情境要素的理论很难解释国家间的差异，而强调特定国内要素的理论同样会因为现代化的浪潮而出现无法解释的案例，甚至简单多变量组合也无法解释全部国家的政治现代化过程。亨廷顿认为，没有一个单一因素足以解释在所有国家中的民主发展，也没有单一因素对所有国家的民主发展必不可少，每一个国家的民主化都

---

① Kurt Weyland, 2012: "The Arab Spring: Why the Surprising Similarities with the Revolutionary Wave of 1848?" *Perspectives on Politics*, Vol. 10, No. 4, pp. 917~934.
② Kurt Weyland, 2016: "Crafting Counterrevolution: How Reactionaries Learned to Combat Change in 1848," *American Political Science Review*, Vol. 110, No. 2, pp. 215~231.
③ Seva Gunitsky, 2018: "Democratic Waves in Historical Perspective," *Perspectives on Politics*, Vol. 16, No. 3, pp. 634~651.
④ Edward Goldring and Sheena Chestnut Greitens, 2020: "Rethinking Democratic Diffusion: Bringing Regime Type Back In," *Comparative Political Studies*, Vol. 53, No. 2, p. 342.

是各种原因结合的结果,这些产生民主的原因在于国家不同而各不相同。[①] 因此本章做出如下猜想,在1848年欧洲的现代化浪潮很可能存在"多重因果性"[②],即存在成功推动政治现代化的两条或多条不同的路径,而这些路径的发现和检验则需要通过混合方法,用实证研究为来寻找相关的因素与机制。

表7-2　关于1848年欧洲变革的各类理论及其缺陷

理论	难以解释的案例
经济基础理论	奥地利、意大利
观念变革理论	西班牙、葡萄牙
人口压力理论	普鲁士、奥地利、法国
社会认知理论	荷兰、比利时、丹麦
效仿和扩散理论	巴登、巴伐利亚、法国

资料来源：笔者自制。

在进行实证研究之前,需要进一步察看1848年前后欧洲国家制度变迁的具体时空情境,即这一时期内哪些特征差异使得欧洲国家制度变迁的路径或机制不同于18世纪或更早期的欧洲。具体而言,它存在如下几个方面的鲜明时代特征。其一,国际社会中的进步力量与保守力量开始逐渐影响到国家内部的意识形态与制度变迁,这是法国大革命之前从未有过的现象。英国、俄国、普鲁士和奥地利组成的四国同盟是维也纳秩序的基础。一方面,保守力量在奥地利首相克莱门斯·梅特涅（Klemens von Metternich）的"协调"下组成了专制国家的反革命联盟,在一定程度上压制了1820~1830年代普鲁士和奥地利的民主化潮流。另一方面,英国和美国的民主力量在迅速崛起,后者主要提供了制度的模板,而前者则同时提供了部分物质力量的支持,例如英国在其他国家的民主化问题上几乎处处与梅特涅的意见相左。其二,交通与通信技术的发展带来社会层面的飞跃。交通的发展尤其是铁路的普及"缩短"了欧洲内部的距离,使得欧洲内部人员之间的交流更为频繁和便利：1830~1847年,奥匈帝国增

---

① 〔美〕塞缪尔·P. 亨廷顿：《第三波：20世纪后期的民主化浪潮》,欧阳景根译,中国人民大学出版社,2013,第46~47页。
② 关于多重因果性的讨论参见：Charles Ragin, 2008: *Redesigning Social Inquiry: Fuzzy Sets and Beyond*, Chicago: University of Chicago Press。

第七章 第二波现代化的开端:帝国共鸣与19世纪初欧洲旧制度的消亡

加了3万英里以上的公路,比利时的公路也增加了一倍,法国则在1800~1847年开挖了2000英里的运河,各国都在1820~1830年代开始修造铁路,铁路大大地提高了陆路运输人员、货物的速度和数量。[1] 电报的出现则大幅缩短了欧洲内部的信息交流时间,而它的发展则与铁路相辅相成。电报网沿着铁路线发展,到1848年,半数铁路公司拥有自己的电报系统。[2] 具体而言,普鲁士、奥地利和俄罗斯分别于1832年、1835年和1839年开始使用这些通信系统,1837年美国人获得电磁电报专利,英国率先在1846年成立电报公司,新通信手段的诞生具有极其重要的意义,为1848年爆发的革命浪潮提供了不可或缺的通信基础,尤其为各国同时爆发革命创造了条件。[3] 这些频繁的交流仍然需要必要的经济(尤其是工业化)水平作为基础。例如铁路的发展需要冶金等行业的工业基础,一些经济较为落后的国家(如葡萄牙、俄罗斯、挪威和瑞典),每平方千米的铁路里程仍然少于0.01千米,这一数字远远低于英法等国。[4] 而经济水平提升也使得工人阶级和资产阶级不断壮大,而他们是1848年前后社会变革的主要力量。1847年11月,共产主义者同盟大会委托马克思和恩格斯起草一个详细的理论和实践的党纲,《共产党宣言》于法国二月革命前几周在伦敦面世。[5] 从这个革命之年开始,工人阶级作为重要的政治力量登上历史舞台。这些群体主要存在于人口密度高的工业化地区,包括比利时部分地区、法国北部、里昂周围地区、意大利北部、萨克森、鲁尔地区和柏林、波希米亚和上西里西亚。[6]

在此背景之下,19世纪出现的第二波现代化同第一波现代化浪潮的最大差异在于,欧洲各国无论在结构层面(国家与国际组织之间),

---

[1] 〔英〕艾瑞克·霍布斯鲍姆:《革命的年代:1789~1848》,王章辉等译,中信出版社,2014,第53~54、195~196页。
[2] 〔英〕哈巴库克主编:《剑桥欧洲经济史(第六卷),工业革命及其以后的经济发展:收入、人口及技术变迁》,王春法等译,经济科学出版社,2002,第218页。
[3] 参见〔英〕理查德·埃文斯《竞逐权力:1815~1914》,胡利平译,中信出版社,2018,第199~200页。
[4] 由于缺乏1848前后的数据,因此参考了1870年的铁路数据,1848年前后这一数值显然更低。〔英〕彼得·马赛厄斯、〔英〕悉尼·波拉德主编:《剑桥欧洲经济史(第八卷),工业经济:经济政策和社会政策的发展》,王宏伟、钟和等译,经济科学出版社,2004,第78~79页。
[5] 《马克思恩格斯选集》第1卷,人民出版社,2012,第376~377页。
[6] Reinhart Koselleck, 2000: "How European Was the Revolution of 1848/49?" in Axel Körner ed., *1848 A European Revolution: International Ideas and National Memories of 1848*, London: Macmillan, pp. 209~211.

还是在过程层面（民众与民众之间），都有着远胜于过去的频繁互动。国际政治中具体政策扩散的机制有许多类型，例如包括强制、学习和效仿（emulation）等，强制即由强大的国际组织或国家将政策强加给他国；学习指一国从其他国家经验中获得有用信息；效仿则主要指代规范的传播。[1] 他早期的扩散理论往往试图强调特定要素扩散对于制度变迁的影响，而事实上1848年欧洲的这种扩散是多方面、多维度的，并非简单的学习或强制机制，本章称这种复杂的机制为"共鸣"。当强烈的外部冲击出现后，旧世界下的各帝国在彼此之间迅速产生共鸣，如图7-1所示，它主要包含了三个方面的互动。（1）国家在结构层面的互动，主要包含了国际性的支援与强制，即强国可以通过对他国斗争中一方的援助来改变制度变迁的方向，1848年变革更多的是以神圣同盟为代表的保守力量对于欧洲国家抗争的扼杀，而英美等民主国家对欧洲国家政治现代化所进行的干预则极其有限。（2）国家层面的观念性影响，主要指国家可以通过自身的示范效应来诱导他国学习自身的制度，例如法国和瑞士在一定程度上受到了美国制度的影响，而在德国关税同盟地区，比利时的宪法起到了模范作用。[2]（3）个体层面的影响在于，行动者会受到国外思想或者斗争胜利经验的鼓舞，而交通通信改善所带来的国家之间的人员密切往来以及各国革命信息的传播，都会增强民众的变革偏好。[3] 总体而言，强烈的互动与共鸣成为1848年欧洲变革的重要时空情境，使得这个时空内的欧洲国家的制度变迁逻辑不同于更早或更晚的欧洲以及同一时期的其他地区。

在具体实证分析之前，需要对案例和研究方法进行如下的说明。首先，本章讨论的时空范围限定在1848年前后近两三年间的欧洲非民主国家，而拉美和亚洲等地区由于时空情境的巨大差异并不在讨论范围之中。[4] 其次，由于英国的民主化在光荣革命后几乎没有倒退，19世纪英

---

[1] Fabrizio Gilardi, 2013: "Transnational Diffusion: Norms, Ideas, and Policies," in Walter Carlsnaes, Thomas Risseand Beth A. Simmons, eds., *Handbook of InternationalRelations*, Los Angeles: SAGE Press, pp. 460~469.

[2] Jonathan Israel, 2019: *The Expanding Blaze: How the American Revolution Ignited the World, 1775~1848*; Reinhart Koselleck, "How European Was the Revolution of 1848/49?" Princeton: Princeton University Press, p. 211.

[3] 参见 Kurt Weyland, 2009: "The Diffusion of Revolution: '1848' in Europe and Latin America," *International Organization*, Vol. 63, No. 3, pp. 391~423.

[4] 关于时空情境的讨论参见叶成城、黄振乾、唐世平《社会科学中的时空与案例选择》，《经济社会体制比较》2018年第3期。

国的民主化更多是普选权普及等问题,不同于其他国家的制度性变革,因此英国也不在本章的讨论范围。最后,在中等样本中,讨论可能存在的多重路径最好采用定性比较分析和过程追踪相结合的混合方法进行实证分析,前者用于跨案例的数据集观察值对多个路径进行因果推断,而后者则通过案例内的过程追踪进一步寻找因果过程观察值来检验相关的因果路径。[1]

第三节 1848 年欧洲变革的定性比较分析

由于案例研究的时空范围限定在 1848 年前后的欧洲,符合条件的独立欧洲国家有近 20 个,这个样本数量属于典型的"中等样本",其数量较多无法一一进行案例研究,而样本数又不足以进行回归分析,故而最适合用定性比较分析。这一方法最初由查尔斯·拉金(Charles Ragin)所倡导,其优势在于能够在多变量互动的中等样本中,通过计算软件获得解释结果变量的因素组合。[2] 本章选取以下变量来考察它们对 1848 年前后欧洲政治现代化的影响,这些变量选取一方面借鉴了 19 世纪之前(16~18世纪)欧洲现代化历程中的重要解释变量,分别是利益固化、国家能力、经济危机;另一方面,借鉴了 20 世纪现代化理论中几个重要解释变量,包括经济水平、经济增长程度和贸易自由度;此外,反革命联盟则是 19 世纪梅特涅所倡导的国际体系中的重要特征。

---

[1] 混合方法原理的讨论超出了本书的范围,具体方法讨论参见 James Mahoney, 2010: "After KKV: The New Methodology of Qualitative Research," *World Politics*, Vol. 62, No. 1, pp. 120~147; Carsten Q. Schneiderand Ingo Rohlfing, 2016: "Case Studies Nested in Fuzzy-Set QCA on Sufficiency: Formalizing Case Selection and Causal Inference," *Sociological Methods & Research*, Vol. 45, No. 3, pp. 526~568; Derek Beach, 2018: "Achieving Methodological Alignment When Combining QCA and Process tracing in Practice," *Sociological Methods & Research*, Vol. 47, No. 1, pp. 64~99.

[2] 关于 QCA 方法的思想参见拉金的"三部曲": Charles Ragin, 1987: *The Comparative Method: Moving Beyond Qualitative and Quantitative Methods*, Berkeley: University of California; Charles Ragin, 2000: *Fuzzy-Set Social Science*, Chicago: University of Chicago Press; Charles Ragin, 2008: *Redesigning Social Inquiry: Fuzzy Sets and Beyond*, Chicago: University of Chicago Press. 国内也有学者用类似的 QCA 方法研究欧洲的国家兴衰或制度变迁,参见唐睿、唐世平《历史遗产与原苏东国家的民主转型——基于 26 个国家的模糊集与多值 QCA 的双重检测》,《世界经济与政治》2013 年第 2 期;黄振乾、唐世平《现代化的"入场券"——现代欧洲国家崛起的定性比较分析》,《政治学研究》2018 年第 12 期。

一 变量选择与赋值

本研究的被解释变量为政治现代化。[1] 该变量主要考察国家的现代化改革是否有所推进，由于一些数据库缺乏 1900 年之前的政体数据库，本章采用政体Ⅳ：政权权威特征和过渡数据集（Polity Ⅳ：Regime Authority Characteristics and Transitions Datasets）。[2] 本章主要用两个指标的变化来测量 1848 年前后三年（1845~1851 年）欧洲非民主国家的政治现代化改革的成败：一个为主要指标，察看政体分数是否上升 3 分以上；另一个是民主化指标变化是否大于等于 0。[3] 如果同时符合上述两个指标，则将被解释变量编码为 1；反之，则编码为 0。

解释变量 1：利益固化，即考察国家是否存在强有力的利益集团为内部的制度变革带来巨大的阻力。制度经济学派的利益集团理论认为，拥有权力的一方通过武力威胁或者使用权力就能获得更高的收益，通过形成排他性的分利集团来阻碍变革并降低社会效益。[4] 只有在没有强大的分利集团、国家权力较为集中的情况下，国家与社会利益才能具有共容性，实施有利于社会整体的发展政策。[5] 同时，当内部缺乏统一的利益集团时，精英内部分裂也可以推动国家民主化转型。[6] 本章通过查看旧贵族是否足够强大和团结，能够控制国家机器，形成强力的分利集团，如果利益固化程度高编码为 1，而利益固化程度低编码为 0。[7]

解释变量 2：国家能力，即考察国家是否具有较强的国家能力来推动与实施现代化改革。在关于其他地区的现代化研究中，已经有学者提出了

---

[1] QCA 的逻辑不同于回归分析，不存在被解释变量和解释变量之间的相关关系，因此不用自变量和因变量来进行描述。参见刘丰《定性比较分析与国际关系研究》，《世界经济与政治》2015 年第 1 期。

[2] 政体数据来自 Integrated Network for Societal Conflict Research（INSCR）：https://www.systemicpeace.org/inscrdata.html。

[3] 1848 年之前欧洲的民主评分 5 分以上的只有英国，因此将英国排除在分析的样本之外。

[4] 〔美〕曼瑟·奥尔森：《权力与繁荣》，苏长和、嵇飞译，上海人民出版社，2018，第 48~50 页；〔美〕曼瑟·奥尔森：《国家的兴衰：经济增长、滞胀和社会僵化》，李增刚译，上海人民出版社，2017，第 41~74 页。

[5] 刘晨：《利益集团、权力结构与发展政策——对非洲国家经济发展的启示》，《世界经济与政治》2019 年第 6 期。

[6] Ben Ansell and David Samuels, 2014: *Inequality and Democratization: An Elite-Competition Approach*, New York: Cambridge University Press.

[7] 这部分赋值主要参照和借鉴大英百科全书网络版（https://www.britannica.com/）同时一些历史细节问题也参考了东方出版中心翻译的《世界历史文库》系列丛书，鉴于数量众多不再一一罗列。

第七章 第二波现代化的开端：帝国共鸣与19世纪初欧洲旧制度的消亡

强国家的重要性，例如早期一些学者对东亚发展型国家或东南亚国家民主化转型的研究。[1] 本章用战争关联者项目（Correlates of War Project）数据库提供的1848年欧洲的国家能力综合指标（Composite Indicator of National Capability，CINC）来对欧洲国家的国家能力进行编码。CINCZ衡量的是国家物质能力，包含所有成员国的总人口、城市人口、钢铁产量、能源消耗、军事人员和军费这6个指标。[2] 本章将1848年的CINC得分高于中位数0.012的国家（恰好是介于大国和小国之间的国家——荷兰作为分界线）编码为1，低于0.012的国家编码为0。

解释变量3：经济水平，即考察欧洲国家的人均GDP水平。西摩·利普塞特（SeymourLipset）、大卫·爱泼斯坦等人（David Epstein）通过定量分析发现，民主化同经济增长之间存在相关性关系，[3] "二战"后的经验也表明，经济增长到一定程度有助于国家的民主化转型。[4] 本章用安格斯·麦迪逊（Angus Maddison）对1850年欧洲各国的人均GDP的估计值来考察欧洲国家的初始经济水平高低。[5] 由于麦迪逊的数据仅仅估计德意志和意大利地区的均值，这些地区一些小国的数据则参照了丹尼尔·齐勃拉特（Daniel Ziblatt）的研究。[6] 如果高于欧洲的中位数则将其编码为1，反之则编码为0。[7]

解释变量4：经济增长速度，即考察欧洲国家的人均GDP年均复合增

---

[1] Meredith Woo-Cumings, ed., 1999: *The Developmental State*, Ithaca: Cornell University Press; Tuong Vu, 2010: *Paths to Development in Asia: South Korea, Vietnam, China, and Indonesia*, New York: Cambridge University Press; Dan Slater, 2012: "Southeast Asia: Strong-State Democratization in Malaysia and Singapore," *Journal of Democracy*, Vol. 23, No. 2, pp. 19~33.

[2] 国家能力的数据参见 https://correlatesofwar.org/data-sets/national-material-capabilities。

[3] Seymour Martin Lipset, 1959: "Some Social Requisites of Democracy: Economic Development and Political Legitimacy," *The American Political Science Review*, Vol. 53, No. 1, pp. 69~105; David Epstein, et al., 2006: "Democratic Transitions," *American Journal of Political Science*, Vol. 50, No. 3, pp. 551~569.

[4] Carles Boix and Susan C. Stokes, 2003: "Endogenous Democratization," *World Politics*, Vol. 55, No. 4, pp. 517~549.

[5] 受到数据的限制，1870年许多欧洲国家都只有间隔十年的数据，并且相差两年对这一估值的排名变化微乎其微。初始经济水平的数据参见 Angus Maddison, 2006: *The World Economy: A Millennial Perspective*, Paris: OECD, Development Center, pp. 436~447。

[6] Daniel Ziblatt, 2006: *Structuring the State: The Formation of Italy and Germany and the Puzzle of Federalism*, Princeton: Princeton University Press.

[7] 由于估值本身存在误差，而人均GDP排名居中的国家与欧洲29国的均值非常接近，因此本章用中位数而非均值来作为赋值的标准。

长率。有学者的长时段研究表明，缓慢或者负增长容易引起国家内部的崩溃。[①] 本章用此变量来察看经济较高或者较低增长是否会对制度变化产生影响。受到数据的限制，早期欧洲仅有1820~1870年的经济增长平均估计，本章将增长率高于西欧国家平均增长率0.98%的国家视为高增长率国家，编码为1，反之则编码为0。[②]

解释变量5：贸易自由化，主要考察欧洲国家贸易自由化的程度。贸易同样是国家政治现代化的重要动力：在第一波现代化过程中，西欧国家很大程度受到大西洋贸易带来的冲击和分配效应影响；而关于1870年代之后的一些实证研究也表明，国际贸易可能有助于推动国家的民主化进程。[③] 本章主要用两个指标衡量当时的贸易自由化程度，第一个指标为是否允许工业制成品进口，第二个指标为关税水平是否低于25%，如果符合上述两个指标则视为贸易自由化程度高，编码为1；反之则编码为0。[④]

解释变量6：反革命联盟。由于在1815~1848年，欧洲曾经出现了由英国、奥地利、普鲁士和俄罗斯组成的以反革命为目标的"四国同盟"或称之为"神圣同盟"，此后英国由于奥地利过于保守的立场而退出，并且一定程度表达了对进步力量的支持。因此本章将处于俄罗斯以及控制的地区（如芬兰）、普鲁士及其深受其影响的德意志地区（萨克森、巴伐利亚和巴登）和奥地利哈布斯堡王朝及其控制的北意大利地区（摩德纳、帕尔马和托斯卡纳）视为反革命联盟的范围，将其编码为1，其他国家则编码为0。

解释变量7：经济危机。由于国家内部通常会存在维持均衡的机制，需要强力的外部冲击打破均衡状态，其他地区的实证研究也表明，经济危

---

① Vilde Lunnan Djuve, Carl Henrik Knutsenand Tore Wig, 2020: "Patterns of Regime Breakdown Since the French Revolution," *Comparative Political Studies*, Vol. 53, No. 6, pp. 923~958.

② 人均GDP增长率的数据参见 Angus Maddison, 2006: *The World Economy: A Millennial Perspective*, Paris: OECD, Development Center, p. 643。

③ Barry Eichengreen and David Leblang, 2008: "Democracy and Globalization," *Economics & Politics*, Vol. 20, No. 3, pp. 289~334; J. Ernesto López-Córdovaand Christopher M. Meissner, 2008: "The Impact of International Trade on Democracy: A Long-Run Perspective," *World Politics*, Vol. 60, No. 4, pp. 539~575.

④ 25%的关税约是德国的平均水平，在当时的贸易环境下，高于这个税率近似于禁止贸易。关于关税的数据和资料参见〔英〕彼得·马赛厄斯、〔英〕悉尼·波拉德主编《剑桥欧洲经济史（第八卷），工业经济：经济政策和社会政策的发展》，王宏伟、钟和等译，经济科学出版社，2004，第1~22页。

机经常会成为重要的改革或转型的契机。① 多数欧洲国家在 1840~1848 年爆发了严重的经济萧条和衰退,这次衰退涉及大部分工业和农业领域。因此本章通过相关史料查阅 1840 年代欧洲国家内部是否存在较为严重的经济危机,如果存在,将其编码为 1,反之则编码为 0。②

基于上述变量和案例,本章获得如下的变量赋值表(见表 7-3)。

表 7-3　　　　　　　　　　　变量赋值表

	利益固化	国家能力	经济增长	初始经济水平	贸易自由化	反革命同盟	经济危机	政治现代化
法国	1	1	1	1	0	0	1	1
比利时	0	1	1	1	1	0	1	1
丹麦	0	1	0	1	1	0	1	1
尼德兰(荷兰)	0	1	0	1	1	0	1	1
瑞士	0	0	1	1	1	0	0	1
奥地利	0	1	0	1	0	1	1	1
撒丁王国	0	1	0	0	1	1	1	1
希腊	0	0	0	0	1	0	0	0
巴伐利亚	1	0	1	1	1	1	1	0
摩德纳/帕尔马/托斯卡纳	0	0	0	0	1	1	1	0
巴登	0	0	0	1	0	1	1	0
芬兰	0	0	0	0	0	1	0	0
俄罗斯	1	1	0	0	0	1	0	0
瑞典	1	1	0	0	0	0	0	0
普鲁士	1	1	1	1	1	1	1	0

---

① 叶成城、郝诗楠:《政治学研究中的时间性:因果机制与事件的时间状态类型》,《复旦政治学评论》2019 年第 2 期;关于经济危机对制度变迁的实证研究参见 Mark Gasiorowski, 1995: "Economic Crisis and Political Regime Change: An Event History Analysis," *American Political Science Review*, Vol. 89, No. 4, pp. 882~897; Thomas Pepinsky, 2009: *Economic Crises and the Breakdown of Authoritarian Regimes: Indonesia and Malaysia in Comparative Perspective*, Cambridge: Cambridge University Press。

② 关于经济危机的变量赋值参见〔英〕斯蒂芬·布劳德伯利、凯文·H. 奥罗克编著《剑桥现代欧洲经济史:1700~1870》,何富彩、钟红英译,中国人民大学出版社,2015,第 118~120 页。

续表

	利益固化	国家能力	经济增长	初始经济水平	贸易自由化	反革命同盟	经济危机	政治现代化
两西西里	1	1	0	0	0	0	1	0
西班牙	1	1	0	0	0	0	1	0
葡萄牙	1	0	0	0	1	0	1	0
萨克森	0	0	1	1	1	1	1	0
波兰	1	0	0	0	1	0	0	0
挪威	1	0	0	0	0	0	1	0
教皇国	1	0	0	0	1	0	1	0

二 条件组合的定性比较分析

在讨论上述变量的基础上，本章使用复旦大学复杂决策中心开发的"全功能多值QCA（FM-QCA）"分析软件对数据进行分析。[①]

1. 条件组合的一致性（consistency）与覆盖率（coverage）检验

在考察变量组合对结果的影响之前，首先需要察看单个变量对结果的影响，分析软件给出了变量的一致性和覆盖率。一致性近似于逻辑关系中的"充分性"，当一致性达到1时可以视为充分条件，根据分析可知，如表7-4中7个变量并不存在结果出现的充分条件，这表明没有单一变量可以解释1848年现代化改革的成败。[②] 覆盖率则近似于逻辑关系中的"必要性"，当覆盖率达到1时可以视为必要条件，根据分析可知，经济危机的覆盖率为1，是现代化改革成功的必要条件。这也表明，1848年欧洲的现代化改革需要一个外部冲击作为导火索，只有出现经济危机的国家才有进行改革的动力。

[①] 该软件由复旦大学复杂决策中心唐世平教授团队开发，软件下载地址：https://github.com/buka632/Fm-QCA，软件使用说明参见：http://www.ccda.fudan.edu.cn/uploads/2015/03/162023101175.pdf。

[②] 需要指出的是，QCA计算得出的"充分性"缺乏了具体因果机制，并非因果意义上的充分条件，参见周亦奇、唐世平《"半负面案例比较法"与机制辨别：北约与华约的命运为何不同？》，《世界经济与政治》2018年第12期。

第七章　第二波现代化的开端：帝国共鸣与19世纪初欧洲旧制度的消亡　227

表7-4　一致性和覆盖率检验（结果变量取值为1）

	一致性	覆盖率
利益固化	0.09	0.14
国家能力	0.55	0.86
经济增长	0.43	0.43
初始经济水平	0.67	0.86
贸易自由化	0.36	0.71
反革命同盟	0.13	0.14
经济危机	0.41	1

2. 解释变量组合结果分析

QCA 的作用在于提供关于解释变量组合的分析，根据上述分析可知，在必要条件（经济危机）基础上，有两个组合是1848年欧洲国家成功实现政治现代化的充分条件：第一个组合是利益固化程度低且具有强国家能力的国家，第二个组合是经济水平较高且不受反革命同盟影响的国家。QCA 软件在计算过程中用布尔逻辑运算将经济增长、贸易自由化这两个变量简化掉，这也展现出 QCA 的优势所在。如表7-5所示，这两个变量组合的一致性都为1，而覆盖率也较高，达到71%，故而这两个组合都为结果出现的充分条件，并且包含半数以上正面案例，因此可以认定估计的结果较为理想。而上述两个组合包含了变量赋值表中的全部正面案例，且不存在不符合理论预期的"反例"。[①] 同时通过计算可知，所有组合的覆盖率和一致性都为1，因此估计结果可以视为"布尔代数意义上"的现代化改革成功的"充分必要条件"。[②] 最终结果可以表达为现代化改革成功 = 经济危机 * （利益固化程度低 * 国家能力强 + 初始经济水平高 * 不受反革命同盟影响）。[③]

[①] Fm-QCA 软件中关于正案例和负案例的表述不够准确，具体的概念区分参见 James Mahoney and Gary Goertz, 2004: "The Possibility Principle: Choosing Negative Cases in Comparative Research," *American Political Science Review*, Vol. 98, No. 4, pp. 653~669；叶成城、唐世平《基于因果机制的案例选择方法》，《世界经济与政治》2019年第10期。

[②] 从机制的角度来理解因果时，单一因素组合是无法构成因果意义上的充分性的。

[③] "+"代表"或者"，"*"代表"并且"。

表7-5　　　　　　　条件组合分析结果（结果变量取值为1）

条件组合	正面案例	一致性	覆盖率
经济危机＊利益固化程度低＊国家能力强	奥地利、撒丁王国、比利时、丹麦、荷兰	1	0.71
经济危机＊初始经济水平高＊不受反革命同盟影响	法国、瑞士、比利时、丹麦、荷兰	1	0.71
所有组合的覆盖率			1
所有组合的一致性			1

三　QCA分析结果的意义

单单寻找两个导致结果出现的组合仍然是不够的，还需要同时察看这些组合所蕴含的因果解释意义，从而有助于寻找和检验不同路径下可能存在的因果机制。首先，经济危机作为一个大前提，可能是1848年变革的外部冲击，即欧洲国家内部由于经济危机引发了系统效应，包括工人运动的兴起和君主国为避免政权崩溃而进行的预防性改良措施。其次，第1条路径（经济危机＊利益固化程度低＊国家能力强→政治现代化）表明，1848年的变革与过去此前现代化的动力存在相似性，即在外部冲击之下，只有那些具有强国家能力而内部利益集团较弱的国家，可以通过自上而下的改革推动现代化进行，例如比利时、丹麦、荷兰、奥地利和撒丁王国。最后，第2条路径展现了第二波现代化中出现的新机制，即那些经济发展水平较高的国家，在不受到外部干扰时，也有可能成功推动现代化改革，包括了法国、比利时、丹麦、荷兰、瑞士。可能的原因是，上述国家虽然缺乏足够强的国家能力（如瑞士）或者有较强的利益集团（如法国），但是在整个欧洲现代化浪潮的"共鸣"之下，仍然有成功的可能性，而前提是内部的现代化进程不被外国保守势力干预。本章将在后面部分通过过程追踪来进一步检验上述理论和探寻相关因果机制。

第四节　1848年欧洲变革的因果路径与案例分析

1848年欧洲变革既是政治事件，又是一个社会过程。单是QCA分析所得出的组合的因果解释力是不足的[1]，尤其是它无法区分变量在因果解

---

[1] 对于QCA方法最新的一些批评参见Kevin A. Clarke, "Logical Constraints: The Limitations of QCA in Social Science Research," *Political Analysis*, https://doi.org/10.1017/pan.2020.7。

第七章　第二波现代化的开端：帝国共鸣与19世纪初欧洲旧制度的消亡

释中的"层次"（例如是解释变量还是中间变量），要探讨具体事件的原因与影响，不能仅仅基于讨论因素组合，还需要回到历史情境中去考察具体的过程与机制。

1847～1848年欧洲爆发了前所未有的经济危机，无论是广度、深度还是其所导致的政治分歧，都是这一时期具有最大破坏性影响的金融危机。[1] 具体而言，马铃薯疾病和气候问题导致了俄罗斯和波兰之外多数地区的粮食歉收，造成粮食价格上涨近50%，为食品进口而导致的大量黄金外流、利率上升，以及英国的资本回流，这些通缩效应进一步加深了欧陆的危机。[2] 只有工业化程度较低的俄罗斯、波兰、希腊等少量地区相对平静，几乎所有的欧陆国家都面临严重的危机。从1845年开始的严重经济危机极大地加剧了人口增长和工业化长期积累的社会问题，政治危机和金融危机的重合增加了民众对英国现代化模式的渴望，导致了民众对旧世界不满的再度爆发。在此背景下，由于存在多条路径（见图7-1）且案例数量众多以及篇幅限制，本章主要通过对几个典型的"路径案例"进行过程追踪，以察看前文所给出的因素组合在1848年欧洲国家政治现代化进程中所发挥的作用。根据前文QCA所给出的这两种路径，以及影响这两种路径的四个核心变量的类型学差异（见表7-6），本书选取了四个正面案例，分别是瑞士、法国、奥地利和丹麦。[3]

表7-6　　　　　　　　正面案例的类型学分析

	成功的资产阶级革命		不成功的资产阶级革命	
	利益固化程度低	利益固化程度高	利益固化程度低	利益固化程度高
国家能力强	丹麦、比利时、荷兰	法国	奥地利、撒丁	—
国家能力弱	瑞士	—	—	—

资料来源：笔者自制。

---

[1] 〔英〕彼得·马赛厄斯、〔英〕悉尼·波拉德主编：《剑桥欧洲经济史（第八卷），工业经济：经济政策和社会政策的发展》，王宏伟、钟和等译，经济科学出版社，2004，第116~120页。
[2] Roger Price, 1988: *The Revolutions of 1848*, Hampshire: Macmillan, pp. 17~19.
[3] 由前文分析可知，较强的经济基础和不存在反革命联盟的干扰是出现成功的资产阶级革命的充分条件，因此用是否出现成功的资产阶级革命来简化相关的逻辑分析。

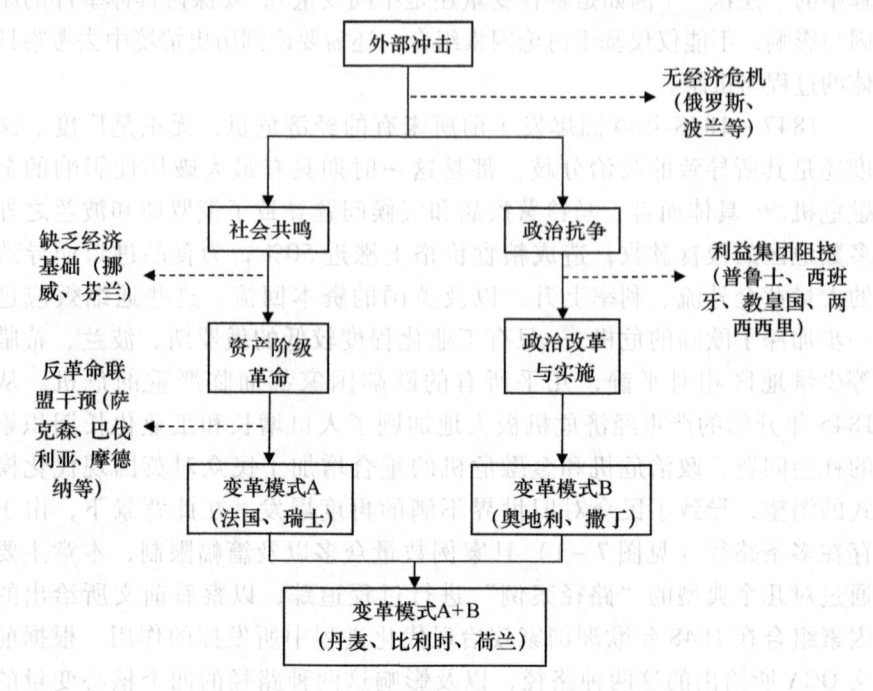

```
                    ┌─────────┐
                    │ 外部冲击 │
                    └────┬────┘
                         │──────────→ 无经济危机
                         │            （俄罗斯、
                         │             波兰等）
          ┌──────────────┴──────────────┐
    ┌─────┴─────┐                 ┌─────┴─────┐
    │  社会共鸣  │                 │  政治抗争  │
    └─────┬─────┘                 └─────┬─────┘
缺乏经济          利益集团阻挠
基础（挪  ←───    (普鲁士、西班
威、芬兰）         牙、教皇国、两
                   西西里）
    ┌─────┴─────┐                 ┌─────┴─────┐
    │  资产阶级  │                 │  政治改革  │
    │   革命    │                 │  与实施   │
    └─────┬─────┘                 └─────┬─────┘
反革命联
盟干预(萨
克森、巴伐  ←───
利亚、摩德
纳等)
    ┌─────┴─────┐                 ┌─────┴─────┐
    │  变革模式A │                 │  变革模式B │
    │(法国、瑞士)│                 │(奥地利、撒丁)│
    └─────┬─────┘                 └─────┬─────┘
          └──────────────┬──────────────┘
                    ┌────┴─────┐
                    │ 变革模式A+B│
                    │(丹麦、比利时、荷兰)│
                    └──────────┘
```

图 7-1 1848 年欧洲变革的路径与机制图

资料来源：笔者自制。

注：虚线表示阻碍具体机制的原因及案例。

一 变革模式 A：瑞士与法国

1830 年的七月革命废黜了法兰西国王查理十世（Charles X），激发了瑞士的民主运动，许多州都建立了代议制政府，实行出版、贸易和工业自由。启蒙运动的理想随着"赫尔维蒂主义"（Helvetism）的意识形态在瑞士境内大为盛行，开明的瑞士人开始积极寻求资产阶级革命的理想，赫尔维蒂社团的目标是将进步力量联合起来反对古老的寡头秩序。得益于早期工业化在联邦领土上的发展，他们的社会基础在于城市资产阶级和受过教育的农村精英。[1] 19 世纪 40 年代的经济低潮导致贫穷和其他社会问题，此后又刺激了第一批合作社和类工会组织的产生，而瑞士的宗教问题则进

---

[1] 参见〔瑞士〕安德烈亚斯·威默《国家构建：聚合与崩溃》，叶江译，格致出版社、上海人民出版社，2019，第 58~59 页。

一步驱动了政治争议。① 一些州成立了激进党，试图通过将国家带入一个更加联邦化的联盟来实现瑞士的政治现代化，它们主要集中在新教和城市地区，同时还采取了反天主教的政策，例如解散许多修道院并将土地出售给当地人。② 这些措施触动了信奉天主教的保守派州的利益，它们在1843年成立了独立联盟（Sonderbund）。双方维系了短暂的和平，直到瑞士邦联议会在1847年获得足够的票数来强行宣布解散独立联盟。1847年秋季，瑞士政府组织了一支近十万人的国家军队，任命纪尧姆—亨利·杜福尔将军（Guillaume-Henri Dufour）作为指挥官，试图瓦解各州的叛乱邦联。瑞士缺乏强大的贵族势力，同时也没有强大的国家机器，其内战的激烈程度和破坏力远低于其他国家。受工业革命的影响，瑞士的政治和经济权力逐步转移回城市州，这也使得联邦联盟有更好的武器和装备，从而在内战中占据绝对优势：在杜福尔的领导下，联邦军队赢得了两场小规模战斗，只用26天就结束了内战，而战争仅造成435人受伤，128人死亡，这甚至比在美国内战中阵亡的瑞士人还少。③ 战争结束后，天主教保守派投降并接受了新宪法，而那些不愿接受新宪法的人也没有公开抵抗，而是希望得到国外的帮助，但是在1848年2月后各国都因内部革命而无暇顾及瑞士的内战。④ 取得内战胜利的各派力量将瑞士转变为具有中央政府、宪法、联邦机构和军队的新型民族国家，同时宣布了贸易自由、新闻自由和男性普选权等公民权利，在1848年后成为一个民主国家。⑤ 瑞士南北战争时常被历史学家视作1848年革命中一系列政治对抗中的第一场，它也是欧洲更大、更具戏剧性变化的先兆。⑥

　　法国的阶级矛盾在奥尔良王朝开始之初就已经存在，随着法国工业化的深入推进，法国的小资产阶级与工人阶级同大资产阶级和传统贵族的矛盾日趋激烈。法国的贵族们在1830年革命之后仍然是一个富有和有影响

---

① 〔瑞士〕克莱夫·H. 彻奇，伦道夫·C. 海德：《瑞士史》，周玮、郑保国译，东方出版中心，2018，第140～141页。
② 参见 Ralph Weaver, 2012: *Three Weeks in November: A Military History of the Swiss Civil War of 1847*, West Midlands: Helion and Company, Chapter 2。
③ Gregory A. Fossedal, 2002: *Direct Democracyin Switzerland*, New Jersey: Transaction Publishers, p. 38.
④ Michael Butler, Malcolm Penderand Joy Charnley, ed., 2000: *The Making of Modern Switzerland, 1848～1998*, Hampshire: Macmillan, pp. 15～16.
⑤ 参见〔瑞士〕安德烈亚斯·威默《国家构建：聚合与崩溃》，叶江译，格致出版社、上海人民出版社，2019，第59～60页，第76～77页。
⑥ Jonathan Sperber, 1994: *The European Revolutions, 1848～1851*, Cambridge: Cambridge University Press, pp. 115～116.

力的阶层，在议会超过了1/4席位，在保险、铁路和煤矿公司的董事会和外交使团中都占有重要地位。[1] 正如马克思所言："七月王朝不过是剥削法国国民财富的股份公司，这个公司的红利是在内阁大臣、银行家、24万选民和他们的走卒之间分配的。路易—菲力浦是这个公司的经理——坐在王位上的罗伯尔·马凯尔。这个制度经常不断地威胁和损害商业、工业、农业、航运业，即工业资产阶级的利益。"[2] 在19世纪上半叶，法国中下层精英的数量急剧增长，但由于没有太多机会变成高层社会精英，许多下层精英成为政治反对派。[3] 改革最初的动力来自资产阶级中等级相对较低的群体和在大城市享有选举权的人，他们认为自己的代表性不足从而导致政府推行了无益于其经济利益的政策。1846年选举的结果让包括政权支持者在内的各种团体感到失望，因为他们被排除在公职和庇护之外，最终使得他们决定联合共和派，敦促扩大投票权，试图通过改变选举规则来获得权力，到1847年7月，他们设法绕过了当局禁止集会的法律，联合发起了一场支持改革的"宴会运动"。[4] 尽管新的临时政府宣布了一系列有限的改革措施，包括成年男人的选举权和废除奴隶制等，但仍无法平息民众的愤怒。1847年11月，由于群众的不满以及共和主义思想的深入人心，资产阶级知识分子和小资产阶级再度举行"宴会"，要求选举改革以实现法国所崇尚的"自由、平等、博爱"。[5] 政府采取系列措施阻碍"宴会"运动，包括审判激进派杂志的编辑、抹黑"宴会"运动和规劝参加活动的法官和大学教授，而国王路易·菲利普（Louis Philippe）在1847年12月的新一届议会开幕词中，用瑞士各州的叛乱来影射"宴会"运动，表达了极为保守的立场，最终让奥迪·巴罗特（Odilom Barrot）等"宴会"运动的领导人下决心在1848年2月采取行动。[6]

法国的保守派没有吸取以往革命的教训，对于国内外局势完全不敏感，七月王朝内部改良的道路被彻底堵死。到1848年1月，西西里起义

---

[1] William Fortescue, 2005: *France and 1848: The End of Monarchy*, London and New York: Routledge, pp. 30~31.

[2] 《马克思恩格斯选集》第1卷，人民出版社，2012，第448页。

[3] 〔美〕杰克·戈德斯通：《早期现代世界的革命与反抗》，章延杰等译，上海人民出版社，2013，第297页。

[4] Roger Price, *The Revolutions of 1848*, , Hampshire: Macmillan, pp. 22~23.

[5] Roger Price, 1972: *The French Second Republic: A Social History*, London: Cornell University Press, p. 92.

[6] John J. Baughman, 1959: "The French Banquet Campaign of 1847~48," *The Journal of Modern History*, Vol. 31, No. 1, pp. 11~12.

第七章　第二波现代化的开端：帝国共鸣与19世纪初欧洲旧制度的消亡

的蔓延效应直接影响到意大利半岛，消息在邻国间迅速传播，并在1848年初引发政治多米诺骨牌效应。[①] 这一传播效应最初并不被重视，只有托克维尔在1月29日的国会演说中警告："尽管当时法国并不存在一些明显的混乱，但是革命早已深入人心……工人阶级迟早带来一场史无前例的革命。"[②] 然而，多数议员都认为他在危言耸听。到2月21日晚上，巴罗特领导的反对派决定在巴黎最为繁华的香榭丽舍大街举行"宴会"，尽管温和派试图取消活动，但共和派左翼坚持如期举行。激进的学生们开始收集武器准备战斗，他们高唱《马赛曲》点燃了当时的气氛。[③] 游行队伍涌向众议院要求改革，与保守的市政卫队对峙，最终升级为暴力冲突，巴黎街头再度像1830年一样堆起了街垒，王室在军事上仍然看似占据优势：国王拥有3.1万人的正规军和从郊区赶来的8.5万的国民卫队，国王认为它是一支可以信赖的力量。[④] 然而，国民警卫队的成员基本上都是中产阶级，他们明确表示支持改革，因为他们与一个似乎只代表大资产阶级利益的政权格格不入。[⑤] 没有人愿意为失去民心的国王效力，一些激进的军团在听取工人阶级的诉求后，反而加入革命队伍，巴黎无产阶级和小资产阶级很快在1848年2月组成了军队。[⑥] 最终国王宣布退位，作为王权象征的王座也被拿到巴士底广场烧毁。而法国长期的中央集权传统则加速了二月革命的胜利，因为控制了巴黎就几乎控制了全法国。

与拿破仑时期对外传播革命不同的是，由于担心国际战争会导致国内激进化，法国临时政府的实际首脑阿尔封斯·德·拉马丁（Alphonse Marie Louis de Lamartine）致信各国大使，表明法国无意改变国际现状，强调君主制和共和制并不存在绝对的意识形态冲突。[⑦] 拉马丁谨慎的外交政策为巩固法兰西第二共和国赢得了时间，避免了拿破仑时期受到欧洲列强围剿的厄运。尽管俄皇尼古拉一世（Nicholas Ⅰ）在得知奥尔良

---

① Kurt Weyland, 2009: "The Diffusion of Revolution: '1848' in Europe and Latin America," *International Organization*, Vol. 63, No. 3, pp. 410~411.

② 〔法〕托克维尔：《1848年法国革命回忆录》，李秀峰等译，东方出版社，2015，第16~20页。

③ Priscilla Robertson, 1952: *Revolutions of 1848: A Social History*, Princeton: Princeton University Press, pp. 29~30.

④ Mike Rapport, 2008: *1848: Year of Revolution*, New York: Basic Books, pp. 50~56.

⑤ Roger Price, *The Revolutions of 1848*,, Hampshire: Macmillan, p. 35.

⑥ Roger Price, 1972: *The French Second Republic: A Social History*, London: Cornell University Press, pp. 90~92.

⑦ Lewis Namier, 1964: *1848: The Revolution of the Intellectuals*, New York: Anchor Books, pp. 41~43.

王朝倒台后，对法国充满了敌意，据称他冲入宫殿宴会厅说道："先生们，赶快上马吧，法国已经建立了共和国！"① 但是在三月之后，意大利和德国范围内此起彼伏的革命已经让三皇同盟无暇顾及法国的形势，在1848年12月拿破仑三世高票当选总统后，法兰西第二共和国暂时避免了崩溃的结局。

二 变革模式B：奥地利

1815年维也纳会议之后，奥地利凭借其自身的政治影响力在欧洲各大金融市场建立了信用，此后长时期的和平增加了梅特涅政府的信用。随着维也纳作为行政、金融、商业和制造业中心的发展，下奥地利的各阶层进一步要求废除最后残余的封建特权，并要求采取措施消除贫困。② 19世纪40年代的经济问题日益严重，手工业者无法承受来自机械化生产的竞争而大量破产，1847年的饥荒则进一步加剧了社会问题，农奴对封建特权的反抗也越发强烈，而梅特涅政府却仅从俄国贷款来压制民众的抗争。③ 法国二月革命胜利的消息迅速在东欧找到听众，由于通信的进步以及三次法国革命的榜样作用，资产阶级的自由主义和大众的民族主义原则引领着各地的起义。④ 匈牙利议员拉约什·科苏特（Lajos Kossuth）在匈牙利议会的演说中提出了匈牙利的民族独立诉求以及要求帝国各个部分都进行根本性的变革，这一演说的手稿被迅速传递到维也纳，成为哈布斯堡帝国革命的序幕。⑤ 维也纳的资产阶级和文化协会成为推动革命的重要力量，3月13日在下奥地利召开的帝国等级会议为这种斗争提供了场所，学生、中上阶层的成员和中下阶层的代表在会议开始前集合，并向议会提交请愿书，要求进行君主立宪改革并罢免梅特涅。⑥ 维也纳的变革非常顺利，在少量冲突之后，王室在当天下午接受了示威人士的多数要求，梅特涅则在当晚流亡国外。早期革命的意外顺利让奥地利各处出现了乐观主义的倾向，与此同时，波希米亚、加里西亚和匈牙利等地的民族运动也夹杂

---

① David Saunders, 2014: *Russia in the Age of Reaction and Reform 1801~1881*, London and New York: Routledge, p. 190.
② Roger Price, *The Revolutions of 1848*, Hampshire: Macmillan, p. 28.
③ Oscar Jaszi, 1961: *The Dissolution of the Habsburg Monarchy*, Chicago and London: University of Chicago Press, pp. 89~87.
④ 〔奥〕史蒂芬·贝莱尔:《奥地利史》，黄艳红译，中国大百科全书出版社，2009，第119页。
⑤ Mike Rapport, 2008: *1848: Year of Revolution*, New York: Basic Books, pp. 60~61.
⑥ Wolfram Siemann, 1985: *The German Revolution of 1848~1849*, London: Macmillan, p. 61.

第七章 第二波现代化的开端：帝国共鸣与 19 世纪初欧洲旧制度的消亡

在革命之中，使得民主主义原则开始与民族主义原则产生冲突。维也纳的革命者积极支持帝国军队镇压米兰和布拉格的革命，将此视为对抗外国人的爱国主义大捷，但在皮埃蒙特和波希米亚的军队被击败后，帝国军队就开始对革命者控制的维也纳发动攻击，最终维也纳的革命也在 1848 年 10 月份被镇压。①

为了巩固其反革命的成果，并推翻斐迪南一世（Ferdinand I）所做的过多让步，哈布斯堡王室不惜改变其继承规则，劝说斐迪南一世逊位，改由其侄子弗兰茨·约瑟夫一世（Franz Joseph I）继位。② 新皇继位之后，到 1849 年 5 月，奥军在匈牙利遭遇惨败，约瑟夫一世在危急之中只能求助于"神圣同盟"，以极为恭顺的态度请求俄国的援军。俄国沙皇尼古拉一世（Nicholas I）担心革命会波及俄国的势力范围，遂派遣 20 万大军入侵匈牙利，俄军在人数和装备上都具有压倒性优势，在其帮助之下，奥地利于 1849 年 8 月镇压了匈牙利起义。③ 局势稳定之后，约瑟夫一世解散了民选议会，强制推行了一部新绝对主义官僚制度。但是 1848 年革命仍然留下重要的政治经济遗产，即迫使哈布斯堡王朝做出了许多超越约瑟夫二世（Joseph II）在 18 世纪末的改革。作为对革命的必要回应，哈布斯堡帝国仍然从改革派的价值观中接受了许多革命的遗产，其中最重要的改革是废除农奴制，哈布斯堡王室正式宣布了农奴从土地上的解放，而地主则获得了相应的经济补偿，同时也不用再承担执行政府职责所需的行政和司法费用。④ 与此同时，约瑟夫一世的新帝国废除了封建制度的残余，在乡村地区确定了资本主义生产关系的最终建立，停止了行会的特权，进行大学教育改革，并且确认产权、迁移和择业的自由，强调法律面前的公民平等。⑤

奥地利的现代化改革较为顺利，这一定程度归功于梅特涅时期奥地利国家能力的增强。梅特涅政府形成了对国内利益集团的压制，从而可以看

---

① Pieter M. Judson, 2016: *The Habsburg Empire: A New History*, Cambridge: Harvard University Press, pp. 215~217.
② Daniel L. Unowsky, 2005: *The Pomp and Politics of Patriotism: Imperial Celebrations in Habsburg Austria, 1848~1916*, West Lafayette: Purdue University Press, p. 27.
③ 〔英〕理查德·埃文斯：《竞逐权力：1815~1914》，胡利平译，中信出版社，2018，第 267~268 页。
④ David F. Good, 1984: *The Economic Rise of the Habsburg Empire, 1750~1914*, Berkeley and Los Angeles: University of California Press, p. 78.
⑤ Pieter M. Judson, 2016: *The Habsburg Empire: A New History*, Cambridge: Harvard University Press, pp. 218~220.

到奥地利政府没有出现普鲁士以及18世纪末法国那样强大到足以控制中央政府的利益集团。根据恩格斯的观察，银行家、证券投机商、政府的承包商虽然总是设法从专制君主制那里获得大宗利润，但这是以政府对他们的人身和财产具有几乎是无限的支配权作为交换条件的，因此，不能期待这一部分人会对政府持任何反对态度。① 这同德意志其他地区（尤其是普鲁士）有着巨大的差异，19世纪普鲁士的容克贵族垄断了地方行政统治权，形成了同官僚君主制的紧密联盟。② 因此这种结构性差异带来的结果是在1848年之后奥地利的政治变得更为开明，而普鲁士则更加趋于保守，直至走向长期的对外扩张之路。

三 变革模式 A+B：丹麦

19世纪30年代以来，丹麦出现了爱国团体、政治俱乐部、宗教及农业协会等大量社会组织，广泛地培养了大众的政治意识，而1834年设立的省级三级会议则创造了一个反对派可以阐述其政治主张的舞台。③ 1847年，经济危机和不断上涨的食品价格加剧了人们的不满，它与外部威胁共同推动了丹麦的现代化改革。同时，石勒苏益格（Schleswig）和荷尔斯泰因（Holstein）两大公国是德意志联邦的一部分，传统上与德国关系更近，它们存在日益强烈的分离主义倾向，因此它们与丹麦君主之间的关系日益紧张。这两个公国因受到法国革命的影响要求制定自由宪法，同时并入德意志联邦，丹麦国王弗雷德里克七世（Frederik Ⅶ）拒绝了这些要求。由于害怕失去石勒苏益格，哥本哈根的自由派公民就联合起来行动，在1848年3月20日举行群众大会，要求罢免不值得信任的大臣以及向自由宪法过渡。④ 因此，丹麦1848年变革同样是民族主义和民主主义的结合。反对派中一部分人关注国家统一胜过宪法问题，另一部分人则倡导激进的立宪主义，主张男性普选权，而温和的民族自由主义者通过坚持民族

---

① 《马克思恩格斯选集》第1卷，人民出版社，2012，第589页。
② 〔美〕西达·斯考切波：《国家与社会革命：对法国、俄国和中国的比较分析》，何俊志、王学东译，上海人民出版社，2013，第177~178页。
③ Flemming Mikkelsen, 2018: "Denmark 1700~1849: Crowds, Movements and Absolute Monarchy," in Flemming Mikkelsen, Knut Kjeldstadli, and Stefan Nyzell, eds., *Popular Struggle and Democracy in Scandinavia: 1700-Present*, London: Macmillan, pp. 28~29.
④ 〔丹〕克努特·J.V. 耶斯佩森：《丹麦史》，李明、张晓华译，商务印书馆，2012，第55~56页。

团结和对宪法让步，为自己赢得了核心地位。① 在温和改良派的影响下，丹麦主动推进了改革，一方面，是为了避免自由宪法问题导致两个地区的独立；另一方面，它需要推行征兵制以应对德国的威胁，而引入征兵制度又带来了一个意料之外的后果——它奠定了现代公民制度的基础，最终使资产阶级掌握了权力。②

1848年哥本哈根的改革诉求没有像巴黎、柏林或维也纳那样导致流血事件，很重要的原因在于丹麦军队的资产阶级化和贵族影响力长期下降。在1660年以来的中央集权制改革中，丹麦王室为减少贵族的影响，培养了一支相对非贵族化的军官队伍，它的社会基础是军官后代、资产阶级和文职官员的后代，到19世纪40年代，反对派已经在炮兵军官、军官学校和总参谋部等职位中占据主导地位，一些军官也积极投身于1848年的各类自由主义运动。③ 而强国家的传统仍然给国王保留很多权力，尤其是任免大臣的行政权，因此，丹麦国王几乎未作任何抵抗就接受了全部要求。1849年6月，国王批准了新的民主宪法，最终确立了现代丹麦民主制度的基石：在大众层面，30岁以上符合一定财产条件的男子享有选举权，大约15%的人获得了选举权；在精英层面，由两个议院组成的议会拥有立法权和财政权，并有权审查大臣们在政府会议上的行为。④

本章小结

上述三个模式中的过程追踪是基于正面案例的讨论，本书展示了三种不同模式下欧洲国家1848年成功实施变革的方式。(1) 变革模式A展现的是出现外部冲击后出现强烈的互动与共鸣，国家在有较强的经济基础且不受反革命联盟干扰时，能够通过资产阶级革命的形式推动政治现代化。

---

① Bertel Nygaard, 2009: "Hegelianism in Politics: Denmark 1830~1848," *Intellectual History Review*, Vol. 19, No. 3, pp. 306~307.
② Lars Bo Kaspersen, 2004: "How Denmark Became Democratic: The Impact of Warfare and Military Reforms," *Acta Sociologica*, Vol. 47, No. 1, pp. 82~86.
③ Gunner Lind, "Military and Absolutism: The Army Officers of Denmark-Norway as a Social Group and Political Factor, 1660~1848," *Scandinavian Journal of History*, Vol. 12, No. 3, pp. 221~243.
④ 参见 Byron J. Nordstrom, 2000: *Scandinavia Since 1500*, London: University of Minnesota Press, pp. 214~215。

瑞典、芬兰等国缺乏这样的小资产阶级基础来推动变革,而像萨克森、巴伐利亚以及北意大利诸邦(摩德纳、帕尔马和托斯卡纳)的改革则受到了普鲁士和奥地利等国的干扰或镇压而最终失败。(2) 变革模式 B 展现的是在出现外部冲击后,欧洲国家内部出现社会动员与抗争,最终迫使王室主动通过改革来推动现代化。普鲁士、西班牙、教皇国和两西西里等国由于存在严重的利益固化而使得这种抗争被迅速压制,最终只有奥地利和撒丁王国成功推动了政治现代化。(3) 变革模式 A + B 展现的是两种路径都存在的"超级案例",分别是丹麦、比利时与荷兰,这些国家一方面具备了资产阶级革命的基础,另一方面又在几乎不发生革命的情况下由王室主动立宪来推动政治民主化。

前面部分讨论了 1848 年前后影响欧洲各国政治现代化的因素和机制,以及这些变量所对应的三种不同的变革模式。但是这些仍然是基于短期观察所得出的结论,还需要从中长时段来察看国家的发展,从而更好地理解 1848 年的欧洲制度变革所带来的长期影响。图 7-2 中展示了 1848 年欧洲变革中的三个核心变量,分别为经济水平高且不受外部干预(近似于是否存在资产阶级革命)、国家能力和利益固化程度,可以根据是否满足这三个条件来进一步将这些正面案例细分为 4 种模式,可以看到任何一个因素缺失对于国家长期发展都会带来各种各样的负面效应。[①] (1) 强国家和高度利益固化下的资产阶级革命,最为典型的是法国。尽管法国的二月革命迅速成功,但始终无法解决大资产阶级同工人阶级的矛盾,临时政府也从未试图清算金融资本家,致使工人阶级的六月起义被强大的国家机器所镇压。这一镇压又导致了改革派内部的分裂,最终在各方势力互相掣肘的情况下,民众只能选择最不受党派纷争影响的拿破仑三世。[②] 这种组合意味着强烈的社会动荡,因为强大的利益集团容易与试图进行改革的强政府出现激烈冲突,有过 1789 年前车之鉴的法国并未吸取教训。1789 年和 1848 年两次变革都导致剧烈的动荡,并且最终都走向了"拿破仑"的帝制,对于这种历史的重演,马克思对此评论道:"黑格尔在某个地方说过,一切伟大的世界历史事变和人物,可以说都出现两次。他忘记补充一点:第一次是作为悲剧出现,第二次是作为笑剧出

---

① 在三角形中间代表具备所有条件,而在其中一条边上则意味着缺少相对顶点的条件,图 2 的画法参考了国际经济学中的"三元悖论"。

② 参见 Roger Price, 1972: *The French Second Republic: A Social History*, London: Cornell University Press, pp. 213~217.

第七章 第二波现代化的开端：帝国共鸣与 19 世纪初欧洲旧制度的消亡 239

现。"①（2）利益固化程度较低但是缺乏有效国家能力下的资产阶级革命，典型案例是瑞士。瑞士所代表的是一种特例，它在 1830～1847 年建立联邦的过程中，国家一直处于永久性分裂的风险中，但其幸运地在 1848 年的"帝国的共鸣"中推进了国家建设，从长期来看其通过坚持"永久中立"的外交原则在大国夹缝中谋求发展。蒂利对瑞士的这种特殊模式进行过总结：如果受保护协商机制（protected consultation）先于、快于国家能力出现，而政体得以存续，那么民主之路就要途经一个政府能力建设的险滩。②（3）缺乏资产阶级革命背景下的强国家和利益固化程度低的组合，典型案例是奥地利和撒丁王国。这两个国家具备了自上而下改革的条件，但是缺乏阶级革命的压力使其仅仅进行了有限的改良，也为此后的奥匈帝国和意大利的民主化转型带来了巨大的障碍。（4）具备全部条件的国家，即丹麦、比利时与荷兰，它们在 1848 年后保持长期的制度稳定与繁荣，迄今仍是最为富裕的地区之一。

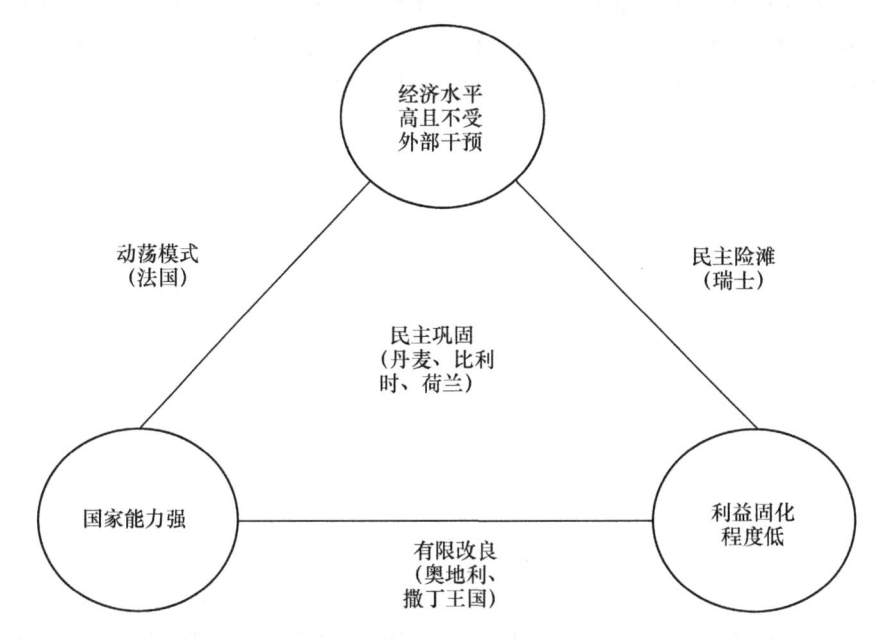

图 7-2 1848 变革：民主化的因素与不同模式

资料来源：笔者自制。

---

① 《马克思恩格斯选集》第 1 卷，人民出版社，2012，第 668 页。
② Charles Tilly, 2004: *Contention and Democracy in Europe, 1650～2000*, New York: Cambridge University Press, pp. 198～199.

1848年变革的另一特征是，民众权利意识强化的同时也伴随着民族意识的觉醒，因此有学者将其称为"民族之春"。[1] 1848年的民族主义与民主主义的矛盾在此期间未曾得到有效解决，前者重视民族的统一而后者则倾向于强调主权在民的原则。主权原则和民族自决原则，两者的意识形态交锋孕育出了当代秩序。[2] 一方面，诸多相邻的单一民族国家或地区存在统一的动力，但民族国家的统一并不符合均势原则指导下的大国利益，故而成为国际冲突的根源。1848年撒丁王国统一意大利和普鲁士建立德意志联邦的尝试未能成功，而此后意大利和德国的统一问题成为19世纪后半叶欧洲最为重要的政治事件。[3] 另一方面，多民族国家的部分地区在自由民族主义原则下存在强烈的分离主义倾向，它们要么试图加入现有大国，要么试图成为独立国家，这些都与19世纪的主权以及均势原则存在冲突。例如奥地利哈布斯堡王朝直至消亡都无法解决匈牙利等地区的分离主义问题，即便现代化较为成功的荷兰也同样面临卢森堡问题，丹麦则因石勒苏益格和荷尔斯泰因问题最终与德国爆发灾难性的战争。[4] 这些多民族帝国的国家建设问题为此后到第一次世界大战期间的欧洲国家现代化留下巨大的隐患，也成为此后第二波半现代化的重要议题。

---

[1] Seva Gunitsky, 2018: "Democratic Waves in Historical Perspective," *Perspectives on Politics*, Vol. 16, No. 3, pp. 634~651.

[2] 〔英〕詹姆斯·梅奥尔:《民族主义与国际社会》，王光忠译，中央编译出版社，2009，第43页。

[3] 德国和意大利统一进程的论述参见 Daniel Ziblatt, 2006: *Structuring the State: The Formation of Italy and Germany and the Puzzle of Federalism*, Princeton: Princeton University Press.

[4] 相关问题的讨论参见〔英〕A. J. P. 泰勒《争夺欧洲霸权的斗争：1848~1918年》，沈苏儒译，商务印书馆，1987。

结论　现代化的时间与空间

现代化研究是社会科学中最为重要的议题之一。本书研究的主题是地理大发现到1848年欧洲革命前后，西欧国家内部的发展和分流。尽管西欧各国在地理大发现之后都出现了较大发展，但是为什么经历了三四百年后，西欧内部各国的发展模式和发展程度出现如此大的差异？通过前面六章的案例比较分析，本书试图给出自己的回答。从国家角度而言，国家试图推动现代化战略与改革，但是受到三类因素（外部冲击、国家能力和利益集团）的制约。

外部冲击作为情境变量决定了现代化的时空，本书根据外部冲击的差异将现代化分为三部分。第一波现代化的外部冲击是大西洋贸易带来的美洲金银，几乎不参与大西洋贸易的国家缺乏现代化的可能，而在这些具备"入场券"的国家（英国、法国、普鲁士和奥地利）中，只有具备较强国家能力和较弱利益集团的英国成功实现了现代化，其他国家要么衰落，要么实现了有缺陷的现代化。第一波半现代化的背景是英国已经实现现代化并通过一系列战争夺取了过去西欧其他国家的许多殖民地，而这些国家不仅无法获得足够的美洲金银，反而因为战争引发财政危机，因此法国、普鲁士、奥地利和西班牙被迫通过改革实现现代化。同样的，只有具备较强国家能力和较弱利益集团的普鲁士成功地实现了现代化，而且其他国家的改革都以失败而告终。而在第二波现代化过程中，出现了现代化的空间扩散和互相影响，自主改革和阶级革命开始成为现代化的两种路径之一，只有丹麦、比利时与荷兰兼备两者因而更好地推动了现代化，相比之下奥地利和撒丁王国的改革并不完全，而法国和瑞士则经历了诸多风险与挫折。

前面六章用实证分析阐述了国家能力和利益集团这两个变量在现代化过程中所起到的作用，但是由于时空的限制，笔者未能够展示前文所述的因素和机制在时空中的变化以及它们所能够带来的启示。作为本书的结论部分，本章分为三个部分。首先，笔者在时空视角下，从理论和现实两个视角讨论早期西欧现代化对中国现代化历程的启示。其次，进一步讨论了外部冲击、国家能力和利益集团这三个核心变量如何与时空因素互动，以及如何在时空环境中发挥作用。最后，以大型战争为线索，通过回溯本章讨论的因素如何产生和随着时间变化，进一步深化本书的主题。

第一节 时空情境下的比较现代化研究

比较现代化研究是社会科学中最为重要的议题之一，要理解现代化就需要从方法论和认识论的视角去审视现代化的逻辑。从本体论的视角来看，现代化是各个维度的综合性结果，并且这一结果存在诸多客观标准。从方法论的角度来看，简单的中欧比较违背了宏观历史比较研究的基本原则。因此，尽管中国和欧洲在16世纪之前一直是最为繁荣的地区，但两者在16~18世纪出现了巨大差距，然而理解这个大分流却并非是理解近代世界历史的关键。事实上，局限于中西大分流其实是认知的误区。从认识论的角度来看，建立全球史观是科学认识现代化的关键，纯粹的西方中心主义或东亚中心的思考都会导致现代化的理解与实践的误区。比较现代化研究需要在时空视角下，以波次和地理边界为基础实现全样本分析，逐步积累、勾勒和描绘出全球范围内现代化的图景。

现代化是国家发展最为核心和经久不衰的话题。人们之所以要不断地重新审视现代化，其原因就在于基本实现现代化并非易事。无论是在中国还是欧洲，现代化始终是无数仁人志士、贤明领袖和劳苦大众所努力追求的目标，成功者寥寥而失败者甚众，但现代化始终是所有国家和人民的梦想，也是中国梦的核心内容。

现代化的起源被追溯到欧洲尤其是西欧的兴起，英国（或者算上荷兰）最先突破了马尔萨斯陷阱，开启了经济的飞速发展，一度成为"日不落帝国"，进而带动了全球范围的现代化浪潮。中国在现代化的过程中属于后发国家，尽管中国在历史上很长时期都处于领先地位，但是在16~18世纪，中国逐渐落后于西欧。随着改革开放以来数十年的高速发展，中国正在不断稳步推进社会主义现代化。对于中国而言，现代化是探索不同于西方现代化道路的过程，因而重新审视现代化具有重要的理论和现实意义。

因此，回到现代化的源头，追溯近代以来中国和西方现代化进程的差异，仍然是国内外学者所关注的问题。从李约瑟难题到大分流之谜，无数研究者都试图通过比较其中的差异来回答和阐述这一问题。但是，从方法论的角度来看，中欧直接比较事实上违背了宏观历史比较研究的基本原则。因此，局限于中西大分流其实是认知的误区。

本节试图分别从方法论和认识论的角度来探讨比较现代化研究视角下中国和欧洲的可比性与不可比性，并给出比较现代化在理论、方法和意义上的思考。我们强调，从认识论的角度来看，纯粹的西方中心主义或东亚中心的思考都会导致现代化的理解与实践的误区，简单的中欧比较违背了宏观历史比较研究的基本原则，在时空视角下建立全球史观是科学认识现代化的关键。

一 作为认知陷阱的"大分流"：比较现代化研究的时空与方法

如何理解和认识现代化，当然靠比较。然而，早期国内外比较现代化研究通常都以比较中西大分流为主，这事实上已经成为比较现代化研究中的"认知陷阱"。

比较现代化意味着需要在多个案例或时空中去比较和讨论现代化的因素和机制，因而必然会带来方法论层面的"技术性"问题：怎样进行比较是可信或有效的？这一方法论问题是中欧现代化比较研究中的核心问题之一，因为错误的案例比较方法很大程度上会削弱因果解释力。因此，尽管中欧现代化比较研究似乎有显而易见的现实意义，但聚焦中西大分流其实是一个方法论的误区。

首先，中欧现代化比较研究面临的方法论上的质疑是，欧洲是否适合作为一个整体来与中国进行"比较"。在研究早期现代化或者是所谓"西方世界的兴起"时，通常会想到为什么明清时期中国没有崛起的"大分流"问题，甚至囊括印度来讨论"东方世界的停滞"的问题。[1] 由于欧洲内部的多样性，欧洲内部的分裂和竞争本身就是无法消除的变量，但也并非中欧差异的唯一原因，一旦将中国和欧洲作为两个整体来相提并论，就陷入了方法上的混沌。同时，在欧洲内部，西欧和东欧的现代化差异程度同样巨大，英国与波兰的差异并不比英国与中国更小。过去许多以此为整体的研究，例如琼斯和霍夫曼，在标题上就已经存在方法论误区。[2]

---

[1] 杨光斌：《政治的形式与现代化的成败——历史上几个前现代化国家的经验比较》，《中国人民大学学报》2005 年第 5 期；〔荷〕皮尔·弗里斯：《国家、经济与大分流：17 世纪 80 年代到 19 世纪 50 年代的英国和中国》，郭金兴译，中信出版社，2018；〔瑞士〕罗曼·施图德：《大分流重探：欧洲、印度与全球经济强权的兴起》，王文剑译，格致出版社、上海人民出版社，2020。

[2] Eric Jones, *The European Miracle: Environments, Economies and Geopolitics in the History of Europe and Asia*；〔美〕菲利普·霍夫曼：《欧洲何以征服世界？》，赖希倩译，中信出版社，2017。

其次,直接比较中欧现代化违背了案例选择的最大相似性原则。社会科学多数情况下无法像自然科学那样进行重复试验,因而只能借助于近似条件的比较来实现因果推断。[1] 因果推断的基础是基于布尔代数和密尔方法,求异法是案例比较中最为根本的方法,求异法的核心在于最小化差异进行求异。[2] 但在差异过大时,大量的竞争性解释会削弱理论的解释力。中欧现代化比较中,研究者需要通过寻找中国和特定欧洲国家的差异,来解释为何东方世界在17世纪后就逐渐被西方超越的问题。一些学者如彭慕兰控制了诸多变量的差异,如出生率、预期寿命、运输条件、技术水平、财富积累等,将其称为"惊人的相似"或者说是"欧亚类似论"。[3] 彭慕兰对于明清时期中国的论述仍然遭到了诸多质疑,在当时也受到了黄宗智等人的批评。[4] 同时,他仍然忽略了很多重要的差异:例如竞争的激烈程度、宗教文化背景、对大西洋贸易的参与和对外殖民等。即便是关于中国和欧洲之间发展差距的变量都得到控制,仍然无法表明中欧之间的现代化动力是相似的。赵鼎新指出,用江南和英格兰在经济发展上处于同一水平这一现象来论证中英两国在工业资本主义的发展上处于相同步调,就像用两个函数在某一条件下有着同样的函数值这一条件来论证这两个函数是同一个函数一样可笑(比如 $2x$ 和 x^2 在 $x=2$ 时都等于4,但是它们不是同一函数)。[5]

最后,明清中国通常作为负面案例存在,仍需符合负面案例选取的前提,即条件范围(Scope Condition)和可能性原则(Possibility Principle)。[6]

---

[1] Gary King, Robert O. Keohane and Sidney Verba, 1994: *Designing Social Inquiry: Scientific Inference in Qualitative Research*, Princeton: Princeton University Press, p. 76.

[2] John Mill, *System of Logic: Ratiocinative and Inductive, Being a Connected View of the Principles of Evidence and the Methods of Scientific Investigation*, New York: Harper & Brothers Publishers, 1882, pp. 478~537.

[3] 〔美〕彭慕兰:《大分流:欧洲、中国及现代世界经济的发展》,史建云译,江苏人民出版社,2008;Peter Perdue, 2005: *China Marches West: The Qing Conquest of Central Eurasia*, Cambridge: Harvard University Press, pp. 536~542.

[4] 关于英国和江南农业发展水平一些核心证据的论战见 Philip Huang, 2002: "Development or Involution in Eighteenth-Century Britain and China?", *The Journal of Asian Studies*, Vol. 61, No. 2, pp. 501~538; Kenneth Pomeranz, 2002: "Beyond the East-West binary: Resituating Development Paths in the Eighteenth-Century World," *The Journal of Asian Studies*, Vol. 61, No. 2, pp. 539~590; Philip Huang et al., 2002: "Communications to the Editor," *The Journal of Asian Studies*, Vol. 61, No. 2, pp. 157~187.

[5] 赵鼎新:《加州学派与工业资本主义的兴起》,《学术月刊》2014年第7期。

[6] James Mahoney and Gary Goertz, 2004: "The Possibility Principle: Choosing Negative Cases in Comparative Research," *American Political Science Review*, Vol. 98, No. 4, pp. 657~662.

可能性原则要求讨论的负面案例需要具备成功的可能性,早期现代化的基本逻辑是,外部冲击引发财政的剧烈波动——这种波动可以是巨额的横财,也可以是财政危机。[①] 而中国几乎不具备这些前提条件:一方面,中国仅仅间接参与了大西洋贸易,庞大的体量使得外部冲击的影响较弱;另一方面,中国存在强有力的专制制度,这极大压制了商人阶级的壮大。[②] 中国实在太大,商人阶级太小,无法对政治造成足够大的影响,这些条件的缺失使明清时期几乎不太可能在当时实现现代化,而事实上即便是在西欧,拿到现代化的"入场券"的国家也是寥寥无几。[③]

因此,条件范围的要求需要研究者严格限制时空条件,某种程度上可被视作为控制隐含的竞争性解释。首先,因为在不同的时空中,不同地区和不同时间的人,对于特定概念的理解是存在差异的。其次,时空情境会影响概念的本体论内涵,因这类问题最饱受批评的是许田波对于18世纪西欧封建制度和战国初期中国的封建制度和国家建设的比较。显然,由于情境差异"封建"的概念截然不同,中国战国时代的封建制度同当时西欧的农场领主制度无论是技术背景、组织形式还是制度基础都存在巨大差异。[④] 最后,早期比较现代化研究中,许多研究者仅为增加样本数量而无视时空情境,芭芭拉·格迪斯(Barbara Geddes)甚至在方法论上给出了此类误导性的建议。[⑤] 不乏知名的研究者将不同时期的现代化事件视作"截面数据",从而带来了现代化研究中事后看来不太成功的尝试。[⑥] 现代

[①] 张宇燕、高程:《美洲金银和西方世界的兴起》,《社会科学战线》2004年第1期。

[②] 张宇燕、高程:《海外白银、初始制度条件与东方世界的停滞——关于晚明中国何以"错过"经济起飞历史机遇的猜想》,《经济学》2005年第1期。

[③] 黄振乾、唐世平:《现代化的"入场券"——现代欧洲国家崛起的定性比较分析》,《政治学研究》2018年第6期。

[④] 〔美〕许田波:《战争与国家形成:春秋战国与近代早期欧洲之比较》,徐进译,上海人民出版社,2009,相关的批评参见赵鼎新《在西方比较历史方法的阴影下——评许田波〈古代中国和近现代欧洲的战争及国家形成〉》,《社会学研究》2006年第5期;Jørgen Møller, 2016: "Composite and Loose Concepts, Historical Analogies, and The Logic of Control in Comparative Historical Analysis," in *Sociological Methods & Research*, Vol. 45, No. 4, pp. 651~677。

[⑤] Barbara Geddes, 1990: "How the Cases You Choose Affect the Answers You Get: Selection Bias in Comparative Politics," *Political Analysis*, Vol. 2, pp. 131~150.

[⑥] 〔美〕巴林顿·摩尔:《专制与民主的社会起源——现代世界形成过程中的地主和农民》,王茁、顾洁译,上海译文出版社,2013;〔美〕西达·斯考切波:《国家与社会革命:对法国、俄国和中国的比较分析》,何俊志、王学东译,上海人民出版社,2013;〔荷〕皮尔·弗里斯:《国家、经济与大分流:17世纪80年代到19世纪50年代的英国和中国》,郭金兴译,中信出版社,2018。

化的另一成功隐含条件为理解现代化的目标,遗憾的是,在20世纪之前,西欧和北美以外地区,几乎都不知现代性为何物,更无从实现之。对于中国或东方世界而言,1492~1789年,并没有任何现代性的意识,很难认为存在实现现代化的曙光。因此简单对中欧现代化进行比较在方法论的逻辑上是不成立的,要理解上述问题还需要进一步在认识论层面打破固有的认知陷阱。

二 从西方中心到多元历史观:认识论视角下的比较现代化

从认识论上看,多元化的全球性视角是理论现代化的关键。贾雷德·戴蒙德的演化视角某种程度上就是最为宏观的全球性视角,他借此回答了大陆轴线如何影响了各个大陆之间的技术传播、粮食种植和社会制度,最终导致了最初欧亚大陆的发展要先于其他大陆。[1] 而在欧亚大陆,西欧和东亚代表了两种不同的发展模式。这两种模式在16~18世纪出现了巨大差距,进而引发了其在认识论上的争论,即以何种方式来认识这种差距。认识论上的差异表现在两个层面,一个是以西方中心还是多元中心的历史观角度来考察这一时期的现代化历程;另一个是如何看待西方的现代化经验,即认为它是一种普适性理论在西方相对成功的实践结果,还是仅仅是特定历史情境和地区层面的发展经验。

西方中心主义的历史观是一种朴素的认知,因为当工业革命让"西欧"变成"西方",甚至成为发达国家的代名词时,就容易产生一种普世主义的情结。例如,罗斯托认为人类社会经历了传统社会、起飞的准备阶段、起飞阶段、向成熟推进阶段和高额群众消费阶段,他认为欧洲过去的发展模式是非欧洲地区未来发展的唯一可行方式。[2] 而早期许多新制度主义的学者对于现代化的理解仍然是基于英国的个案,这就带来了现代化认识的混乱,因为从个案出发很难有效解释各类因素的作用。并且,欧洲发展经验普世化的理论在具体实践中遭到证伪,过去许多基于纯粹西方经验而推广的现代化,几乎很少有成功的案例,无论是试图模仿西欧的早期拉美的发展模式,还是新世纪以后大中东民主计划的失败,同坚持独立自主发展道理的"东亚奇迹"形成了鲜明的对比。西欧中心主义是一种先发国家对后发国家的傲慢与偏见,例如认为亚洲由于习俗和专制,无法产生

---

[1] 〔美〕贾雷德·戴蒙德:《枪炮、病菌与钢铁:人类社会的命运》,谢延光译,上海译文出版社,2006。

[2] 参见〔美〕罗斯托《经济成长的阶段——非共产党宣言》,国际关系研究所编译室译,商务印书馆,1962,第10~19页。

欧洲国家所特有的风俗与特色。① 一些学者将西欧的历史和发展模式视为一种普适性经验，呼吁照搬英国等国在17～19世纪的经验，这显然落入了西方中心主义的误区。② 事实上，许多标志性著作在标题上就带有一定的误导性，包括麦克尼尔、诺斯和托马斯的作品，使用的都是"西方"而非"西欧"。③ 最后，中心—边缘理论同样是西方中心主义的一种表现，尽管它对西方中心持批评态度，认为中心地带对于边缘地带的剥削是其落后的主要原因，但是某种程度上也否认了边缘地带通过不同发展模式实现现代化的可能性。④

现代化比较研究在认识论上的意义在于，它提供了一种多元历史观下的现代化思考，既非纯粹的西方视角，也不是完全反其道而行之。无论是考察欧洲还是中国的现代化，都不仅是地区内的变化，而是基于全球视野下的"世界时间"。工业增长并不一定是西北欧的特殊条件在几个世纪积累的结果，通往经济现代化的道路有很多，而英国只走了其中一条。要准确地认识现代化路径，就需要考察更多案例，尤其是亚洲的国家构建和工业化进程。而"加州学派"的贡献也在于此，尽管一些观念各异，但存在共同反对的观点，即"欧洲文明有一个根深蒂固的基础，使其最终优于其他社会"。⑤

因此，"大分流问题"问题提出的核心意义不是严格意义上的社会科学解释，而是给后来的研究者提供了一种全球性的历史视角。杰克·戈德斯通从全球性视角察看了人口变化对于早期现代化世界欧洲和亚洲国家周期性崩溃的影响，无论17～18世纪的英法还是19世纪中日等国，都仅作

---

① 〔德〕于尔根·奥斯特哈默：《亚洲的去魔化：18世纪的欧洲与亚洲帝国》，刘兴华译，社会科学文献出版社，2016，第53～54页。
② Cynthia Morris and Irma Adelman, 1989: "Nineteenth-Century Development Experience and Lessons for Today," *World Development*, Vol. 17, No. 9, pp. 1417～1432.
③ Douglass North and Robert Thomas, 1973: *The Rise of the Western World: A New Economic History*, Cambridge: Cambridge University Press; William H. McNeill, 2009: *The Rise of the West: A History of the Human Community*, Chicago: University of Chicago Press.
④ 最典型的代表参见 Tony Smith, 1979: "The Underdevelopment of Development Literature: The Case of Dependency Theory," *World Politics*, Vol. 31, No. 2, pp. 247～288; Samir Amin, 2009: *Eurocentrism: Modernity, Religion, and Democracy*, New York: Monthly Review Press;〔美〕伊曼纽尔·沃勒斯坦：《现代世界体系》第1卷，尤来寅等译，高等教育出版社，1998。
⑤ 加州学派一词最初由杰克·戈德斯通所提出，参见 Jack Goldstone, 2000: "The Rise of the West or Not? A Revision to Socio-Economic History," *Sociological Theory*, Vol. 18, No. 2, pp. 175～194.

为其中之一的案例而存在。[1] 在关于中国的研究中，同样有许多这类优秀的著作。林满红从全球化的视角察看了19世纪中国的货币与财政政策。[2] 王国斌将欧洲作为一种背景式的对比，通过察看中国的经济变迁、国家形成和社会抗争，阐明了西欧经验的局限性。[3] 李伯重和乔纳森·斯宾塞（Jonathan Spence）则是通过全球性的火器革命来展示明清中国的军事现代化图景。[4] 这些研究的共同特征是，它们以一种多元化的视角看待全球现代化的进程，无论是中国还是欧洲，都仅仅将其视作一个案例。

三 重新审视现代化的历史比较研究：基于时空的视角

在过去历史比较分析的研究中，本体论的视角事实上是基于时间维度，在这里，时间转化为空间，不同地区被赋予了不同可能性的发展模式和非西方化的历史观。而认识论的视角则是基于一种空间维度的多元史观，这种历史观一定程度上实现了从现代到后现代化的转变。东亚奇迹的成功和中东北非的乱局也表明了单纯模仿西方模式并不可行。尽管客观的现代化标准在很长时间内是存在并且很少变化的，但是，在不同时空情境下，不同地区需要基于实际情况选择一条适合发展的道路，而非对西方经典的教条式照搬。因此，历史学家雅克·勒高夫（Jacques Le Goff）认为，历史的分期化和全球化是可以相容的，前者运用于有限的文明领域之内，后者则是要寻找这些整体之间的关系，把忽视的地区和文明联系起来，最终实现吸收与融合。[5]

正如迈克尔·曼所言，每一个事例都在时间中发展，这一动态本身必定是我们有关其结构之解释的组成部分。[6] 全球时间提供了一种历史情境，而现代化历史只有被放到更大的情境中才能突显其意义。对于各国的现代化进程需要在动态的和系统的结构中去考察。不同的时期和地区，现

---

[1] 〔美〕杰克·戈德斯通：《早期现代世界的革命与反抗》，章延杰等译，上海人民出版社，2013。

[2] 林满红：《银线：19世纪的世界与中国》，詹庆华等译，江苏人民出版社，2011。

[3] 〔美〕王国斌：《转变的中国：历史变迁与欧洲经验的局限》，李伯重、连玲玲译，江苏人民出版社，2010。

[4] Jonathan D. Spence, 1990: *The Search for Modern China*, New York: WW Norton & Company；李伯重：《火枪与账簿：早期经济全球化时代的中国与东亚世界》，生活·读书·新知三联书店，2017。

[5] 〔法〕雅克·勒高夫：《我们必须给历史分期吗？》，杨嘉彦译，华东师范大学出版社，2018，第132~133页。

[6] Michael Mann, 1986: *The Sources of Social Power*, Vol. 2, Cambridge: Cambridge University Press, p. 174.

代化的历史情境是不同的。早期欧洲的现代化是一个几乎完全空白的世界，拥有美洲和非洲大陆等殖民地。而同时期的中国也至少错过了两次潜在的进步机会，第一次是在明朝早期，错过了在本土传统和成就的基础上，产生一个持续的、自我维持的科学技术进步，并且同时推动对外贸易的机遇；第二次是在16世纪清朝初期，西欧的"野蛮人"进入中国后，中国可以通过学习欧洲来提高科技水平。① 到19世纪后半叶之后，无论是较晚崛起的意大利、德国抑或传统的奥斯曼帝国、俄罗斯帝国，都需要在被英国等西方国家所深深改变的世界中求索现代性，尽管仍然存在内部改革的可能，但是以相对低成本获得美洲金银这样的外部世界红利的机会已经很少了。

　　由于地区间的巨大差异，更多的是基于特定的传统而非案例本身来审视和反思现代化结果的差异，即需要基于因果机制的视角去考察其现代化，思考中国与欧洲的传统如何导致了中国和欧洲在过去、现在乃至未来的差异。例如美国革命和法国革命从方法论上看并不存在"可比性"，但这并不影响《美法革命比较》与《论革命》这两部著作的深刻，因为他们比较的是两种传统所导致的后果而非案例本身：前者讨论了英美保守理性传统和法国激进主义传统之间的差异，后者则比较了卢梭式的"公意"同孟德斯鸠的分权理念所导致的不同后果。② 这也是为什么埃利亚斯的研究比斯考切波等人纯粹的"因素性"讨论更具魅力和深刻性的原因，他们在部分限制时空的基础上，试图考察特定时期的历史政治遗产如何作用于国家现代化的进程，这些历史叙述中隐含了更为普遍性的因果机制。③

　　由于现代化的复杂性，许多研究者都认为几乎没有发展出一种普遍性的广义理论之可能。④ 对于现代化理论而言，更为明智的做法是在特定时空中构建现代化的中层理论。这些具体的限制很大程度上减少了可供选择的案例，从方法论角度来看，反而造就了特定时空的"全样本选择"，避

---

① David Landes, 2006: "Why Europe and the West? Why Not China?" *The Journal of Economic Perspectives*, Vol. 20, No. 2, pp. 3~22.

② 〔德〕弗雷德里希·根茨：《美法革命比较》，刘仲敬译，上海社会科学院出版社，2014；〔美〕汉娜·阿伦特：《论革命》，陈周旺译，译林出版社，2019。

③ 〔德〕诺贝特·埃利亚斯：《文明的进程：文明的社会起源和心理起源的研究》，王佩利、袁志英译，上海译文出版社，2009；〔美〕西达·斯考切波：《国家与社会革命：对法国、俄国和中国的比较分析》，何俊志、王学东译，上海人民出版社，2013。

④ Thomas Ertman, 1997: *Birth of the Leviathan: Building States and Regimes in Medieval and Early Modern Europe*, Cambridge: Cambridge University Press, pp. 19~20.

免了传统案例研究中的选择性偏差问题。[①] 然后在时间与空间的基础上，通过梳理和分析现代化的特征，最终描绘出关于现代化路径的广义框架。[②]

总而言之，现代化历史比较研究仍是经久不衰的话题。从本体论的视角看，比较现代化研究是基于一种历史情怀和对差距原因的关注；从认识论的视角看，对中欧现代化的比较是基于多元主义的历史观和发展观，通过全球史视野观察地理大发现以来人类社会的变迁；从方法论的视角看，过去对于中欧现代化的多数比较研究，在案例选择和因果推断上存在明显的方法论缺陷，但也不能因此而"拒绝比较"。上述特征构成了比较现代化研究的切入点。只有在基于部分客观标准、多元史观与逻辑方法的前提下探讨中国与欧洲的现代化，才能够打破对西方理论的盲目崇拜。

第二节 时空维度下的现代化的内涵

如前文所述，对于早期的现代化而言，时空因素占据重要地位。在第一波现代化和第一波半现代化中，时间和空间因素对于现代化初始条件起到重要的决定性作用。在时间（如时序和时机）与空间（如规模和区位）视角下进一步讨论现代化有助于深化对现代化的理解，明晰不同的因素和机制在不同时空中的含义。

一 第一波现代化的时空维度

在第一波现代化的研究中，我们分别用了两个时间段分析讨论了英国、法国、荷兰和西班牙的案例。但是即便是两个"截面"的分析对于理解西欧各国在第一波现代化的历程仍然是不够的，还需要考察案例或者变量基于时间维度的变化，以及时机和时序对于现代化的作用。

首先，获得美洲金银的顺序对于国家的初始条件有重要影响，即比起"二手"的美洲金银带来的社会福利，"一手"的美洲金银在当时只能造成"资源诅咒"。在第一波现代化中，各国参与大西洋贸易存在时间先后顺序，这种时序对结果所产生的影响在此前研究中讨论较少。因此，我们

[①] 叶成城、黄振乾、唐世平：《社会科学中的时空与案例选择》，《经济社会体制比较》2018年第3期。

[②] 王子夔：《现代化研究的回顾与反思——从"类型"到"分波次"》，《学术月刊》2018年第3期。

至少需要做一个最基本的反事实思考,即如果是英国人或者法国人最早发现了新大陆,此后西欧的现代化历程是否会出现差异?这个问题类似于过去所谓的"资源诅咒"问题,[①] 即巨额的意外财政收入在什么情况下有可能成为现代化的障碍?在发现美洲这一意外"宝藏"后,为了防止已经到手的美洲金银财富外流,西班牙在其美洲殖民地实行贸易垄断,这使得西欧诸国最初需要通过贸易手段获得美洲金银。整个西属美洲殖民地所消费的外来物资中,只有1/20是由西班牙生产的,其他部分几乎全部由英国人、荷兰人、法国人和意大利人提供。[②] 西班牙在17世纪迅速衰落的逻辑与"资源诅咒"是相似的,它过度地依赖于意外横财而缺乏了扩大生产、提高效率的动力,它们甚至不用生产而只需要转口其他国家的贸易品。西班牙国王像发了财的冒险家、贵族、商人一样,从意大利、法国、荷兰和英国的市场上采购商品,大量的贵金属像涟漪似的扩散了。[③] 这造成的后果是西班牙人获得了巨额"垄断利润",而其他国家则通过与西班牙的贸易获得了较为先进的工业和"二手"的美洲金银。因此,西班牙最终沦为了转口的贸易商和奢侈品的消费国,当其逐渐失去大西洋的军事优势时,就意味着它离衰落不远。

其次,除了大西洋贸易的时序之外,地理环境和国家规模共同决定了现代化的初始条件。前面提到"一手"的美洲金银在当时对于西班牙国家发展的副作用,用本书的框架进一步解释就是,大西洋贸易的时序对"初始条件"产生了重要影响,即西班牙发展出了强大而顽固的利益集团。同时,由于缺乏发展动力和危机感,也缺乏有效的组织能力,再加上频繁的战争和分散的领土,就导致了较弱的国家能力。在17世纪初期(1621~1643年),西班牙奥利维拉斯伯爵(Conde-Duque de Olivares)也曾经试图通过改革打破根深蒂固的特殊主义,但他在面对积重难返的地方

---

① 关于"资源诅咒"的问题此前研究主要集中于殖民地的发展,但是类似的机制仍然可以借鉴,例如 Daron Acemoglu, Simon Johnson and James A. Robinson, 2002: "Reversal of Fortune: Geography and Institutions in the Making of the Modern World Income Distribution," *Quarterly Journal of Economics*, Vol. 117, No. 4, pp. 1231~1294; Jeffrey D. Sachs and Andrew M. Warner, 2001: "The Curse of Natural Resources," *European Economic Review*, Vol. 45, No. 4, pp. 827~838; Matthew Lange, James Mahoney and Matthias vom Hau, 2006: "Colonialism and Development: A Comparative Analysis of Spanish and British Colonies," *American Journal of Sociology*, Vol. 111, No. 5, pp. 1412~1462.
② 张宇燕、高程:《美洲金银和西方世界的兴起》,《社会科学战线》2004年第1期。
③ 〔法〕米歇尔·博德:《资本主义史:1500~1980》,吴艾美等译,东方出版社,1986,第7~8页。

势力的叛乱时，几乎无计可施，只能眼睁睁看着西班牙因为财政危机在三十年战争中遭受彻底的失败。[①] 相对于英法获得的美洲金银，荷兰获得的美洲金银更早。借助于向西班牙出口和海上贸易，荷兰成为著名的"海上马车夫"。由于没有历史包袱与联合省商业自由主义的传统，荷兰没有强大的利益集团，甚至一度接近实现现代国家经济制度，即产权制度和自由繁荣的商业。但这仅仅是现代化的一个维度，荷兰不具备现代国家的中央集权和税收制度，即缺乏足够强的国家能力。这种早熟的商业自由主义在16~17世纪让荷兰在国际竞争中深受其害。例如在1622年同西班牙的战争中，荷兰的经纪人会为敌方船只提供保险；在同英法的竞争中，荷兰的投资者仍然斥巨资订购英法东印度公司的产品。[②] 法国的国家能力源于长期战争的锤炼，这与其四面受敌的地理位置有关，农业的经济结构和悠久的王朝历史则催生了其国内庞大的贵族利益集团，使其成为仅次于英国的强国。不同于法国的是，英国强大的国家能力来源于"训导式"的代议制传统，英国统治者与被统治者的关系基本可以在中央代议制度中而非专制君主制度中解决。[③] 岛国的环境和最初的贫穷使得英国一方面不需要因为依赖常备军而保持强大的贵族集团，[④] 另一方面英国的地理环境和产业结构使得纺织业更容易发展。在地理大发现之后，英国可以通过欧洲内部的贸易，避免西班牙的掠夺式资本主义和荷兰式的商业资本主义，而是真正拥有自身产业和技术的工业资本主义。得天独厚的时间和空间的耦合促使了英国同时具备较弱的利益集团和较强的国家能力，从而在17世纪率先实现现代化转型。

最后，在时空的视角下需要讨论的是，现代化研究需要什么样的预设条件或者说何种程度的回溯？如果不设置预设条件，将陷于"无限回溯"（Infinite Regress）的理论困境。对于第一波半现代化而言，并不存在无限回溯的问题，因为此前的第一波可以被视为一种回溯。在第一波半现代化中，原因的回溯同样基于时间和空间。关于空间的回溯相对容易解释，因为空间尤其是地理因素的回溯已经到达社会科学与自然科学的边界，例如

---

① 参见〔美〕理查德·邓恩《现代欧洲史·卷二，宗教战争的年代，1559~1715》，唐睿超译，中信出版社，2016，第235~236页；唐世平《西班牙的"万历十五年"》，《南风窗》2015年第1期。

② 〔美〕理查德·邓恩：《现代欧洲史·卷二，宗教战争的年代，1559~1715》，唐睿超译，中信出版社，2016，第218页。

③ Deborah Boucoyannis, 2015: "No Taxation of Elites, No Representation State Capacity and the Origins of Representation," *Politics & Society*, Vol. 43, No. 3, pp. 303~332.

④ Otto Hintze, 1975: *The History Essays of Otto Hintze*, New York: Oxford University Press.

将国家的兴衰归因于区位、规模或者地形。而时间上的回溯则更为复杂，因为大部分因素都会受到它上一期结果的影响，这包括了制度、观念、组织和社会结构等。过去第一波现代化的研究中，大量文献涉及更早期的过程，例如查尔斯·蒂利的研究始于公元990年，麦克尼尔的著作则从公元1000年开始。[①] 这些因素纠结在一起，越往前就会涉及越为复杂的组合，因此选取特定的截断点也是一种研究的艺术。本书所选择的国家能力和利益集团这两个核心变量在时空视角下具有一定优势。一方面，在因果链条中它不像制度之类的变量，与结果过于接近，因为实现稳定的现代制度变迁往往需要大量先决条件，与实现现代化几乎已经一步之遥，令自变量与因变量在因果链中保持一定的"距离"可以避免同义反复（tautology）的错误。另一方面，这两个因素在不断变化的时空条件中相对容易测量与捕捉，例如观念类变量（如文化、启蒙、宗教等）在时空中不断变化，含义也相对模糊，往往会追溯到古希腊和古希伯来的传统和渊源。国家能力和利益集团大体上属于组织和社会结构类因素，很容易截取特定的变化节点，它已经包含了地理、时序、观念等因素在特定因果链条的节点"汇聚"的结果，从而避免了纷杂的讨论，因而便于作为研究和讨论的初始条件。

二 第一波半现代化的时空维度

笔者此前对于18世纪西欧帝国的改革进行分析，仍然近乎截面数据，是在一个相对静止的时间中的观察，更加深刻地理解现代化则同样需要更加宽广的时空视角。

第一，需要从时间角度来考察变量的"优先性"。第一波现代化是外部导向型的现代化，即大西洋贸易和美洲金银。因此，这个阶段国家能力比利益集团的因素更重要。快速获得货币，具有较高通胀的国家可以短期内成功。第一波半现代化是内部导向型的现代化，即财政危机推动的改革。因此，这个阶段利益集团更重要。较弱的利益集团意味着改革的阻力较小，国家可以通过释放改革红利实现富国强兵。从18世纪的分析中可以知道，短期内改革的成功更加深受王室和贵族关系的影响，即拥有强大的利益集团的国家往往难以有效发展，这就意味着利益集团在短期的改革中是更为重要的变量。但是我们还需要从长时间段进行思考，这两个核心

[①] William H. McNeill, 1982: *The Pursuit of Power: Technology, Armed Force, and Society Since AD 1000*, Chicago: University of Chicago Press; Charles Tilly, 1990: *Coercion, Capital, and European States, AD 990~1992*, Cambridge: Basil Blackwell.

变量哪一个更为重要。国家的利益集团决定了改革者（王室）能否在决策层面推进有利于国家发展的政策，而国家能力则通过作用于国家的执行能力影响到国家的工业基础。显然，两者兼顾的国家通常是发展得最好的，普鲁士在极短的时间内从18世纪初的德意志小国迅速崛起为欧洲大国，并在1806年再度进行变革，到19世纪末成为欧洲第一大国。而不具备这两个因素的国家，如西班牙，在进入19世纪后从中等强国沦为弱国，而它是16世纪和17世纪欧洲最强大的帝国。对于工业化初期的国家而言，长远来看，国家能力可能比制度更为优先（如果只能二选一的话）需要时间上的沉淀。法国较强的国家能力为其科技、文化和工业奠定了基础，尽管在18世纪后半叶遇到"贵族反动"所造成的种种问题，但是当法国大革命横扫旧制度，拿破仑治下的法国很快就崛起成为欧洲大陆的霸主。相比之下，奥匈帝国尽管有着缓慢发展的现代化历程，但缺乏强有力的中央政府使其长期处于强国与弱国的边缘地带，始终未解决的分离主义倾向使其在第一次世界大战之后分崩离析。因而我们可以得出结论，这两个变量组合的顺序是：K（+）~N（-）>K（+）~N（+）>K（-）~N（-）>K（-）~N（+），即旧制度四种发展模式的"优劣顺序"是普鲁士>法国>奥地利>西班牙。值得一提的是，这种模式的"优劣"在当代仍然反映在国家的发展水平上。

第二，需要从时间角度考察旧制度的缺陷。18世纪的政府在处理同贵族的关系时面临着两难困境：一方面，政府意识到贵族势力成为提高效率的障碍；另一方面，政府又需要贵族来分担其事务。普鲁士通过解放农奴成功提高了效率，而哈布斯堡则因为约瑟夫二世的激进改革险些崩溃；然而，即便政府与贵族的关系维系下来，这种困境仍然会在19世纪重演。[1] 尽管普鲁士以及此后的德国模式是欧洲大陆最优的模式，是作为后发国家追赶发达国家相对成功的典型，但是如果将其同英国模式作出比较，仍然可以看到这种模式在国际竞争中所暴露的缺陷和弱点。普鲁士在工业化中的成功在于强有力的国家能力，在频繁的战争和缺乏足够的资金、港口和殖民地的前提下，当不利因素共同阻碍工业的发展时，只能通过国家介入集中资源进行现代化，在增加财富的同时也增强国家能力。[2] 普鲁士独特而非凡的力量，来自贵族与官僚体系的经济、军事权力的融

---

[1] Jerzy Lukowski, 2003: *The Europe Nobility in the Eighteenth Century*, Hampshire and New York: Palgrave Macmillan, p. 56.

[2] W. O. Henderson, 1958: *The State and the Industrial Revolution in Prussia, 1740~1870*, Liverpool: Liverpool University Press, pp. 190~193.

合，这也同样是普鲁士的弱点。① 德国历史学家莱因霍尔德·科泽（Reinhold Koser）对此作出了精辟的总结，认为这种开明专制只是一种"俱为民享，皆非民治"（everything for the people, nothing by the people）的改革。② 像普鲁士这样的欧洲大陆的君主国，事实上缺乏一个国家议会来通过公众的监督以实现英国式的高效率，因而在现代化的层次上始终与英国保持巨大的差距。根据巴林顿·摩尔的观察，保守的现代化要取得成功需要具备以下的条件：首先需要一个能干的领导层来拉拢土地贵族；同样，为了使自己免受社会中极端反动力量和大众中激进势力压力的影响，领导人必须打造出足够强大的官僚机构，包括各种镇压机构。短期来看，强有力的保守政府有其独特优势，即在激励经济发展的同时也能做到控制经济发展。但是在不摆脱社会结构的前提下实现现代化的唯一出路只能是推行军国主义，把上层阶级团结在一起。③

第三，需要从时空的视角考察这一理论框架的意义。如果这个框架的核心逻辑和机制只能够解释18世纪的四个国家，那么理论的价值就会仅仅局限于特定时空内的一个"截面"的案例。首先，我们的理论同样可以用于解释16~17世纪西欧的第一波现代化的历程，而它与第一波半现代化的区别在于前提或者外部冲击的变化，这相当于为解释框架加入了时间维度，让研究从"截面数据"转变为"面板数据"。其次，需要指出的是，许多国家的核心变量——利益集团和国家能力的质性特征在不同时期内是不断变化的，例如17~18世纪的法国，其国家能力和利益集团的强弱都在不断发生变化。因而这个理论不仅可以用于研究跨案例的比较，也可以作为一个"时间序列"，探讨国家内部制度变迁的过程。最后，核心变量的讨论也可以尝试应用到不同的时空，寻求更多的案例对核心的变量和机制的实证检验，例如春秋末期到战国初期的中国、第二波现代化中的多民族国家、第三波现代化中的拉美等，都可以作为后续研究的基础。

三 第一波半到第二波现代化的时空维度

19世纪上半叶是从第一波到第二波现代化的重要时空标志，空间因

---

① Walter L. Dorn, 1931: "The Prussian Bureaucracy in the Eighteenth Century," *Political Science Quarterly*, Vol. 46, No. 3, p. 403.
② Peter Wilson, 2000: *Absolutism in Central Europe*, London and New York: Routledge, pp. 108~110.
③ 〔美〕巴林顿·摩尔：《专制与民主的社会起源——现代世界形成过程中的地主和农民》，王茁、顾洁译，上海译文出版社，2013，第455页。

素起重要的调节作用。从区域上来看,现代化的浪潮蔓延到整个欧洲。18世纪后期西班牙哈布斯堡帝国实施开明专制改革后,传播启蒙思想的同时引发了强烈的反殖民情绪,这也促使现代化浪潮蔓延到欧洲之外。在欧洲内部,现代化也出现了新的空间特征。

一方面,技术与空间的交织使得1848年欧洲的制度变迁非常迅速和剧烈,存在多元化的路径,长期来看多数以失败告终,这些看似不相关的问题却存在共同的原因,即空间维度扩散所导致的高尔顿问题。无线电和铁路的发展使得1848年前后的信息传播和人员流动速度大幅加快,同时又伴随着自由主义和社会主义等变革理念的出现,因此国家之间无论在结构还是过程层面,无论在物质还是观念层面都存在过去未有过的互动与共鸣。它不同于传统的扩散模型之处在于:不仅存在时间先后,还存在强烈的反馈效应:如瑞士和意大利的变革为法国、奥地利和德国的抗争提供了示范,后者又反过来影响到前者的进程,例如德国地区的革命减少了普鲁士对瑞士的干预。外部联系强大时,民主浪潮的力量可以压倒国内条件,并通过蔓延过程传播。① 这种民间与民间、官方与官方之间的联动使得现代化变革变得似乎具有"传染性",因而自1848年后不乏出现以区域为单位的浪潮,例如1989年的东欧和2010年的中东北非等,这些也都与外部的密切互动和技术革命的交织有着密切联系。

然而,国际大形势下推动的现代化议程也往往容易带来更多的动荡,即在充满浪漫主义变革氛围的国际环境下,容易高估革命胜利的可能性而忽略了是否具备变革的经济社会基础,例如在哈布斯堡帝国和德意志地区的抗争最终都被保守力量逐个击破。因此,1848年革命迅速发生和失败的部分原因是一致的,都存在由于民众因认知不足而仅仅看到部分地区革命较为顺利就做出了轻率的估计,这种仓促决策过程也决定了这些革命容易以失败告终。②

另一方面,1848年也是一个重要的分野,空间的另外一个特征——国家的规模对于现代化模式产生重要的影响,这也使得现代化开始出现更加多元化的路径。规模较大的国家较难被周边环境所影响,而邻国的扩散效应也难以影响到大国,因而国家的现代化模式因为规模差异而产生了两种不同的道路。一种是以传统大国为代表的模式,这种模式依靠的是社会

---

① Seva Gunitsky, 2018: "Democratic Waves in Historical Perspective," *Perspectives on Politics*, Vol. 16, No. 3, p. 641.
② Kurt Weyland, 2009: "The Diffusion of Revolution: '1848' in Europe and Latin America," *International Organization*, Vol. 63, No. 3, pp. 391~423.

革命或自上而下的改革，并且同第一波现代化类似，仍然需要"自力更生"，依靠"强国家+弱利益集团"的组合来稳步推进现代化变革。另一种则是小国的现代化模式。小国更容易受到国际潮流和趋势的影响，例如在"帝国的共鸣"之下，1848年革命的浪潮让部分规模较小的国家在即便没有很强的国家能力时，也能够顺势获得现代化的"入场券"，用更快的速度与更多元化的途径实现现代化。

第三节　现代化的动态理论：战争、利益集团与国家能力

前文已经用了大量篇幅来阐述现代化过程中的多个截面，但是仍然没有展示这些变量如何随着时间变化，只讨论了改革时点的特征而非这些变量在全部时候的走势。无论是利益集团的沉浮还是国家能力的变迁，都离不开时空和战争的影响。笔者将在本书的最后部分讨论这些因素变化的规律和动力，并构建一个动态的现代化理论作为结尾。

一　战争与国家能力

查尔斯·蒂利对近现代西欧国家建设作出了经典论述："国家制造战争，战争塑造国家。"[1] 过去的研究往往侧重于讨论战争对于国家能力的影响，如唐宁认为战争程度的高低影响国内的动员程度，最终决定了制度的差异，[2] 蒂利则强调对战争资源的榨取和争夺造就了国家的中央组织结构。[3] 总体而言，地理大发现之后至法国大革命期间，战争对于国家能力的影响是缓慢而正向的，它至少通过三个机制影响国家能力的增长。

首先，频繁的战争通过促进欧洲国家的军事创新提高国家能力，在17世纪，燧石发火装置极大地提高了火枪的发射率，18世纪刺刀的发明又使得火枪手能发挥长矛的作用。根据伊恩·莫里斯（Ian Morris）的估

---

[1] Charles Tilly, 1990: *Coercion, Capital, and European States, AD 990~1992*, Cambridge: Basil Blackwell; Charles Tilly, 1985: "War Making and State Making as Organized Crime," in Theda Skocpol, Peter Evans, and Dietrich Rueschemeyer, eds., *Bringing the State Back In*, New York: Cambridge University Press, pp. 169~191.

[2] 〔美〕布莱恩·唐宁：《军事革命与政治变革：近代早期欧洲的民主与专制之起源》，赵信敏译，复旦大学出版社，2015，第282~291页。

[3] Charles Tilly, 1990: *Coercion, Capital, and European States, AD 990~1992*, Cambridge: Basil Blackwell, pp. 14~15.

算，相比东方世界的停滞，西方国家在16～18世纪的战争能力得到了大幅增长。[1] 军事改革的重要后果之一是战争的边际成本下降，这一结果非常符合斯密的理论，即专业分工和细化带来了标准化生产，从而使各个部门的生产成本下降。随着战争和社会模式的稳定化，标准化的操练就意味需要标准化的生产，标准化生产的结果就是军队规模的边际成本开始大幅下降，因为训练士兵和制造武器的成本都在下降。[2] 例如在过去训练一个弓箭手或者优秀骑兵的成本是高昂的，通常需要数年的长期训练，但是训练一个普通火枪手可能需要一个月的时间，从而实现了"铁打的营盘流水的兵"，使个体消耗之后可以迅速得到补充，因此作为整体的组织能力就上升了。

其次，战争记忆促进了欧洲常备军制度的形成，从而加强了欧洲各国的国家能力。长期的战火会增加民众向政府让渡权力的意愿，因为相比受到盗贼或敌国带来的人身安全的威胁，忍受高额的税收无异于一个次优选择，他们宁愿通过向国王或领主永久性地缴纳税收，从而获得稳定的预期和安全上的保障。[3] 战争带来的军事力量的增长是一个渐进的过程，欧洲国家通过两场反对路易十四的战争，即九年战争（1688～1697）和西班牙王位继承战争（1700～1714）之后，开始了新的军事化时期。从这个时期开始，欧洲国家开始逐渐采用新型的昂贵的常备军制度，由于军事开支日益增加，雇佣兵头目很难以过去自负盈亏的方式生存，最终选择依附于国家机器，成为国王的正规军队来领取薪水。[4] 国家直接供养军队的优势非常明显，例如雇佣军头目通常考虑的是自身的成本和收益，在战争的过程中往往会拖延战机来求谋求更多收入，通常还会避免正面冲突并伺机劫掠所在地民众。更为重要的是，随着火器技术的普及，军队越发需要进行日常化的操练，而国家显然无法对缺乏忠诚度的雇佣兵进行有效训练。这些组织和技术革命的后果是，西欧的军队规模开始上升，国家可以不断地组织更大规模的军队来应对战争的需求。从1500年开始，欧洲主要强国的军队规模几乎都是成倍增长，其中最为明显的指标是军队数量与总人

---

[1] 〔美〕伊恩·莫里斯：《文明的度量：社会发展如何决定国家命运》，李阳译，中信出版社，2014，第181～188页。

[2] William McNeill, 1982: *The Pursuit of Power: Technology, Armed Force, and Society Since AD 1000*, Chicago: University of Chicago Press, pp. 139～141.

[3] 〔美〕玛格利特·利瓦伊：《统治与岁入》，周军华译，格致出版社、上海人民出版社，2010，第115～116页。

[4] John Childs, 1982: *Armies and Warfare in Europe, 1648～1789*, Manchester: Manchester University Press, p. 29.

口的比重,英法德等地区上述比重在 18 世纪后期达到顶峰。这些数据事实上是大幅波动的,即战时与和平时期的军队数量可以相差数倍,这些都是国家能力变强的标志,因为它们具备了更强的动员能力,尽管动员的方式各不相同。

最后,这些常备军制度被强制用于加强君主的中央权威。雇佣兵的兴起与衰落的过程伴随着国内强制力的增长,这对于王室来说可能是最大的"意外收获"。过去西欧的君主依赖地方领主和骑士来聚集军队,这使得地方具有极强的自治权,而领主也成为地方的军政统帅。但随着地中海和大西洋贸易的兴起,西欧传统的封建经济组织方式开始没落,王室开始拥有足够的财政来逐渐转向使用雇佣军,雇佣军的使用削弱了教会和教皇,推动中央集权制度的发展,从而使得政治、财政和军事力量集中于王权。王室开始意识到常备军用于战争之外同样可以用于国内强制。一方面,日常化的操练让士兵变得更加遵守纪律,战争和迁徙让军队对于国家的理解更为深刻,这既包括不断迁徙带来对自然地理环境的深刻印象,也包括在战火中逐渐积累的国家认同。在此背景之下,王室获得了远超中世纪时期军队的忠诚度,王权的触角则延伸到国家更为遥远的角落,例如过去影响力较低的农村地区或者少数族裔及异教徒的聚集地,这些地区一旦出现反抗或动荡,王室就可以迅速动用常备军进行镇压。另一方面,常备军还承担了维持社会秩序的功能,早期的欧洲并不区分军队和警察的职能,王室通过军队维持治安并使其成为获取税赋的重要保障。

二 战争与利益集团

过去的这些研究往往过度重视战争对于国家能力的促进作用,但是却忽略了战争对于国内利益集团的作用,二者不能混为一谈。战争对于利益集团的影响是非线性的,因为它是数个相对线性的机制共同起作用的原因,笔者认为至少包含了四个机制。

首先,基于本土的高烈度战争会对利益集团带来沉重打击。这种高烈度战争既可以是以国家本土为主战场的战斗,也可以是国家内部大规模的内战。因为发生在本土的高烈度战争不仅会在经济上沉重打击贵族,例如损毁农田和庄园,更为重要的是,战争可以造成贵族的大规模伤亡,从而避免了地方贵族形成强有力的利益集团阻碍国家现代化。受到欧洲长子继承制度的影响,不在本土发生的战争即便具有极高强度,仍然不足以让地方豪强大族绝嗣,因为通常贵族不会派出全部潜在的继承人参与对外战争。15～18世纪，一共有四场这样的战争，分别是玫瑰战争（1455～1485）、三十年战争（1618～1648）、七年战争（1756～1763）和法国大革命（1789～1794）。

（1）玫瑰战争是对英国历史产生久远影响的事件，玫瑰战争属于英国较为彻底的一次内战。尽管玫瑰战争的规模不大，但却是英国贵族之间最为彻底的厮杀，在战争中，英国高级贵族阵亡65人，中下级的贵族死亡数千人，随从死亡近8万人，仅在1459～1461年，英国70名高级贵族就有56人卷入战争，并有17人在战争中阵亡或者被处决。[1] 兰开斯特家族和约克家族两大主要利益集团在残杀和处决的浪潮中同归于尽，最终以联姻的方式结束了内战。玫瑰战争的意外后果是，它确立了英国强国家和弱贵族的社会结构，为此后英国的崛起打下基础。

（2）三十年战争首先是对德国贵族带来了严重的影响，其次是对法国造成严重的破坏。三十年战争最为激烈的时刻都是在德国地区开始，战争造成了神圣罗马帝国的彻底崩溃，德国的贵族在战争中大量阵亡，最终为此后腓特烈一世所率领的普鲁士帝国打下基础。三十年战争的后期在法国进行，西班牙军队曾经一度攻入巴黎，法国受到的伤害仅次于德国。法国的贵族集团遭到沉重打击，但是这种打击不是致命的，因此在路易十四的改革过程中利益集团又开始重新崛起。由于西班牙的本土没有遭受焦土政策，三十年战争削弱了西班牙的国力，但是并没有削弱其贵族，因而此后德国改革的彻底性要高于法国进而高于西班牙。

（3）七年战争对于普鲁士的贵族来说几乎是灭顶之灾，普鲁士在战争中失去了近4000名军官，这些人绝大多数都是贵族。[2] 例如，曹恩道夫战役中（Battle of Zorndorf）普鲁士的伤亡率高达1/3，造成了1.1万人的伤亡（其中阵亡约4000人）；库勒斯道夫战役（Battle of Kunersdorf）中普鲁士伤亡率更是高达2/3，失去了2.5万人。七年战争期间，普鲁士个别团的伤亡率高达满员数量的三倍，因为腓特烈大帝宁愿让士兵冒险做手术，也不愿他们截肢变成残废；如果受了重伤存活概率大约只有1/4。[3] 长期的剧烈战争进一步减少了贵族的资产，使得他们更加依赖军队和王

---

[1] Colin Richmond, 1977: "The Nobility and the Wars of the Roses, 1459～61," *Nottingham Medieval Studies*, Vol. 21, p. 82.

[2] John Childs, 1982: *Armies and Warfare in Europe, 1648～1789*, Manchester: Manchester University Press, p. 80.

[3] John Childs, 1982: *Armies and Warfare in Europe, 1648～1789*, Manchester: Manchester University Press, p. 44.

室，使得此后的改革相对法国和西班牙要容易得多。

（4）法国大革命同样彻底打破了法国贵族的结构。在法国革命中死亡的人数接近40万，其中有10%左右是贵族，当然也包括国王路易十六。在1791～1794年雅各宾派专政时期，处决了大约1200名贵族，同时还有大量贵族被作为嫌犯关押，到1797年局势缓和时，政府仍然剥夺贵族的公民权并将其大批流放。大革命期间至少有16500人被迫流亡国外，拒绝回国或者被处决的贵族的财产也被没收，大约有12500个家庭丧失了全部或者部分家产。① 至此法国的旧贵族几乎一蹶不振，在经历了几次政变和骚乱之后，拿破仑发动雾月政变夺取政权时，法国过去改革中面临的来自贵族的阻力已经不复存在，拿破仑的一系列改革让法国几乎再度获得欧洲的霸权。

其次，短期的和平与中低烈度的战争会促使利益集团的增长，这是利益集团这个变量最为特殊的性质。这两个机制造成了利益集团的变化不是线性的，在不同时期会因为不同时空条件产生很大的差异。一方面，在和平时期，利益集团会通过对中央权威的蚕食逐渐扩大自身的权力。由于欧洲多数政府都是当地的政府，贵族对于土地所有权的垄断意味着政府治理是对贵族负责的，并且许多国家通过法令规定了只有贵族才可以拥有土地所有权。② 贵族集团采用长子继承制避免家世衰落，他们的次子通过参与军队或者神职进一步拓展家族的影响力。除了自身的繁衍外，他们还可以通过政治联姻进一步增加权力。在整个国家层面，当君主去世而继任者年幼时，过去被压制的利益集团就可能会卷土重来，最典型的案例是路易十四去世后，由于路易十五年幼，摄政王通过与高等法院的交易恢复了穿袍贵族最重要的"谏诤权"，这便成为此后路易十六推行改革最为重要的障碍之一。③

再次，中低烈度的战争促进了利益集团的发展，它通过增加王室对于贵族集团的财政和军事依赖来增强贵族的权力。在那些不会对贵族造成致命影响的战争中，王室权威在战争中往往受到损害，因为当时战争的成本远远大于收益，而多数国家缺乏有效的预算制度。当财政困难之后，欧洲大陆的君主国卖官鬻爵或者借款的方式往往无法根本性地解决问题，反而

---

① 〔英〕威廉·多伊尔：《牛津法国大革命史》，张弛等译，北京师范大学出版社，2015，第491～492页。

② Jerzy Lukowski, 2003: *The Europe Nobility in the Eighteenth Century*, Hampshire and New York: Palgrave Macmillan, pp. 5～6.

③ 〔法〕伏尔泰：《巴黎高等法院史》，吴模信译，商务印书馆，2015，第250页。

增加了政府的支出，进一步恶化了财政状况。① 换言之，利益集团的强弱是贵族集团相对于政府的能力，中低烈度的战争不会造成贵族的大规模死亡，也不会对贵族赖以生存的经济基础造成根本性破坏，但是会通过恶化财政收支来削弱政府，这种类型的战争带来的结果是利益集团的能力相对上升。

最后，军事力量的增长，长期来看仍然会微弱地削弱利益集团的势力，但这种机制在短期内并不明显。由于常备军让战争的总体成本大幅上升，只有富裕的君主才能够承担昂贵的战争，这使得贵族更加无法反抗君主，君主借此提高官僚效率，增加中央集权实现个人的专政，而高级贵族则被大大削弱，只能被迫进入法院或者军队。② 同时，在标准化的操练过程中，遵守上级制定的规章成为常规，这不仅是因为士兵害怕违反纪律会受到严厉处罚，而且是因为普通士兵从不假思索的盲从和仪式化的日常军事训练中得到真正的心理满足。③ 在 16～18 世纪的欧洲，军事训练带来意料之外的后果就是，单调的训练让底层的士兵形成了一个紧密的集体，训练精良的排和连组成的社团迅速取代了按照地位形成的等级，这显然削弱了过去骑士精神盛行时期的地方领主的权威。

三 战争、时空与现代化的动态理论

现代化是一个动态的过程。笔者认为国家能力的强弱和利益集团的强弱是决定现代化成败的基本要素，国家能力和利益集团这两个变量不是一成不变的，而是随着时间的流逝和空间的特殊性不断变化。在这种变化的过程中如果有足够强的外部干预，那么就可以启动现代化的机制。启动现代化的机制并不意味着最终能够成功实现现代化，只有较弱的利益集团和较强的国家能力才有可能实现现代化。前文已经用第一波现代化和第一波半现代化中的案例来说明，在外部冲击的作用下，为什么只有同时具备了较弱的利益集团和较强的国家能力的国家/政府才能够实现现代化，以及它们如何通过特定的机制实现现代化。笔者将在本书的最后一部分总结和讨论在什么情况下才会出现强国家能力和弱利益集团这两个有利于实现现

---

① 参见 Jeremy Black, 2004: *Kings, Nobles and Commoners: States and Societies in Early Modern Europe, A Revisionist History*, London: IB Tauris, pp. 134～135.

② John Childs, 1982: *Armies and Warfare in Europe, 1648～1789*, Manchester: Manchester University Press, pp. 17～19.

③ William H. McNeill, 1982: *The Pursuit of Power: Technology, Armed Force, and Society Since AD 1000*, Chicago: University of Chicago Press, pp. 132～133.

代化的因素的组合，以及其中所蕴含的现代化的意义。

首先，国家能力和时空密切相联系。国家能力涉及政府对于领土上各个角落的控制和动员的能力，最初的条件尤其是运输通信条件和空间距离的约束决定了多数古代或者近代国家的能力相较于当代的主要国家而言都是非常有限的。国家发展和建设的历程，某种程度上也是通过技术和组织等方式来突破自然空间对于国家能力约束的过程，例如当通信和运输的速度大幅提升时，国家行政命令和动员所花费的时间就会大幅下降，原先较"长"的距离就不会显得如过去那般"遥远"。空间对于现代化的另外一个作用在于营造一个相对封闭的环境，在这个空间环境内，国家之间通过竞争而互相影响彼此，从而在总体上互相促进。西欧作为相对封闭的空间，至少有三个层面互相学习：第一是地理大发现后的大西洋贸易，地理的便利与贸易的诱惑促使了各国纷纷效仿西班牙进行大西洋贸易，不参与大西洋贸易的国家在这个时期就关闭了现代化的大门；第二是思想启蒙和技术革命，西欧最初的重商主义思想和技术迅速在各国进行传播；第三是军事、政治和财政等层面的现代化，不效仿最发达的国家就很难在频繁战争中生存。总体而言，不论是国际竞争、技术革命还是其他的外部冲击，在这个时期对于国家能力都是正向的，因而国家能力随着时间的推移是一个逐渐增强的过程。

其次，利益集团的强弱与时空的关系更为复杂。前文提到了诸多的时空因素决定了作为初始条件的利益集团，至少存在如下几个机制。第一，周边的竞争环境过强时，往往会促使民众和贵族让渡更多的权力给王权，以获得更多安全上的承诺，从而促使了强大的利益集团。第二，过于丰富的资源会降低统治者对于民众和贵族的税收依赖，让统治者具有更强的议价能力，从而有利于形成强大的利益集团。第三，规模较大的国家，作为主要利益集团的贵族成分过于复杂，往往难以形成统一而有效的团体来控制中央政府，因此较大的规模不利于形成强有力的利益集团；而较小的规模则容易让各省之间的民众形成联动，因此也不利于利益集团对国家的控制；只有中等规模的国家才容易形成较强的利益集团。第四，在非宪政国家中，利益集团会随着时间推移逐渐增强，中低强度的战争促使其势力增长，但是它时常会因为高强度的战争而被削弱。

最后，图8-1展示了国家现代化的动态模型，它是一个以普鲁士为原型的虚拟国家的现代化历程。图中虚线展示了国家能力是一个不断增长的过程，只有具备了最低限度的国家能力（尤其是动员能力）才有可能推动现代化。而实线利益集团的变化则是一个不断变化的过程，只有利益集团因为各种原因被削弱之后才会出现成功实现现代化的机会。图中展示了欧洲现代化的几个阶段。第一个阶段表示随着中世纪欧洲的中央权威的崩溃，低烈度战争开始逐渐蔓延，国家为了筹集资金不得不向贵族妥协。第二个阶段是低烈度战争间歇中时常会有高烈度的战争或者内战的出现，贵族集团在战争中大量阵亡或者被处决，只有少量凭借天然时空优势而具有较强国家能力的大国（如英国）率先实现现代化，而其他国家（如德国）由于缺乏这种优势而错过了窗口期。第三个阶段是战争间歇的恢复期（可能也会包含部分的低烈度战争），贵族集团开始利用其特权逐渐恢复实力（例如三十年战争到七年战争的近百年），直到再次遇到第四个阶段的高烈度战争或内战（如七年战争或法国大革命），最终在第五个阶段（如18世纪后半叶的德国和19世纪初的法国）才具备较强的国家能力和较弱的利益集团，从而推动现代化的历程。

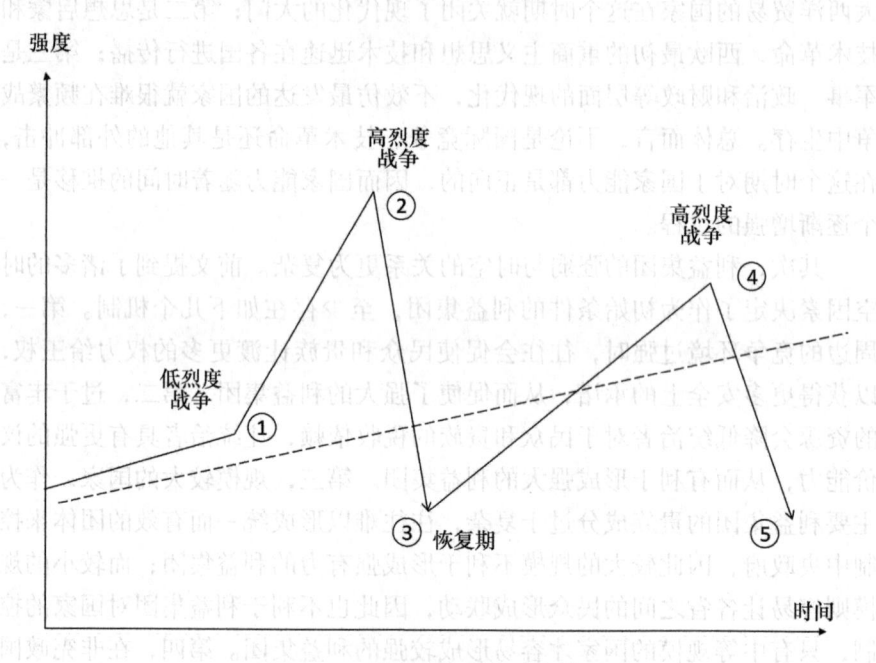

图 8-1　国家现代化的动态模型

资料来源：笔者自制。

注：虚线代表国家能力，实线代表利益集团。①—⑤代表文中提到五个阶段。

总而言之，现代化依靠的是天时、地利与人和。时间上，现代化是一个时空的耦合，最早出现强国家能力和弱利益集团的国家——英国最为受到历史的眷顾，此后其他国家实现现代化就需要在被英国深深改变的世界中推动；空间上，具有得天独厚的地理优势的国家（尤其是岛国）最可能先出现现代化的契机；在具体的选择中，具有远见卓识的政治家和改革者同样是重要的，即便出现了大多数有利条件，如果不能准确认识外部世界，采取闭关锁国的方式同样不可能实现现代化。现代化是一个循环往复的过程，它存在一定的窗口期，一旦没有抓住机遇，国家就需要经历漫长的等待直到下一次机会的出现。现代化是一个进步的过程，随着时间的推移，国家能力总体是增长的，即便没有因为突发事件而削弱利益集团，随着整体世界的文明和进步，利益集团仍然会被逐渐削弱，尽管这个过程是漫长的。因此，现代化也许会迟到，但永远不会缺席。

第四节　西欧现代化研究的意义与启示

前文关于早期西欧国家现代化的研究探讨了关于西欧现代化的主要因素和机制。正所谓"他山之石，可以攻玉"，它们的现代化和改革的历程所展示的因素与机制可以为中国研究和中国的现代化带来理论和现实层面的启示与历史参照。一方面，可以借助于现代化研究，减少关于"李约瑟难题""大分流之谜"或者"明朝资本主义萌芽"的不必要的讨论；另一方面，过去的改革仍然可以让我们以史为鉴，减少改革中的弯路；西欧现代化的经验也可以为当代中国的现代化历程提供一部分借鉴和思考。

一　现代化研究的比较历史意义：大分流与"东方世界"的不可比性

我们在研究第一波现代化或者是所谓"西方世界的兴起"时，通常会想到"大分流"问题以及"东方世界的停滞"问题。[1] 然而，中国、印度以及其他东亚国家和西欧的初始条件差异过大，所谓"大分流之谜"不具备足够的可比性。很多专注于这一问题的学者在对西方和明朝中国进行比较时，忽略了一个基本的问题，就是运用比较方法的目的和前提。因此对于 17~18 世纪东西方的比较研究实际上并不是非常有意义的话题，

---

[1] 张宇燕、高程：《海外白银、初始制度条件与东方世界的停滞——关于晚明中国何以"错过"经济起飞历史机遇的猜想》，《经济学》2005 年第 1 期；杨光斌：《政治的形式与现代化的成败——历史上几个前现代化国家的经验比较》，《中国人民大学学报》2005 年第 5 期。

至少在方法论上对时空的理解是不够的。

这一节主要在方法论层面阐述这类比较在逻辑上存在的问题。社会科学多数情况下无法像自然科学那样进行重复试验，因而只能借助于近似条件的比较来实现因果推断。[1] 中西方的比较所采用的方法实际上是"密尔五法"中的"求异法"，通过最小化差异求异，即寻找中国和欧洲（或者是英国）之间的差异来解释为何东方世界在17世纪以后就逐渐被西方超越的问题。[2] 中国作为负面案例存在时，至少要符合求异法逻辑成立的两个基本前提，即马宏尼（Mahoney）和葛尔兹（Goertz）提出的条件范围（Scope Condition）和可能性法则（Possibility Principle）。[3]

条件范围的假设是求异法逻辑成立的关键，即案例之间要具备较高的相似度，即符合"同质性假设"。因为事物间的差异相同点要多，用选取的变量之间的差别来说明中国和西方各国不同的发展路径之间的因果联系时，需要确保其他差异不存在或者不起作用，否则大量的竞争性解释会削弱理论的解释力。[4] 尽管一些学者如彭慕兰找到了大量的相似之处，如出生率、预期寿命、运输条件、技术水平、财富积累等，[5] 但是他仍然忽略了很多重要的差异：首先，在进行洲际比较时作为统一集权的中国和各国林立欧洲大陆是截然不同的，如上面所述欧洲激烈的竞争环境和相对较小的国土规模都会影响到制度变迁的过程；其次，东西方的文化背景差异巨大，比如宗教对立在对英国和荷兰的权力斗争中起到重要作用，而中国根本不存在这类问题；最后，直接和间接参与大西洋贸易也是不同的，比如西欧对美洲的开发所导致的人口输出，一定程度上也缓解了马尔萨斯式的增长陷阱，这些因素都降低了东西方之间的可比性。

案例选择的"可能性原则"讲述的是要选取第一波现代化有可能成功的案例作为负面案例。根据上述的机制，本章是要证明变量A（即大西

---

[1] Gary King, Robert O. Keohane and Sidney Verba, 1994: *Designing Social Inquiry: Scientific Inference in Qualitative Research*, Princeton: Princeton University Press, p. 76.

[2] 关于密尔的逻辑方法参见 Mill, John, *System of Logic: Ratiocinative and Inductive, Being a Connected View of the Principles of Evidence and the Methods of Scientific Investigation*, New York: Harper & Brothers Publishers, 1882, pp. 478~537.

[3] James Mahoney and Gary Goertz, 2004: "The Possibility Principle: Choosing Negative Cases in Comparative Research," *American Political Science Review*, Vol. 98, No. 4, pp. 657~662.

[4] 学界关于东西方比较时，存在大量不同类型的解释和论战，这也印证了本章的观点。参见皮建才《李约瑟之谜的解释：我们到底站在哪里？——与文贯中、张宇燕、艾德荣等商榷》，《经济学》2006年第1期。

[5] 〔美〕彭慕兰：《大分流：欧洲、中国及现代世界经济的发展》，史建云译，江苏人民出版社，2008。

洋贸易带来的外部冲击）和变量 B（即非攫取型的初始制度）的组合是结果 Y（即在第一波中成功实现现代化）出现的充要条件。① 在两个变量和一个结果出现/不出现的八种可能情况中，只有三种是支持理论假设的，即缺少变量之一结果就不会出现和两个变量都具备时结果出现，后者更加支持理论。而两个变量都不出现的案例则被视作不可能案例，不应当被作为负面案例进行比较。从上述机制和方法论的角度来看，16～17 世纪的中国是不可能参与第一波现代化的。

一方面，尽管中国间接参与了大西洋贸易，从万历元年（1573）至崇祯十七年（1644）的 72 年间，各国通过贸易输入中国的银圆达到 7200 万两以上，中国的货币存量增加了 1 倍以上。② 尽管间接输入的美洲金银一定程度上缓解了中国货币供给不足的问题，但是中国巨大的规模和接近上亿的人口，使得巨额的白银仍无法形成有效的外部冲击。16 世纪晚期欧洲每年输入中国的白银为 200 万～300 万盎司，这仅相当于政府盐税年收入的 5%，或者是 100 个普通商人的资本。③ 海外流入的白银仅仅让东南收益却未及西北，在全国流通的银两总数也有限，张居正存积库银时甚至还一度引发通货紧缩，各类重要商品价格因之下跌。④ 因此可以说大西洋贸易并没有给中国带来足够的外部冲击。

另一方面，中国初始的封建制度同样是高度专制攫取型的，当朝地方官员在对国家法律的执行上具有很大的自由裁量权，因而潜规则众多，使得商人更多地依附于官僚。虽然海外白银流入使得财富分配有利于商人阶级，但是还远没有达到让政府财政极大地依赖于对外贸易。对于朝廷来说，征收土地税和人头税的成本远低于征收贸易税的成本⑤，这也让上层对贸易所得并不感兴趣，所以中国商人不可能像英国商人一样获得同王室的议价能力。并且中国明清时期官员极高的自由裁量权使得其拥有对商人

---

① James Mahoney and Gary Goertz, "The Possibility Principle: Choosing Negative Cases in Comparative Research," p. 663
② 张宇燕、高程：《海外白银、初始制度条件与东方世界的停滞——关于晚明中国何以"错过"经济起飞历史机遇的猜想》，《经济学》2005 年第 1 期。
③ 〔美〕杰克·戈德斯通：《早期现代世界的革命与反抗》，章延杰等译，上海人民出版社，2013，第 361 页。
④ 〔美〕黄仁宇：《中国大历史》，生活·读书·新知三联书店，1997，第 236 页。
⑤ 这一点在 1500 年的欧洲也是如此，见 Thomas Ertman, 1997: *Birth of the Leviathan: Building States and Regimes in Medieval and Early Modern Europe*, Cambridge: Cambridge University Press, pp. 15～17;〔美〕玛格利特·利瓦伊：《统治与岁入》，周军华译，格致出版社、上海人民出版社，2010，第 116～117 页。

的"合法伤害权",商人积累了财富以后非但没有增加政治地位,反而可能会成为朝廷官员的"猎物"。[1] 中国的商人会千方百计地寻求官员的庇护,或者让亲属通过科举或者买官的方式谋求一官半职,而绝无可能像英国商人一样联合起来反对帝国官僚。因此中国完全不具备第一波现代化所需的两个根本条件,所谓明朝"资本主义的萌芽"是不可能带来现代化的。

总而言之,明朝或者清初的中国实际上并不符合案例选择的两个基本假设,从方法论角度来看它是属于"无关案例"而非"负面案例",将其作为负面案例来进行类比研究所谓的"大分流"问题实际上是不恰当的。更确定地说,除了英国和荷兰之外的其他国家,包括第一波现代化的失败者(法国和西班牙)都是在第一波现代化的冲击波下进行现代化的努力。因此对于中国现代化问题的讨论肯定不能在第一波现代化中进行讨论,从方法论角度来看,中国只能放在第二波现代化中与其他国家相互比较更加有益。而包括印度等其他东方世界则更加不具备实现第一波现代化的可能性,因而也不能够放入第一波中进行比较研究。尤其是印度等在"二战"以后才获得民族独立的国家,甚至都不能放在第二波现代化中进行讨论。因此,"东方世界的停滞"这个命题恐怕也过于宽泛。

二 现代化研究的政策意义:改革的悖论与启示

从古到今,改革是执政者面临最为困难的选择之一。改革意味着先破后立,它更像是进行一台精细的手术,而非修理一台机械。毕竟,改革不是在一张白纸上作画,无论是瞬息万变的外部环境,还是盘根错节的内部集团,都可能对改革成败产生巨大的影响。国家和社会是一个庞大而复杂的系统,系统效应中的非线性后果使得每一项改革措施都存在不确定性。纵观世界历史,改革千千万万,成功者寥寥,而失败者甚众。尽管历史不可重复,但借鉴历史经验可以减少改革者所面临的不确定性。

无论是古代的明君贤臣,还是现当代的学者官员,许多人都意识到要以史为鉴。但是关于改革的经验和记载浩如烟海、汗牛充栋,即便皓首穷经也未能尽悉,因此准确选择有效的案例作为改革的历史参照物可以让改革的实践和研究事半功倍。选择当今改革的参照案例需要基于背景和难度相似的原则。首先,案例本身需要具备现代性,即选择在现代化转型过程

---

[1] 诸如此类的记载很多,比如明清时代的《万历野获编》《官场现形记》等,也可参见吴思《潜规则:中国历史中的真实游戏》,复旦大学出版社,2009。

中的国家，因而古代中西方改革案例的可借鉴性就弱许多。其次，从国际环境来看，借鉴的案例当以崛起中的大国为佳。国际竞争能够从外部环境作用于内部改革，它带来的竞争压力和财政困境同样影响改革的成败，国际体系中过于弱小的国家就不适合作为参照物。最后，从内部条件来看，案例需要具备较大的国家规模、较强的利益集团和一定的潜在危机。国家规模影响到了委托代理层级，委托代理的关系越复杂，改革的难度就越大；利益集团越强，则改革越难成功；潜在危机则为改革提供动力的同时增加了改革难度。因而17世纪的英国、18世纪的美国、19世纪的日本和20世纪的新加坡等国也同样不适合作为参照物。

结合上述的约束条件，较具有借鉴意义的案例莫过于18世纪后半叶的法国、西班牙、普鲁士和奥地利。它们是仅次于英国的大国，它们在旧制度下首次试图通过改革进行现代化转型。而法国经验比起其他国家更弥足珍贵，因为法国在没有外力干涉其内政的前提下，经历了从繁荣到崩溃的完整过程，相比之下，其他三国的现代化则深受拿破仑战争的影响。需要注意的是，受到文化背景和时空差异等诸多因素的影响，我们永远无法完整地借鉴一整段历史。对于历史的借鉴更多的是去细化和分解历史进程中的机制，然后察看它背后所蕴含着的逻辑，从而避免在现实中重演历史悲剧。笔者将从政治改革、经济改革和财政改革三个方面去细究法国改革失败的前车之鉴。

在政治改革中，开明君主面临着启蒙与集权的悖论。上文已经提到，政治改革是其他领域改革的基础，改革之初王室需要集权来动员国家机器，但集权本身却不符合启蒙精神。首先，尽管启蒙时代的"开明专制"不同于路易十四的"朕即国家"式的王权至上，但君权神授的合法性基础仍然与启蒙精神相悖。并且，在最初实施中央集权时，无论是精英还是民众都无法判断王室集权的意图，无法了解王室究竟是希望推动改革还是回到绝对王权。其次，法国和西班牙试图通过中央集权效仿英国，希望学习英国的政治、经济和军事效率来维系旧制度，但这些效率又只有在代议制民主的环境下才能够实现。再次，王室需要的启蒙与贵族和民众眼中的启蒙是不同的：国王的启蒙是以王权至上为基础，确立君主权威的同时破除贵族的特权，让贵族和民众更为平等；贵族的启蒙则是希望借助于宪政限制王权，在贵族制下拥有较高生产率且顺从的民众；民众的启蒙则是希望拥有更加广泛的平等和政治权力。最后，启蒙与集权之间的矛盾造成了社会的撕裂。以法国为例，面对王室所推动的"反特权"的改革，贵族以"反专制"的形式进行抵制。佩剑贵族和穿袍贵族坚持历史先例,司法行政官则维持职业传统,法律界人士和哲学家援引自然权和理性思辨,他们共同主张用法律限制王权。[1] 显贵和高等法院迎合了国民对一个过时且缺乏权威的制度的不满,[2] 在反对专制的口号之下,贵族、高级牧师、城市资产阶级和市民都联合在一起。[3] 高等法院和权贵们利用了启蒙中的口号来阻碍中央集权下的改革,这就堵死了旧制度下改革的最后途径。据此我们得到启示一:改革的可操作空间非常小,开明君主制下的改革只能在增加自由和加强集权两个互相矛盾的目标中间进行权衡,短期内通过中央集权推动制度变迁,中长期则需要通过分权来维持和深化改革。因此,在改革初期,改革者需要在集权的同时给民众和精英以足够的分权的预期。

在经济改革中,改革面临着时机与绩效的悖论。首先,政府在经济繁荣时期并不愿意改革,甚至不会有改革的意识,在经济绩效不佳时,政府才会被迫改革,但改革本身又对绩效非常敏感,这就必然使得改革充满风险。首先,繁荣本身就是对制度的肯定,国家在强盛时通常缺乏改革的意愿。17世纪后半叶的法国便是如此,即便是伏尔泰这样的启蒙思想家,对路易十四的时代仍旧充满了溢美之词。[4] 其次,推动改革需要大政府,但大政府时常导致民众对政府过高的期望。正如托克维尔所说:"大家都认为,若是国家不介入,什么重要事务也搞不好,唯有政府采纳确保公共秩序……每个人都因贫困而指责政府,连那些最无法避免的灾祸都归咎于政府。"[5] 当经济改革在短期内无法获得立竿见影的效果时,最初因寄予厚望而产生的改革共识会迅速破灭,从而导致改革的支持者减少。再次,政府通常在逆境中才愿意推动改革,但改革的合法性却对绩效非常敏感。西班牙和法国在意识到要改革时,经济已经处于下行期,同时还面临人口压力和通货膨胀,这个时候开放市场、收缩财政的改革所面临的风险远高于繁荣时期。最后,即使改革取得部分成绩,也未必能得到更多支持,甚至会打击政府的威望。因为改革否定了过去,改革消除部分流弊却使人更加容易察觉到尚有其他流弊的存在,于是人们的情绪更激烈;痛苦的确已

---

[1] 〔法〕乔治·勒费弗尔:《法国革命史》,顾良等译,商务印书馆,2010,第95页。
[2] 〔法〕雅克·索雷:《拷问法国大革命》,王晨译,商务印书馆,2015,第45页。
[3] Hamish Scott and Brendan Simms, 2007: *Cultures of Power in Europe During the Long Eighteenth Century*, Cambridge: Cambridge University Press, pp. 270~273.
[4] 〔法〕伏尔泰:《路易十四时代》,吴模信等译,商务印书馆,1982。
[5] 〔法〕托克维尔:《旧制度与大革命》,冯棠译,商务印书馆,2012,第110~112页。

经减轻，但是感觉却更加敏锐。① 据此我们得到启示二：改革面临的窗口期非常短，经济过好或者过差时都无法推动改革，改革需要在经济开始出现一定危机但问题尚且不严重时才有可能成功。

在财政改革中，改革面临着财政和维稳之间的悖论。政府要维持政权稳定需要足够多的财政，但是财政改革会让政府更加孤立，反过来不利于政局的稳定。财政改革的措施无非是开源节流，无论是减少支出还是对特权阶级征税，都意味着政府要与特权阶级发生冲突。在路易十六的财政改革中，政府是为了行使专制的权力，特权阶级则是为了避免捐税的负担。但是双方都只想保留旧制度中对自己有利的部分，当政府打出反特权的口号要求平等纳税时，特权阶级对政府进行还击，要求政治自由，取消专制权力。② 不仅如此，统治集团内部仍然隐含着多种削弱、歪曲和无视王室法令的机制，特权阶级可以用各种方式维护自身利益：用消极怠工降低行政效率，通过影响绩效否定改革的合法性；转嫁和抵消新政中损害自身利益的内容，如贵族的免税权被取消后，会提高地租把税收转嫁给农民；通过宫廷阴谋打击王室的威望，如法国王室的声誉就一直受到各种小道消息的影响。③ 财政改革的影响面极广，即使仅仅对特权阶级征税也会以各种渠道转嫁给农民和市民，这就意味着对特权阶级征税同样会导致失去民众的支持。当政府未能珍惜通过得罪许多群体才获得的收入时，如将收入用于无效益的项目或者战争，财政改革就可能将财政危机进一步升级为社会危机。据此我们得到启示三：财政改革通常意味着统治者至少部分需要从统治集团内部获取新的财政来源。改革的试错机会并不多，新增的财政收入是以削弱原先的统治联盟为代价的，故而需要谨慎和有针对性地使用每一笔财政收入。

最后，基于上述三个层面，改革还面临国内改革与国际竞争之间的悖论。改革者需要必要的威望来维持和深化改革，而改革时期的绩效未必尽如人意，因此改革者时常面临通过对外出击来获得威望的诱惑，然而外部冲突加剧又通常不利于改革。第一，国际竞争造成过强的国家主义不利于政治改革。国家主义造成同仇敌忾的国内气氛冲淡了改革的议题，也分散了领导者对于改革的关注。例如法国和西班牙的军官仍然以贵族为主，战争会导致贵族的地位上升，从而不利于中央集权和推动改革。第二，对外

---

① 〔法〕托克维尔：《旧制度与大革命》，冯棠译，商务印书馆，2012，第215~216页。
② 〔法〕瑟诺博斯：《法国史》，沈炼之译，商务印书馆，1972，第380页。
③ 比如当时盛传路易十六的玛丽王后在粮食危机中听说了饥民连面包都吃不起后却问道："何不食蛋糕？"虽然后来被证实是谣言，但在当时却引发了国内普遍的愤怒。

竞争造成重商主义倾向不利于经济改革。当时作为成功典范的英国是依靠市场经济,通过分工细化提高生产效率,而重商主义则强调加强垄断、做大做强来参与国际竞争,这可能会扭曲市场的资源配置功能,降低国内的经济活力。法国对于商业自由化一直存在较为犹豫和矛盾的态度,认为自由商业的精神容易使人拥有过多的自利倾向而不利于公共利益。[1] 西班牙希望通过国家垄断来增强竞争力则加剧了其对特权阶级的依赖。第三,对外竞争所造成的财政负担不利于财政改革。短期来看,法国和西班牙在18世纪的多数战争都没有收益,即使在北美独立战争中获胜,但战争恶化了国家财政,更遑论七年战争这样的惨败。长期来看,战争造成的巨额债务让法国和西班牙时常依赖卖官鬻爵和向特权阶级借款等方式来缓解财政,这导致财政收支的长期恶化,也加深了王室对特权阶级的依赖,从而增加了改革的难度。据此我们得到启示四:改革需要稳定的外部环境,外部冲突会阻碍改革进程乃至扭曲改革的方向。改革者需要意识到对内和对外政策之间的互动,在改革的攻坚阶段需要避免在国际竞争中投入过多资源,更多地采取守势和外交手段维护国家利益。

---

[1] John Shovlin, 2003: "Emulation in Eighteenth-Century French Economic Thought," *Eighteenth-Century Studies*, Vol. 36, No. 2, pp. 224~230.

参考文献

（一）中文专著

《毛泽东选集》第1卷，人民出版社，1991。
陈嘉明：《现代性与后现代性十五讲》，北京大学出版社，2006。
陈晓律主编：《世界现代化历程·西欧卷》，江苏人民出版社，2010。
丁建弘、李霞：《普鲁士精神和文化》，上海社会科学院出版社，2012。
高程：《非中性产权制度与大国兴衰——一个官商互动的视角》，社会科学文献出版社，2013。
顾卫民：《荷兰海洋帝国史：1581~1800》，上海社会科学院出版社，2020。
顾卫民：《葡萄牙海洋帝国史：1415~1825》，上海社会科学院出版社，2017。
何怀宏：《世袭社会及其解体：中国历史上的春秋时代》，生活·读书·新知三联书店，1996。
黄一农：《红夷大炮与明清战争》，四川人民出版社，2022。
李伯重：《火枪与账簿：早期经济全球化时代的中国与东亚世界》，生活·读书·新知三联书店，2017。
林满红：《银线：19世纪的世界与中国》，詹庆华等译，江苏人民出版社，2011。
刘文龙：《大国通史：墨西哥通史》，上海社会科学院出版社，2008。
罗荣渠：《现代化新论——世界与中国的现代化进程》，商务印书馆，2014。
梅俊杰：《贸易与富强：英美崛起的历史真相》，九州出版社，2021。
陈峰君主编：《世界现代化历程》，江苏人民出版社，2012。
王加丰：《西班牙、葡萄牙帝国的兴衰》，三秦出版社，2005。
王兆春：《中国火器史》，军事科学出版社，1991。
吴思：《潜规则：中国历史中的真实游戏》，复旦大学出版社，2009。
谢立中、孙立平主编：《西方现代化理论文献》，上海三联书店，2002。

徐宗华:《现代化的政治文化维度》,人民出版社,2007。
阎照祥:《英国贵族史》,人民出版社,2000。
于歌:《现代化的本质》,江西人民出版社,2010。
赵鼎新:《东周战争与儒法国家的诞生》,夏江旗译,华东师范大学出版社、上海三联书店,2006。
赵鼎新:《国家、战争与历史发展:前现代中西模式的比较》,浙江大学出版社,2015。
朱学勤:《道德理想国的覆灭》,上海三联书店,2005。

(二) 中文译著

《马克思恩格斯选集》第1卷,人民出版社,2012。
〔德〕马克思、恩格斯:《德意志意识形态》(节选本),人民出版社,2018。
〔德〕马克思、恩格斯:《共产党宣言》,人民出版社,2018。
〔德〕马克思·布劳巴赫等:《德意志史(第二卷):从宗教改革至专制主义结束(1500~1800)》,陆世澄、王昭仁译,商务印书馆,2008。
〔德〕马克斯·韦伯:《新教伦理与资本主义精神》,康乐、简惠美译,广西师范大学出版社,2010。
〔奥〕史蒂芬·贝莱尔:《奥地利史》,黄艳红译,中国大百科全书出版社,2009。
〔丹〕克努特·J. V. 耶斯佩森:《丹麦史》,李明、张晓华译,商务印书馆,2012。
〔德〕贡德·弗兰克:《白银资本:重视经济全球化中的东方》,刘北成译,中央编译出版社,2005。
〔德〕黑格尔:《历史哲学》,王造时译,上海书店出版社,2006。
〔德〕诺贝特·埃利亚斯:《文明的进程:文明的社会起源和心理起源的研究》,王佩利、袁志英译,上海译文出版社,2009。
〔德〕塞巴斯提安·哈夫纳:《不含传说的普鲁士》,周全译,北京大学出版社,2016。
〔德〕瓦尔特·L. 伯尔奈克:《西班牙史:从十五世纪至今》,陈曦译,上海文化出版社,2019。
〔德〕沃尔夫冈·赖因哈德:《征服世界:一部欧洲扩张的全球史(1415~2015)》,周新建等译,社会科学文献出版社,2022。
〔德〕伊曼努尔·康德:《康德著作全集第9卷:自然地理学》,李秋零主编，中国人民大学出版社，2010。

〔德〕于尔根·奥斯特哈默：《亚洲的去魔化：18世纪的欧洲与亚洲帝国》，刘兴华译，社会科学文献出版社，2016。

〔法〕埃米尔·涂尔干：《社会分工论》，渠东译，生活·读书·新知三联书店，2000。

〔法〕丹尼尔·罗什：《启蒙运动中的法国》，杨亚平等译，华东师范大学出版社，2011。

〔法〕伏尔泰：《巴黎高等法院史》，吴模信译，商务印书馆，2015。

〔法〕伏尔泰：《风俗论》（中册），梁守锵等译，商务印书馆，2013。

〔法〕伏尔泰：《路易十四时代》，吴模信等译，商务印书馆，1982。

〔法〕伏尔泰：《哲学通信》，高达观等译，上海人民出版社，2005。

〔法〕雷蒙·阿隆：《和平与战争：国际关系理论》，朱孔彦译，中央编译出版社，2013。

〔法〕孟德斯鸠：《论法的精神》，张雁深译，商务印书馆，2005。

〔法〕米歇尔·博德：《资本主义史：1500~1980》，吴艾美等译，东方出版社，1986。

〔法〕皮埃尔·米盖尔：《法国史》，蔡鸿滨等译，商务印书馆，1985。

〔法〕乔治·勒费弗尔：《法国革命史》，顾良等译，商务印书馆，2010。

〔法〕瑟诺博斯：《法国史》，沈炼之译，商务印书馆，1972。

〔法〕托克维尔：《1848年法国革命回忆录》，李秀峰等译，东方出版社，2015。

〔法〕托克维尔：《旧制度与大革命》，冯棠译，商务印书馆，2012。

〔法〕雨果：《悲惨世界》，李丹、方于译，人民文学出版社，2019。

〔法〕雅克·勒高夫：《我们必须给历史分期吗？》，杨嘉彦译，华东师范大学出版社，2018。

〔法〕雅克·索雷：《拷问法国大革命》，王晨译，商务印书馆，2015。

〔法〕伊奈丝·缪拉：《科贝尔：法国重商主义之父》，梅俊杰译，上海远东出版社，2012。

〔古希腊〕亚里士多德：《政治学》，颜一、秦典华译，中国人民大学出版社，2003。

〔荷〕安东·范德伦：《海洋帝国的崛起：尼德兰八十年战争，1568~1648》，杜原译，天地出版社，2021。

〔荷〕皮尔·弗里斯：《国家、经济与大分流：17世纪80年代到19世纪50年代的英国和中国》，郭金兴译，中信出版社，2018。

〔荷〕扬·卢滕·范赞登：《通往工业革命的漫长道路：全球视野下的欧洲经济，1000～1800年》，隋福民译，浙江大学出版社，2016。

〔加〕罗伯特·W. 考克斯：《生产、权力和世界秩序：社会力量在缔造历史中的作用》，林华译，世界知识出版社，2004。

〔美〕艾尔弗雷德·塞耶·马汉：《海权对法国大革命和帝国的影响：1793～1812年》，李少彦等译，海洋出版社，2013。

〔美〕阿尔弗雷德·塞耶·马汉：《海权论》，范利鸿译，陕西师范大学出版社，2007。

〔美〕巴林顿·摩尔：《专制与民主的社会起源——现代世界形成过程中的地主和农民》，王茁、顾洁译，上海译文出版社，2013。

〔美〕保罗·肯尼迪：《大国的兴衰：1500～2000年的经济变迁与军事冲突》，陈景彪译，国际文化出版公司，2006。

〔美〕彼得·帕雷特主编：《现代战略的缔造者：从马基雅维利到核时代》，时殷弘等译，世界知识出版社，2006。

〔美〕布莱恩·唐宁：《军事革命与政治变革：近代早期欧洲的民主与专制之起源》，赵信敏译，复旦大学出版社，2015。

〔美〕布伦达·拉尔夫·刘易斯：《君主制的历史》，荣予、方力维译，生活·读书·新知三联书店，2016。

〔美〕查·爱·诺埃尔：《葡萄牙史》（上册），南京师范学院教育系翻译组译，江苏人民出版社，1974。

〔美〕查尔斯·蒂利：《欧洲的抗争与民主（1650～2000）》，陈周旺等译，格致出版社、上海人民出版社，2008。

〔美〕查尔斯·P. 金德尔伯格：《世界经济霸权（1500～1990）》，高祖贵译，商务印书馆，2003。

〔美〕查尔斯·金德尔伯格：《西欧金融史（第二版）》，徐子健等译，中国金融出版社，2010。

〔美〕查尔斯·亚当斯：《善与恶：税收在文明进程中的影响》，翟继光译，中国政法大学出版社，2013。

〔美〕戴维·E. 阿普特：《现代化的政治》，陈尧译，上海人民出版社，2011。

〔美〕戴维·S. 兰德斯：《国富国穷》，门洪华等译，新华出版社，2014。

〔美〕道格拉斯·C. 诺思：《经济史上的结构和变革》，厉以平译，商务印书馆，2010。

〔美〕道格拉斯·诺斯、罗伯斯·托马斯：《西方世界的兴起》，厉以平、蔡磊译，华夏出版社，2015。

〔美〕道格拉斯·欧文：《国富策：自由贸易还是保护主义？》，梅俊杰译，华东师范大学出版社，2013。

〔美〕德隆·阿西莫格鲁、〔美〕詹姆斯·A.罗宾逊：《国家为什么会失败》，李增刚译，湖南科技出版社，2015。

〔美〕狄·约翰、王笑然主编：《气候改变历史》，王笑然译，金城出版社，2014。

〔美〕菲利普·霍夫曼：《欧洲何以征服世界？》，赖希倩译，中信出版社，2017。

〔美〕弗朗西斯·福山：《政治秩序的起源：从前人类时代到法国大革命》，毛俊杰译，广西师范大学出版社，2012。

〔美〕汉娜·阿伦特：《论革命》，陈周旺译，译林出版社，2019。

〔美〕汉斯·摩根索：《国家间政治：权力斗争与和平》，徐昕等译，北京大学出版社，2006。

〔美〕黄仁宇：《十六世纪明代中国之财政与税收》，阿风等译，生活·读书·新知三联书店，2001。

〔美〕黄仁宇：《万历十五年》，中华书局，2007。

〔美〕黄仁宇：《中国大历史》，生活·读书·新知三联书店，1997。

〔美〕吉尔伯特·罗兹曼：《中国的现代化》，国家社会科学基金"比较现代化"课题组译，江苏人民出版社，2010。

〔美〕加布里埃尔·A.阿尔蒙德、〔美〕小G.宾厄姆·鲍威尔：《比较政治学——体系、过程和政策》，曹沛霖等译，东方出版社，2007。

〔美〕贾恩弗朗哥·波奇：《国家：本职、发展与前景》，陈尧译，上海人民出版社，2007。

〔美〕贾雷德·戴蒙德：《枪炮、病菌与钢铁：人类社会的命运》，谢延光译，上海译文出版社，2006。

〔美〕杰克·A.戈德斯通：《为什么是欧洲？世界史视角下的西方崛起（1500～1850）》，关永强译，浙江大学出版社，2010。

〔美〕杰克·戈德斯通：《早期现代世界的革命与反抗》，章延杰等译，上海人民出版社，2013。

〔美〕肯尼斯·沃尔兹：《国际政治理论》，信强译，上海人民出版社，2021。

〔美〕雷蒙德·卡尔：《西班牙史》，潘诚译，东方出版中心，2009。

〔美〕理查德·邓恩：《现代欧洲史·卷二，宗教战争的年代，1559～1715》，唐睿超译，中信出版社，2016。

〔美〕理查德·拉克曼：《不由自主的资产阶级：近代早期欧洲的精英斗争与经济转型》，郦菁等译，复旦大学出版社，2013。

〔美〕理查德·内德·勒博：《国家为何而战？过去与未来的战争动机》，陈定定等译，上海人民出版社，2014。

〔美〕理查德·罗斯克兰斯、阿瑟·斯坦主编：《大战略的国内基础》，刘东国译，北京大学出版社，2005。

〔美〕鲁恂·派伊：《政治发展面面观》，任晓、王元译，天津人民出版社，2009。

〔美〕罗宾·W. 温克、〔美〕托马斯·E. 凯泽：《牛津欧洲史·第2卷，1648~1815年，从旧制度到革命时代》，赵闯译，吉林出版集团有限公司，2009。

〔美〕罗伯特·基欧汉编：《新现实主义及其批判》，郭树勇译，北京大学出版社，2007。

〔美〕罗伯特·吉尔平：《世界政治中的战争与变革》，宋新宁、杜建平译，上海人民出版社，2007。

〔美〕罗伯特·杰维斯：《国际政治中的知觉与错误知觉》，秦亚青译，世界知识出版社，2003。

〔美〕罗伯特·D. 帕特南：《使民主运转起来》，王列、赖海榕译，江西人民出版社，2001。

〔美〕罗斯托：《经济成长的阶段——非共产党宣言》，国际关系研究所编译室译，商务印书馆，1962。

〔美〕马丁·T. 胡克：《荷兰史》，黄毅翔译，东方出版中心，2009。

〔美〕马立博：《现代世界的起源：全球的、环境的述说，15~21世纪（第三版）》，夏继果译，商务印书馆，2017。

〔美〕玛格利特·利瓦伊：《统治与岁入》，周军华译，格致出版社、上海人民出版社，2010。

〔美〕迈克尔·沃尔泽：《清教徒的革命：关于激进政治起源的一项研究》，王东兴、张蓉译，商务印书馆，2016。

〔美〕曼瑟·奥尔森：《国家的兴衰：经济增长、滞胀和社会僵化》，李增刚译，上海人民出版社，2017。

〔美〕曼瑟·奥尔森：《权力与繁荣》，苏长和、嵇飞译，上海人民出版社，2018。

〔美〕南森·巴伯：《欧洲史》，周京京译，经济科学出版社，2013。

〔美〕欧阳泰：《从丹药到枪炮：世界史上的中国军事格局》，张孝铎译，中信出版社，2019。

〔美〕彭慕兰：《大分流：欧洲、中国及现代世界经济的发展》，史建云译，江苏人民出版社，2008。

〔美〕塞缪尔·P. 亨廷顿：《变化社会中的政治秩序》，王冠华等译，上海人民出版社，2008。

〔美〕塞缪尔·P. 亨廷顿：《第三波：20 世纪后期的民主化浪潮》，欧阳景根译，中国人民大学出版社，2013。

〔美〕史蒂文·奥茨门特：《德国史》，邢来顺等译，中国大百科全书出版社，2009。

〔美〕斯皮克曼：《和平地理学》，刘愈之译，商务印书馆，1965。

〔美〕苏珊·邓恩：《姊妹革命：美国革命与法国革命启示录》，杨小刚译，上海文艺出版社，2003。

〔美〕托比·胡弗：《近代科学为什么诞生在西方（第二版）》，周程、于霞译，北京大学出版社，2010。

〔美〕王国斌：《转变的中国：历史变迁与欧洲经验的局限》，李伯重、连玲玲译，江苏人民出版社，2010。

〔美〕威尔·杜兰：《世界文明史 10：卢梭与大革命》，幼狮文化公司译，东方出版社，1998。

〔美〕威廉·阿瑟·刘易斯：《二元经济论》，施炜等译，北京经济学院出版社，1989。

〔美〕约翰·R. 麦克尼尔、威廉·H. 麦克尼尔：《麦克尼尔全球史：从史前到 21 世纪的人类网络》，王晋新等译，北京大学出版社，2017。

〔美〕威廉·麦克尼尔：《西方的兴起：人类共同体史》，孙岳等译，中信出版社，2015。

〔美〕威廉·乔丹：《中世纪盛期的欧洲》，傅翀、吴昕欣译，中信出版社，2019。

〔美〕西达·斯考切波：《国家与社会革命：对法国、俄国和中国的比较分析》，何俊志、王学东译，上海人民出版社，2013。

〔美〕西里尔·E. 布莱克编：《比较现代化》，杨豫、陈祖洲译，上海译文出版社，1996。

〔美〕C. E. 布莱克：《现代化的动力》，段小光译，四川人民出版社，1988。

〔美〕许田波：《战争与国家形成：春秋战国与近代早期欧洲之比较》，徐进译，上海人民出版社，2009。

〔美〕伊恩·莫里斯：《文明的度量：社会发展如何决定国家命运》，李阳译，中信出版社，2014。

〔美〕伊曼纽尔·沃勒斯坦：《现代世界体系》第1卷，尤来寅等译，高等教育出版社，1998。

〔美〕伊曼纽尔·沃勒斯坦：《现代世界体系》第3卷，孙立田等译，高等教育出版社，2000。

〔美〕尤金·赖斯、〔美〕安东尼·格拉夫顿：《现代欧洲史·卷一，早期现代欧洲的建立：1460~1559》，安妮、陈曦译，中信出版社，2016。

〔美〕约翰·米尔斯海默：《大国政治的悲剧》，王义桅、唐小松译，上海人民出版社，2003。

〔美〕约瑟夫·熊彼特：《经济发展理论——对于利润、资本、信贷、利息和经济周期的考察》，何畏、易家详等译，商务印书馆，1990。

〔美〕约瑟夫·熊彼特：《经济分析史（第一卷）》，朱泱等译，商务印书馆，1991。

〔美〕约瑟夫·熊彼特：《资本主义、社会主义与民主》，吴良健译，商务印书馆，1999。

〔美〕詹姆斯·C. 斯科特：《弱者的武器》，郑广怀等译，译林出版社，2011。

〔美〕詹姆斯·W. 汤普逊：《中世纪晚期欧洲经济社会史》，徐家玲等译，商务印书馆，1996。

〔美〕兹比格纽·布热津斯基：《大棋局：美国的首要地位及其地缘战略》，中国国际问题研究所译，上海人民出版社，2007。

〔瑞典〕拉尔斯·马格努松主编：《重商主义经济学》，王根蓓、陈雷译，上海财经大学出版社，2001。

〔瑞士〕安德烈亚斯·威默：《国家构建：聚合与崩溃》，叶江译，格致出版社、上海人民出版社，2019。

〔瑞士〕戴维·伯明翰：《葡萄牙史》，周巩固等译，商务印书馆，2012。

〔瑞士〕克莱夫·H. 彻奇、伦道夫·C. 海德：《瑞士史》，周玮、郑保国译，东方出版中心，2018。

〔瑞士〕罗曼·施图德：《大分流重探：欧洲、印度与全球经济强权的兴起》，王文剑译，格致出版社、上海人民出版社，2020。

〔以〕S. N. 艾森斯塔德：《帝国的政治体系》，阎步克译，贵州人民出版社，1992。

〔以〕S. N. 艾森斯塔德：《现代化：抗拒与变迁》，张旅平等译，中国人民大学出版社，1988。

〔英〕A. J. P. 泰勒:《争夺欧洲霸权的斗争: 1848~1918 年》, 沈苏儒译, 商务印书馆, 1987。

〔英〕阿克顿:《法国大革命讲稿》, 姚中秋译, 商务印书馆, 2012。

〔英〕阿历克斯·英格尔斯:《人的现代化》, 殷陆君编译, 四川人民出版社, 1985。

〔英〕阿萨·布里格斯:《英国社会史》, 陈叔平等译, 商务印书馆, 2015。

〔英〕埃里克·霍布斯鲍姆:《工业与帝国: 英国的现代化历程》, 梅俊杰译, 中央编译出版社, 2016。

〔英〕埃蒙德·柏克:《反思法国大革命》, 张雅楠译, 上海社会科学院出版社, 2014。

〔英〕艾瑞克·霍布斯鲍姆:《资本的年代: 1848~1875》, 张晓华等译, 中信出版社, 2017。

〔英〕安博远:《低地国家史》, 王宏波译, 中国大百科全书出版社, 2013。

〔英〕安德鲁·兰伯特:《海洋与权力: 一部新文明史》, 龚昊译, 湖南文艺出版社, 2021。

〔英〕安东尼·吉登斯:《现代性的后果》, 田禾译, 译林出版社, 2011。

〔英〕安格斯·麦迪森:《世界经济千年统计》, 伍晓鹰、施发启译, 北京大学出版社, 2009。

〔英〕保罗·肯尼迪:《英国海上主导权的兴衰》, 沈志雄译, 人民出版社, 2014。

〔英〕彼得·伯克、哈利勒·伊纳尔哲克主编:《人类文明史·第 5 卷, 16 世纪至 18 世纪》, 中文版编译委员会译, 译林出版社, 2015。

〔英〕彼得·马赛厄斯、〔英〕悉尼·波拉德主编:《剑桥欧洲经济史 (第八卷)》, 王宏伟、钟和等译, 经济科学出版社, 2004。

〔英〕哈巴库克、波斯坦主编:《剑桥欧洲经济史 (第六卷): 工业革命及其以后的经济发展: 收入、人口及技术变迁》, 王春法等译, 经济科学出版社, 2002。

〔英〕杰里米·布莱克:《军事革命? 1550~1800 年的军事变革与欧洲社会》, 李海峰、梁本彬译, 北京大学出版社, 2019。

〔英〕科林·琼斯:《剑桥插图法国史》, 杨保筠、刘雪红译, 世界知识出版社, 2004。

〔英〕克里斯托弗·达根:《剑桥意大利史》, 邵嘉骏、沈慧慧译, 新星出版社, 2017。

〔英〕克里斯托弗·克拉克:《钢铁帝国: 普鲁士的兴衰》, 王丛琪译, 中信出版社，2018。

〔英〕肯尼斯·O. 摩根主编：《牛津英国通史》，王觉非等译，商务印书馆，1993。

〔英〕李约瑟：《文明的滴定》，张卜天译，商务印书馆，2016。

〔英〕李约瑟：《中国科学技术史·第五卷，化学及相关技术·第七分册，军事技术：火药的史诗》，刘晓燕等译，科学出版社，2005。

〔英〕E. A. 里格利：《延续、偶然与变迁：英国工业革命的特质》，侯琳琳译，浙江大学出版社，2013。

〔英〕理查德·埃文斯：《竞逐权力：1815~1914》，胡利平译，中信出版社，2018。

〔英〕林赛编：《新编剑桥世界近代史·第 7 卷：旧制度 1713~1763 年》，中国社会科学院世界历史研究所组译，中国社会科学出版社，1999。

〔英〕罗杰·克劳利：《征服者：葡萄牙帝国的崛起》，陆大鹏译，社会科学文献出版社，2016。

〔英〕马克·格林格拉斯：《基督教欧洲的巨变：1517~1648》，李书瑞译，中信出版社，2018。

〔英〕玛丽·伊万丝：《现代社会的形成：1500 年以来的社会变迁》，向俊译，中信出版社，2017。

〔英〕迈克尔·霍华德：《欧洲历史上的战争》，褚律元译，中信出版社，2017。

〔英〕迈克尔·曼：《社会权力的来源（第一卷）：从开端到 1760 年的权力史》，刘北成、李少军译，上海人民出版社，2015。

〔英〕迈克尔·曼：《社会权力的来源（第二卷）：阶级和民族国家的兴起（1769~1914）》，陈海宏等译，上海人民出版社，2015。

〔英〕麦金德：《民主的理想与现实》，武原译，商务印书馆，1965。

〔英〕乔治·马戛尔尼、〔英〕约翰·巴罗：《马戛尔尼使团使华观感》，何高济、何毓宁译，商务印书馆，2019。

〔英〕塞缪尔·E. 芬纳：《统治史（卷三）：早期现代政府和西方的突破——从民族国家到工业革命》，马百亮译，华东师范大学出版社，2014。

〔英〕施脱克马尔：《十六世纪英国简史》，上海外语学院编译室译，上海人民出版社，1958。

〔英〕斯蒂芬·布劳德伯利、凯文·H. 奥罗克编著：《剑桥现代欧洲经济史：1700~1870》，何富彩、钟红英译，中国人民大学出版社，2015。

〔英〕托马斯·孟：《英国得自对外贸易的财富》，袁南宇译，商务印书馆，1978。

〔英〕托马斯·莫尔：《乌托邦》，戴镏龄译，商务印书馆，1982。

〔英〕威廉·多伊尔：《法国大革命的起源》，张弛译，上海人民出版社，2014。

〔英〕威廉·多伊尔：《何谓旧制度（第2版)》，熊芳芳译，北京大学出版社，2013。

〔英〕威廉·多伊尔：《牛津法国大革命史》，张弛等译，北京师范大学出版社，2015。

〔英〕威廉·配第：《政治算术》，马妍译，中国社会科学出版社，2010。

〔英〕亚当·斯密：《国富论：国民财富的性质和起因的研究》，谢祖钧译，新世界出版社，2007。

〔英〕约翰·凯恩斯：《就业、利息和货币通论》，高鸿业译，商务印书馆，2013。

〔英〕约翰·希克斯：《经济史理论》，厉以平译，商务印书馆，2002。

〔英〕詹姆斯·梅奥尔：《民族主义与国际社会》，王光忠译，中央编译出版社，2009。

（三）中文期刊

陈玮、耿曙：《发展型国家的兴与衰：国家能力、产业政策与发展阶段》，《经济社会体制比较》2017年第2期。

迟永：《美国介入领土争端的行为——基于模糊集定性比较分析的解释》，《世界经济与政治》2014年第10期。

郝诗楠、唐世平：《社会科学研究中的时间：时序和时机》，《经济社会体制比较》2014年第2期。

黄琪轩：《霸权竞争与欧洲技术革新》，《科学学研究》2010年第11期。

黄琪轩：《国际安全、国际政治经济与科学技术》，《科学学研究》2011年第5期。

黄振乾、唐世平：《现代化的"入场券"——现代欧洲国家崛起的定性比较分析》，《政治学研究》2018年第6期。

刘晨：《利益集团、权力结构与发展政策——对非洲国家经济发展的启示》，《世界经济与政治》2019年第6期。

刘丰：《定性比较分析与国际关系研究》，《世界经济与政治》2015年第1期。

梅俊杰：《所谓英国现代化"内源""先发"性质商议》，《社会科学》

2010年第10期。

皮建才：《李约瑟之谜的解释：我们到底站在哪里？——与文贯中、张宇燕、艾德荣等商榷》，《经济学》2006年第1期。

唐睿、唐世平：《历史遗产与原苏东国家的民主转型——基于26个国家的模糊集与多值QCA的双重检测》，《世界经济与政治》2013年第2期。

唐世平：《多了解一点世界》，《南风窗》2015年2月5日。

唐世平、王凯、杨珊：《理解国际安全战略中的"系统效应"——以中苏同盟破裂的多重影响为例》，《世界经济与政治》2013年第8期。

唐世平：《西班牙的"万历十五年"》，《南风窗》2015年第1期。

王子夔：《普鲁士歧路——19世纪俄国和奥地利现代化改革中的效仿》，《世界经济与政治》2018年第10期。

王子夔：《现代化研究的回顾与反思——从"类型"到"分波次"》，《学术月刊》2018年第3期。

杨光斌：《政治的形式与现代化的成败——历史上几个前现代化国家的经验比较》，《中国人民大学学报》2005年第5期。

叶成城、郝诗楠：《政治学研究中的时间性：因果机制与事件的时间状态类型》，《复旦政治学评论》2019年第2期。

叶成城、黄振乾、唐世平：《社会科学中的时空与案例选择》，《经济社会体制比较》2018年第3期。

叶成城：《能力分配、制度共容性和战略关注度：冷战后亚太多边经贸合作制度构建的成败分析》，《当代亚太》2020年第1期。

叶成城：《数字时代的大国竞争：国家与市场的逻辑——以中美数字竞争为例》，《外交评论》2022年第2期。

叶成城、唐世平：《基于因果机制的案例选择方法》，《世界经济与政治》2019年第10期。

叶成城：《重新审视地缘政治学：社会科学方法论的视角》，《世界经济与政治》2015年第5期。

张宇燕、高程：《海外白银、初始制度条件与东方世界的停滞——关于晚明中国何以"错过"经济起飞历史机遇的猜想》，《经济学》2005年第1期。

张宇燕、高程：《美洲金银和西方世界的兴起》，《社会科学战线》2004年第1期。

赵鼎新：《在西方比较历史方法的阴影下——评许田波〈古代中国和近现

代欧洲的战争及国家形成〉》,《社会学研究》2006年第5期。

周亦奇、唐世平:《"半负面案例比较法"与机制辨别:北约与华约的命运为何不同?》,《世界经济与政治》2018年第12期。

左希迎、唐世平:《理解战略行为:一个初步的分析框架》,《中国社会科学》2012年第11期。

(四) 外文专著

Amin, Samir, 2009: *Eurocentrism: Modernity, Religion, and Democracy*, New York: Monthly Review Press.

Anderson, Perry, 1974: *Lineages of the Absolutist State*, London: National Library Board.

Andrews, Matt, Lant Pritchett, and Michael Woolcock, 2017: *Building State Capability: Evidence, Analysis, Action*, Oxford: Oxford University Press.

Ansell, Ben, David Samuels, 2014: *Inequality and Democratization: An Elite-Competition Approach*, New York: Cambridge University Press.

Asprey, Robert B., 1986: *Frederick the Great: the Magnificent Enigma*, New York: Ticknor & Fields.

Barker, Hannah, and Hannah Barker, eds., 2002: *Press Politics and the Public Press, Politics and the Public*, Cambridge: Cambridge University Press.

Beales, Derek, 2005: *Enlightenment and Reform in Eighteenth-Century Europe*, London: IB Tauris.

Berce, Yves-Marie, 1996: *The Birth of Absolutism A History of France, 1598~1661*, Hampshire: Macmillan.

Black, Jeremy, 2004: *Kings, Nobles and Commoners: States and Societies in Early Modern Europe, A Revisionist History*, London: IB Tauris.

Blanning, Tim, 2016: *Frederick the Great: King of Prussia*, New York: Random House.

Bonney, Richard, eds., 1995: *Economic Systems and State Finance*, New York: Oxford University Press.

Bonney, Richard, ed., 1999: *The Rise of the Fiscal State in Europe, c.1200~1815*, New York: Oxford University.

Brewer, John, and Eckhart Hellmuth, eds., 1999: *Rethinking Leviathan:*

The Eighteenth-Century State in Briatin and Germany, London: Oxford University Press.

Butler, Michael, Malcolm Penderand Joy Charnley, ed., 2000: *The Making of Modern Switzerland, 1848 ~ 1998*, Hampshire: Macmillan.

Capoccia, Giovanni, 2005: *Defending Democracy: Reactions to Extremism in Interwar Europe*, Baltimore and London: Johns Hopkins Univeristy Press.

Carsten, Francis L., ed., 2008: *The New Cambridge Modern History: The Ascendancy of France, 1648 ~ 88, Volume V*, Cambridge: Cambridge University Press.

Chang, Ha-Joon, 2002: *Kicking Away the Ladder: Development Strategy in Historical Perspective*, London: Anthem PressChilds, John, 1982: *Armies and Warfare in Europe, 1648 ~ 1789*, Manchester: Manchester University Press.

Cobban, Alfred, 1999: *The Social Interpretation of the French Revolution*, Cambridge: Cambridge University Press.

Corvisier, Andre, 1979: *Armies and Societies in Europe, 1494 ~ 1789*, Bloomington and London: Indiana University Press.

Craig, Gordon A., 1955: *The Politics of the Prussian Army, 1640 ~ 1945*, Oxford: Oxford University Press.

Davis, Walter, 1974: *Joseph II: An Imperial Reformer for the Austrian Netherlands*, Hague: Martinus Nijhojf.

Delbrück, Hans, 1990: *The Dawn of Modern Warfare: History of the Art of War*, London: University of Nebraska Press.

Dickson, P. G. M., 1987: *Finance and Government Under Maria Theresia, 1740 ~ 1780*, New York: Oxford University Press.

Dorn, Walter L., 1963: *Competition for Empire, 1740 ~ 1763*, New York: Harper & Row.

Doyle, William, 2002: *The Oxford History of the French Revolution*, Oxford: Oxford University Press.

Dwyer, Philip G., eds., 2000: *The Rise of Prussia 1700 ~ 1830*, London: Longman.

Elton, Geoffrey, 1999: *Reformation Europe, 1517 ~ 1559*, Oxford: Blackwell.

Ertman, Thomas, 1997: *Birth of the Leviathan: Building States and Regimes in Medieval and Early Modern Europe*, Cambridge: Cambridge University

Press.

Fabian, Fischer, 1981: *Prussia's Glory: The Rise of a Military State*, New York: Macmillan.

Fay, Sidney B., 1964: *The Rise of Brandenburg-Prussia to 1786*, New York: Holt, Rinehart and Winston.

Ferguson, Niall, 2001: *The Cash Nexus: Money and Power in the Modern World, 1700~2000*, New York: Basic Books.

Fichtner, Paula Sutter, 2003: *The Habsburg Monarchy, 1490~1848: Attributes of Empire*, New York: Palgrave Macmillan.

Findlay, Ronald and Kevin H. O'Rourke, 2007: *Power and Plenty: Trade, Warand the World Economy in the Second Millennium*, Princeton: Princeton University Press.

Fortescue, William, 2005: *France and 1848: The End of Monarchy*, London and New York: Routledge.

Fossedal, Gregory A., 2002: *Direct Democracyin Switzerland*, New Jersey: Transaction Publishers.

Fraser, David, 2001: *Frederick the Great: King of Prussia*, New York: Fromm International.

Fuller, J. F. C., 1987: *A Military History of the Western World: From the Defeat of the Spanish Armada to the Battle of Waterloo*, New York: Da Capo Press.

George, Alexander and Andrew Bennett, 2004: *Case Studies and Theory Development in the Social Sciences*, Massachusetts: MIT Press.

Gerring, John, 2007: *Case Study Research: Principles and Practices*, Cambridge: Cambridge University Press.

Gilardi, Fabrizio, "Transnational Diffusion: Norms, Ideas, and Policies," in Walter Carlsnaes, Thomas Risseand Beth A. Simmons, eds., 2013: *Handbook of InternationalRelations*, Los Angeles: SAGE Press.

Glete, Jan, "Naval Power, 1450~1650: The Formative Age," in Geoff Mortimer, ed., 2004: *Early Modern Military History, 1450~1815*, New York: Palgrave Macmillan.

Glete, Jan, 2002: *War and the State in Early Modern Europe: Spain, the Dutch Republic and Sweden as Fiscal-Military States, 1500~1660*, New York: Routledge.

Good, David F., 1984: *The Economic Rise of the Habsburg Empire, 1750 ~ 1914*, Berkeley and Los Angeles: University of California Press.

Gordon, David, ed., 2011: *The Turgot Collection: Writings, Speeches, and Letters*, Auburn: Ludwig von Mises Institute.

Henderson, W. O., 1963: *Studies in the Economic Policy of Frederick the Great*, London: Routledge.

Henderson, W. O., 1958: *The State and the Industrial Revolution in Prussia, 1740 ~ 1870*, Liverpool: Liverpool University Press.

Hendrik Spruyt, 1994: *The Sovereign State and Its Competitors: An Analysis of Systems Change*, Princeton: Priceton University Press.

Henshall, Nicholas, 2013: *The Myth of Absolutism: Change and Continuity in Early Modern European Monarchy*, New York And London: Routledge.

Hintze, Otto, 1975: *The History Essays of Otto Hintze*, New York: Oxford University Press.

Hochedlinger, Michael, 2003: *Austria's War of Emergence: War, State and Society in the Habsburg Monarchy, 1683 ~ 1797*, London: Longman.

Holt, Mack, 2005: *The French Wars of Religion, 1562 ~ 1629*, Cambridge: Cambridge University Press.

Homer, Sidney, 1996: *A History of Interest Rates*, Hoboken: Rutgers University Press.

Horn, Jeff, 2006: *The Path not Taken: French Industrialization in the Age of Revolution, 1750 ~ 1830*, Cambridge: The MIT Press.

Hufton, Olwen, 2001: *Europe: Privilege and Protest: 1730 ~ 1789*, Oxford: Blackwell.

Ingrao, Charles W., 1994: *The Habsburg Monarchy, 1618 ~ 1815*, Cambridge: Cambridge University Press.

Israel, Jonathan, 2019: *The Expanding Blaze: How the American Revolution Ignited the World, 1775 ~ 1848*, Princeton: Princeton University Press.

Jaszi, Oscar, 1961: *The Dissolution of the Habsburg Monarchy*, Chicago and London: University of Chicago Press.

Jones, Eric, 2003: *The European Miracle*, Cambridge: Cambridge University Press.

Judson, Pieter M., 2016: *The Habsburg Empire: A New History*, Cambridge: Harvard University Press.

Keegan, John, 1993: *A History of Warfare*, New York: Vintage Books.

Kelly, George, 2003: *Psychology of Personal Constructs*, London: Routledge.

King, Gary, Robert O. Keohane and Sidney Verba, 1994: *Designing Social Inquiry: Scientific Inference in Qualitative Research*, Princeton: Princeton University Press.

Kitchen, Martin, 1975: *A Military History of Germany: From Eighteenth Century to the Present Day*, Bloomington: Indiana University Press.

Knecht, Robert, 2010: *The French Religious Wars, 1562 ~ 1598*, London: Longman.

Körner, Axel, ed., 2000: *1848 A European Revolution: International Ideas and National Memories of 1848*, London: Macmillan.

Landes, David, 1969: *The Unbound Prometheus: Technological Change and Industrial Development in Western Europe from 1750 to the Present*, New York: Cambridge University Press.

Lefebvre, Georges, 2005: *The French Revolution: From Its Origins to 1793*, London: Routledge.

Lukowski, Jerzy, 2003: *The Europe Nobility in the Eighteenth Century*, Hampshire and New York: Palgrave Macmillan.

Maddison, Angus, 2006: *The World Economy: A Millennial Perspective*, Paris: OECD, Development Center.

Malle, Bertram F., 2004: *How the Mind Explains Behavior: Folk Explanations, Meaning, and Social Interaction*, Cambridge: MIT Press.

Marichal, Carlos, 2007: *Bankruptcy of Empire: Mexican Silver and the Wars Between Spain, Britain and France, 1760 ~ 1810*, Cambridge: Cambridge University Press.

Marriott, J. A. R. and Robertson, C. G., 1968: *The Evolution of Prussia: The Making of An Empire*, London: Oxford University Press.

Marston, Daniel, 2001: *The Seven Years' War*, Northants: Osprey Publishing.

Mayer, Arno J., 1981: *The Persistence of the Old Regime*, New York: Pantheon Books.

McNeill, William H., 1982: *The Pursuit of Power: Technology, Armed Force, and Society Since AD 1000*, Chicago: University of Chicago Press.

Mikkelsen, Flemming, "Denmark 1700 ~ 1849: Crowds, Movements and Absolute Monarchy," in Flemming Mikkelsen, Knut Kjeldstadli, and Stefan Nyzell, eds., 2018: *Popular Struggle and Democracy in Scandinavia: 1700 Present*, London: Macmillan.

Mill, John, 1882: *System of Logic: Ratiocinative and Inductive, Being a Connected View of the Principles of Evidence and the Methods of Scientific Investigation*, New York: Harper & Brothers Publishers.

Mokyr, Joel, 1992: *The Lever of Riches: Technological Creativity and Economic Progress*, Oxford: Oxford University Press.

Namier, Lewis, 1964: *1848: The Revolution of the Intellectuals*, New York: Anchor Books.

Nexon, Daniel, 2009: *The Struggle for Power in Early Modern Europe: Religious Conflict, Dynastic Empires, and International Change*, Princeton: Princeton University Press.

Nordstrom, Byron J., 2000: *Scandinavia Since 1500*, London: University of Minnesota Press.

Paquette, Gabriel, 2008: *Enlightenment, Governance, and Reform in Spain and Its Empire, 1759~1808*, New York: Palgrave Macmillan.

Parker, Geoffrey, 1996: *The Military Revolution and The Rise of West, 1500~1800*, Cambridge: Cambridge University Press.

Pepinsky, Thomas, 2009: *Economic Crises and the Breakdown of Authoritarian Regimes: Indonesia and Malaysia in Comparative Perspective*, Cambridge: Cambridge University Press.

Perdue, Peter, 2005: *China Marches West: the Qing Conquest of Central Eurasia*, Cambridge: Harvard University Press.

Philippe Dollinger, 1970: *The German Hansa*, Stanford: Stanford University Press.

Pierson, Paul, 2004: *Politics in Time: History, Institutions, and Social Analysis*, Princeton: Princeton University Press.

Planert, Ute, ed., 2016: *Napoleon's Empire European Politics in Global Perspective*, Basingstoke: Macmillan.

Price, Roger, 1972: *The French Second Republic: A Social History*, London: Cornell University Press.

Price, Roger, 1988: *The Revolutions of 1848*, Hampshire: Macmillan.

Ragin, Charles, 2000: *Fuzzy-Set Social Science*, Chicago: University of Chicago Press.

Ragin, Charles, 1987: *The Comparative Method: Moving Beyond Qualitative and Quantitative Methods*, Berkeley: University of California.

Ranke, Leopold, 2004: *Memoirs of the House of Brandenburg, and History of Prussia During the 17th and 18th Centuries: Volume Two*, Honolulu: University Press of the Pacific.

Rapport, Mike, 2008: *1848: Year of Revolution*, New York: Basic Books.

Reinhard, Wolfgang, eds., 1996: *Power Elites and State Building*, New York: Oxford University Press.

Robertson, Priscilla, 1952: *Revolutions of 1848: A Social History*, Princeton: Princeton University Press.

Rogers, Clifford, eds., 1995: *The Military Revolution Debate: Readings on the Military Transformation of Early Modern Europe*, Boulder: Westview Press.

Rosenberg, Hans, 1958: *Bureaucracy, Aristocracy and Autocracy: the Prussian Experience, 1660~1815*, Cambridge: Harvard University Press.

Rothbard, Murray, 1995: *Economic Thought Before Adam Smith: An Austrian Perspective on the History of Economic Thought*, Volume I, Alabama: Edward Elgar.

Saunders, David, 2014: *Russia in the Age of Reaction and Reform 1801~1881*, London and New York: Routledge.

Schoellkopf, Henry, 1902: *The Enlightened Despotism of the Eighteenth Century: Charles III in Spain*, Ithaca: Cornell University Press.

Scott, Hamish, eds., 1990: *Enlightened Absolutism: Reform and Reformers in Later Eighteenth Century Europe*, London: Macmillan.

Shaw, Christine, and Michael Mallett, 2018: *The Italian Wars 1494~1559: War, State and Society in Early Modern Europe*, London: Routledge.

Siemann, Wolfram, 1985: *The German Revolution of 1848~1849*, London: Macmillan.

Skocpol, Theda, Peter Evans, and Dietrich Rueschemeyer, eds., 1985: *Bringing the State Back In*, New York: Cambridge University Press.

Skocpol, Theda, Peter Evans, and Dietrich Rueschemeyer, eds., 1985: *Bringing the State Back In*, New York: Cambridge University Press.

Sánchez, Rafael Torres, 2015: *Constructing a Fiscal-Military State in Eigh-*

teenth Century Spain, New York: Palgrave Macmillan.
Spence, Jonathan D., 1990: *The Search for Modern China*, New York: WW Norton & Company Sperber, Jonathan, 1994: *The European Revolutions, 1848~1851*, Cambridge: Cambridge University Press.
Steel, Daniel, 2008: *Across the Boundaries: Extrapolation in Biology and Social Science*, Oxford: Oxford University Press.
Stein, Stanley, and Barbara Stein, 2003: *Apogee of Empire: Spain and New Spain in the Age of Charles III, 1759~1789*, Baltimore and London: The Johns Hopkins University Press.
Szabo, Franz: *Kaunitz and Enlightened Absolutism 1753~1780*, Cambridge: Cambridge University Press Tang, Shiping, 2011: *A General Theory of Institutional Change*, London: Routledge.
Tilly, Charles, 1990: *Coercion, Capital, and European States, AD 990~1992*, Cambridge: Basil Blackwell.
Tilly, Charles, 2004: *Contention and Democracy in Europe, 1650~2000*, New York: Cambridge University Press.
Tilly, Charles, 1978: *From Mobilization to Revolution*, New York: Newbery Award Records.
Tracy, James, 2008: *The Founding of the Dutch Republic: War, Finance, and Politics in Holland, 1572~1588*, Oxford: Oxford University Press.
Truxillo, Charles, 2001: *By the Sword and the Cross: The Historical Evolution of the Catholic World Monarchy in Spain and the New World, 1492~1825*, Westport: Greenwood Press.
Unowsky, Daniel L., 2005: *The Pomp and Politics of Patriotism: Imperial Celebrations in Habsburg Austria, 1848~1916*, West Lafayette: Purdue University Press.
Venturi, Franco, 1984: *The End of the Old Regime in Europe, 1776~1789, Part I: The Great States of the West*, Princeton: Princeton University Press.
Vu, Tuong, 2010: *Paths to Development in Asia: South Korea, Vietnam, China, and Indonesia*, New York: Cambridge University Press.
Weaver, Ralph, 2012: *Three Weeks in November: A Military History of the Swiss Civil War of 1847*, West Midlands: Helion and Company.
Weber, Max, 1978: *Economy and Society: An Outline of Interpretive Sociology*, Berkeley and Los Angeles: University of California Press.

Weyland, Kurt, 2014: *Making Waves: Democratic Contention in Europe and Latin America Since the Revolutions of 1848*, New York: Cambridge University Press.

Wilson, Charles, 1978: *Profit and Power: A Study of England and the Dutch Wars*, Hague: Martinus Nijhoff.

Wilson, Peter, 2000: *Absolutism in Central Europe*, London and New York: Routledge.

Wilson, Peter, ed., 2008: *A Companion to Eighteenth Century Europe*, Oxford: Blackwell Publishing.

Woo-Cumings, Meredith, ed., 1999: *The Developmental State*, Ithaca: Cornell University Press.

（五）外文期刊

Abramson, Scott, 2017: "The Economic Origins of the Territorial State," *International Organization*, Vol. 71, No. 1.

Acemoglu, Daron, Simon Johnson and James A. Robinson, 2005: "Institutions as a Fundamental Cause of Long-run Growth," *Handbook of Economic Growth*, No. 1.

Acemoglu, Daron, Simon Johnson and James A. Robinson, 2002: "Reversal of Fortune: Geography and Institutions in the Making of the Modern World Income Distribution," *Quarterly Journal of Economics*, Vol. 117, No. 4.

Acemoglu, Daron, Simon Johnson and James A. Robinson, 2005: "The Rise of Europe: Atlantic Trade, Institutional Change, and Economic Growth," *The American Economic Review*, Vol. 95, No. 3.

Acemoglu, Daron, Simon Johnson and James Robinson, 2001: "The Colonial Origins of Comparative Development: An Empirical Investigation," *The American Economic Review*, Vol. 91, No. 5.

Ames, Edward, and Richard T. Rapp, 1977: "The Birth and Death of Taxes: A Hypothesis," *The Journal of Economic History*, Vol. 37, No. 1.

Balassa, Bela, 1964: "The Purchasing-power Parity Doctrine: a Reappraisal," *The Journal of Political Economy*, Vol. 72, No. 6.

Bandyopadhyay, Sanghamitra, and Elliott Green, 2012: "The Reversal of Fortune Thesis Reconsidered," *Journal of Development Studies*, Vol. 48, No. 7.

Barro, Robert J., 1990: "Government Spending in A Simple Model of Endogenous Growth," *Journal of Political Economy*, Vol. 98, No. 5.

Bates, Robert H., and Da-Hsiang Donald Lien, 1985: "A Note on Taxation, Development, and Representative Government," *Politics & Society*, Vol. 14, No. 1.

Baughman, John J., 1959: "The French Banquet Campaign of 1847~48," *The Journal of Modern History*, Vol. 31, No. 1.

Beach, Derek, 2018: "Achieving Methodological Alignment When Combining QCA and Process Tracing in Practice," *Sociological Methods & Research*, Vol. 47, No. 1.

Berger, Helge, and Mark Spoerer, 2001: "Economic Crises and the European Revolutions of 1848," *The Journal of Economic History*, Vol. 61, No. 2.

Biedermann, Zoltán, 2005: "Portuguese Diplomacy in Asia in the Sixteenth Century: A Preliminary Overview," *Itinerario*, Vol. 29, No. 2.

Blaydes, Lisa, and Eric Chaney, 2013: "The Feudal Revolution and Europe's Rise: Institutional Divergence in the Christian and Muslim Worlds before 1500 CE.," *American Political Science Review*, Vol. 107, No. 1.

Boix, Carles, and Susan C. Stokes, 2003: "Endogenous Democratization," *World Politics*, Vol. 55, No. 4.

Boucoyannis, Deborah, 2015: "No Taxation of Elites, No Representation State Capacity and the Origins of Representation," *Politics & Society*, Vol. 43, No. 3.

Brenner, Robert, 1982: "The Agrarian Roots of European Capitalism," *Past & Present*, No. 97.

Brien, Patrick and Philip Hunt, 1993: "The Rise of a Fiscal State in England, 1485~1815," *Historical Research*, Vol. 60, No. 160.

Büthe, Tim, 2002: "Taking Temporality Seriously: Modeling History and the Use of Narratives as Evidence," *American Political Science Review*, Vol. 96, No. 3.

Bunge, Mario, 2004: "How Does It Work? The Search for Explanatory Mechanisms," *Philosophy of the Social Sciences*, Vol. 34, No. 2.

Bunge, Mario, 1997: "Mechanism and Explanation," *Philosophy of the Social Sciences*, Vol. 27, No. 4.

Callahan, William, 2015: "History, Tradition and the China Dream: Socialist Modernization in the World of Great Harmony," *Journal of Contemporary China*, Vol. 24, No. 96.

Chanda, Areendam, Justin Cook, and Louis Putterman, 2014: "Persistence of

Fortune: Accounting for Population Movements, There Was No Post-Columbian Reversal," *American Economic Journal: Macroeconomics*, Vol. 6, No. 3.

Coase, Ronald H., 1937: "The Nature of the Firm," *Economica*, Vol. 16, No. 4.

Collier, David, 2011: "Understanding Process Tracing," *Political Science & Politics*, Vol. 44, No. 4.

Deutsch, Karl W., 1961: "Social Mobilization and Political Development," *American Political Science Review*, Vol. 55, No. 3.

Dincecco, Mark and Massimiliano Gaetano Onorato, 2016: "Military Conflict and the Rise of Urban Europe," *Journal of Economic Growth*, Vol. 21, No. 3.

Djuve, Lunnan, Carl Henrik Knutsenand Tore Wig, 2020: "Patterns of Regime Breakdown Since the French Revolution," *Comparative Political Studies*, Vol. 53, No. 6.

Dorn, Walter L., 1932: "The Prussian Bureaucracy in the Eighteenth Century II," *Political Science Quarterly*, Vol. 47, No. 1.

Dorn, Walter L., 1932: "The Prussian Bureaucracy in the Eighteenth Century III," *Political Science Quarterly*, Vol. 47, No. 2.

Dorn, Walter L., 1931: "The Prussian Bureaucracy in the Eighteenth Century," *Political Science Quarterly*, Vol. 46, No. 3.

Doyle, William, 1972: "Was There an Aristocratic Reaction in Pre-Revolutionary France?" *Past and Present*, Vol. 57, No. 1.

Eichengreen, Barry, and David Leblang, 2008: "Democracy and Globalization," *Economics & Politics*, Vol. 20, No. 3.

Elman, Colin, 2005: "Explanatory Typologies in Qualitative Studies of International Politics," *International Organization*, Vol. 59, No. 2.

Epstein, David, et al., 2006: "Democratic Transitions," *American Journal of Political Science*, Vol. 50, No. 3.

Falleti, Tulia G., and Julia F. Lynch, 2009: "Context and Causal Mechanisms in Political Analysis," *Comparative Political Studies*, Vol. 42, No. 9.

Farnell, James E, 1964: "The Navigation Act of 1651, the First Dutch War, and the London Merchant Community," *The Economic History Review*, Vol. 16, No. 3.

Gasiorowski, Mark, 1995: "Economic Crisis and Political Regime Change: An Event History Analysis," *American Political Science Review*, Vol. 89, No. 4.

Geddes, Barbara, 1990: "How the Cases You Choose Affect the Answers You Get: Selection Bias in Comparative Politics," *Political Analysis*, Vol. 2.

Giorgio Chittolini, 1989: "Cities, City-States, and Regional States in North-Central Italy," *Theory and Society*, Vol. 18, No. 5.

Goldring, Edward, and Sheena Chestnut Greitens, 2020: "Rethinking Democratic Diffusion: Bringing Regime Type Back In," *Comparative Political Studies*, Vol. 53, No. 2.

Goldstone, Jack, 2000: "The Rise of the West or Not? A Revision to Socio-Economic History," *Sociological Theory*, Vol. 18, No. 2.

Gunitsky, Seva, 2014: "From Shocks to Waves: Hegemonic Transitions and Democratization in the Twentieth Century," *International Organization*, Vol. 68, No. 3.

Hamilton, Earl J., 1929: "American Treasure and the Rise of Capitalism (1500~1700)," *Economica*, Vol. 27, No. 11.

Heider, Fritz, 1944: "Social Perception and Phenomenal Causality," *Psychological Review*, Vol. 51, No. 6.

Huang, Philip, 2002: "Development or Involution in Eighteenth-Century Britain and China?" *The Journal of Asian Studies*, Vol. 61, No. 2.

Huang, Philip, Kenneth Pomeranz, et al., 2022: "Communications to the Editor," *The Journal of Asian Studies*, Vol. 61, No. 2.

Jørgen Møller, 2016: "Composite and Loose Concepts, Historical Analogies, and The Logic of Control in Comparative Historical Analysis," *Sociological Methods & Research*, Vol. 45, No. 4.

Kaspersen, Lars Bo, 2004: "How Denmark Became Democratic: The Impact of Warfare and Military Reforms," *Acta Sociologica*, Vol. 47, No. 1.

Kiser, Edgar, and Joachim Schneider, 1994: "Bureaucracy and Efficiency: An Analysis of Taxation in Early Modern Prussia," *American Sociological Review*, Vol. 59, No. 2.

Klingenstein, Grete, 1990: "Revisions of Enlightened Absolutism: 'The Austrian Monarchy Is Like No Other'," *The Historical Journal*, Vol. 33, No. 1.

Klingman, David, 1980: "Temporal and Spatial Diffusion in the Comparative Analysis of Social Change," *The American Political Science Review*, Vol. 74, No. 1.

Landes, David, 2006: "Why Europe and the West? Why Not China?" *The*

Journal of Economic Perspectives, Vol. 20, No. 2.

Lange, Matthew, James Mahoney and Matthias vom Hau, 2006: "Colonialism and Development: A Comparative Analysis of Spanish and British Colonies," *American Journal of Sociology*, Vol. 111, No. 5.

Lind, Gunner, "Military and Absolutism: The Army Officers of Denmark-Norway as a Social Group and Political Factor, 1660 ~ 1848," *Scandinavian Journal of History*, Vol. 12, No. 3.

Lipset, Seymour Martin, 1959: "Some Social Requisites of Democracy: Economic Development and Political Legitimacy," *The American Political Science Review*, Vol. 53, No. 1.

López-Córdova, Ernesto, and Christopher M. Meissner, 2008: "The Impact of International Trade on Democracy: A Long-Run Perspective," *World Politics*, Vol. 60, No. 4.

Álvarez-Nogal, Carlos, and Leandro Prados De La Escosura, 2013: "The Rise and Fall of Spain (1270 ~ 1850)," *The Economic History Review*, Vol. 66, No. 1.

Mahoney, James, 2010: "After KKV: The New Methodology of Qualitative Research," *World Politics*, Vol. 62, No. 1.

Mahoney, James, 2000: "Path Dependence in Historical Sociology," *Theory and Society*, Vol. 29, No. 4.

Mahoney, James, 2000: "Strategies of Causal Inference in Small-N Analysis," *Sociological Methods & Research*, Vol. 28, No. 4.

Mahoney, James, 2012: "The Logic of Process Tracing Tests in the Social Sciences," *Sociological Methods & Research*, Vol. 41, No. 4.

Marichal, Carlos, and Matilde Souto Mantecón, 1994: "Silver and Situados: New Spain and the Financing of the Spanish Empire in the Caribbean in the Eighteenth Century," *Hispanic American Historical Review*, Vol. 74, No. 4.

Mayntz, Renate, 2004: "Mechanisms in the Analysis of Social Macro-Phenomena," *Philosophy of the Social Sciences*, Vol. 34, No. 2.

Møller, Jørgen, 2016: "Composite and Loose Concepts, Historical Analogies, and The Logic of Control in Comparative Historical Analysis," in *Sociological Methods & Research*, Vol. 45, No. 4.

Monson, Thomas C., and Mark Snyder, 1977: "Actors, Observers, and the Attribution Process: Toward a Reconceptualization," *Journal of Experi-*

mental Social Psychology, Vol. 13, No. 1.

Morris, Cynthia, and Irma Adelman, 1989: "Nineteenth-Century Development Experience and Lessons for Today," *World Development*, Vol. 17, No. 9.

North, Douglass C., and Barry R. Weingast, 1989: "Constitutions and Commitment: The Evolution of Institutions Governing Public Choice in Seventeenth-Century England," *The Journal of Economic History*, Vol. 49, No. 4.

Nygaard, Bertel, 2009: "Hegelianism in Politics: Denmark 1830~1848," *Intellectual History Review*, Vol. 19, No. 3.

Olson Mancur, 1993: "Dictatorship, Democracy, and Development," *American Political Science Review*, Vol. 87, No. 3.

Pomeranz, Kenneth, 2002: "Beyond the East-West binary: Resituating Development Paths in the Eighteenth-Century World," *The Journal of Asian Studies*, Vol. 61, No. 2.

Richmond, Colin, 1977: "The Nobility and the Wars of the Roses, 1459~61," *Nottingham Medieval Studies*, Vol. 21.

Rodriguez, Laura, 1973: "The Spanish Riots of 1766," *Past & Present*, Vol. 59, No. 1.

Romer, Paul, 1990: "Endogenous Technological Change," *Journal of Political Economy*, Vol. 98, No. 5.

Romer, Paul M., 1994: "The Origins of Endogenous Growth," *The Journal of Economic Perspectives*, Vol. 8, No. 1.

Ross, Lee, David Greene, and Pamela House, 1977: "The 'False Consensus Effect': An Egocentric Bias in Social Perception and Attribution Processes," *Journal of Experimental Social Psychology*, Vol. 13, No. 3.

Ross, Marc, and Elizabeth Homer, 1976: "Galton's Problem in Cross-National Research," *World Politics*, Vol. 29, No. 1.

Sachs, Jeffrey D., and Andrew M. Warner, 2001: "The Curse of Natural Resources," *European Economic Review*, Vol. 45, No. 4.

Sartori, Giovanni, 1991: "Comparing and Miscomparing," *Journal of Theoretical Politics*, Vol. 3, No. 3.

Schneider, Carsten Q., and Ingo Rohlfing, 2016: "Case Studies Nested in Fuzzy-Set QCA on Sufficiency: Formalizing Case Selection and Causal Inference," *Sociological Methods & Research*, Vol. 45, No. 3.

Slater, Dan, and Erica Simmons, 2010: "Informative Regress: Critical Antecedents in Comparative Politics," *Comparative Political Studies*, Vol. 43, No. 7.

Slater, Dan, 2012: "Southeast Asia: Strong-State Democratization in Malaysia and Singapore," *Journal of Democracy*, Vol. 23, No. 2.

Smith, Tony, 1979: "The Underdevelopment of Development Literature: The Case of Dependency Theory," *World Politics*, Vol. 31, No. 2.

Solow, Robert, 1956: "A Contribution to the Theory of Economic Growth," *The Quarterly Journal of Economics*, Vol. 70, No. 1.

Solow, Robert M., 1957: "Technical Change and the Aggregate Production Function," *The Review of Economics and Statistics*, Vol. 39, No. 3.

Stolper, Wolfgang F., and Paul A. Samuelson, 1941: "Protection and Real Wages," *The Review of Economic Studies* Vol. 9, No. 1.

Stone, Lawrence, 1948: "The Anatomy of the Elizabethan Aristocracy," *The Economic History Review*, Vol. 18, No. 1/2.

Tadeusz Rybczynski, 1955: "FactorEndowment and Relative Commodity Prices," *Economica*, Vol. 22, No. 88.

Tang, Shiping, 2012: "Outline of a New Theory of Attribution in IR: Dimensions of Uncertainty and Their Cognitive Challenges," *The Chinese Journal of International Politics*, Vol. 5, No. 3.

Voigtländer, Nico, and Hans-Joachim Voth, 2013: "Gifts of Mars: Warfare and Europe's Early Rise to Riches," *The Journal of Economic Perspectives*, Vol. 27, No. 4.

Voigtländer, Nico, and Hans-Joachim Voth, 2013: "The Three Horsemen of Riches: Plague, War, and Urbanization in Early Modern Europe," *Review of Economic Studies*, Vol. 80, No. 2.

Voigtländer, Nico, and Hans-Joachim Voth, 2006: "Why England? Demographic Factors, Structural Change and Physical Capital Accumulation During the Industrial Revolution," *Journal of Economic Growth*, Vo. 11, No. 4.

Weyland, Kurt, 2016: "Crafting Counterrevolution: How Reactionaries Learned to Combat Change in 1848," *American Political Science Review*, Vol. 110, No. 2.

Weyland, Kurt, 2012: "The Arab Spring: Why the Surprising Similarities with the Revolutionary Wave of 1848?" *Perspectives on Politics*, Vol. 10, No. 4.

Weyland, Kurt, 2009: "The Diffusion of Revolution: '1848' in Europe and Latin America," *International Organization*, Vol. 63, No. 3.

后　记

尽管当前国内又出现了现代化研究的热潮，但最初思考这个问题时，它还是一项冷门的研究。最初了解这个问题源于博士期间的王战研究员的"中国与世界"课程中介绍的"大分流之谜"和权衡研究员的"宏观经济学"课程中让我们去读的诺斯等人的《西方世界的兴起》。而真正开始着手写这个问题则是在2014年去旁听唐世平教授的《制度分析》课程。上课期间每个同学都可以选择一两个主题做一个课堂发言，我选的题目是用一个"因素＋机制"的分析框架重新思考"西方的兴起"之谜。课后唐老师鼓励我将它写成文章，这也是我的第一篇文章。

本书从2014年开始搜集资料和动笔到今年出版刚好满十年。十年磨一剑，也许因为知识和水平的局限，本书仍有不足之处，但肯定是自己现阶段最用心写的一部作品。本书也见证了自己从学生到青年学者的成长历程。

本书主体部分的初稿是我在复旦大学做博后期间完成的。拿到博士学位之后就到复旦开始跟随唐世平老师进行这项现代化研究。两年博后生涯让我有了长足的进步，此前我几乎连斯考切波或者摩尔的著作都不熟悉，这期间则阅读了关于西欧现代化的大部分历史和社科文献。唐老师给了我很多帮助和指导，唐老师最厉害之处在于每次讨论时，寥寥数语就能让我有醍醐灌顶的感觉。唐老师教会了我如何进行研究设计和构建理论、如何用科学方法进行案例比较和过程追踪以及文献综述的正确写法等。得益于唐老师的指导、帮助和"放羊"，我博后期间的生活自由自在，不用坐班，也几乎没有杂活，有大量时间进行写作和阅读，复旦的资源也给我提供了寻找文献便利，这些都是我特别感激的。当时几乎大部分的时间都是在家里和咖啡厅"两点一线"，江老板的Gusto Coffee和陈硕老师的Working Paper是我最常去的地方，两个地方各有特色，都给我提供了舒适的环境与美味的咖啡。每天早上在咖啡厅里读文献，晚上将看完的文献思考整理，并写成文章或书稿，几乎每天都乐此不疲学习至半夜两三点。这些努力最终也得到了一些正向的激励，产出的论文也都在国内名刊上发表，并获上海市哲学社会科学奖。

出站以后，越发感觉现代化研究确实是一个可以不断延伸和拓展的好研究。博后期间的研究主要还是集中于"第一波半现代化"研究，对于现代的理论、历史分期问题以及第二波现代化初期的欧洲仍然较少涉及。因而这些问题仍是我工作以来的研究重心之一，2019～2021年，我陆续发表了关于这些主题的研究。其中一部分文章仍然同唐老师合作，关于现代化的本体论和分期的思考有幸再次获得了上海市哲学社会科学奖。

在这本书的写作过程中，我得到了学界各位老师的指导和帮助，这里首先感谢我的硕博导师刘鸣研究员，在我毕业之后仍然给予了很多指导和建议。这本书写作之初，名为"五角场学派"的学术共同体刚刚成立。虽然五角场学派没有共同的研究纲领（所以不是真正意义上的"学派"），但是各位老师都有着共同的学术热情和科学精神，因此在"五角场学派"的会议上报告文章，并且接受批评的过程，对于文章写作有着极大的帮助。同时感谢上海社会科学院给我提供了一个宽松和愉悦的工作环境来进行后续的写作和修改，尤其是单位领导和同事们的理解与支持。同时感谢复旦大学的陈志敏、郑宇、熊易寒、李辉、左才、高兰、陈拯老师，同济大学的门洪华、郑春荣、徐红、孙明、刘笑阳老师，上海交通大学的黄琪轩、季程远、陈超、陈玮老师，浙江大学的耿曙、王正绪、沈永东、尤怡文老师，他们在我漫长的写作过程中给予了很多帮助。

之所以说这本书是当前个人作品中最重要的成果，除了老师的指导和学友的批评之外，本书的不少章节都经历了国内优秀期刊"三审制度"的锤炼和责任编辑的耐心编校。因此要特地在此感谢《世界经济与政治》的袁正清和主父笑飞老师，《学术月刊》的姜佑福、王胜强和王鑫老师，《探索与争鸣》的叶祝弟、杜云泉和杨义成老师，《欧洲研究》的宋晓敏、张海洋和齐天骄老师，《开放时代》的吴铭和皮莉莉老师，《比较政治学研究》的李路曲老师，以及提供了宝贵意见的期刊匿名审稿人。同时也感谢国家社科基金、中国博士后基金以及复旦大学陈树渠中心对这项研究的资助和支持。

在学术研究的道路上，离不开各位好友所给予的鼓励和支持。这里尤其要感谢上海外国语大学的郝诗楠博士、复旦大学的王浩博士和上海社会科学院的罗辉博士，他们在我面临困惑时，总会给予无私的帮助和鼓励，无论在学术、工作还是生活上都给我提供了许多宝贵的建议。求学之路上认识了一群志同道合的学友同门，这里要感谢"唐门"的诸位伙伴们，包括王凯、王子夔、曹航、黄振乾、刘晨、苏若林、董杰旻、唐睿、周晓加、张卫华、张旻、王震宇等,他们让我深刻地感受到了同门的温暖,很多建议对我的学术研究有着巨大的帮助。写作依旧是一个辛苦而又枯燥的过程,总是需要朋友们的陪伴和鼓励,因此要特别感谢陈积明、蒋克雷、陈磊、吴超、周舒漫、胡静子、徐露茜、林乐州、胡定等诸多瑞中校友的照顾和鼓励,还要感谢本科同学邹晨、徐伟、周石、蒋斯倩,硕士同学骆明婷、唐婷、蔡栋和周石,博士同学薛安伟、邓志超、黎峰、徐海涛、罗剑、张娟、赵玉蓉对我的关心,诸位好友在我论文写作最迷茫最煎熬的时候,给了我勇气和信心去坚持研究。

尽管从结果来看,这本书的写作伴随着自己的学术和职业成长过程总体还是理想的,但其间也经历了许多无法言说的苦难与艰辛,因而最不能忘记和最需要感谢是我的家人。博后期间完成了一项重要的人生大事,即有幸认识并最终和我的妻子高箐结婚。她是我的工作和学习最强有力的后盾,在我最为难过、恐惧和绝望时如同一缕阳光照入心田。感谢她一直能够容忍我的焦虑和欣赏我对学术的热爱,不但在生活上给予我无微不至的照顾,而且在精神上给予我无私的支持和鼓励,让我能集中精力安心学术,从而渡过难关、拨云见日。我还要感谢父母的养育之恩,多年来一直含辛茹苦将我养大,供我一直读书,并在背后一直默默支持着我。同时也要感谢诸位亲友在最为困难之际,给我们提供的无私帮助。

有人说一部用心去写的作品犹如自己的孩子,在我的女儿诞生之后似乎又增进了对这句话的理解。得益于相对自由的工作时间,甚至可以比同龄人有更多与自己孩子相处的时间,也感谢她陪伴我走过了疫情的三年,每日看一眼她熟睡的样子之后,工作和学习便更加充满了勇气和动力。我的博士论文出版时她刚刚诞生,第一本签名书送给了她,希望此书出版时亦是如此。

谨以此书献给我的妻子高箐和我的女儿叶书玄。

叶成城

2024 年 2 月 5 日于上海静安